VOLKER ANGRES
CLAUS-PETER HUTTER

SO
WIRD
DAS
NICHTS!

VOLKER ANGRES
CLAUS-PETER HUTTER

SO
WIRD
DAS
NICHTS!

Politik zwischen
Klimakollaps, Heizungshektik
und Naturverwüstung

LUDWiG

Die Familie Craft mit Lara, Lennart und Finn ist für dieses Buch frei erfunden. Jede Ähnlichkeit mit lebenden Personen ist nicht beabsichtigt und wäre rein zufällig. Ebenso ist die Waschmaschinenmarke ›MarkantDoppelPlus‹ frei erfunden. Sollte eine entsprechende Marke existieren, wäre auch das eine rein zufällige Duplizität.

All jenen gewidmet, die sich als Helden der Landschaft oder des Bürokratiedschungels unbeirrt für Naturbewahrung, Umweltvorsorge und Klimaschutz einsetzen. All jenen Menschen, denen der gesunde Menschenverstand noch nicht abhanden- gekommen ist, die sich nicht von Ökofloskeln blenden lassen und im Gegensatz zu vielen machen statt schwätzen …

Cradle to Cradle Certified® ist eine eingetragene Marke des Cradle to Cradle Products Innovation Institute.

Penguin Random House Verlagsgruppe FSC® N001967

Originalausgabe 2024

Copyright © 2024 by Ludwig Verlag, München, in der Penguin Random House Verlagsgruppe GmbH, Neumarkter Straße 28, 81673 München
Redaktion: Anne-Kathrin Janetzky
Umschlaggestaltung: wilhelm typo grafisch
Satz: satz-bau Leingärtner, Nabburg
Druck und Bindung: GGP Media GmbH, Pößneck
Printed in Germany
ISBN: 978-3-453-28172-1

www.Ludwig-Verlag.de

INHALT

Die Eine-Milliarde-Euro-Frage:
17 Antworten, 17 Ideen

»Der Mensch ist nicht das Produkt seiner Umwelt –
die Umwelt ist das Produkt des Menschen.«

Benjamin Disraeli, Schriftsteller und britischer Premierminister,
1804–1881

EIN PAMPHLET

Stadtbewohner stöhnen unter der Gluthitze. Ein paar Kilometer weiter: Ganze Ortschaften werden überschwemmt, saufen ab. Totalverlust von Wohneigentum, Verletzte, gar Tote. Wärmepumpen als Klimaretter!? E-Auto-Subventionen statt Mobilitätskonzepte. Auf den Feldern stirbt die Artenvielfalt, nebenan auch der Naherholungswald. Aber massenhaft stehen Tauben und Saatkrähen unter Schutz. Sanierungsstau bei der Bahn. Keine deutsche Autobahn ohne Baustelle. Marode Brücken überall. Öffentliche Gebäude, vor allem Schulen, bröseln dahin. Dazu passend: das Bildungssystem im freien Fall. Mehr als nur peinlich für Deutschland: die PISA-Studie. Gleichzeitig: Die Sozialausgaben gehen durch die Decke – sie sind längst der mit Abstand größte Posten im Bundeshaushalt. Ein Fass ohne Boden. Keine Anreize zur Bildung, zur Weiterbildung und zu eigenverantwortlicher Vorsorge. Dafür Bürgergeldsegen, und die letzten selbstständigen Bäcker, Metzger und andere Handwerker finden keine Mitarbeiter mehr. Bürokratiezuwachs statt -abbau. Immer höhere Steuerlasten anstatt der regelmäßig beschworenen Steuersenkungsvorhaben. Drei-Tage-Woche bei vollem Lohnausgleich, damit die Klimaaktivisten Zeit zum Protestieren, Festkleben oder Beschmieren haben. Streiks bei den Lokführern und Piloten bringen Milliardenverluste für die Wirtschaft. Währenddessen: Die Natur verliert ihr fein justiertes Gleichgewicht. Und über allem schwebt das »New-Work-Age«, Homeoffice statt Büro. Engagement im Beruf war gestern, jetzt gilt nur noch eins: Work-Life-Balance für alle!

… und die Menschen flüstern: So wird das nichts.

Lara und die Lesung

Es war spät geworden. Die Lesung hatte deutlich länger gedauert als angekündigt. Also machte sich Lara Craft erst um kurz nach 21 Uhr auf den Heimweg. Als Bankkauffrau war ihr das äußerst unangenehm, war sie doch Pünktlichkeit und Correctness professionell gewohnt. Ihr Mann Lennart und ihr 16-jähriger Sohn Finn würden wahrscheinlich schon Pizza bestellt haben. Eigentlich wollte Lara heute Abend ein leckeres Menü zaubern. Zur Feier des Tages. Denn es war äußerst selten, dass Lennart als leitender Ingenieur bei der Bundesflugbereitschaft mal ein paar Abende daheim verbrachte. Immerhin war der Stadtbus pünktlich. Nach 20 Minuten Fahrt war Lara zu Hause. Sie schloss die Wohnungstür auf und versuchte es mit einem versöhnlichen »Hallo, ist jemand zu Hause?«. Lennart und Finn kamen die Treppe herunter. »Das hat aber echt lange gedauert. Was war denn so toll bei der Lesung?« Lara warf einen Seitenblick in die Küche: Zwei leere Pizzakartons und einer, der noch unangetastet aussah. Offenbar hatten die beiden eine Pizza für sie mitbestellt – in weiser Voraussicht. »Es war sensationell«, legte Lara los, während sie sich den Mantel auszog, »da hättet ihr dabei sein sollen.« »Warum denn das?«, fragte Finn, »und um welches Buch ging es überhaupt?« »Also, das Buch hat heute Premiere und heißt: ›So wird das nichts. Politik zwischen Klimakollaps, Heizungshektik und

Naturverwüstung‹. Beide Autoren waren anwesend. Erst lasen sie ein paar Seiten aus dem Buch vor, dann konnten Fragen gestellt werden und dann brach die Diskussion los.« »Wie, Diskussion? *Einfach so?* Seit wann diskutieren denn bei uns die Leute *einfach so?*« »Weil sich alle aufregen. Über das, was im Buch steht. Habt ihr gewusst, dass der Klimawandel und die Folgen, die wir jetzt erleben, schon seit Jahrzehnten bekannt sind? Exakt seit 1957. Das ist doch unglaublich, da kriege ich doch echt die Krise, so viel verlorene Zeit für Gegenmaßnahmen! Und hier, … wartet mal, Wasserstoff …« Lara blätterte im frisch erstandenen Druckwerk und fand fast auf Anhieb die Seite. »Also, alle reden ja über Wasserstoff als tollen Energieträger. Auch Stahlwerke sollen auf Wasserstoff umgestellt werden, um das Verbrennen von Koks zu vermeiden. Um CO_2 einzusparen.« »Ja und …?«, drängelte Lennart, der jetzt neugierig wurde. Schließlich ging es hier um ein technisches Thema. »Um allein das Bremer Stahlwerk auf Wasserstoff umzustellen, was ja nur Sinn macht, wenn der klimaneutral über Elektrolyse per Ökostrom erzeugt wird, dann braucht man dafür in Bremen 160 Windkraftanlagen. Nur für das eine Stahlwerk!« Triumphierend schaute Lara ihre beiden Männer an. Sie war sich sicher, dass keiner von beiden die geringste Ahnung hatte, wie eine Wasserstoffwirtschaft aussehen würde. »Das ist der Hammer«, meldete sich Finn als Erster, »das habe ich noch nie gehört.« »Das sagt ja auch keiner da in Berlin«, murmelte Lennart. »Und hier noch so ein Ding.« Lara blätterte weiter. »Agrarpolitik: Die meisten Fördermittel für die Landwirtschaft kassieren Agrargroßbetriebe mit riiiiesigen Ställen und unendlichen Flächen!« Lara zeichnete mit beiden Armen die Umrisse eines gigantischen Kuhstalls in die Luft. »Und dann viel zu oft höchst fragwürdige Tierhaltung. Das wollt ihr gar nicht im Detail hören! Alles Konzerne, die mit Acker und Feld nicht mehr viel zu tun haben. Die Kleinen, die noch naturnah arbeiten, gehen dabei kaputt.« Diesmal war es Lennart, der nur noch »Ich glaub's nicht, ist ja irre« herausbrachte. Lara war jetzt in ihrem Element. »Hier etwas für dich, Finn, du interessierst dich ja für Architektur und Städtebau. Da hat doch eine Baufirma für eine lächerliche Aufstockung in einem Berliner Stadtviertel zwei Jahre gebraucht.« »Was ist daran jetzt der Aufreger?«, fragte Finn leicht mürrisch dazwischen. »Zwei Jahre – nur für die Genehmigung!«, sagte Lara und blätterte weiter. »Hier, im Bildungskapitel. Es gibt kaum noch Schülerinnen und Schüler, die fünf heimische Vogelarten benennen, geschweige denn unterscheiden können. Die Autoren sagen, die Wissenserosion schreitet dramatisch voran, Biologieunterricht in den Schulen würde heftig zurückgefahren.« Finn musste an seine Schule denken, tatsächlich wurden im letzten Schuljahr die Bio-Stunden von zwei auf eine Wochenstunde gekürzt. Und fünf Vogelarten …? Nun ja, die würde auch er nur mit größter Mühe zusammenkriegen. Vielleicht war doch was dran an dem Buch. »Jedenfalls fallen die beiden Autoren nicht auf das Ökogeplapper rein«, stellte Lara fest, »sie schauen hinter die Kulissen.« Langsames, Zustimmung verheißendes Nicken seitens Lennart und Finn. »Aber …«, fuhr Lara zögernd fort, »etwas im Buch hat mich total irritiert.« »So? Was denn?« Lennart und Finn wurden hellhörig. »… Äh, ich kann es nicht wirklich erklären, es ist irgendwie echt komisch. Wir, ich meine, unsere Familie, also du, Finn, Lennart und ich, wir kommen in dem Buch vor. Wir sind darin die Familie Craft.«

Begegnung mit der wirklich »letzten Generation«

von Claus-Peter Hutter

Mit jedem Treffen, jedem Telefonat und jeder Videokonferenz steigerte sich unser Zorn. Der Zorn darüber, dass Milliarden für angeblichen Klimaschutz ausgegeben werden, dass Millionen in »Deko-Programmen« zur angeblichen Rettung der biologischen Vielfalt vergeudet und immer neue Bürokratiemonster auf unsere

Gesellschaft losgelassen werden. Wenn etwa Weingärtner für die Verbreiterung eines Weges eine Trockenmauer in mühsamster Handarbeit versetzen müssen und dann amtlich verlangt wird, die dort lebenden Eidechsen erst zu erfassen, dann zu fangen und sofort danach – das ist die Krönung des Vorgangs – nur wenige Meter entfernt wieder auszusetzen! Wo bleibt der gesunde Menschenverstand, wenn auf einer Wiesenfläche an einem Schwarzwaldhang ein Holunderstrauch wächst, aber die vier Quadratmeter Fläche vom landwirtschaftlichen Landschaftspflege-Zuschuss herausgerechnet werden, um die Förderung zu kürzen? Wie kann es sein, dass eben noch der Holunderbusch herausgerechnet wird, es aber zugleich Programme zur Förderung landschaftlicher Vielfalt gibt und genau solche Holunderbüsche, Hecken oder andere Gehölze auf Staatskosten zur Biotopvernetzung gepflanzt werden? Längst weiß die rechte Hand nicht mehr, was die linke tut. Um es klar zu sagen: Die Sachbearbeiter in den Behörden wollen es natürlich richtig machen, sie sind jedoch gefangen im Paragrafendschungel: »Du glaubst es mir nicht, aber wenn ich richtig vernünftig Naturschutz machen will, müsste ich laufend Naturschutzvorschriften verletzen«, sagte mir eine junge, stark engagierte Biologin eines Landratsamtes, die nicht genannt werden will, weil sie Repressalien fürchtet.

Viele, die hoffnungsvoll gestartet sind, haben sich nach etlichen Jahren der Amtszermürbung in die innere Emigration begeben, gehen zu Natur- und Umweltschutzverbänden, welche die Leute – vielfach staatlich bezuschusst und gefördert – besser bezahlen als deren Counterparts in den Ämtern. Aber auch die Verbände – zum Teil auf staatliche Förderung angewiesen, um ihre eigene, angewachsene Bürokratie zu finanzieren – sind in gewisser Weise zu Öko-Staatssklaven geworden.

Auf der Strecke bleiben die Macher, die wirklich letzte Generation. Wenn dem in der Gesellschaft durch die Politik – insbesondere die Bildungs- und Forschungspolitik – nicht schleunigst entgegengewirkt wird, werden wir eine kollektive Wissenserosion erleben, die Wohlstand, Sicherheit und erträgliche Zukunft bedroht. Wir haben geniale Naturschutzgesetze – eigentlich. Aber sie sind überholt, da sich die Gesellschaft geändert hat. So wie sie vollstreckt werden, wird das nichts mit der Bewahrung der Schöpfung!

Mit diesem Buch wollen wir deshalb denjenigen Mitmenschen eine Stimme geben, denen Ökoromantik wie Ökodogmatismus gleichermaßen auf die Nerven fallen wie uns. Menschen, die sich daran orientieren, was bei Projekten und Maßnahmen wirklich für Mensch und Natur herauskommt. Menschen, denen viel zu viel geredet, aber viel zu wenig gehandelt wird. Menschen, die das ständige Parteigeplänkel satthaben und nicht mehr mit ansehen wollen, wie Finanzmittel in »Glaubensprojekten« vergeudet werden.

Sie alle haben uns Mut gemacht, dieses Buch zu schreiben. Klimaschutz taugt einfach nicht zum Klassenkampf.

Zwischen Ökophrasen und Kompetenzillusion

von Volker Angres

Seit einiger Zeit begegnen uns ständig schnell dahergesagte und unkritisch übernommene Ökophrasen und -schlagwörter, etwa »Nachhaltigkeit«. Kaum jemand weiß, dass die Bedeutung dieses Begriffs auf das Jahr 1713 zurückgeht. Damals ging es nicht etwa um den Schutz der Umwelt, sondern um rein wirtschaftliche Interessen, um Profit (vgl. Kap. »Historische Momente«).

Weiterhin der Begriff »Klimaschutz«, die neue Religion des 21. Jahrhunderts. Der eine oder andere unterliegt einer Art Kompetenzillusion, wenn er meint, das Klima lasse sich national schützen, als würde man einen Wall um Deutschland herum entlang der Landesgrenzen hochziehen. Es handelt sich aber um ein globales Problem. Also muss man dort in Klimaschutzmaßnahmen investieren, wo es für das Investment auch den meisten Klimaschutz gibt. Es geht dabei um Größenordnungen, welche die Habeck'sche Heizungspolitik Anfang 2023 ins Reich der klimapolitischen Absurditäten verweist.

Noch ein Schlagwort: »Tempolimit«. Es ist in jedem Fall entspannter, etwa in Frankreich mit maximal 130 km/h über die Autobahnen zu brummen (die übrigens dank der Maut in einem hervorragenden Zustand sind). Aber zu behaupten, ein Tempolimit hätte eine Auswirkung auf die Senkung der globalen Durchschnittstemperatur, ist schlicht eine »grüne« Fantasie, gepaart mit Populismus. Ein Tempolimit vermindert die Unfallhäufigkeit, macht das Fahren also sicherer und ist allein deswegen sinnvoll.

Apropos Fahren: Elektroautos sind eine Art Klimarettungs-Turbo geworden: Man kaufe sich ein E-Auto und das 1,5 Grad-Limit aus dem Pariser Klimaabkommen von 2015 wird locker eingehalten. Zumindest kann ein solch aberwitziger Eindruck entstehen, hört man den einschlägigen Ressorts der Ampelregierung und einigen Umweltverbänden zu. In Wahrheit – Stand 2024 – verschärfen E-Autos die Klimaproblematik, und zwar massiv (vgl. Kap. *Mobil ins Abseits*).

Lara Craft hat sich völlig zu Recht bei der Buchpräsentation aufgeregt, als sie auch noch erfuhr, dass wir im Umgang mit dem Klimawandel mehr als 50 Jahre verloren haben. Erkenntnisse zum Thema gab es reichlich, politische Versprechen auch. Wirkungsvolle Maßnahmen so gut wie keine. Leider müssen wir hier feststellen: Das gilt auch für die Artenvielfalt, für den Ressourcenverbrauch und für soziale Gerechtigkeit.

Was ist eigentlich los mit unseren Politikern, mit den Regierungen, aber auch mit den Medien? Wenigstens aus meiner Perspektive – zehn Jahre Wirtschaftsfernsehen in der ARD, fast 32 Jahre Leitung der Umweltredaktion im ZDF – kann man schon erkennen, dass in jüngster Zeit auch öffentlich-rechtliche Sender eher dem Mainstream zuneigen, nach »Klicks« im Internet lechzen und deshalb nahezu willenlos die jeweiligen Zielgruppen bedienen. Für unsere Gesellschaft bedeutsame und komplexe Sachverhalte aufzuarbeiten und dem Gebühren zahlenden Publikum zu erklären, ist halt anstrengender und erfordert starkes publizistisches Selbstbewusstsein.

Jedenfalls ist es Zeit, die Dinge, die unseren Planeten und damit uns alle ausmachen, im Ganzen zu betrachten. Nur so lässt sich ein Verständnis für unsere aktuelle Situation erreichen. Darauf aufbauend sollte es dann gelingen: mal echt verstehen, welche politischen Entscheidungen wirklich hilfreich sind und welche man getrost unter alltäglichem Politgeplapper verbuchen und vergessen kann.

Eine kleine Einordnung: Was will das Buch, was kann es nicht?

Politik zwischen Klimakollaps, Heizungshektik und Naturverwüstung: So lautet der Untertitel dieses Werkes. Wenn wir geahnt hätten, worauf wir uns da eingelassen haben! Denn jede Woche, wenn nicht jeden Tag, gibt es neue Aspekte zu diesen Themensegmenten, mal hochinteressant und zielführend, mal mit einer Halbwertszeit von nur wenigen Stunden. Also kann das Buch nicht auf allerneueste Entwicklungen reagieren. Die grundlegenden Fakten aber und die sich daraus ergebenden politischen Mechanismen sind unverändert. Das ist unser Ziel: Wir möchten dazu beitragen, hinter die Dinge schauen zu können, zu verstehen, um was es eigentlich geht. Ganz klar: Viele Themen konnten und wollten wir nicht anschneiden – auch wenn uns deren Problematik bewusst ist. Meeresmüll etwa, überhaupt die Plastikverseuchung der Umwelt, Östrogene im Abwasser und in den Böden, Zusatzstoffe in Lebensmitteln, die diesen Namen eigentlich nicht mehr verdienen. Die Liste könnte noch ein gutes Stück fortgesetzt werden. Also haben wir uns auf die Themen konzentriert, die spätestens seit dem Heizungsgesetz die Debatten dominieren. Das Buch erklärt faktische Zusammenhänge und bietet – wenn Sie so wollen – kompakte Resümees. Entstanden sind sie nach ungezählten Gesprächen und Diskussionen, mitgenommen aus Workshops, Seminaren, Kongressen und Exkursionen. Eingeflossen sind zudem Erfahrungen und Ergebnisse der eigenen Arbeit und eigener Projekte im In- und Ausland. Das Prägendste aber waren stets die Begegnungen mit Menschen, die mehr von den Dingen verstehen als wir Autoren. Es sind »Macher« aus allen gesellschaftlichen Bereichen, von Bildung und Forschung über Land- und Forstwirtschaft hin zu Experten der Energieversorgung sowie der Siedlungs- und Mobilitätsplanung und des Landschaftsmanagements.

Eingebaut haben wir die **Eine-Milliarde-Euro-Frage**, gerichtet an sehr unterschiedliche Persönlichkeiten: »Sie haben eine Milliarde für den Klimaschutz. Was würden Sie mit dem Geld anfangen?« Siebzehnmal gefragt, siebzehnmal höchst verschiedene Antworten …

Einen Punkt möchten wir gleich zu Beginn besonders herausstellen: *Über Nacht* wird es keinen wirklich wirksamen Klimaschutz geben, egal, wie wir uns auch anstrengen. Deshalb müssen aus unserer Sicht Maßnahmen zur Anpassung an den Klimawandel viel stärker auf die politische Agenda gesetzt werden. Vor allem in den schon jetzt von Hitze, Dürre und Flut besonders stark betroffenen Ländern, aber auch bei uns: ›Klimanotstand‹ ausrufen reicht allein nicht, machen statt maulen – darum geht es.

Im Buch gibt es zudem einen »**Service für Eilige**«: Jedes Kapitel startet mit einer kurzen Auflistung der wesentlichen Aspekte. Am Schluss gibt es eine Reihe von Denkanstößen und Handlungsempfehlungen – unter dem Motto: **So wird das was** – zumindest in Ansätzen. Auch zum Diskutieren – so, wie es bei Familie Craft geschieht …

ÜBER GRÜNE FANTASIEN UND GRAUE WIRKLICHKEIT

DAS PROJEKT »ENERGIEWENDE«

»Wenn es keine Elektrizität gäbe,
würden wir alle bei Kerzenschein fernsehen.«

George Gobel, US-Comedian, 1919–1991

Darum geht es:

Das Zeitalter der fossilen Energien geht seinem Ende entgegen. Nicht, weil es etwa keine Kohle oder kein Öl mehr gäbe, sondern weil es politisch so beschlossen wurde. Ja, es stimmt, das Verbrennen fossiler Energieträger treibt den Treibhauseffekt an und damit die Erderwärmung. Schon der simple Menschenverstand sagt einem, dass das auf Dauer nicht gut gehen kann. Wenn ich aber aus dem aussteige, was bisher der ganzen Welt zu mehr oder weniger Wohlstand verholfen hat und doch eine gewisse Garantie für das menschliche Überleben bietet, dann muss ich schon genau sagen können und wissen, was stattdessen unsere Energieversorgung sicherstellen soll.

Komisch, denken Sie jetzt vielleicht – das sind doch die erneuerbaren Energien, also Strom aus Windkraft oder von Photovoltaikanlagen. Im Prinzip richtig, aber: Derzeit macht Strom gerade einmal 20 % unseres gesamten Energieverbrauchs aus. 80 % entfallen auf Wärme und Treibstoffe. Und da sieht es noch ziemlich düster aus hinsichtlich der Klimaneutralität.

Für eilige Leser hier einige Aspekte zum Thema:
- **Mangelnder politischer Wille** seit Jahrzehnten wirkt nach

- Fehlende **Erzeugungskapazität** für rapide steigenden Ökostrombedarf.
- **Schleppender Netzausbau** blockiert die Entwicklung.
- **Politischer Streit** um notwendige Technologieoffenheit, vor allem bei Treibstoffen.
- **Teure Klimaschutz-Fehlinvestitionen**, z. B. in Wärmepumpen.

Die Zeit für wirksamen Klimaschutz ist so gut wie abgelaufen. Daher gilt es, die großen Räder zu drehen. Würde z. B. die weltweite Stahlindustrie mithilfe von »grünem« Wasserstoff klimaneutral, würde das so viel CO_2 einsparen, wie ganz Indien produziert. Dazu wird viel Ökostrom benötigt, sehr viel sogar: Lara Craft hat bei der Lesung gut zugehört: Für nur <u>ein</u> Stahlwerk wie etwa das in Bremen wären rund 160 Windkraftanlagen nötig, in Worten: einhundertsechzig!

Könnte es sein, dass da grüne Fantasien auf graue Wirklichkeit treffen?

Lara und die »Markant DoppelPlus«

Verärgert konnte Lara Craft nicht wirklich sein. Über 16 Jahre hatte ihre Waschmaschine treu und brav ihren Dienst getan – egal, ob Vollwaschprogramm, Gardinen knitterfrei oder auch mal Kleidungsstücke einfärben. Gekauft hatte die Bankkauffrau die Maschine gleich nach der Hochzeit mit Lennart. Immer hatte Lara auch das Flusensieb gereinigt, den Wasserhärtegrad nach jedem Umzug wieder korrekt eingestellt und vorschriftsmäßig verklebte Seifenreste aus der Waschmitteleinspülkammer entfernt. Nun war es so weit: Die Maschine Marke »Markant« hatte ihren elektrischen Geist aufgegeben, ganz offenbar war der Motor kaputt.

Lara warf einen mürrischen Blick auf den mittelgroßen Wäschestapel, verteilt auf zwei blaue Plastikwannen. In Kürze würde noch mehr Schmutzwäsche anfallen, denn ihr 16-jähriger Sohn

Finn hatte seine Rückkehr aus dem Schulferiencamp schon für heute angekündigt, einen Tag früher als eigentlich geplant. Wegen Dauerregens und heftiger Gewitterstürme musste das Zeltlager abgebrochen werden. Und gerade jetzt! Waschmaschine ausgefallen!

Lara suchte ihr Smartphone, fand es in der Küche gleich neben der Brotschneidemaschine und wählte den »Markant«-Kundendienst. »Guten Tag, Ihr Markant-Kundendienst, was kann ich für Sie tun?«, meldete sich sofort nach dem ersten Klingelzeichen eine fürsorglich klingende Computerstimme. Für Lara kam das völlig unerwartet, denn wie immer hatte sie sich auf mindestens 40 Minuten Warteschleife eingerichtet. Sie wollte gerade das Smartphone auf Lautsprecher schalten und auf den Küchentisch legen. Dann hätte sie in der Wartezeit wenigstens schon mal den Geschirrspüler ausräumen können.

»Ja, hallo«, sagte Lara und kam sich irgendwie blöd vor, einen Computer am anderen Ende der Leitung überhaupt zu begrüßen. »Also, meine ›Markant‹ ist heute kaputtgegangen, und ich benötige sehr dringend eine neue Waschmaschine.« »Oh, das tut mir aber leid«, behauptete die Computerstimme, »und ich habe mich noch gar nicht vorgestellt. Ich bin Ken.« Ken? Wie der von Barbie?, dachte Lara nur für einen Moment. Denn sofort wollte Computer-Ken Details wissen. »Möchten Sie wirklich eine neue Waschmaschine oder lieber 1000 Wäschen kaufen, dann schicken wir Ihnen ein High-Performance-Leasing-Gerät, unsere ›Markant DoppelPlus‹.« Das brachte Lara noch weiter aus dem Konzept. »Wieso Wäschen kaufen? Was heißt das denn genau?« Kens Stimme wurde noch eine Spur geschmeidiger: »Also, eigentlich brauchen Sie ja gar keine eigene Maschine. Sie brauchen die Wäschen. Die Maschine müssen Sie nicht kaufen, nur die Dienstleistung ›Waschen‹. Das ist wesentlich umweltfreundlicher, denn wir können diese Maschinen viel besser auslasten, sie werden top gewartet und einfach ausgetauscht, sollte mal etwas kaputt sein. Warten Sie mal, ich sehe hier Ihre Adresse. Leopoldstraße 24.

Korrekt?« Lara bestätigte die Adresse. »Dann schicke ich Ihnen jetzt sofort unsere Support-Service-Drohne. Der kleine fliegende Kollege wird sich bei Ihnen bemerkbar machen. Bitte öffnen Sie ein Fenster oder eine Balkontür, und lassen Sie ihn herein. Er wird den Standort der Waschmaschine suchen und sehr schnell finden – natürlich müssen Sie alle Türen im Haus aufmachen.«

»Und was macht diese Drohne genau?« Irgendetwas klopfte an die südliche Terrassentür. »Der smarte Kollege vermisst den Weg zum Standort der Waschmaschine und den Standort selbst. Die Daten bekommen wir in Echtzeit. Dann wissen wir, ob wir Ihre neue Maschine am Stück liefern können oder besser zerlegt, wenn es irgendwo zu eng sein sollte. Dann werden z. B. die Seitenbleche erst bei Ihnen zu Hause anmontiert.« Lara war platt. Davon hatte sie noch nie gehört. Eine Support-Service-Drohne! »Moment mal, Ken« – tatsächlich sprach sie den Computer mittlerweile mit Namen an – »da klopft etwas an die Terrassentür.« Lara legte das Smartphone beiseite und schaute nach. Tatsächlich: Vor der Terrassentür schwebte eine Mini-Drohne, kleiner als die Plastikdose für Finns Pausenbrot. Die Drohne blinkte freundlich, jedenfalls interpretierte es Lara so, als sie die Tür öffnete. Das ferngesteuerte Flugobjekt schwebte langsam und fast geräuschlos herein. »Vielen Dank!«, hörte Lara plötzlich Kens Stimme aus der Drohne. Und schon schwebte der kleine Multikopter zielstrebig Richtung Keller, die Treppe hinunter und fand tatsächlich auf Anhieb die Waschküche. Die Drohne schwankte hin und her, stieß dabei blitzartig rotes Licht aus. Vermutlich ein Laserstrahl zur Vermessung, mutmaßte Lara. »Keine Angst«, sagte Ken aus der Drohne, »das ist ein ganz schwacher Laser; selbst wenn Sie direkt ins Licht blicken, würde Ihren Augen nichts passieren.« Drohnen-Ken, der Gedankenleser, schoss es Lara durch den Kopf. Plötzlich drehte die Drohne ab, Ken aus der Drohne rief noch: »Bis gleich am Smartphone …«, und schon sauste die Drohne auf dem gleichen Weg, auf dem sie gekommen war, wieder hinaus.

Noch leicht verwirrt vom Besuch der Drohne nebst Kens Stimme aus dem fliegenden Objekt, nahm Lara wieder ihr Smartphone in die Hand. Ken hatte auf Videoübertragung umgeschaltet. Wow, dachte Lara, der sieht ja für einen Avatar ziemlich gut und täuschend echt aus: blond natürlich und sonnengebräunt, Marke California Dream Boy. »Die Firma Markant lässt uns Kundendienstmitarbeiter immer so aussehen, dass sich vor allem unsere Kundinnen sofort angesprochen fühlen«, verriet Ken, der Avatar. Unglaublich, dachte Lara, das grenzt an Gehirnwäsche per KI. Schon redete Ken weiter: »Ich ahne, dass Sie sich für den Kauf von 1000 Wäschen entschieden haben«, und strahlte Lara über das Smartphone an. »Ja, stimmt, eigentlich brauche ich gar keine eigene Waschmaschine.« »Na prima«, befand Ken. »Ich habe gerade Ihre Daten aufgerufen und mal nachgeschaut; wir können Ihnen heute noch eine ›Markant DoppelPlus‹ liefern, generalüberholt und mit deutlich geringerem Stromverbrauch als Ihre alte Maschine.« Laras Stimmung hellte sich schlagartig auf. »Aber da ist noch eine Kleinigkeit: Die ›Markant DoppelPlus‹ braucht einen Internetanschluss oder muss sich in Ihr WLAN einloggen dürfen.« Erneut war Lara leicht irritiert. Eine Waschmaschine im Internet? Wozu denn das? »Sie wissen ja«, erklärte Ken weiter, »seit geraumer Zeit haben wir rund 60 % Strom aus sogenannten erneuerbaren Quellen im Netz. Also Strom aus Windkraft- oder Photovoltaikanlagen.« »Das ist mir bekannt«, gab Lara zurück, »wir beziehen schon seit Jahren 100 % Ökostrom.« »Na, dann kennen Sie ja die Grundproblematik. Es weht halt nicht immer genug Wind, und nachts scheint die Sonne bekanntlich nicht, dann gibt es eben keinen Strom aus Photovoltaikanlagen. Dafür wächst aber die Anzahl der Stromverbraucher extrem schnell. Das Netz muss ständig neu ausbalanciert werden, Stromnachfrage und Stromangebot müssen genau zueinanderpassen. Daher kann die ›Markant DoppelPlus‹ nur dann waschen, wenn genug Ökostrom im Netz ist, andernfalls geht sie ferngesteuert in einen Standby-Modus.« Lara wurde hellhörig. Wie, Standby-Modus?

Ihr schwante Übles. »Also…«, Ken ließ eine Spur von Unsicherheit erkennen – etwa ein Programmierfehler? »Also, wenn die Maschine am frühen Abend geliefert und eingebaut wird, dann sagt unsere aktuelle Stromprognose: Leider keine Wäsche möglich. Erst wieder in … ja genau, voraussichtlich 36 Stunden ab jetzt. Schönen Tag noch und danke für den Auftrag!«

Lara war völlig entnervt. Die Berge voller Schmutzwäsche würden ungeahnte Höhen erreichen. Und morgen Nachmittag würde auch noch ihr Mann Lennart von seiner dreiwöchigen Dienstreise aus Abu Dhabi zurückkommen – mit voraussichtlich ölverschmierten Klamotten. Schließlich hatte er versucht, die A 340, den Regierungsflieger, zu reparieren. Ihm und seinem Team war das leider nicht gelungen. Vielleicht auch ein Fall für Service-Ken? Reparierte der auch Landeklappen? Völlig absurd, dachte Lara. Sofort wollte sie noch mal mit dem Computerwesen sprechen und fragen, ob es nicht doch besser wäre, ganz normal eine Waschmaschine zu kaufen. Hektisch wählte sie die Nummer vom Markant-Kundendienst. Diesmal meldete sich eine Computerstimme erst nach dem sechsten Klingelton. Und es war auch nicht Ken. Die Stimme verriet Lara, dass sie in der Warteschleife die Position 57 innehabe. Sie könne auch gerne ihr Anliegen per Mail schicken und, bitte, den Kundendienst weiterempfehlen.

Unter Hochspannung – unsere Stromnetze

Ja klar, diese kleine Episode ist frei erfunden. Sie spielt in unserer nahen Zukunft. Denn genau so könnte sich unser Alltagsleben in nur wenigen Jahren darstellen. Grund dafür sind die erneuerbaren Energien und die physikalischen Besonderheiten unseres Stromnetzes.

In der alten, rein fossilen Stromwelt gab es einige wenige Einspeisepunkte. Das waren die großen Kraftwerke, egal ob Kohle,

Gas oder Atom: Sie konnten rund um die Uhr genau die Strommengen liefern, die gebraucht wurden, und hielten zudem die Wechselstromfrequenz von 50 Hertz auch mithilfe von Pumpspeicherkraftwerken stabil. Schon bei kleinsten Schwankungen von 0,02 Hertz gingen in den Leitwarten die roten Alarmleuchten an. Entweder mussten Kraftwerke zugeschaltet oder Großverbraucher vom Netz genommen werden.

Bei diesem sogenannten Lastabwurf werden z. B. Kühlhäuser oder Aluminiumhütten für kurze Zeit vom Netz getrennt. Das kann etwa für Aluminiumhütten problematisch werden. Denn dort sind die Schmelztiegel rund um die Uhr strombeheizt, die Aluminiumschmelze darf nicht erkalten. Passiert das doch, ist nicht nur die aktuelle Produktion dahin, sondern gleich der gesamte Kessel. Denn das erstarrte Aluminium lässt sich nie wieder ohne Schäden aus dem Tiegel lösen. Im »alten« Stromnetz passiert das äußerst selten, die vorhandene Netzarchitektur ist sehr stabil. Doch das Frequenzrisiko nimmt in dem Maße zu, wie wir erneuerbare Energien im Netz haben. Und hier liegt eine enorme Herausforderung für das neue Stromdesign: Strom aus Windkraft oder Photovoltaik kann man zwar ab-, aber eben nicht nach Belieben zuschalten.

Ein kompletter Blackout ist zwar eher unwahrscheinlich, aber was passiert eigentlich, wenn die 50-Hertz-Frequenz nur geringfügig, dafür über einen längeren Zeitraum nicht gehalten wird? Fanny Knoll und weitere Autoren[1] von der Universität Greifswald haben einen typischen Fall aufgegriffen: Im März 2018 haben sich Menschen in ganz Europa gewundert, dass Radiowecker und Uhren an Elektroherden und Mikrowellen die falsche Zeit anzeigten. Sie gingen sechs Minuten nach. Normalerweise dient das stabile Stromnetz mit seiner 50-Hertz-Frequenz als perfekter Taktgeber für diese sogenannten Synchronuhren. Bereits im Januar 2018 hatte sich die Laufzeit der Synchronuhren um wenige Sekunden pro Tag verlangsamt. Bis März hatte sich diese Verlangsamung auf jene sechs Minuten summiert. Knoll und Kollegen nennen dafür als Grund eine sich länger hinziehende politische Auseinandersetzung zwischen dem Kosovo und Serbien. Den Ländern ging es dabei um die Frage, wer eigentlich die sogenannte Sekundärregelenergie zur Stabilisierung des Stromnetzes zu welchen Konditionen bereitstellen sollte. Die Einigung ließ auf sich warten, das Netz, in diesem Fall sogar das europäische Verbundnetz vom Schwarzen Meer bis nach Portugal, kam aus dem Takt, die Uhren gingen nach.

Das mag am häuslichen Backofen nicht unbedingt zu dramatischen Auswirkungen geführt haben. Aber Zeittaktgeber, gesteuert vom Stromnetz, stecken z. B. auch in vielen industriellen Anwendungen. Heißt unter dem Strich: Auch eine Stromversorgung mit überwiegend erneuerbaren Energien braucht eine netztechnisch notwendige, garantierte 50-Hertz-Stabilität. Wie genau das beim weiteren Ausbau der Erneuerbaren dann in den Jahren nach 2030 funktionieren kann, stellt Wirtschafts- und Energieminister Robert Habeck Anfang Februar 2024 klar: Mit dem Bau neuer Gaskraftwerke! Zunächst soll eine Leistung von zehn Gigawatt ausgeschrieben werden, das entspricht in etwa sieben Atomkraftwerken. Mit rund 40 Milliarden Euro Subventionen will die Regierung den Kraftwerksbauern unter die Arme greifen. Zur Beruhigung der »grünen« Nerven müssen die neuen Gaskraftwerke auch mit klimaneutralem Wasserstoff (H_2) zu betreiben sein. Die Umstellung erfolgt dann Mitte der 2030er-Jahre. Allerdings bleibt völlig rätselhaft, wo Deutschland die gewaltigen Mengen H_2 herbekommen soll – aus heimischer Produktion jedenfalls nicht.

Damit niemand darüber nachdenkt, wird politisch ungebremst der Ausbau der Erneuerbaren weiter munter gefordert – ohne zu wissen, ob der Strom jemals dort ankommt, wo er gebraucht wird. So geht es einfach nicht. Da wäre es doch ein Gebot der Vernunft, die Entwicklungen so zu synchronisieren, dass nicht am Ende der schöne Ökostrom auf der Strecke bleibt, was heute übrigens nahezu regelmäßig der Fall ist. Kann das Netz keinen Strom mehr aufnehmen, weil eben die Kapazität nicht reicht, werden z. B. Windparks ferngesteuert abgeschaltet – was Sie bestimmt schon mehrfach selbst beobachtet haben, wenn nämlich der Wind ordentlich bläst, die Windräder aber wie eingefroren dastehen. Geregelt wird diese Zwangsabschaltung im Paragraf 13a Energiewirtschaftsgesetz (EnWG). Darin heißt es: »*Absatz 1: Betreiber von Anlagen zur Erzeugung oder Speicherung von elektrischer Energie mit einer Nennleistung ab 100 Kilowatt sowie von Anlagen zur Erzeugung oder Speicherung von elektrischer Energie, die durch einen Netzbetreiber jederzeit fernsteuerbar sind, sind verpflichtet, auf Aufforderung durch Betreiber von Übertragungsnetzen die Wirkleistungs- oder Blindleistungserzeugung oder den Wirkleistungsbezug anzupassen oder die Anpassung zu dulden.*«

Im Klartext: Wenn netztechnisch notwendig, kann der Netzbetreiber erzwingen, Anlagen abzuschalten oder in Betrieb zu nehmen (falls der Wind weht und/oder die Sonne scheint). Immer geht es dabei um den Erhalt der Netzstabilität. So wie im Jahr 2023: Die zwangsweise gedrosselten Offshore-Windkraftanlagen in der Nordsee konnten wegen überlasteter Netze an Land mit 19,24 Terawattstunden (TWh) rund 9 % weniger Strom liefern als 2022; das teilte der Netzbetreiber TenneT der Nachrichtenagentur dpa mit. Dieser »Schwund« kommt uns alle teuer zu stehen. Denn im Absatz 2 des Paragrafen 13a steht: »*(2) Eine nach Absatz 1 Satz 1 vorgenommene Anpassung ist zwischen dem Betreiber des Übertragungsnetzes und dem Betreiber der Anlage zur Erzeugung oder Speicherung von elektrischer Energie angemessen finanziell auszugleichen. Der finanzielle Ausgleich ist angemessen, wenn er den Betreiber der Anlage (…) wirtschaftlich weder besser noch schlechter stellt, als er ohne die Maßnahme stünde.*«

Heißt im Klartext diesmal: Der Anlagenbetreiber bekommt genauso viel Geld, als wenn er Strom geliefert hätte. Die Kosten dafür zahlen <u>wir</u> – über die Netzgebühren, die ja Bestandteil des Strompreises sind. Das müssen Sie sich bitte eine Weile auf der Zunge zergehen lassen – was noch mehr »Spaß« macht, wenn man mal einen Blick auf die Vergütungen wirft, die durch Zwangsabschaltungen bisher entstanden sind:[2] Satte 4,5 Milliarden Euro durften wir alle bis Ende 2021 für virtuellen Strom zahlen, der nie durchs Netz geflossen ist. Knapp 40 000 Gigawattstunden (GWh) waren es in den neun Jahren 2013 bis 2021. Aber das Auffälligste ist der Trend: Offenbar wurde und wird es Jahr für Jahr teurer. Das gilt auch für die Folgejahre. Und das bedeutet: Der Umstieg auf erneuerbare Energien ist nicht nachhaltig. Denn zur Nachhaltigkeit gehört auch die soziale Komponente. Durch die gesetzliche Regelung im Energiewirtschaftsgesetz und den seit zig Jahren verschleppten Ausbau unserer Stromnetze haben wir einen viel zu hohen Strompreis. Und mit der Strompreiserhöhung ging es Anfang Februar 2024 gleich weiter. Die EnBW hat die Strompreise um fast 16 % angehoben.[3] Das trifft natürlich vor allem die sozial Schwachen. So geht es wieder nicht. Die Entschädigungen für virtuellen Strom dürfen nicht über den Strompreis gezahlt werden, sondern aus allgemeinen Steuermitteln. Und eigentlich stellt sich die Frage, ob es überhaupt derartige Entschädigungen geben muss, vor allem in der immer noch garantierten Höhe. Diese Absicherung stammt ja aus der Anfangszeit der erneuerbaren Energien und sollte Investoren die Angst vor Verlusten nehmen. Mittlerweile weiß man aber, wie ein Windpark funktioniert, die unternehmerischen Risiken sind geringer geworden. Und daher wäre eine entsprechende Anpassung der Entschädigungsleistungen mit dem Ziel einer Vereinbarung über stetig sinkende Beträge mindestens diskussionswürdig.

Wie dem auch sei, die ökoelektrische Zukunft bleibt teuer. Stichwort Netzausbau: Sie ahnen natürlich längst, wer diesen gewaltigen Umbau unseres Stromversorgungssystems bezahlen darf: Genau, wir Stromkunden werden dann via steigender Netzentgelte zur Kasse gebeten. In den nächsten 15 Jahren dürften sich die Kosten dafür zwischen 210 und 270 Milliarden Euro bewegen. Das schätzte die Unternehmensberatung Oliver Wyman Anfang 2023.[4] Dass im Gegenzug der Preis für Wind- und Photovoltaikstrom wirklich sinken wird, ist im Augenblick, sagen wir, eine politisch motivierte Hoffnung vor allem von Anhängern des grünen Lagers. Der Ökostrombedarf wird dramatisch steigen, darin sind sich alle einig. Kein Wunder, denn die komplette Elektrifizierung aller Bereiche – Industrie, Mobilität, Wohnen mit Heizen und Kühlen – ist der Schlüssel zur CO_2-Neutralität. Somit konkurrieren also Wärmepumpen (14 Millionen Stück bis 2045), E-Autos (15 Millionen Einheiten bis 2045), vor allem die Wasserstoffherstellung und nicht zuletzt die für das Netz erforderliche Regelenergie um ihren Anteil am grünen Strom. Von heute rund 500 TWh steigt der Strombedarf je nach Szenario auf bis zu 1300 TWh bis 2045. So hat es die Bundesnetzagentur aufgrund der Prognosen der vier großen Übertragungsnetzbetreiber – 50 Hertz Transmission GmbH, Amprion GmbH, TenneT TSO GmbH, TransnetBW GmbH – im Szenariorahmen des Netzentwicklungsplans festgehalten und am 7. Juli 2022 genehmigt.[5] Die Nachfrage nach grünem Strom steigt also gewaltig an. Jeder Marktwirtschaftler weiß: Bei steigender Nachfrage steigen auch die Preise.

Machen wir uns noch kurz ein Bild, was das alles für den Ausbau der erneuerbaren Energien bedeutet. Dazu schauen wir als Stichprobe einfach mal in die Nacht vom 29. auf den 30. August 2023. Woher kam da unser Strom? Insgesamt betrug die Netzlast knapp 42 000 Megawattstunden (MWh). Rund 32 300 MWh wurden in Deutschland erzeugt, der Rest importiert. Vom hierzulande erzeugten Strom entfielen auf Photovoltaik 0 MWh, auf Windkraft Land 3 500 MWh, auf Windkraft See 57 MWh, auf Gaskraftwerke 5 400 MWh, auf Steinkohle 4 000 MWh, auf Braunkohle 11 800 MWh, auf sonstige konventionelle Energiequellen noch 1 455 MWh. Mit 22 655 MWh haben die fossilen Energieträger den Löwenanteil zur nächtlichen Stromversorgung in Deutschland beigesteuert, vor allem die als Klimakiller geltende Braunkohle. Natürlich ändert sich das Bild am Tag, da dann die Photovoltaik in Gang kommt und je nach Sonneneinstrahlung einen nennenswerten Beitrag leistet.

Dennoch: Die Herausforderungen sind enorm, was sich auch in einer Pressemeldung des Statistischen Bundesamtes vom 9. März 2023 widerspiegelt:

»Kohle war im Jahr 2022 wie bereits in den Vorjahren der wichtigste Energieträger für die Stromerzeugung in Deutschland. (…) Ein Drittel (33,3 %) des in Deutschland erzeugten und ins Netz eingespeisten Stroms kam aus Kohlekraftwerken (2021: 30,2 %). Damit nahm die Stromerzeugung aus Kohle gegenüber dem Vorjahr um 8,4 % zu. Zweitwichtigste Energiequelle war die Windkraft, deren Anteil an der Stromerzeugung nach einem vergleichsweise windarmen Vorjahr um 9,4 % auf knapp ein Viertel (24,1 %) stieg (2021: 21,6 %). Insgesamt wurden im Jahr 2022 in Deutschland 509 Milliarden Kilowattstunden Strom erzeugt und eingespeist. Das waren 1,9 % weniger als 2021.«

Sicher hat der Verlust der russischen Gaslieferungen in Verbindung mit dem Ukraine-Krieg dazu geführt, mehr Kohlekraftwerke ans Netz zu bringen. Ohne Kohle wäre bei uns die Stromversorgung derzeit noch höchst problematisch. Deswegen wird es auch keinen schnellen Ausstieg aus allen Kohlekraftwerken geben können. Denn die Stromversorgung muss ja rund um die Uhr und in Krisenzeiten funktionieren. Und hier zeigt sich, dass die Volatilität der erneuerbaren Energien, also die durch Witterung bedingte Unzuverlässigkeit, eine große Rolle spielt. In den elektrischen Griff bekommt man das nur, wenn es gelingt, gigantische Stromspeicher im Netz zu integrieren, die tagsüber mit überschüssigem Strom aus Windparks und PV-Anlagen aufgeladen werden. Das bedeutet zweierlei: Die Kapazität der erneuerbaren Energien muss so dramatisch ausgebaut werden, dass nicht nur die Leistung der immer noch am Netz befindlichen fossilen Kraftwerke ausgeglichen werden kann, sondern auch der zu erwartende Strommehrbedarf abgedeckt wird. Zudem müssen die Batteriespeicher mit einer bisher noch nie realisierten Leistungsstärke von insgesamt einigen Zehntausend Megawatt ins Netz integriert werden. Davon aber sind wir – Stand Frühjahr 2024 – noch sehr weit entfernt.

Und dann ist da noch etwas, ein kleines Monster namens »Bürokratie«. Jedes Kohlekraftwerk braucht sogenannte CO_2-Zertifikate. Das sind eine Art Erlaubnisscheine, um CO_2 in die Atmosphäre schicken zu dürfen. Diese Zertifikate kann man kaufen und verkaufen über den europäischen Zertifikatehandel für Emissionen. Wird nun ein Kohlekraftwerk stillgelegt, dann wird die entsprechende Menge an Zertifikaten frei. Jeder normal denkende Mensch würde diese natürlich sofort im zentralen europäischen Zertifikate-Register löschen lassen. Leider gibt es da ein paar Missverständnisse zwischen der Bundesregierung und der EU über die formalen (!) Anforderungen des Löschantrags. Folge: Die Zertifikate können gekauft werden, z. B. von polnischen Kohlekraftwerken. Das heißt: Wir legen hier Kohlekraftwerke still, aber die gleiche Menge CO_2 darf wie gehabt dann legal anderswo ausgestoßen werden. Bürokratie torpediert Klimaschutz. Es bleibt die Hoffnung, dass sich die Bürokraten aller Länder irgendwann einmal auf ein gemeinsames Vorgehen verständigen. Dann wäre nicht nur diese sonderbare Schieflage beseitigt.

Faktor 7 schneller

Wie schnell kommt eigentlich der Ausbau der erneuerbaren Energien generell voran und – vor allem – wie schnell *müsste* er vorankommen, um das Ziel der vollständigen Dekarbonisierung[6] des Stromsektors bis 2045 zu erreichen?

Klartext dazu liefert der Net-Zero-Economy-Index vom September 2023, herausgegeben von der Unternehmensberatung PwC. 2022 betrug danach die weltweite Dekarbonisierungsrate 2,5 %. 17,2 % Dekarbonisierungsrate wären aber erforderlich, um den Anstieg gemäß dem Pariser Klimaschutzabkommen bei durchschnittlich 1,5 Grad zu begrenzen. 17,2 zu 2,5: Dazwischen liegt ein Faktor sieben. Siebenmal schneller also müsste der Umstieg auf erneuerbare Energien oder das Einsparen von CO_2 gehen.

Ehrlich gesagt: Auch wenn der Ausbau der erneuerbaren Energien vorankommt – der Net-Zero-Index sieht ein Plus von gut 24 % bei der Solarenergie –, wie soll die Weltgemeinschaft das hinbekommen? So zeigt der PwC-Index eine wachsende Diskrepanz zwischen globalen Klimaschutzzielen und tatsächlichen Fortschritten. Seit der Jahrtausendwende hat kein G20-Land eine jährliche Dekarbonisierungsrate von mehr als 11 % erreicht. Die Dringlichkeit, jetzt zu handeln, könnte nicht höher sein. Das bestätigt auch der Emissions Gap Report des Umweltprogramms der Vereinten Nationen (UNEP), der zwei Wochen vor der 28. UN-Klimakonferenz veröffentlich wurde. Darin heißt es: »Die Welt steuert auf einen Temperaturanstieg von 2,5 bis 2,9 °C über dem vorindustriellen Niveau zu, es sei denn, es gibt Länder, die ihre Maßnahmen verstärken und mehr liefern, als sie in ihren Zusagen für 2030 im Rahmen des Pariser Abkommens versprochen haben.«

In der EU sollen bis 2030 erneuerbare Energien 42,5 % des Gesamtenergieverbrauchs ausmachen. Um dieses Ziel zu erreichen, müssen nach Angaben der Kommission die Kapazitäten mehr als verdoppelt werden: Mehr als 500 Gigawatt installierte Leistung seien bis 2030 notwendig. Ende 2022 waren EU-weit 204 Gigawatt installiert. Dem Windindustrieverband WindEurope zufolge machen den Herstellern von Turbinen etwa hohe Rohstoffpreise und die Inflation zu schaffen. Sorge bereite außerdem, dass immer mehr Produzenten aus dem Ausland, vor allem aus China, auf den europäischen Markt drängten. Auch die langwierige Genehmigung von Windrädern und Windparks hemmt den Ausbau. Von der Beantragung bis zum Bau von Windrädern dauert es europaweit mehrere Jahre (beste Grüße vom Bürokratie-Monster). Und fast immer laufen dann die anfangs kalkulierten Kosten aus dem Ruder.

In Deutschland gehen dann rechnerisch mindestens 2 % der Landesfläche allein für Windparks drauf. Das heißt, dass sich die Anzahl der Windräder in etwa verdreifachen bis vervierfachen wird – auch, wenn einige alte Windparks durch Repowering mehr Leistung als vorher bringen können, indem man auf den bestehenden Turm einen neuen, leistungsstärkeren Generator setzt. Egal: Man kriegt schon heute die Krise, wenn man durch Rheinhessen fährt oder Richtung Hunsrück, und erst recht, wenn es durch die norddeutsche Tiefebene geht. Hunderte Windräder sind kein schöner Anblick in der Landschaft. Dieser Aspekt der Energiewende scheint nicht richtig zu Ende gedacht und diskutiert zu sein. So darf man gespannt sein, was die Menschen sagen werden, wenn sie in wenigen Jahren von Windrädern umzingelt sind.

Allerdings halten auch diese nicht ewig. Für Windräder, die ihr technisches Lebensende erreicht haben bzw. nach 20 Jahren aus der EEG-Förderung fallen und dann nicht mehr wirtschaftlich zu betreiben sind, gibt es bisher keine wirklich guten Recycling-Möglichkeiten. Klar, für den Stahlturm schon, der Generator aber dürfte hinüber sein. Vielleicht lassen sich auch einige Metalle und Magnete retten. Das Problem aber sind die gigantischen Flügel aus glasfaserverstärktem Kunststoff. Nach vielen Jahren im Wind macht sich Materialermüdung bemerkbar. Auch würden sie gar nicht zu neuen Anlagen mit veränderten Dimensionen passen. Sie werden dann abmontiert und klein gehäckselt. So macht es z. B. das Recyclingunternehmen EURECUM aus Lutherstadt Eisleben in Sachsen-Anhalt. Befreit von metallischen Bestandteilen – Blitzableiter etwa –, dient das Windflügel-Granulat dann, man mag es kaum glauben, als Ersatzbrennstoff. Es wird verfeuert! Sarkastisch zugespitzt könnte man sagen, dass alte Windkraftanlagen die fossilen Öfen am Laufen halten. Denn natürlich steckt im Kunststoff jede Menge Öl. Das Ganze ist keine Kleinigkeit: Der Bundesverband Windenergie beziffert die Leistung der bis Ende 2025 zurückzubauenden Windkraftanlagen auf 16 000 Megawatt. Da können schon so um die 5000 oder mehr rückzubauende Windkraftanlagen zusammenkommen.

Schauen wir uns noch ein paar Zahlen an: Die Bundesnetzagentur gibt für das Jahr 2023 die Stromerzeugung aus erneuerbaren Energien im rechnerischen Durchschnitt mit 56 % an.[7]
Daraus folgt, dass 44 % unseres Stroms noch aus anderen Quellen kommen, rund 30 % von Braun- und Steinkohlekraftwerken.
Bis zum Jahr 2045 soll Deutschland laut Klimaschutzgesetz Treib-
hausgasneutralität erreichen. Das heißt nicht, dass keine Treibhausgase wie CO_2 oder Methan mehr in die Atmosphäre gelangen
dürfen. Vielmehr muss dann ein Gleichgewicht zwischen Treib-
hausgasemissionen und Treibhausgaseinlagerungen oder -abbau
herrschen. Dazu müssen sowohl die natürlichen Treibhausgas-
speicher, also vor allem Moore und Wälder, in die Lage versetzt
werden, diese ökologische Leistung dauerhaft zu erbringen, als
auch technische Lösungen forciert werden, um CO_2 wieder aus
der Atmosphäre zu entfernen. Letzteres ist durchaus umstritten,
großskalige und wirtschaftlich vertretbare Lösungen zeichnen sich
hier bisher nicht ab – auch wenn Anfang Februar 2024 Bundeswirtschaftsminister Habeck prinzipiell den Weg für das Einfangen und Einlagern von CO_2 politisch geebnet hat. Und von
einem parallel zur Energiewende laufenden, wirklich üppig an-
gelegten Waldschutz- und Moorrenaturierungsprogramm ist bisher nichts zu hören. Waldbesitzer müssten z. B. sehr viele alte
Bäume erhalten, auf den Holzverkauf verzichten und eben von
der Gesellschaft, also von uns allen, dafür bezahlt werden, dass
ihr Wald CO_2 aus der Atmosphäre aufnimmt, für frische Luft
sorgt und auch das Grundwassersystem schützt. Ohne diese und
andere flankierende Maßnahmen bleibt die Energiewende unwei-
gerlich im Reich der grünen Fantasien gefangen. Das wirkt schon
einigermaßen befremdlich: Ausgerechnet in einer Regierung mit
maßgeblicher Beteiligung der »Grünen« werden diese Themen
nicht deutlicher bzw. überhaupt kommuniziert.

Die Sache mit den Aggregatzuständen

Wo war nur das verflixte Chemiebuch? Seit einer halben Stunde durchsuchte Lara das Haus. Der Erfolg war minimal: Nur ihr Poesiealbum förderte die Aktion zutage. Lara warf einen Blick hinein und musste über so manchen Spruch schmunzeln. Völlig »Old School« heutzutage, dachte sie, heute geht so etwas über Social Media, WhatsApp, TikTok & Co. Laras Blick fiel auf die Armbanduhr: Jeden Moment würde Finn kommen. Sie intensivierte die Suche – irgendwo musste das Buch doch stecken! Schließlich hatte sie alle ihre Schulbücher aufbewahrt. Lara fand, dass viele Dinge darin besser erklärt waren, als es in den angesagten digitalen Werken der Fall ist.

Arbeitszimmer, Bücherschrank im Wohnzimmer – alles Fehlanzeige. Mit dem Keller war sie nun auch »durch«, blieb nur noch der Speicher. Richtig: In einem Anfall von Aufräumwahnsinn hatte ihr Mann Lennart alles nicht Niet- und Nagelfeste in große Umzugskartons gepackt und auf den Dachboden befördert. In der vierten Kiste wurde Lara fündig. Da waren sie ja, ihre alten Schulbücher. Und noch nicht einmal ganz unten, Chemie, Oberstufe. Gerade noch rechtzeitig entdeckt, denn sie hörte, wie jemand die Haustür aufschloss.

»Ich bin jetzt da«, hörte Lara ihren Sohn Finn rufen. »Können wir bitte gleich anfangen? Ich bin nachher noch verabredet.« Unglaublich, dachte Lara, da schreibt der Bub morgen eine Chemiearbeit, erzählt beim Frühstück, dass er nicht in den Kopf kriegt, was genau passiert, wenn z. B. Wasser oder jedes andere Material mal fest, mal flüssig oder mal gasförmig erscheint. Wie überhaupt dieselbe Materie so völlig unterschiedlich daherkommen kann. Und was genau diese komischen Aggregatzustände eigentlich seien. Zustände bekam allerdings Lara daraufhin sofort, denn das, so erzählte Finn munter weiter, sei das Hauptthema der Arbeit. Und alle wüssten ja, er dürfe nicht schlechter als 12 Punkte schreiben, um den Misserfolg der vorherigen Arbeit auszugleichen.

»Tschüss Mama, bis heute Nachmittag, dann erklärst du mir das mal, ja?« Sprach's und verschwand in Richtung Schule.

Die morgendliche Frühstücksrunde hatte allerdings erst gegen Mittag die Suchaktion ausgelöst. Bis dahin dachte Lara, sie wisse genau, wo ihre Schulbücher zu finden seien. War aber nicht so. Nun also ein Crashkurs über Aggregatzustände. Lara kramte ihre Lateinkenntnisse aus den ziemlich unteren Schubladen ihres Gedächtnisses hervor. Das Verb »aggregare« ... mmmh ... heißt: »zusammenhäufen«, »aufhäufen«, »zugesellen«, »angliedern«. Würde dieser Verweis auf Latein einen chemieschwachen Schüler begeistern können? Lara war nicht sicher.

»So, Mama, es kann losgehen. Also: Warum kann Wasser mal fest, mal flüssig, mal gasförmig sein?« Immerhin hatte Finn soeben die drei wichtigsten Aggregatzustände exakt aufgezählt. Ein erster Lichtblick. Lara schöpfte Mut und legte los: »Also Finn, stell dir mal bitte vor, dass jede Materie, eben auch Wasser, aus sehr vielen, sehr kleinen Teilchen besteht; da sind Atome dabei, Moleküle, Ionen. Merke dir einfach nur: Wasser besteht aus unglaublich vielen kleinen Teilchen. Du kannst dir einfach ganz viele kleine Kugeln vorstellen.« »O. k., also viele kleine Teilchen.« Lara dozierte weiter: »Unter unserem normalen Luftdruck und bei Temperaturen über null bis 100 Grad ist Wasser ja flüssig. Für die Teilchen heißt das: Sie können sich gegenseitig verschieben, sie sind sozusagen flexibel und nicht ortsfest. In einem Gefäß füllen sie jede Lücke aus. Steigt nun die Temperatur, bekommen die Teilchen mehr Energie und haben einfach mehr Spaß daran, sich noch freier zu bewegen. Aber noch hängen die Teilchen aufgrund ihrer gegenseitigen Anziehungskraft aneinander. Das ändert sich, wenn es noch wärmer wird. Die Bewegungsenergie nimmt immer mehr zu, schließlich halten die Teilchen nicht mehr zusammen, jedes einzelne verabschiedet sich in den Raum. Das passiert bei Wasser, wenn der Siedepunkt erreicht wird, das Wasser kocht und verdampft, es wird gasförmig. Wobei Gas und Dampf bezogen auf den Aggregatzustand physikalisch dasselbe sind, also lass dich da nicht irritieren.« Finn runzelte die Stirn: »Und was passiert mit den Teilchen, wenn das Wasser zu Eis wird?«»Na, genau das Gegenteil. Den Teilchen wird beim Abkühlen die Bewegungsenergie entzogen, sie werden immer lahmer, immer starrer, bis sie in einer Art Gitterstruktur einen festen Platz einnehmen, von dem sie nicht mehr wegkommen. Dann heißt der Aggregatzustand ›fest‹. Alles klar?«»Mmmh, ja, also viel Energie, viel Bewegung in den Teilchen, erst flüssig, dann gasförmig. Wenig Energie und die Teilchen frieren ein …?«»Ja genau, das ist es!« Lara war stolz auf ihre soeben entdeckten pädagogischen Fähigkeiten. Finn strahlte übers ganze Gesicht:»Danke Mama, das war toll, die Idee mit den Teilchen! Tschüss, bis heute Abend.« Nicht meine Idee, dachte Lara und beobachtete Finn, wie er sich draußen auf sein Fahrrad schwang. Aufgeladen ganz offenbar mit erheblicher Bewegungsenergie.

LNG – Das große Schulterklopfen

Am 17. Dezember 2022 war es so weit. Bundeskanzler Olaf Scholz eröffnete zusammen mit Bundeswirtschaftsminister Robert Habeck, Bundesfinanzminister Christian Lindner und Niedersachsens Ministerpräsident Stephan Weil das erste deutsche LNG-Terminal in Wilhelmshaven.»LNG« steht für »liquefied natural gas«, verflüssigtes Erdgas. Nach nur 194 rekordverdächtigen Tagen Planungs- und Bauzeit wurde es fertiggestellt und an das Gasnetz angeschlossen. Dabei besteht das Terminal vor allem aus einem großen Schiff. In Wilhelmshaven ist es die knapp 300 Meter lange *Höegh Esperanza*. Aus Spanien brachte sie 165 000 Kubikmeter LNG mit, wie der Energiekonzern Uniper damals mitteilte. Dies entspricht etwa 96 Millionen Kubikmeter Erdgas und kann zwischen 50 000 und 80 000 Haushalte für ein Jahr versorgen.

Die *Höegh Esperanza* und die anderen Terminals dienen dazu, das von den Spezialtankschiffen angelieferte flüssige Methan wieder in den gasförmigen Aggregatzustand zu bringen, damit es dann per Pipeline weitertransportiert werden kann. Die Bundesregierung hat insgesamt sechs dieser schwimmenden Anlagen gemietet, wie Robert Habeck in der ARD-Sendung *Maischberger* am 11. Oktober 2023 erklärte. Die täglichen Mietkosten werden auf 200 000 Euro geschätzt – pro Schiff. Also 1,2 Millionen Euro am Tag, 438 Millionen Euro im Jahr. Jede schwimmende Einheit soll eine Kapazität von mindestens fünf Milliarden Kubikmetern pro Jahr haben – jeweils etwas mehr als 5 % des deutschen Jahresverbrauchs. Wenn diese Rechnung stimmt, könnten also gut 30 % des deutschen Gasbedarfs auf diese Weise gedeckt werden. Zum Vergleich: Vor dem Ukraine-Krieg haben die russischen Gaslieferungen ungefähr 55 % des gesamten Gasbedarfs in Deutschland ausgemacht. Ab 2025 sollen aus den schwimmenden, provisorischen Terminals dann feste Anlagen an Land werden. Nur diese können dann auch Wasserstoff verarbeiten. Geplant sind elf derartige Stationen – was u. a. den Bund für Umwelt und Naturschutz (BUND) auf die ökologische Palme bringt.[8] In der Tat sieht die Ökobilanz für LNG nicht gerade »grün« aus. Also: Erdgas besteht zu 98 % aus Methan, rund ein Viertel des Erderwärmungseffekts geht auf sein Konto. Denn Methan ist rund 25-mal klimaschädlicher als CO_2, bezogen auf den Treibhauseffekt. Das ist keine Lappalie, denn beim Umgang mit LNG ist grundsätzlich mit Leckagen zu rechnen.

Methan im Energiestrudel

Um Erdgas in den Aggregatzustand »flüssig« zu bekommen, ist sehr viel Energie nötig. Bei normalem atmosphärischem Druck wird es erst bei einer Temperatur ab ca. -161 °C flüssig. Und dabei schrumpft das Volumen des Gases auf ein Sechshundertstel. Wir erinnern uns an die Klassenarbeit von Finn: Dem Gas wird Energie entzogen, die Teilchen bewegen sich weniger, binden sich schließlich aneinander und werden zu dem, was wir »flüssig« nennen. Grob gesagt kann also ein Flüssiggastanker auf diese Weise 600-mal mehr Energie transportieren. Das ist der wirtschaftliche und praktische Grund für das Abkühlen. Natürlich müssen die -161 °C während des Transports per Schiff unbedingt gehalten werden. Methan also im Energiestrudel: Wir haben den energetischen Aufwand für die Verflüssigung (ob dazu erneuerbare Energien ohne CO_2-Last verwendet werden, ist unklar), dann den Energieeinsatz für den Schiffsantrieb (das fährt evtl. dann leer zurück; die Leerfahrt zählt auch zur Ökobilanz) und dann noch mal den Energieeinsatz für die Rückführung in den gasförmigen Zustand. Dieser Prozess muss exakt kontrolliert und gesteuert ablaufen, um ungewolltes Entweichen des Gases oder gar Unfälle zu verhindern. Überhaupt ist der Umgang mit einer -161 °C kalten Flüssigkeit ein technisch durchaus anspruchsvoller Vorgang und verlangt hohe Sicherheitsstandards. All das macht unter dem Strich einen Energieverlust von rund 25 % einer Schiffsladung LNG aus!

Der BUND berichtet darüber hinaus, dass LNG aus den USA weitgehend mittels Fracking gefördert wird[9]. Die Risiken dieses Verfahrens werden höchst unterschiedlich bewertet. Der deutsche Sachverständigenrat für Umweltfragen (SRU) beschreibt die Gewinnung von sogenanntem Schiefergas in einem Gutachten so: »Schiefergas ist Erdgas, das in unkonventionellen Lagerstätten eingebunden ist und sich nur mithilfe des Hydraulic-Fracturing-Verfahrens, kurz Fracking, erschließen lässt. Bei dieser Technik wird mit verschiedenen Zusätzen angereichertes Wasser unter hohem Druck in die erdgashaltigen Gesteinsschichten verpresst. So entstehen Risse, die die Durchlässigkeit des Gesteins erhöhen und das Abströmen des Erdgases an die Oberfläche ermöglichen.«[10] Der SRU kam seinerzeit zu der Einschätzung, dass »Fracking erst auf der Basis positiver Erkenntnisse aus systematisch zu entwickelnden Pilotprojekten verantwortbar« sei. Daran hat sich bis heute nichts geändert. Auf der Webseite des Bundesministeriums für Wirtschaft und Klimaschutz[11] ist zu lesen, dass »kommerzielle Fracking-Vorhaben in unkonventionellen Lagerstätten in Deutschland bis auf Weiteres nicht zulässig sind«. Das Verbot betrifft das Fracking bei der Erdgasgewinnung in Schiefer-, Ton-, Mergel- und Kohleflözgestein[12]. Frackingverbot also in Deutschland. Grünes Licht für Frackinggas-Importe vor allem aus den USA. Ist ja klar – wenn was schiefgeht, wird eben das Grundwasser in den USA »versaut«, hier bleibt alles sauber. Eine grüne, stringente Umweltpolitik stellt man sich eigentlich anders vor, zumal die Regierung Ende Februar 2024 CO_2-Verpressung unter dem Meer zulassen will; das ist Fracking rückwärts[13]. Wer so viele Vorbehalte gegenüber einer Gewinnungsmethode hat, sollte konsequenterweise auch keine Gasimporte ordern, die genau auf dieser Methode beruhen.

Was heißt das jetzt alles für die deutsche Energiewende? Einigermaßen kompakt kann man das Fazit in einer Studie der amerikanischen Forscher Ted Nace, Lydia Plante und James Browning finden. Sie arbeiten für den Global Energy Monitor, eine in San Francisco ansässige Nichtregierungsorganisation, die weltweit Energieprojekte recherchiert, auswertet und katalogisiert. In ihrer Studie »The New Gas Boom« fanden sie 2019 heraus, dass damals 116 LNG-Exportterminals und 86 LNG-Importterminals, zusammen also 202 Einrichtungen, in Planung bzw. im Bau waren. Das ist insofern ein schlechtes Zeichen, weil daraus folgt, dass uns die Gaswirtschaft noch Jahrzehnte erhalten bleiben wird. Denn alle diese Investitionen sind mittel- bis langfristig angelegt. Und weiter schreiben die Forscher: »Measured by global warming impacts, the scale of the LNG expansion under development is as large or greater than the expansion of coal-fired power plants, posing a direct challenge to Paris climate goals.«[14] Das heißt nichts anderes, als dass LNG in der Gesamtökobilanz genauso schlecht oder sogar schlechter abschneidet als Kohlekraftwerke. Und wieder einmal darf man fragen, ob das Politdrama um die schnellere Abschaltung unserer Kohlekraftwerke genauso wie der hektische

Ausstieg aus der Atomenergie nicht eher ideologisch getrieben war als vom nüchternen Blick auf die Fakten. Darüber hinaus moniert der BUND, dass die Bundesregierung und die Länder »keine belastbaren Berechnungen vorgelegt (haben), die belegen, dass weitere Terminals in Deutschland notwendig sind«.[15] Aktuell könne Flüssiggas mittels Lkw oder Pipeline über Terminals in Belgien (Zeebrügge), Frankreich (Dunkerque) und in den Niederlanden bezogen werden. Sie seien in der Vergangenheit nur zu ca. 25 % ausgelastet gewesen. Das bestätigt auch die »Stimme« der deutschen Gaswirtschaft, »Zukunft Gas«. Die neuen deutschen LNG-Terminals werden für die Versorgung mit Gas mengenmäßig eigentlich nicht gebraucht, sagt der Lobbyverband. Sie sind so etwas wie eine strategische Reserve, ein Sicherheitsfaktor in der Gasversorgung.

Den Umweltschützern sind die LNG-Terminals natürlich auch deswegen ein Dorn im ökologischen Auge, weil aus ehemals naturbelassenen Landschaften (z. B. rund um Lubmin) nun Industriestandorte werden – mit gravierenden Auswirkungen auf die Ökologie der Küsten und der Meeresflora und -fauna, auf den Tourismus und natürlich auf die Lebensqualität der Menschen vor Ort. Das ist schon ein echter grüner Bumerang: Da wetterten sie einst gegen Atom und Kohle, müssen schon Offshore-Windparks hinnehmen, obwohl vor ein paar Jahren die Meeresfauna – Stichwort: Schweinswale in der Ostsee – ja noch als heftig von Windkraftanlagen bedroht galt, und nun bekommen sie LNG-Terminals an den schönsten und wertvollsten naturbelassenen Küsten Deutschlands. So wird das nichts! Ob nicht stattdessen Investitionen in großskalige Energieeinsparprojekte und in die Umstellung treibhausgasarmer Produktionstechnologien zielführender wären?

Das alles, diese gesamte Entwicklung, wurde seinerzeit natürlich angetrieben durch den russischen Angriffskrieg auf die Ukraine und das damit verbundene Versiegen des russischen Erdgasstroms nach Deutschland. Die Angst vor einem kalten Winter hat zum LNG-Beschleunigungsgesetz geführt, um mit diesem Hebel Umweltverträglichkeitsprüfungen zu kippen oder zu reduzieren. Die Möglichkeit der Bürgerbeteiligung schrumpfte qua Gesetz auf ein Minimum zu einem Zeitfenster von zwei Wochen, und Naturerhalt bzw. Umweltschutz waren plötzlich unwichtig. Na gut. Die damalige Gasmangellage war in der Tat ein nachvollziehbares Handlungsmotiv eines Bundeswirtschaftsministers und einer Bundesregierung. Mittlerweile wollen wir überhaupt kein Gas mehr aus Russland kaufen, Putin soll ja empfindlich durch finanzielle Mindereinnahmen getroffen werden. Aber kann so ein Wirtschaftsembargo mit Ansage funktionieren? Wohl nicht wirklich. Über Drittländer wie etwa Aserbaidschan kommt nach wie vor russisches Gas nach Deutschland, auch über Umwege als Flüssiggas.[16] Offiziell wird das von der aserbaidschanischen Regierung bestritten. Aber merkwürdigerweise sind die dortigen Gasimporte aus Russland deutlich angestiegen. So viel Gas wird im eigenen Land gar nicht benötigt. Und der Gasexport aus Aserbaidschan nach Europa wächst ebenso: Von rund 120 Millionen Kubikmetern pro Woche im Jahr 2022 auf geplante 385 Millionen pro Woche bis 2027.

Die Vision von den negativen Emissionen

Nach dem Jahr 2050 strebt die Bundesregierung negative Emissionen an. Dann soll Deutschland mehr Treibhausgase in natürlichen Senken einbinden, als es ausstößt. Auch das ist eine hübsche grüne Annahme, immer vorausgesetzt, alles klappt wunderbar, der Netzausbau kommt schnellstens voran, alle nötigen technischen Neuerungen werden rechtzeitig erfunden und sind praktisch einsetzbar, und natürlich muss die Finanzierung gesichert sein. Da könnte es sein, dass mancher Stromkunde schon mal nach Frankreich schielt. Nicht unbedingt wegen der Atomkraftwerke, eher wegen der Gelbwesten. Die Franzosen gehen halt viel schneller und dann heftiger auf die Straße, wenn ihnen die Politik nicht passt. Na immerhin, gelbe Warnwesten haben wir ja alle im Auto. Sicherheitshalber. Für alle Fälle.

Also: Weitere 44 % der Gesamtstromerzeugung müssen bis 2045 klimaneutral sein – nach Adam Riese haben die aktuelle und die kommenden Bundesregierungen dafür 21 Jahre Zeit. Kleiner Haken: Bis dahin könnte sich unser Strombedarf verdreifachen auf dann knapp 1 500 Terawattstunden (TWh) mit 90 % Ökostrom!

Schon bis 2032 erwarten die Verteilernetzbetreiber nahezu eine Vervierfachung der Leistung der angeschlossenen Anlagen zur Erzeugung von Strom aus erneuerbaren Quellen in der Hochspannungsebene. Auf der Verbrauchsseite liegt ein besonderes Augenmerk auf der Frage, wie sich eine fortschreitende E-Mobilitätsdurchdringung auf die Verteilernetze auswirken wird. Bisher kamen verbrauchsbedingte Engpässe und Netzstabilitätsprobleme nur sehr selten vor. Jedoch erwarten die Verteilernetzbetreiber innerhalb der nächsten Jahre eine stark steigende Last durch E-Mobilität und Wärmepumpen sowie teilweise auch durch neue Stromspeicher. Und die Herstellung von Wasserstoff via Elektrolyse ist ja, wie später noch beschrieben wird, ein weiterer Faktor.

Um diese Entwicklungen in den netztechnischen Griff zu bekommen, sind erhebliche Investitionen erforderlich. Im März 2023 hatten die Übertragungsnetzbetreiber einen Plan für die Energiewende vorgelegt. Danach sind über 14 000 Kilometer neue Stromtrassen nötig. Dazu zählt auch die Suedlink-Verbindung von Brunsbüttel in Schleswig-Holstein nach Großgartach in Baden-Württemberg. Gut 700 Kilometer lang, sollte die Verbindung 2022 schon fertig sein, um eben überschüssigen Windstrom aus dem Norden in den Süden zu transportieren. Vier Gigawatt Leistung bietet die Hochspannungs-Gleichstrom-Übertragungsleitung, das entspricht in etwa vier Atomkraftwerken. Rechnerisch können damit rund zehn Millionen Haushalte mit Strom versorgt werden. Für den langen Übertragungsweg von Nord nach Süd wird Gleichstrom genutzt, weil so weniger Energie verloren geht. Konverter wandeln dann am Ende den Gleichstrom in Wechselstrom – denn dieser kommt ja bei uns aus der Steckdose.

Im Sommer 2023 konnte tatsächlich der Baubeginn verkündet werden. Endlich waren alle Trassenabschnitte genehmigt. Nach Angaben der beiden Übertragungsnetzbetreiber TenneT und TransnetBW, die die Leitung bauen, ist mit einer Fertigstellung der gesamten Trasse jetzt erst Ende 2028 zu rechnen.

Wie kann das sein? War nicht die Energiewende immer auch ein Herzensanliegen der Bürgerinnen und Bürger? Offenbar nicht, wenn die Leitung durch den eigenen Garten bzw. den eigenen Acker gehen soll. Proteste etlicher Bürgerinitiativen mussten befriedet werden, denn immerhin verläuft die Trasse insgesamt durch bzw. über ca. 20 000 Grundstücke. Einige der Grundstückseigentümer waren gar nicht bekannt. Damit hatten die Planer nicht gerechnet.

Zur Verzögerung beigetragen haben auch etliche Prüfverfahren, darunter 8000 Genehmigungen für Sonder- und Schwertransporte. Ein Meter Trassenkabel wiegt 42 Kilogramm. Da kommen zig Tonnen zusammen. Und für jeden Schwertransport ist eine eigene Genehmigung notwendig. Hier und da müssen Straßen stabilisiert werden, damit sie unter dem Druck der Lastwagenreifen nicht zerbröseln. Und wenn die Maße des beantragten Schwertransports am Abfahrtstag nur leicht abweichen, erlischt die Genehmigung sofort. Auch der Bau von Windparks bleibt übrigens hier und da im Wortsinn schon mal auf der Strecke, weil große Bauteile nicht über die Autobahn transportiert werden können.

Auch die bayerische Landesregierung hatte sich zunächst gegen die Trasse gewehrt – so lange, bis eine weitestgehende Erdverkabelung akzeptiert wurde. Klar, wo keine Hochspannungsmasten stehen, kann das Landschaftsbild nicht verschandelt werden. Leider haben sich dadurch die Baukosten deutlich erhöht – auf nunmehr zehn Milliarden Euro, so die Prognose der beiden Betreiber

TenneT und TransnetBW. Freilich sind das »nur« die Kosten für die eigentliche Trasse. Allein die Konverter, um aus Gleichstrom Wechselstrom zu machen, schlagen mit mehreren 100 Millionen Euro zu Buche. Hinzu kommen etliche weitere Maßnahmen auf der Ebene der Verteilernetze. Da geht es sozusagen auch um das Trafohäuschen um die Ecke. Insgesamt kommen hier laut Angaben von mehr als 80 befragten Verteilernetzbetreibern Kosten in Höhe von weiteren 80 Milliarden Euro zusammen, bezogen auf die nächsten fünf bis zehn Jahre.

Re-Dispatch und Einspeisemanagement

Aufgrund jahrelanger Erfahrung, festgehalten in entsprechenden Statistiken, und der jeweiligen aktuellen Prognosen bzw. Anmeldungen des Strombedarfs von Großverbrauchern können die Übertragungsnetzbetreiber den täglichen Strommarkt ganz gut planen – dispatchen, wie es in der Fachsprache heißt. Mit zunehmender Zahl der dezentralen Energiequellen, also vor allem Windparks und Photovoltaikanlagen und des damit verbundenen schwankenden Stromangebots, werden immer häufiger Maßnahmen zur Anpassung der Leistungseinspeisung von Kraftwerken erforderlich, sogenanntes Re-Dispatch. Und das geht ganz schön ins Geld. Die Bundesnetzagentur schreibt in ihrem Monitoring-Bericht 2022, dass im Vergleich zum Vorjahr das Maßnahmenvolumen für Netzengpassmanagementmaßnahmen im Jahr 2021 insgesamt deutlich gestiegen ist. Entsprechend sind die vorläufigen Gesamtkosten für Netzengpassmanagementmaßnahmen (Einspeisemanagement, Re-Dispatch inkl. Countertrading sowie Einsatz und Vorhaltung Netzreserve) ebenfalls deutlich gestiegen und liegen bei rund 2,3 Milliarden Euro. Im Vorjahr, also 2020, waren es »nur« 1,4 Milliarden Euro.

Derzeit kristallisiert sich ein weiterer, einigermaßen neuer Faktor im Strommarkt heraus: Die Zunahme von Rechenzentren.

Während der Stromverbrauch im Jahr 2010 noch bei rund zehn TWh lag, lag er im Jahr 2020 schon bei rund 16 TWh.[17] Und die Übertragungsnetzbetreiber weisen im Entwurf des Szenariorahmens einen zusätzlichen Stromverbrauch für Rechenzentren von bis zu 50 TWh im Jahr 2045 aus. Unsere schöne neue digitale Welt erweist sich also als wahrer Klimakiller – solange nicht alle Rechenzentren mit Ökostrom laufen. Und solange nicht die Abwärme der Computer und Server z. B. für die Nahwärmeversorgung genutzt wird. Jedenfalls Stand Ende 2023 halten wir fest: Jeder Videostream, jede Videokonferenz, ja jede einzelne Mail hat einen ökologischen Rucksack – und der wird in der Summe auch noch immer größer.

Die Sensoren-Invasion

Im Zuge des Umstiegs auf die quasi komplette Versorgung mit erneuerbaren Energien muss sich also aus physikalischen Gründen das Erzeugungs- und Verteilungsdesign völlig ändern. Und dabei geht es – Sie ahnen es sicher schon – bei Weitem nicht nur um die Verlegung von zig Kilometer langen Überlandleitungen. Wir erleben gerade, wie aus relativ wenigen Stromeinspeisepunkten der Großkraftwerke nun etliche Zehntausend Einspeisepunkte werden, die auch noch mit extrem unterschiedlicher Leistung daherkommen. Also von großen Offshore-Windparks über professionell betriebene Solarstromfelder bis hin zu privaten Photovoltaikanlagen und neuerdings auch noch Unmengen kleiner sogenannter Balkonkraftwerke auf PV-Basis mit durchaus attraktiver Förderung. Und die Tendenz ist steigend – das muss auch so sein, um künftig unseren Strom komplett regenerativ herzustellen. Mal abgesehen von der neuen Fassadenästhetik, die wir dann wohl oder übel aushalten müssen: Über kurz oder lang bedeutet das Hunderttausende neue Stromeinspeisepunkte im Netz. Der Zubau von Windparks kommt ja gerade (Stand Anfang 2024) auch wieder in Schwung[18]. Also noch mehr dezentrale Stromeinspeisung. Der Netzausbau aber hinkt seit Jahren hinterher – und da geht es nicht nur um Stromleitungen (s. o.). Und das alles, auch die digitale Steuerungssoftware, muss ja irgendwie mit dem europäischen Verbundnetz zusammenpassen. Irgendwie – die große Lösung dafür ist bisher (Stand Anfang 2024) nicht in Sicht.

In der neuen Energiewelt mit dem neuen Stromnetz-Design müssen also erhebliche Vorkehrungen getroffen werden, um die Stabilität der Netze (Hochspannung, Mittelspannung, Niederspannung) 24 Stunden am Tag und sieben Tage in der Woche vollumfänglich zu gewährleisten. Wie schon erwähnt, lässt sich aufgrund des volatilen Charakters der erneuerbaren Energien (viel Wind / wenig Wind, viel Sonne / wenig Sonne) die Stromerzeugung bestenfalls nach unten anpassen, indem z. B. Windkraftanlagen vom Netz genommen werden.

Erforderlich im neuen Stromnetz-Design ist die Regelung der Strom*verbraucher*. Deswegen müssen alle größeren Elektrogeräte kommunizieren können – eben via Internet, wie die »Markant DoppelPlus« von Lara Craft. In Echtzeit werden die Daten Stromangebot und Stromnachfrage miteinander verglichen. Ist viel Strom im Netz, laufen Waschmaschinen, Kühlschränke und Autoladestationen. Ist die Ausbeute aber gering, gehen Waschmaschinen in Stand-by, in Tiefkühltruhen wird es wärmer – aber nicht so, dass das Gefriergut auftaut. Autos an Privatanschlüssen werden nicht geladen bzw. wenn unbedingt gewollt, dann zu einem exorbitant hohen Strompreis. Apropos Strompreis: In der neuen Welt wird er sich möglicherweise minütlich ändern, eben abhängig von Angebot und Nachfrage. Lara Craft würde dann viel Geld fürs Wäschewaschen sparen, wenn sie ihrem Stromanbieter erlaubt, die »Markant DoppelPlus« nur dann ferngesteuert anzuschalten, wenn die Stromnachfrage gering ist und damit auch der Preis pro Kilowattstunde niedrig. Wir Verbraucher werden eine ganze Weile brauchen, um unser Verhalten entsprechend zu organisieren. Die Quittung kommt dann mit der nächsten Stromrechnung – so oder so.

Das alles setzt eine gigantische Steuerungstechnik voraus. Es braucht zig Millionen Messpunkte und Sensoren, um ständig Stromangebot und Stromnachfrage zu synchronisieren. Übrigens in der Folge dann auch mit dem europäischen Stromnetz. Denn Deutschland und die anderen europäischen Länder sind schon immer in einem übergreifenden Netz zusammengeschlossen. Täglich werden gewaltige Strommengen hin- und hergeschickt. Es kann also sein, dass eines Tages die französischen Atomkraftwerke mit ihrer stabilen 50-Hertz-Leistung das deutsche Ökostromnetz so absichern, dass ein Blackout verhindert werden kann.

Jedenfalls sind künftig viele Parameter im Netz zu überwachen und zu steuern. Johanna Myrzik, Professorin am Institut für Automatisierungstechnik an der Universität Bremen, hatte im Juni 2023 im Rahmen eines Workshops einen Überblick dazu gegeben[19]:

»Das neue Netz muss wesentlich zur Frequenz und Spannungsstabilisierung beitragen, es muss eine Flexibilität für Leistungen in den nachgeordneten Niederspannungsnetzen bieten und es muss auf sehr unterschiedliche Lasten reagieren können. Gleichzeitig erwächst daraus eine völlig neue Flexibilität für das sich parallel entwickelnde neue Strommarkt-Design. Ein neuartiges Management für überschüssige und fluktuierende Strommengen inklusive der Weiterleitung ist notwendig, sowie die Fähigkeit, innerhalb der neuen Strukturen einen »Black Start« zu bewerkstelligen – das heißt das langsame Hochfahren des Netzes nach einem Blackout, indem nach und nach große Stromverbraucher wieder dem Netz zugeschaltet werden.«

Das alles funktioniert nur, wenn das künftige Stromnetz weitgehend digitalisiert ist und eine ebenfalls weitgehend automatische Regelung durch die Verarbeitung von in Echtzeit erhobenen und ausgewerteten Daten möglich wird. Dazu wird natürlich eine zentrale, gigantische Datenplattform benötigt, die es Stand Anfang 2024 noch nicht gibt. Digitale Zwillinge für das Netz und den

Strommarkt / die Strombörse sind notwendig, um virtuell nachvollziehen zu können, wie sich das Netz »da draußen« verhält. Über Simulationen im digitalen Zwilling ließen sich dann Fehler beheben, indem man bestimmte Prozeduren dafür erst einmal nur virtuell ausführt. Europaweit müssen gemeinsame Standards für Verbrauchs- und Lastmessung eingeführt werden, sonst funktioniert ein digitales Netz nicht. Das bedeutet für uns »normale« Stromkunden: Wir bekommen alle einen intelligenten Stromzähler, sogenannte Smart Meters, die so etwas wie die Schaltzentrale in der Wohnung sein werden. Damit allerdings wird unser Stromverbrauch gläsern, es kann nachvollzogen werden, wann welches Gerät wie lange läuft. Ob das Konsequenzen für den Datenschutz hat, ist noch ungeklärt. Natürlich müssen auch alle Verteiler- und Trafostationen im Netz digital aufgerüstet werden, denn nur so kann es eine automatische Kontrolle und die Einleitung entsprechender Regulierungsmaßnahmen bei Netzüberlastung geben. Das heißt im Klartext: Es kommen enorme Kosten auf uns zu.

Was für den heimischen Herd und die »Markant DoppelPlus« noch einigermaßen überschaubar sein wird, stellt die Industrie als Stromgroßabnehmer vor ungeahnte Herausforderungen. Stellen Sie sich einfach mal ein Autowerk vor. Teil für Teil werden die Fahrzeuge am Fließband montiert, sie bewegen sich gemächlich so lange durch die Werkhalle, bis am Ende ein fertiges Auto vom Band rollt. Das braucht Strom, sehr viel Strom. Tausende Elektromotoren, Pumpen, elektrische Werkzeuge und natürlich Beleuchtung: Künftig müssen solche Vorgänge viel präziser geplant werden, die Energieeffizienz wird eine noch größere Rolle spielen, der flexible Strompreis zwingt dazu, Strom dann zu kaufen und in eigenen Batterien zu speichern, wenn der Preis niedrig ist. Ansonsten werden Fabriken einen erheblichen Wettbewerbsnachteil erleiden. Übrigens: Europaweit gesehen verbrauchen Antriebs- und Stellmotoren in Fabriken rund 25 % des erzeugten Stroms!

Kurz gesagt: Das Stromnetz mutiert zu einer Art »digitalem Wesen«, die Millionen Messpunkte liefern den Input, intelligente

Software auf Basis von KI sorgt für die Steuerung. Wie schnell das alles wohl umsetzbar ist? Eine gewisse Skepsis ist da berechtigt. Und, ehrlich gesagt, aus den Reihen der politischen Verfechter der Energiewende hat man zu dieser Thematik bisher noch nichts gehört. Um allen möglichen Missverständnissen vorzubeugen: Das fossile Zeitalter hat seinen Peak erreicht. Erneuerbare Energien müssen so schnell wie möglich die Basis der globalen Energieversorgung werden. Das meinen auch Expertinnen und Experten des Deutschen Zentrums für Luft- und Raumfahrt (DLR) und der Universität Bremen. Während ihres Workshops im Sommer 2023[20] zu Fragen der Netzstabilität sagten sie laut und deutlich, wo es noch klemmt. Wer dort zugehört hat, dem wurden sozusagen die energietechnischen Augen geöffnet.

Und noch etwas: Ein digitales Netz ist um Größenordnungen anfälliger für Hacker. Theoretisch kann jeder Sensor, jedes digitale Modul als Einfallstor genutzt werden. Dass kriminelle Hacker den Softwareentwicklern ständig eine Nasenlänge voraus sind, zeigt ein Vorkommnis Ende Oktober / Anfang November 2023. Gleich 70 Kommunen in Nordrhein-Westfalen wurden lahmgelegt. Nichts ging mehr. Kein Auto an- oder ummelden, keine Ausstellung von Dokumenten, Bürgerbüros mussten komplett schließen. Die Hackergruppe Akira verlangte Lösegeld, um die Systeme wieder freizugeben, zahlen allerdings wollten die Kommunen nicht. Einzige Gegenmaßnahme: das komplette Herunterfahren aller IT-Systeme und die Sicherheitslücke mühsam suchen. Der Digitalverband Bitkom warnt, Cyberangriffe hätten sich mittlerweile zur größten Bedrohung der deutschen Wirtschaft entwickelt. Schadensumme in den Monaten September 2022 bis August 2023: knapp 150 Milliarden Euro. Nicht auszudenken, wenn so etwas im Stromnetz passiert. Ausgeschlossen ist das bei Weitem nicht. Denn die Cyberkriminellen gehen den Weg des geringsten Widerstandes, und der führt u. a. durch zig Millionen »digitale Türen« im automatisierten Stromnetz.

Das Wärmepumpen-Desaster

Seit ein paar Jahren nun schon wird Energie bei uns »gewendet«. Atom geht gar nicht, ist ja nun auch vorbei. Kohle und Gas als fossile Träger bereiten einigen vorwiegend »grünen« Menschen schlaflose Nächte und hitzige Debatten. 80 % erneuerbare Energien im deutschen Stromnetz – das ist der Plan bis 2030. Nur die Anleitung zur Umsetzung bleibt mehr als vage.

Räumen wir zwischendurch mal mit einem Vorurteil auf: Das klimapolitisch viel gescholtene China trägt derzeit zu 55 % weltweit zum Zubau der erneuerbaren Energien bei. Und nicht nur das: Eine Studie des European Parliamentary Research Service (EPRS) vom Dezember 2022 mit dem Titel »EU – China: European expert consultation on future relations with China« stellt fest, dass China auf den Gebieten Solar- und Windenergie, Lithiumbatterien, Wärmepumpen und Kohlenstoffabscheidungstechnologien führend gegenüber der Europäischen Union ist. Noch vor zehn Jahren war es umgekehrt.[21]

Das geht im Reich der Mitte, weil nur einer das Sagen hat. Da hat es eine Demokratie schwerer, vor allem dann, wenn sich selbst die Bundesregierung nicht einig ist, wie Energiewende denn gehen soll. Der »Heizungshammer« *(Bild-Zeitung)* wird beim grünen Wirtschaftsminister Robert Habeck noch sehr lange über dem Schreibtisch hängen. Das inhaltlich unzureichende Gebäudeenergiegesetz, katastrophal unprofessionell kommuniziert, hat den Grünen erheblich geschadet.

Eine professionell vertane Chance. Hier wiegt vor allem das Anpreisen über das Klimaschutzargument schwer. Der behauptete Effekt von Millionen Wärmepumpen in deutschen Heizungskellern zur Rettung des globalen Klimas ist schlicht unzutreffend. Deutschlands Anteil am globalen CO_2-Ausstoß liegt bei knapp 1,5 %, der wärmebedingte CO_2-Anteil liegt bei 0,6 %. Wenn wir alle Wärmepumpen hätten, die natürlich mit Ökostrom laufen müssten, wenn ganz Deutschland CO_2-neutral wäre, selbst dann würde es am Klimawandel nichts ändern. Was also läuft falsch?

Robert Habeck ist doch vor allem Wirtschaftsminister. Da wäre es klug gewesen, die Wärmepumpen-Offensive in einen anderen Zusammenhang zu stellen. Ungefähr so: Vor allem in China, aber auch in den USA, kommen neue Märkte in Gang, eben auch für Wärmepumpen. Die Aussicht auf enorme Wachstumsraten machen Investitionen in diesen Sektor hochinteressant. Eine nationale Technologiestrategie mit viel Förderung für die Ausbildung von Ingenieuren, Technikern und Planern wäre da ein herausragender Ansatz gewesen, mit viel Unterstützung für junge Startups und die Unternehmen, die bisher in diesem Bereich tätig sind. Darüber hinaus verbunden mit der Ansage, so neue Arbeitsplätze zu schaffen, um in dem sich abzeichnenden neuen Weltmarktsegment nicht nur Schritt halten zu können, sondern ganz vorne in der ersten Reihe auch bei der Forschung mitzuspielen. Das wäre für viele Menschen überzeugend gewesen. Der Wirtschaftsminister hätte prima Presse gehabt. Das Thema Klimaschutz wäre da bestenfalls im Kleingedruckten vorgekommen – und die Wärmepumpensparte von Viessmann wäre vielleicht in Deutschland geblieben[22].

Wer aber grüne Scheuklappen trägt und fast ausschließlich auf seine Beraterblase hört, sieht das Nächstliegende nicht mehr bzw. will es nicht sehen. Wenn im Wärmebereich Energie und somit CO_2 gespart werden soll, dann ist doch der erste Schritt, den Verbrauch fossiler Energieträger so schnell wie möglich zu reduzieren. In einem gedämmten Haus kann dann später auch die Wärmepumpe ein paar Nummern kleiner ausfallen. Das sagt einem schon der gesunde Menschenverstand, doch das Bundesministerium für Wirtschaft und Klima (BMWK) ist durchaus anderer Ansicht. Auf unsere entsprechende Anfrage bekamen wir am 5. Mai 2023 diese Antwort: »Es gibt aber mittlerweile moderne Wärmepumpen, wo eine Dämmung oder Fußbodenheizung o. Ä. nicht in der Form nötig ist.« Ja, klar. Aber diese modernen

Wärmepumpen lassen auch den Stromzähler ein paar Umdrehungen schneller rotieren, und ohne Dämmung eben noch eine Ecke flotter, weil sie entsprechend größer dimensioniert werden müssen. Sie ziehen ohnehin schon gewaltig elektrischen Saft – so um die 6000 kWh pro Jahr bei einem durchschnittlichen Einfamilienhaus. Das ist dann so ziemlich die schlichte Verdopplung des bisherigen Strombedarfs.

Schöner Traum vom grünen Wasserstoff

Wundermittel Wasserstoff. So wird das Gas allenthalben gepriesen. Was stimmt: Wasserstoff oder H_2, so die chemische Formel, ist im Prinzip ein universeller Energieträger. Das Gas kann direkt verbrannt werden, etwa um zu heizen, man kann es über Gasturbinen zur Stromerzeugung verwenden, und man kann Motoren damit antreiben. Hergestellt wird es mit Ökostrom via Elektrolyse. Also ist das Gas auch ein zuverlässiger Energiespeicher, wenn man im Netz überschüssigen Ökostrom in H_2 umwandelt. Es muss aber Ökostrom sein, denn nur dann handelt es sich um »grünen« Wasserstoff, nur dieser kann wirklich einen Beitrag zur CO_2-Neutralität leisten.

Leider kommt H_2 in der Natur so gut wie nicht vor. Also brauchen wir die technische Erzeugung per Elektrolyse. Der elektrische Strom zerteilt dabei Wasser in seine Bestandteile H_2 (Wasserstoff) und O (Sauerstoff). Das Verfahren ist ewig bekannt, bereits im 17. Jahrhundert gab es erste Forschungsarbeiten. Der englische Naturforscher Michael Faraday untersuchte die Elektrolyse genauer und entdeckte ihre Grundgesetze. Zudem erdachte er die Begriffe »Elektrolyse«, »Elektrode«, »Elektrolyt«, »Anode« und »Kathode«, festgehalten in seinen wissenschaftlichen Arbeiten aus den Jahren 1832–1834. Der Science-Fiction-Autor Jules Verne ließ sein U-Boot *Nautilus* mit einem Antrieb durch die Ozeane tauchen, der Meerwasser als Energiequelle nutzte; sein Werk

20 000 Meilen unter dem Meer erschien 1869. Hatte Monsieur Verne da schon die Brennstoffzelle auf Wasserstoffbasis für U-Boote beschrieben? Möglich wäre das, und viele Kapitän-Nemo-Fans glauben es.

Das Problem: Bei der Herstellung von H_2 gibt es erhebliche Energieverluste – bis zu satten 30 %! Zahlenbeispiel: 2050 könnte in Deutschland der Bedarf an Wasserstoff bei rund 600 Terawattstunden liegen. Dafür sind aber 900 Terawattstunden Strom nötig – aufgrund der Umwandlungsverluste. Der Nettostromverbrauch in Deutschland lag 2022 bei rund 490 Terawattstunden, sagt das Bundeswirtschaftsministerium. Merken Sie etwas? So wird das nichts, die Wasserstoffrechnung kann so nicht aufgehen.

Deutschland wie auch andere europäische Länder müssen unvorstellbar große Mengen Wasserstoff importieren, wenn sie diesen Energieträger tatsächlich als festen Baustein eines künftigen klimaneutralen Energiemix einbauen wollen. Fragt sich nur: Aus welchen Ländern soll denn der Wasserstoff kommen? Klar bieten sich z. B. die sonnenreichen nordafrikanischen Staaten an. Selbst wenn es gelingt, die notwendigen technischen Anlagen dort zu errichten – die Unsicherheiten der politischen Systeme bleiben. Gerade haben wir gespürt, wie dramatisch es zugeht, wenn uns jemand die Gaspipeline zudreht. Das gleiche Risiko gehen wir ein, wenn wir uns von wasserstoffproduzierenden Ländern mit unsicheren Regimes abhängig machen.

Dennoch: Wasserstoff wird natürlich eine Rolle spielen (müssen). Sinnvoll dabei sind »große« Lösungen, bei denen Wasserstoff so weit wie möglich vor Ort erzeugt und genutzt wird – so wie im hyBit-Projekt in Bremen.

Das Wasserstoff-Stahlwerk mit doppeltem »hyBit«-Projekt

»HyBit« steht für »Hydrogen for Bremen's industrial Transformation«. Und es gibt es gleich zweimal, mit großem H vorn und mit kleinem h – etwas verwirrend, erklärt sich aber aus der Entstehungsgeschichte. »hyBit« meint die Umsetzung von zehn Megawatt grüner Energie für die Wasserstoff-Elektrolyse mit lokalen Fördermitteln des Landes Bremen. »hyBit« ist ein vom Bundesministerium für Bildung und Forschung (BMBF) gefördertes, groß angelegtes Forschungsprojekt. Es hat zum Ziel, grundlegendes Wissen zum Aufbau der Wasserstoff-Wirtschaft in Norddeutschland zu erarbeiten. Zentraler Bestandteil ist der Aufbau einer Transformationsplattform, mit der alle Daten, Messungen, Modelle, Indikatoren und Forschungsergebnisse gebündelt und ausgewertet werden. Das von der Universität Bremen geleitete Projektkonsortium wird von 19 Partnern aus Wissenschaft und Industrie getragen. Die breit gefächerte, fachübergreifende Expertise des Projektkonsortiums bietet alle Voraussetzungen für den stark interdisziplinär geprägten Forschungsansatz von »hyBit«.

Unter der Leitung des Bremer Forschungszentrums für Energiesysteme (BEST), vertreten durch Dr. Torben Stührmann in Kooperation mit dem Fachbereich Produktionstechnik – Maschinenbau & Verfahrenstechnik und dem artec-Forschungszentrum für Nachhaltigkeit, arbeiten mehrere Arbeitsgruppen mit einem Mix vielfältiger wissenschaftlicher Methoden auf folgende Ergebnisse hin:

- Fahrplan für die Gestaltung einer grünen, wasserstoffbasierten nachhaltigen Industrie, eines sogenannten Wasserstoff-Hubs, für ganz Norddeutschland am Beispiel des Bremer Industriehafens
- Digitaler Zwilling des Projekts

- Gestaltungskonzept für einen Sicherungsprozess, um im Krisenfall die Verfügbarkeit unterschiedlicher Ressourcen wie Wasserstoff, Strom, Wärme, Logistik etc. gegen innere und äußere Schocks zu schützen
- Vernetzungskonzept von Wasserstoffakteuren aus Politik, Wirtschaft und Wissenschaft zum Aufbau einer starken norddeutschen Wasserstoff-Ökonomie

Zentrale Aufgabe von »hyBit« ist es, so zu moderieren, dass alle Stakeholder-Gruppen eingebunden sind.

Und natürlich muss ja der Wasserstoff überhaupt erst mal von A nach B kommen; Deutschland braucht dafür ein Wasserstoff-Pipelinesystem. Das bestehende Erdgasnetz ist dafür nur bedingt geeignet. Wasserstoffmoleküle sind sehr klein und deswegen »flüchtig«. Rohre müssen wasserstoffundurchlässig sein, die Verbindungen entsprechend dicht, Ventile und Pumpstationen auch. Bestenfalls ein Drittel des bestehenden Erdgasnetzes erfüllt diese Anforderungen. Mitte November 2023 gab die Bundesregierung bekannt, dass sie im ersten Schritt den Aufbau eines Kernnetzes plant, mit dem große Verbrauchs- und Erzeugungsregionen für Wasserstoff in Deutschland erreicht und so wesentliche Wasserstoffstandorte, z. B. große Industriezentren, Speicher, Kraftwerke und Importkorridore, angebunden werden sollen. Das Kernnetz soll demnach bis 2032 in Betrieb gehen und 9700 Kilometer Leitungen umfassen. Die Fernleitungsbetreiber erwarten Investitionskosten in Höhe von 19,8 Milliarden Euro.

Es zeichnet sich also eine durchaus sinnvolle Parallelentwicklung ab. Bei »hyBit« geht es um sehr viele Detailaspekte, vor allem aber natürlich um das Stahlwerk im Bremer Industriehafen. Und das hat einen gewichtigen Grund: Es steht für knapp 60 % der gesamten Bremer CO_2-Emissionen. Diesen Ausstoß auf (nahe) null zu bringen, soll mit dem Energieträger Wasserstoff gelingen. Um zu verstehen, worin dabei die technischen Herausforderungen bestehen, werfen wir kurz einen Blick auf die Stahlherstellung, sozusagen im Schnelldurchgang:

Die wichtigsten Rohstoffe für die Stahlerzeugung sind Eisenerz, Koks und Kalkstein. Eisenerz wird aus Minen bergbautechnisch gewonnen. Dann muss das Eisenerz zerkleinert und gewaschen werden, um Verunreinigungen zu entfernen. So entsteht ein einigermaßen feines Pulver, das als Roherz oder Eisenoxid bezeichnet wird. Das Roherz, Koks (über sogenannte trockene Destillation aus Kohle gewonnen) und Kalkstein werden von oben in einen Hochofen geladen. Das ist ein gewaltiges Ungetüm, mehr als 30 Meter hoch und natürlich feuerfest, denn darin wird das Roheisen erzeugt. Unter dem Hochofen wird durch ein Gebläse heiße Luft zugeführt, der Koks im Ofen verbrennt bei einer Temperatur von ungefähr 1500 °C.

Jetzt kommt eine chemische Reaktion in Gang, der Kohlenstoff im Koks reagiert mit dem Sauerstoff im Eisenoxid. Es entstehen metallisches Eisen (Fe) und Kohlenstoffmonoxid (CO). Leider reagiert ein erheblicher Teil des erzeugten Kohlenstoffmonoxids unvermeidlich weiter zu Kohlenstoffdioxid (CO_2).

Der gesamte CO_2-Ausstoß aus der Eisen- und Stahlindustrie macht 7–8 % der globalen CO_2-Emissionen aus – das ist in etwa die CO_2-Last von Indien! Das ist der Grund, warum es im Sinne von effektivem Klimaschutz so wichtig ist, diese gewaltigen CO_2-Quellen wirksam zu stopfen. Hier sind Subventionsmilliarden sehr gut eingesetzt, wenn man Klimaschutz – global gedacht – wirklich will.

Was ändert sich nun durch den Einsatz von Wasserstoff (H_2) bei der Stahlherstellung? Der springende Punkt ist die Reduktion von Sauerstoff im Eisenoxid. Diese Aufgabe hat ja bisher der Koks wunderbar, aber eben ziemlich klimaschädigend erledigt. Wasserstoff macht das besser, sofern er klimaneutral über erneuerbare Energien erzeugt wurde – was natürlich die Voraussetzung für den Einsatz von H_2 ist. Statt Koks kommt nun H_2 in den Hochofen. Wieder beginnt die chemische Reduktionsreaktion, der Wasserstoff entzieht dem Eisenoxid Sauerstoffatome. Unter dem Strich heißt das für die Stahlherstellung (die variantenreich je nach Anforderung an den Stahl noch ein bisschen weitergeht, was aber für unsere Thematik getrost weggelassen werden kann): Das schädliche CO_2 ist raus, dafür gibt es als »Abfall« H_2O – also Wasser bzw. Wasserdampf, weil alles ziemlich heiß ist.

Im künftigen neuen Prozess kommt u. a. Stahlschrott mit in die Schmelze, die enorme Hitze dafür (ca. 3500 °C) wird dann elektrisch erzeugt, im Lichtbogenofen – »EAF« (»Electric Arc Furnace«) ist die Fachabkürzung für die Stromfresser. So, jetzt haben wir also »grünen« (Roh-)Stahl, nahezu CO_2-neutral. Na prima, legen wir los, warum machen wir das nicht einfach so?

Darüber haben wir mit Jürgen Fries gesprochen, dem Chefstrategen in Sachen Wasserstoffumstellung beim Stahlwerk ArcelorMittal in Bremen. Das Werk gehört zu einem international aufgestellten Konzern mit formalem Sitz in Luxemburg und operativer Geschäftsleitung in London. Produktionsstätten gibt es in 16 Ländern. Flachstahl, Langstahl, Bleche und Formteile werden rund um den Globus geliefert. Dafür sorgen weltweit 154 000 Mitarbeiter (davon 9100 in Deutschland). Im Jahr 2022 erzielte ArcelorMittal einen Umsatz von 79,8 Milliarden US-Dollar bei einer Rohstahlproduktion von 59 Millionen Tonnen. So jedenfalls ist es dem Nachhaltigkeitsbericht 2022 zu entnehmen.

Herr Fries, wie soll die Umstellung auf Wasserstoff ablaufen?

Wir werden zunächst notwendigerweise Erdgas für die Reduktionsreaktion nutzen – schlicht, weil es verfügbar ist. Und Erdgas hat schon einen hohen Anteil an Wasserstoff, auch deswegen ist die Emission deutlich geringer, so um 40–50 %. Das sieht man in unserem Werk in Hamburg sehr schön, wo das Verfahren bereits seit 1970 angewendet wird. Bremen und andere Werke, die nach dem klassischen Hochofenverfahren Stahl herstellen, liegen bei ca. 2000 Kilogramm CO_2-Emissionen pro Tonne Rohstahl. Eine erdgasbetriebene Direktreduktionsanlage mit einem

Elektrolichtbogenofen liegt heute bei nur etwa 600 Kilogramm, also weniger als einem Drittel. Rechnet man das weltweit hoch, kämen erhebliche CO_2-Einsparungen zustande. Wichtig ist auch, dass das Verfahren schon technologisch etabliert ist. Bis wir dann einen reinen Wasserstoffbetrieb haben, wird es aber bis weit in die 2030er-Jahre dauern.

Warum dauert es so lange?

Die Reduktion mit reinem Wasserstoff ist für die Stahlherstellung völlig neu. Wir müssen forschen, testen, Erkenntnisse gewinnen. So läuft der Prozess in einem ganz anderen Temperaturfenster als bei der Reduktion über Koks. Wir brauchen diese Hochlauframpe über Erdgas hin zu Wasserstoff. Selbst wenn wir 2024 eine komplette Wasserstoffversorgung hätten und eine H_2-Direktreduktionsanlage betriebsbereit wäre, könnten wir nicht starten, weil wir noch lange nicht alle für den Prozess notwendigen Erkenntnisse gewonnen haben.

Davon abgesehen kann im Moment von einer gesicherten Wasserstoffversorgung noch nicht einmal im Ansatz die Rede sein.

Korrekt. Wasserstoff ist in der Menge nicht vorhanden. Allein für den Standort Bremen würden wir ca. 150 000 Tonnen pro Jahr benötigen, um unsere rund 3,45 Millionen Tonnen Rohstahl zu erzeugen. Jetzt schauen wir mal auf den grünen Strombedarf für Elektrolyse, Betrieb der Anlagen und natürlich für die Elektroöfen, die dann zum Einsatz kommen. Dann reden wir von einer elektrisch installierten Leistung von rund einem Gigawatt. Das ist die Leistung eines Kernkraftwerks oder eines ziemlich großen Windparks mit ca. 160 Windrädern, wenn wir von einer Einzelleistung von – Stand heute – sechs Megawatt pro Generator ausgehen. Nur für unser Stahlwerk! Das heißt, ohne Wasserstoffimporte wird es nichts werden. Und wir brauchen in Deutschland, und eigentlich europaweit, eine neue Wasserstoffinfrastruktur mit sehr hoher Betriebssicherheit. Das wiederum ist eine politische Aufgabe, die dringend angegangen werden muss.

Also kommt der Wasserstoff künftig zum überwiegenden Teil aus dem Ausland. Abgesehen von neuen Abhängigkeitsrisiken: Wie soll denn der Wasserstoff zu uns kommen?

Wasserstoff wird ein globales Produkt werden. Länder mit hoher Sonneneinstrahlung und somit einem hohen Anteil an »grünem« Photovoltaikstrom könnten zu den größten Erzeugern gehören, z. B. Südafrika oder Australien. Der Transport nach Nordeuropa wird mit Sicherheit nicht im komprimierten Zustand erfolgen. Das wäre viel zu teuer. Man müsste den Wasserstoff auf -250 °C runterkühlen, dann hat man flüssigen Wasserstoff. Nur so könnte man größere Mengen per Schiff transportieren. Derzeit gibt es weltweit aber nur ein einziges Schiff, das dafür ausgerüstet ist. Das fährt derzeit zwischen Australien und Japan im Versuchsstadium.

Also müssen andere Lösungen her. Wasserstoff kann ganz gut »huckepack« transportiert werden. Es gibt bestimmte flüssige Trägerstoffe, sogenannte LOHCs (Liquid organic Hydrogen Carriers), in die sich Wasserstoff über eine bestimmte chemische Reaktion einlagern lässt, allerdings auch wieder mit einem gewissen Energieaufwand. Im Empfängerland braucht man dann entsprechende Anlagen, um den Wasserstoff aus der Trägerflüssigkeit herauszuholen. Das sind im Prinzip etablierte Verfahren, allerdings haben wir einfach die Infrastruktur dafür nicht bzw. noch nicht.

Stahlproduktion mit Wasserstoff: Ist am Ende die Stahlqualität genauso gut?

Ja, wir reden tatsächlich vom selben Produkt, aber mit einem sehr deutlich verringerten CO_2-Fußabdruck. Das wird alle Kunden freuen, die ja bis tief in die Lieferketten Ökobilanzen erstellen müssen. Das neue Verfahren ermöglicht zudem eine höhere Beimischung von Schrott. Natürlich hängt das von der Beschaffenheit der Altmetalle ab. Aber wir sparen auf jeden Fall frische Rohstoffe ein.

Der künftige »grüne« Stahl wird – Stand Herbst 2023 – sage und schreibe rund 50 % teurer sein. Mit Blick auf die Konkurrenz, die nach wie vor Koks einsetzt, würden Sie ja auf einem unverkäuflichen Produkt sitzen bleiben.

Da die gesamte europäische Stahlindustrie auf Transformationsfahrt geht, wird es für alle teurer. Das heißt, der Markt muss diese Mengen aufnehmen bzw. bedienen. Die hohen Kosten kommen eben aus der Anwendung von Wasserstoff. Das ist der dickste Brocken in der Kalkulation. Wasserstoff macht dieses Produkt unsagbar teuer, weil der »grüne« Wasserstoff in der Herstellung so teuer ist. Auch deswegen ist es so wichtig, diese Transformation in Schritten über Erdgas zu gehen. Aber am Ende wird sich der Markt selbst regulieren. Das ist zumindest der Wunsch, den alle Stahlhersteller haben. Innerhalb von Europa wird das auch vernünftig laufen, da bin ich mir sicher. Das Problem wird aber akut für die Mengen, die außerhalb von Europa produziert werden und nach wie vor einen erheblichen CO_2-Fußabdruck haben. Wir hoffen sehr, dass das von der EU zum 1. Oktober 2023 eingeführte CO_2-Grenzausgleichssystem[23] greift. Dann würden alle CO_2-intensiven Güter mit demselben CO_2-Preis belegt wie bei uns. Diesen Mechanismus brauchen wir, um den Markt aufgrund der hohen Transformationskosten hin zum grünen Stahl letztendlich zu korrigieren.

Wie hoch sind die Investitionen für die Umstellung?

Für die erste Phase, also die Umstellung auf Erdgasbetrieb, rechnen wir mit rund 2,5 Milliarden Euro.

Wann soll die erste Phase abgeschlossen sein?

Das wird voraussichtlich 2027 der Fall sein.

Wie geht es denn mit den Genehmigungsverfahren und Förderzusagen voran?

Wir haben den Antrag bereits 2021 eingereicht, im sogenannten IPCEI-Verfahren, was für »Important Projects of common European Interest« steht, sind dann aber gemeinschaftlich mit allen Stahlherstellern aus diesem Verfahren rausgenommen worden, weil IPCEI mehr auf Forschung und Entwicklung zielt. Danach folgte ein neues Verfahren. Parallel dazu haben wir den vorzeitigen Maßnahmenbeginn beantragt, damit es vorangeht – allerdings auf eigenes Risiko. Aber das Verfahren ist langwierig. *Was heißt das genau?*

Das Verfahren ist folgendermaßen aufgebaut: Wir reden zunächst mit dem PTJ, dem Projektträger Jülich – einem Institut, das für das Bundesministerium für Wirtschaft und Klimaschutz (BMWK) arbeitet und das auch letztendlich vom BMWK gesteuert wird, genauso wie das Kompetenzzentrum Klimaschutz in energieintensiven Industrien (KEI) in Cottbus. Das sind praktisch Consultants, die die Projekte für das BMWK bewerten. Die reden dann mit den verschiedenen Abteilungen im Ministerium über alle Details. Und das BMWK wiederum redet mit der Europäischen Kommission, um prüfen zu lassen, ob die Subventionen mit EU-Recht vereinbar sind. Wir sind auch im regelmäßigen Austausch mit dem BMWK. Ich kann schon verstehen, dass alles genau geprüft werden muss. Am Ende wird mit Steuergeldern gefördert. Aber so, wie es im Moment läuft, ist es schwierig. Die Abläufe müssen deutlich verbessert und beschleunigt werden, denn immerhin geht es ja auch um das Erreichen der nationalen Klimaschutzziele.

Vom Bürokratie-Monster war schon an anderer Stelle die Rede. Die Förderverfahren in der Stahlindustrie scheinen auch nicht gerade windschnittig zu sein. Dabei ist doch klar: Kein Stahlwerk würde zig Millionen selbst investieren, wenn der CO_2-Footprint dadurch nicht erheblich reduziert werden könnte. Das sieht nach einem heftigen Widerspruch aus: Auf der einen Seite predigt die EU den selbst erfundenen »Green Deal« und die in Stein gemeißelten Klimaschutzziele. Auf der anderen Seite wird hier eine Chance blockiert, relativ einfach und schnell erhebliche Mengen CO_2 zu reduzieren. Denn in der Stahlindustrie sind die Transformationskosten hin zu null CO_2 gerade einmal halb so hoch wie in der Energiewirtschaft – das heißt, jeder Euro, der in die Stahlindustrie gesteckt wird, bringt den Klimaschutz sehr viel preiswerter voran. An der Stelle investieren, wo es den meisten Klimaschutz gibt – das gebietet allein schon der gesunde Menschenverstand. Wenn Stahlwerke in Deutschland in der Lage sind, CO_2 fast auf null zu bringen, dann steckt doch da eine Art »Blaupause« drin zur Umstellung von Stahl-, Aluminium-, Glas- und anderen energieintensiven Werken auf Wasserstoffbetrieb. Und das kann natürlich überall auf der Welt funktionieren. Das wär's doch: Klimaschutz »Made in Germany« muss Arbeitsplätze schaffen, zu Investitionen anreizen und vor allem exportfähig sein und werden. So ergibt sich ein neues deutsches Qualitätsmerkmal auf dem Weltmarkt, dank bester Ingenieurleistungen bei uns daheim. Wissen Sie, was? So wird das was!

Von finanziellen Taschenspielertricks und industrieller Transformation

Die Stahlindustrie auf Null-Emissions-Kurs bringen – natürlich ist dafür Geld erforderlich, aufgrund der sehr hohen Kosten ein Mix aus Privat- und staatlichen Investitionen. Die Regierungskoalition unter Olaf Scholz hatte bereits 2021 die verwegene Idee, Investitionsmittel auf die etwas andere Art zu »besorgen«. Der reguläre Haushalt war aufgrund der Schuldenbremse ausgereizt. Die Corona-Pandemie, so merkwürdig das auch klingen mag, wurde zum haushalterischen Rettungsanker. Denn das Grundgesetz sieht vor, zur Bekämpfung unabwendbarer Krisen ein sogenanntes Sondervermögen aufzulegen. Was so freundlich nach Omas Sparstrumpf klingt, ist nichts anderes als ein gigantischer neuer Schuldenberg – eben außerhalb des regulären Haushalts. Interessanterweise werden die Sondervermögen – sofern korrekt, das heißt zweckgebunden und im jeweiligen Haushaltsjahr ausgegeben – nicht auf die Schuldenbremse angerechnet. Kredit ist offenbar nicht gleich Kredit. Das verstehe, wer will. Jeder Privathaushalt, jeder Betrieb wäre nach dieser Finanzierungslogik längst pleite, keinen Cent würden Banken mehr verleihen. Jedenfalls: Vorbereitet vom damaligen Bundesfinanzminister und Finanzierungsexperten Olaf Scholz (der sich ja bekanntlich nicht an Details des Cum-Ex-Steuerskandals[24] der Warburg-Bank zu seiner Hamburger Zeit als Erster Bürgermeister erinnern kann), verständigten sich alle drei Parteien in den Koalitionsverhandlungen Ende 2021 auf die Transaktion, 60 Milliarden Euro an ungenutzten Krediten aus der Corona-Zeit in den Klima- und Transformationsfonds (KTF) zu verschieben. Offenbar für alle Beteiligten ein schönes Finanzpolster für spätere, meist grüne Vorhaben. Obwohl eine Bundesregierung über Hunderte von Fachleuten im Wirtschafts-, Finanz- und Justizministerium verfügt – alle drei Häuser waren einbezogen – und jeder normal denkende Mensch doch annehmen darf, dass diese Experten-Hundertschaften, bezahlt aus unseren Steuermitteln, präzise einschätzen können, ob so eine Aktion rechtssicher und mit unserer Verfassung zu vereinbaren ist, ging der faule Kompromiss mit schweren Folgen den politischen Bach hinunter. Möglicherweise wusste man das auch, hat es aber darauf ankommen lassen. Jedenfalls platzte der Finanzierungstrick wie ein gigantisches Knallbonbon. Und so wird der 15. November 2023 als tiefschwarzer Tag in die Annalen der Bundesregierung eingehen. Es ist der Tag, an dem das Bundesverfassungsgericht den 60-Milliarden-Eurotransfer in den KTF in knappen Worten für nichtig erklärte. Die Zweckentfremdung der Mittel würde schlicht die Regeln der Schuldenbremse umgehen. Sie wurde wegen einer Notlage nur für die Jahre 2020 bis 2022 ausgesetzt, viele Gelder aus der 60-Milliarden-Euro-Klimarücklage fließen aber erst später. Die Grünen hatten in den Koalitionsverhandlungen vor allem auf diesen Weg gedrängt, um ihre Projekte finanzieren zu können – auch weil die FDP die Erhöhung von Einnahmen etwa durch höhere Steuern kategorisch ablehnte. Geklagt hatte dann die CDU-Bundestagsfraktion.

Das heißt: Über Nacht sind 60 Milliarden Euro für Transformations- und Klimaschutzmaßnahmen weggebrochen. Allein das ist schon ein politisches Desaster in Doppel-Wumms-Qualität. Aber der Richterspruch hat noch weitere Folgen. Im Lichte des Schockurteils – jedenfalls sieht es die Regierung so – kommen noch ein paar süffisante Details ans Tageslicht: So erklärt der Bundesrechnungshof, dass sich die größeren der sonstigen Sondertöpfchen auf stolze 869 Milliarden Euro summieren. Weit überwiegend werden auch sie am regulären Haushalt vorbei kreditfinanziert. Natürlich haben die Kläger, die Oppositionsparteien CDU und CSU, jetzt Morgenluft in der Nase. Sie sehen gute Chancen, die Regierungskoalition ins politische Nirgendwo zu bugsieren. Also werden jetzt die anderen Sondervermögen unter die verfassungsrechtliche Lupe genommen. Ende 2023 könnten sich die unverbrauchten Mittel im Wirtschaftsstabilisierungsfonds (WSF), der eine Reaktion auf die zwischenzeitliche Energiekrise 2022 war, auf über 100 Milliarden Euro belaufen, wie die Deutsche Presseagentur berichtet. Das hatte bei den Grünen schon Begehrlichkeiten ausgelöst, auch diese Restmittel umzuwidmen. Diese Überlegungen dürften die Richter in Karlsruhe aber beendet haben. Allein der 100 Milliarden Euro umfassende Sonderfonds zur Modernisierung der Bundeswehr gilt als sicher. Diesen hatte die Union nach dem russischen Angriff auf die Ukraine Anfang 2022 mitgetragen.

Apropos Annalen: Die Geschichtsschreiber werden notiert haben, dass Christian Lindner der erste Finanzminister der Bundesrepublik ist, dessen Haushalt für verfassungswidrig erklärt wurde.

Martin Kaiser, der geschäftsführende Vorstand von Greenpeace Deutschland, bringt es auf den Punkt. »Nun rächt sich, dass die Ampel den klimaneutralen Umbau der Wirtschaft von Anfang an mit finanzpolitischen Taschenspielertricks bezahlen wollte«, sagte er der Nachrichtenagentur dpa kurz nach der Urteilsverkündung. Da kann man nur beipflichten: Ein Hauptanliegen der Regierungskoalition, nämlich der klimaneutrale Umbau der Wirtschaft, muss freilich solide und rechtssicher finanziert sein. Oder was meinen Sie?

Jedenfalls tobte also im Herbst 2023 ein vehementer Streit um die aktuelle und künftige Haushaltspolitik. Abgesehen davon, dass Wirtschaftsminister Robert Habeck einmal mehr die Menschen verunsicherte, indem er damit drohte, dass Gas und Strom demnächst teurer würden, weil die bisherigen Preisbremsen nicht mehr finanzierbar seien, könnte das Urteil auch verheerende Folgen für das Bremer Stahlwerk und das »hyBit«-Projekt haben. So ließ ein gemeinsamer Brandbrief vom Bundesverband erneuerbare Energie und der Wirtschaftsvereinigung Stahl nicht lange auf sich warten. Am 23. November 2023 schrieb deren Präsident Bernhard Osburg: »Wenn die Politik jetzt keine klare Antwort findet, wie die Transformation der Industrie verlässlich finanziert werden kann, droht ein Stillstand bei Investitionen und bei zentralen Projekten der Transformation mit weitreichenden Folgen für die Klimaschutzziele, die Wettbewerbsfähigkeit des Wirtschaftsstandortes und für Beschäftigung. Die Stahlbranche braucht vor allem wettbewerbsfähige Strompreise und einen Fahrplan für den Wasserstoffhochlauf«, so Osburg. »Ohne die Transformation der Grundstoffindustrie können die schon für 2030 gesteckten Klimaziele nicht erreicht werden – ohne Transformation sind Wohlstand und Resilienz nicht zu gewährleisten.«[25]

Das lässt sich zweifelsohne mal als echter Klartext bezeichnen – und als eine Bescheinigung der offensichtlichen Unfähigkeit der Politik, unser Land zukunftssicher zu regieren. Natürlich müssen Interessen fair ausbalanciert werden, alle Argumente gehören auf den Tisch, man braucht gut moderierte Debatten – genau das ist ja der Kerngedanke des »hyBit«-Begleitprojekts der Bremer Uni. Alle Akteure sollten einfach mal ihre jeweiligen Eitelkeiten an der Garderobe abgeben und überlegen, ob es nicht in Zeiten multipler Krisen (zur Erinnerung: Ukraine-Krieg, Gaza-Konflikt, PISA-Studie – Bildungs-Crash, überbordende Bürokratie, schwache Wirtschaft, Firmenpleiten etc.) einer ziemlich großen Portion Demut bedarf. Demut vor dem Souverän, vor uns, dem Volk. Wenn so gut wie alle Experten sagen, dass die Klimakrise langfristig deutlich massivere Folgen haben wird als die Corona-Pandemie, dann heißt das doch, dass alle zur Verfügung stehenden Kräfte gebündelt gehören. Steht also eine Milliarde Euro für den Klimaschutz zur Verfügung, dann muss sie da eingesetzt werden, wo es am meisten Klimaschutz für das Geld gibt. Die »hyBit«-Leute müssen davon nicht überzeugt werden.

Die Kräfte bündeln – das musste die Regierung im Spätjahr 2023 ohnehin, um nicht auseinanderzubrechen. Deutschland erlebte einen bisher nie verzeichneten Hickhack um die Finanzierung des Haushalts für das laufende und für das kommende Jahr. Schuldenbremse 2023 weg – zum vierten Mal in Folge, Schuldenbremse 2024 wieder her – sofern nicht doch eine Notsituation »aus dem Nichts« auftaucht, Steuererhöhung 2024 bloß nicht, dann doch, indirekt über die stärkere Erhöhung des CO_2-Preises. Kein Ausgleich über das versprochene Klimageld für alle Bürger. Fördermittel für E-Autos sollen zwar bleiben, laufen dann aber früher aus – und zwar *dramatisch* früher: Am Samstag, den 16. Dezember 2023, gab Bundeswirtschaftsminister Robert Habeck bekannt, dass Förderanträge nur noch bis Sonntagabend, 17. Dezember, gestellt werden könnten. Kleiner Haken: Das neue E-Auto musste bereits gekauft und zugelassen sein. Heißt: Über Nacht beendete der Wirtschafts- und Klimaminister eines seiner grünen »Must-have«-Projekte. Weihnachten 2023 haben sich unsere E-Auto-Bauer höchstwahrscheinlich etwas anders vorgestellt. Zudem wurden noch einige KfW-Fördertöpfe geschlossen. Klare Richtung sieht anders aus. Wenigstens wurde dann doch der Haushalt 2024 Anfang Dezember verabschiedet. Ob nun auch die Fördermittel für das Bremer Stahlwerk vollumfänglich fließen werden, blieb zu dem Zeitpunkt unklar. Wenigstens sind wir uns jetzt darin einig: Effektiven Klimaschutz gibt es nur, wenn wir endlich anfangen, die wirklich großen Räder zu drehen.

Die großen Räder drehen

Was also sind wirklich wirksame Lösungen? Zuvor: Solarenergie ist der Schlüssel aller Energieprobleme. Ob Photovoltaik oder Windparks (ja, Wind kommt auch durch Sonneneinstrahlung zustande, Stichwort Thermik), und natürlich direkt Wärme aus der Sonne. Über solaren Nachschub brauchen wir uns keine Gedanken zu machen, unser Zentralgestirn wird noch ein paar Milliarden Jahre glühen – und zwar extrem heftig: Die Menge Sonnenstrahlung, die in rund 90 Minuten auf die Erde trifft, deckt den Weltenergiebedarf für ein ganzes Jahr – rein rechnerisch betrachtet.

Leider haben wir es bis jetzt nicht geschafft, ausreichende Anteile dieser kostenlosen Energielieferung für uns zu sichern. Versuche dazu gab es schon vor über 20 Jahren im Desertec-Projekt. Das war Anfang der 2000er-Jahre ein großer Hype. Die Idee: Sonnenenergie da einfangen, wo die Einstrahlung am höchsten ist, etwa in Nordafrika. Nur eine Fläche von 300 × 300 Kilometer ist nötig, um – wieder rein rechnerisch – die Welt mit Strom aus Solarenergie zu versorgen. Für Europa reichen 125 × 125 Kilometer und für Deutschland gerade mal 55 × 55 Kilometer. Bei diesen Überlegungen geht es nicht um Photovoltaik. Es geht um thermische Solarkraftwerke.

Eines von rund 100 weltweit[26] steht in der marokkanischen Wüste in der Nähe der Stadt Ouarzazate, und es gibt ein nahezu baugleiches in der Atacama-Wüste, ganz im Norden Chiles. Es heißt Cerro Dominador, frei übersetzt »der beherrschende Hügel«. Im Juni 2021 ging es ans Netz. Gewaltige Parabolspiegel bündeln das Sonnenlicht und schicken es hinauf zu einem Kollektor auf der Spitze eines Turms. Die Sonnenhitze erwärmt eine spezielle Salzlösung in großen Tanks. Von dort kann die Wärme jederzeit abgerufen werden (auch nachts!) und treibt über Wasserdampf eine übliche Turbine zur Stromerzeugung an. Das Solar-Turmkraftwerk bringt 110 Megawatt Leistung. Dazu gibt es noch einen PV-Solarpark, sozusagen im Kombipack, mit 100 Megawatt Peak. Zusammen genommen ist das in etwa die Leistung von 44 Windrädern an Land. 380 000 Haushalte können mit diesem Ökostrom versorgt werden, und zwar rund um die Uhr. Denn dank der Wärmespeicher ist das Kraftwerk grundlastfähig. Und – eigentlich das Beste an der Geschichte – beide Solarkraftwerke, also das in Marokko und das in Chile, sind mit deutscher Hilfe entstanden, sowohl die Finanzierung als auch die technischen Lösungen betreffend. So kommt etwa die spezielle Salzlösung von der BASF. Vielleicht ein wenig überrascht nehmen wir hier zur Kenntnis, dass auch die Chemie durchaus zur Energiewende und damit zum Klimaschutz beitragen kann.

Internationale Projekte im Visier

Womit wir auf der richtigen Spur angelangt sind: Solch internationale Projekte mit schlauen Kooperationen, vor allem für Schwellen- und Entwicklungsländer, helfen beim Klimaschutz. Und sie helfen der deutschen Wirtschaft mit Aufträgen. Davon brauchen wir einfach mehr. Das befand auch die damalige Bundesumweltministerin Svenja Schulze[27]: »Als erstes Solarthermie-Kraftwerk in Südamerika ist Cerro Dominador ein Leuchtturm für die ganze Region. Ich hoffe, dass noch weitere solche Kraftwerke gebaut werden, um die großen Potenziale der Sonnenenergie zu nutzen. Chile geht heute einen weiteren großen Schritt in eine klimaneutrale Zukunft.«

Die Anleitung zur Umsetzung ist ganz einfach: **Wenn ich eine Milliarde für den Klimaschutz habe, wo investiere ich sie am besten?** Na, ganz klar: Dort, wo es für die Milliarde am meisten Klimaschutz gibt, sagt auf unsere Anfrage auch Svenja Schulze: »Zwei Drittel der weltweiten Emissionen kommen aus Schwellen- und Entwicklungsländern. Darum lohnt es sich, diese Länder bei der Energiewende zu unterstützen. Ich würde das Geld darum

in Energiewende-Partnerschaften investieren, die Entwicklungs-
und Schwellenländer beim Kohleausstieg und dem Ausbau von
erneuerbaren Energien unterstützen. Und zwar so, dass der Umstieg sozial gestaltet wird, mit Beteiligung der Gewerkschaften
und neuen Jobperspektiven für die Kohleregionen. Klimaschutz
gelingt nur, wenn er sozial gemacht wird. Aber wenn er sozial gelingt, wird er viele Nachahmer auf der ganzen Welt finden.«

Die Entwicklungsministerin, die seit 2021 im Kabinett von
Bundeskanzler Olaf Scholz dem Bundesministerium für wirtschaftliche Zusammenarbeit und Entwicklung (BMZ) vorsteht,
hat die Erkenntnisse aus der chilenischen Atacama-Wüste of-
fenbar in ihr neues Amt mitgenommen. Es sind sehr viele neue
Projekte der internationalen Klima-Zusammenarbeit entstan-
den. Svenja Schulze schaut über den engstirnigen politischen
Tellerrand daheim und findet Möglichkeiten, für das eingesetzte
Geld den meisten Klimaschutz zu bekommen oder, etwas an-
ders ausgedrückt, Länder in die Lage zu versetzen, auch über
Klimaschutzaktivitäten ihr Armutsproblem zu bekämpfen, den
Menschen Hoffnung zu geben und letztlich für Jobs zu sorgen.
Natürlich geht das alles nicht von heute auf morgen. Es ist auch
nicht schlagzeilenträchtig wie der Habeck'sche Heizungshammer.
Aber es hilft. Und es ist vergleichsweise preiswert. Das besondere
Augenmerk gilt Afrika. Allein im Jahr 2022 vereinbarte das Entwicklungsministerium mit seinen afrikanischen Partnern Projekte im Umfang von 400 Millionen Euro. Damit wir uns schon
an dieser Stelle besser vorstellen können, um welche Art von Projekten es sich handelt, seien im Folgenden drei Beispiele genannt,
zwei aus Afrika, eines aus Pakistan.

Beispiel 1: Kenia

Kenia ist führend bei der Nutzung erneuerbarer Energien in
Afrika. Schon heute liefern erneuerbare Energien – von der Geothermie über die Wasserkraft bis zur Solarenergie – mehr als 90 %
des Strombedarfs. Ziel der kenianischen Regierung ist eine vollständig auf erneuerbaren Energien basierende Stromversorgung

im Jahr 2030. Der weitere Ausbau der erneuerbaren Energien ermöglicht zugleich den Einstieg in die Produktion von »grünem« Wasserstoff. Dieser wiederum lässt sich nicht nur in Treib- und Brennstoffe umwandeln, sondern auch in Dünger. Kenia will so die Ernährungssicherheit der Bevölkerung in den Griff bekommen, was gegen Hunger und Klimawandel zugleich helfen und Kenias Abhängigkeit von Düngemittelimporten senken wird. Insgesamt belaufen sich die BMZ-Zusagen für das Projekt »H$_2$ for Fertilizer« in Kenia auf 60 Millionen Euro.

In Kenia sind derzeit fünf Millionen Menschen, rund ein Zehntel der Bevölkerung, von Mangelernährung und Hunger betroffen.

Beispiel 2: Senegal

Es gibt nur eine zentrale Aufgabe im Kampf gegen die Erderwärmung, und das ist die globale Energiewende – eben weg von fossilen Energieträgern wie Kohle, Öl und Gas, hin zu erneuerbaren Energien. Und zwar, bevor es sich Entwicklungs- und Schwellenländer anders überlegen und weiterhin auf ihre heimische Kohle setzen, sofern vorhanden. Um dieser Energiewende zusätzlichen Schwung zu verleihen, haben die G7-Staaten die »Just Energy Transition Partnerships« (JETPs) ins Leben gerufen. Die Initiative entstand 2021 auf der 26. UN-Klimakonferenz in Glasgow und wurde unter deutscher G7-Präsidentschaft 2022 maßgeblich vorangetrieben.

Im Juni 2023 wurde der Senegal in die Initiative aufgenommen. Das westafrikanische Land mit rund 17 Millionen Einwohnern ist kein großer CO$_2$-Emittent. Nur etwa 0,04 % der globalen CO$_2$-Emissionen entstehen dort. Aber das Land muss fossile Energieträger importieren. Dadurch hat Senegal einen der höchsten Strompreise in Afrika. Die senegalesische Regierung verfolgt das Ziel, bis 2025 der gesamten Bevölkerung Zugang zu Strom zu verschaffen und bis 2035 zur Gruppe der Länder mit mittlerem Einkommen zu gehören. Also stehen die Zeichen auf Wirtschaftswachstum. Und genau das ist der Moment, ein derartiges Land auf dem Weg zu einer nachhaltigen Entwicklung zu unterstützen. Der Anteil erneuerbarer Energien soll deshalb bis 2030 auf 40 % steigen. Die JETPs wollen in den nächsten drei bis fünf Jahren 2,5 Milliarden Euro an öffentlichen und privaten Mitteln zur Förderung der grünen Energiewende in Senegal mobilisieren. In enger Absprache entwickeln Deutschland, Frankreich und weitere Partner wichtige Strategien, um Rahmenbedingungen zu verbessern. Dabei geht es auch um Konzepte zur intensiven Armutsbekämpfung. Daran beteiligt sich die Bundesregierung finanziell und nutzt das Know-how des BMZ. Bisher wurde so z. B. bereits die Modernisierung der Netzinfrastruktur auf den Weg gebracht. Das BMZ hat über die KfW auch den Bau des größten staatlichen Solarkraftwerkes mitfinanziert und stellt nun Mittel für zusätzliche Speicherkapazitäten für dieses Kraftwerk zur Verfügung.

Beispiel 3: Pakistan

Der Klimawandel verursacht in Pakistan massive Klimaschocks. Es sind vor allem die verheerenden Flutkatastrophen, die das Land immer wieder und immer häufiger heimsuchen. Also muss die Bevölkerung gerade auf diese Gefahrensituation vorbereitet werden. Gleichzeitig gilt es, auch in Pakistan mit Blick auf das Wirtschaftswachstum so schnell wie möglich erneuerbare Energien zu etablieren. Bis 2030 sollen rund 60 % des Stroms aus erneuerbaren Energien generiert werden.

Zu den neuen, 2023 beschlossenen deutsch-pakistanischen Vorhaben zählt ein Programm zum Wassermanagement. Um Überschwemmungen zu verhindern, werden Wasserrückhaltebecken gebaut, die Regenwasser sammeln und kontrollieren, sodass es in trockenen Zeiten für Bewässerung und die Trinkwasserversorgung bereitsteht. Zudem kooperiert Deutschland mit Pakistan beim Aufbau eines sozialen Sicherungssystems. Für diese Maßnahme stellte das BMZ im Juni 2023 rund 120 Millionen Euro in Aussicht.

Internationale Kooperationen sind der Lösungsweg

Insgesamt kooperiert allein das BMZ mit 109 Entwicklungs- und Schwellenländern u. a. bei Klimaschutz, Klimaanpassung und Biodiversitätsschutz in Afrika, Lateinamerika, Asien und dem östlichen Europa. Im Jahr 2023 stellte die Bundesregierung insgesamt gut 68 Milliarden für die internationale Zusammenarbeit zur Verfügung, verteilt auf rund 8000 Projekte. Das BMZ geht ganz offenbar diesen Weg konsequent weiter und wird folgerichtig ab 2024 seine Zusammenarbeit mit der Wirtschaft neu ausrichten. Leitbild ist dabei die sozial-ökologische Transformation hin zu mehr Nachhaltigkeit. Entwicklungsministerin Svenja Schulze kommentierte das im September 2023 so: »Unsere Wirtschaftskooperation soll sozialer, nachhaltiger und wirksamer werden. Mir ist wichtig, dass Frauen und Gewerkschaften eine größere Rolle bei der Planung und Durchführung der Projekte bekommen. Denn das Ziel ist, dass mehr Menschen von den Ergebnissen profitieren – vor allem die, die wirtschaftlich benachteiligt sind. Künftig werden wir zudem alle Projekte auf Klimaschutz, Sozial- und Umweltstandards überprüfen. Und es wird erstmals eine flächendeckende Wirkungsevaluierung für Wirtschaftskooperationen geben.«[28] Die Wirtschaftskooperation des BMZ wird unter der neuen Marke »Partners in Transformation – Business & Development Network« agieren. Endlich hat sich eine Erkenntnis durchgesetzt, die bisher niemand so richtig wahrhaben wollte: Die Wirtschaft ist nicht das Problem, sondern die Lösung! Nur wenn es gelingt, wirtschaftliche Leistungen inklusive des Know-hows und des Durchsetzungsvermögens einflussreicher Führungskräfte in den Dienst der Sache, in diesem Fall in den Dienst der globalen nachhaltigen Entwicklung, zu stellen, gibt es Chancen, dass daraus etwas wird. Industrie und Unternehmen per se und pauschal als die Übeltäter und Klimasünder zu diskriminieren, wie es immer noch vor allem von aggressiven Klimaaktivisten betrieben wird, bringt uns zwar auch etliche Schritte weiter, aber leider in die falsche Richtung, nämlich rückwärts. Insofern ist die Ankündigung des BMZ, im Zuge der Wirtschaftsinitiative im Sommer 2024 auch ein neues Konferenzformat in enger Kooperation mit dem Entwicklungsprogramm der Vereinten Nationen (UNDP), der Michael Otto Stiftung und der Freien und Hansestadt Hamburg zu starten, ein kluges Vorhaben und eine gute Nachricht. Die »Hamburg Sustainability Conference« (HSC) stellt ein Bindeglied zwischen politischen Gipfeltreffen von Regierungsvertretern und Nachhaltigkeitsforen der Privatwirtschaft her. Führungskräfte aus der Wirtschaft sind zentrale Akteure der Konferenz, sollen sie aktiv mitgestalten und Lösungen und Konzepte für eine nachhaltige Gestaltung des Wirtschaftens einbringen. Wenn sich dadurch Nachahmer in vielen Ländern der Erde finden, wird das was! Denn, wir erinnern uns, die Klimakrise ist ein globales Phänomen. Und genauso, eben global, muss damit umgegangen werden.

Lithium statt Gold: Die neue Jagd nach Rohstoffen

Der globale Umgang – bei näherer Betrachtung taucht hier der nächste Engpass auf. Denn für die Energiewende, die ja im Wesentlichen elektrizitätsbasiert ist und das Ziel hat, künftig Strom nur noch aus erneuerbaren Quellen bereitzustellen, braucht man mehr als eine Handvoll spezieller Metalle. Lithium etwa, Kobalt, Nickel und sogenannte Seltene Erden. Alles Stoffe, die – Stand heute – unverzichtbar für die Ökostromproduktion und die Energiewende sind. Ist aber ein Material unverzichtbar, also alternativlos, und steigt gleichzeitig die Nachfrage, dann klettern die Preise. Dumm nur, dass all die genannten Materialien nicht gleichmäßig über den Erdball verteilt sind. Einige Länder haben ganz viel davon, andere nur wenig, wieder andere so gut wie gar nichts. Zur letzten Gruppe gehört Deutschland, leider. Das Lithium, das es bei uns z. B. im oberrheinischen Tiefenthermalwasser gibt, lohnt die wirtschaftliche Gewinnung (noch) nicht. Gehen wir also nun auf die Jagd nach den Energiewenderohstoffen. Hauptsächlich im Visier: Lithium. Denn dieser Stoff ist für ein energiegewendetes mobiles Leben bisher zwingend notwendig.

Lithium: Was es alles kann

Einen guten Überblick bietet eine Broschüre der Deutschen Rohstoffagentur (DERA), einer Einrichtung der Bundesanstalt für Geowissenschaften und Rohstoffe (BGR). Die DERA ist das rohstoffwirtschaftliche Kompetenzzentrum und die zentrale Informations- und Beratungsplattform zu mineralischen Rohstoffen und Recyclingrohstoffen für die deutsche Wirtschaft. Das heißt: Wer etwas über Rohstoffe wissen will, auch, wie sich Märkte, also Angebot und Nachfrage, entwickeln, wird bei der DERA in aller Regel fundiert fündig.

Zunächst Kompaktwissen über Lithium: Das Wort »Lithium« stammt vom altgriechischen »Lithos« = »Stein«. Es ist ein weiches, silberweißes Leichtmetall aus der Gruppe der Alkalimetalle, die zur ersten Hauptgruppe des Periodensystems gehören, genau wie die Elemente Natrium, Kalium, Rubidium, Caesium und Francium. Sie alle teilen zwei interessante Eigenschaften: Es sind weiche Metalle, die man mit dem Messer schneiden kann. Und sie sind sehr reaktiv, reagieren z. B. mit Wasser oder Sauerstoff. Lithium ist bei Raumtemperatur das leichteste aller festen Elemente. Vielleicht in unserem Zusammenhang der wichtigste Punkt: Es stellt für wiederaufladbare Lithium-Ionenbatterien aktuell und wohl auch bis auf Weiteres eine unverzichtbare Schlüsselkomponente dar – sagt die DERA in ihrer Broschüre. Die Verwendung in Batterien ist auch mit Abstand – 70 % – der größte Anwendungsbereich, wobei die Mengen natürlich je nach Gerät höchst unterschiedlich sind: Im Smartphone-Akku stecken rund drei Gramm, im Akku eines Elektroautos acht bis vierzig Kilogramm, je nach Modell. Lithium findet sich zudem in Glaskeramiken, die dadurch eine hohe mechanische Widerstandsfähigkeit und hohe Temperaturfestigkeit aufweisen. Lithium ist auch in Schmierstoffen und in naturähnlichen Kautschukverbindungen vorhanden. Es findet Anwendung zur Verbesserung von Gussprozessen in der Metallindustrie, in Kältemaschinen sowie in Luftreinigungsanlagen. Das Metall ist also ein vielseitiger und damit höchst begehrter Stoff – wie gesagt, vor allem für Batterien, aber eben nicht nur. Seitdem in vielen Ländern die Energiewende ausgerufen wurde, ist natürlich die Nachfrage nach Lithium gewaltig angestiegen. Jüngst kommen die Mengen für stationäre Batteriespeicher hinzu, die nötig sind, damit Sonnenstrom auch nachts verfügbar ist. Fassen wir das alles zusammen, gilt Folgendes: Ohne ausreichende Lithiumversorgung kann es keine vollständig umgesetzte Energiewende geben. Aber die Gewinnung und Verteilung des wichtigen Stoffes haben es in sich.

Lithium: Gewinnung und Verteilung

Es gibt zwei technischen Methoden, Lithium zu gewinnen. Hauptsächlich wird es aus natürlich vorkommenden Salzlösungen – Solen – durch Verdunstung und aus Mineralen bergbaulich gewonnen. Auf beide Vorkommen entfallen jeweils rund 50 % Marktanteil. Die lithiumhaltigen Solen finden sich zumeist im sogenannten Lithiumdreieck zwischen Chile, Bolivien und Argentinien, die Vorkommen im Festgestein gibt es aktuell hauptsächlich in Australien.

Lithium ist zwar reichlich auf der Erde vorhanden, allerdings fein verteilt. Das heißt, die Gewinnung ist aufwendig und führt zu erheblichen Umweltschäden. Die drei Salzseen in der chilenischen Atacama-Wüste sind ein bedeutendes Lithiumreservoir. Allerdings steckt der Schatz in mehreren Hundert Metern Tiefe, das mineral- und lithiumhaltige Grundwasser (die Sole) muss hochgepumpt werden und fließt in riesige Verdunstungsbecken. Die Sonne erledigt dann die Arbeit und lässt das kostbare Wasser in einer der trockensten Regionen der Erde verschwinden. Der Anteil von Lithium in den Solen ist relativ gering, er beträgt weit weniger als 1 %. Das bedeutet: Für jede Tonne Lithium verdunsten etwa zwei Millionen Liter Wasser.

Da ist es wirklich kein Wunder, dass vor allem die indigenen Bewohner und mit ihnen Hilfsorganisationen wie »Brot für die Welt« die Lithiumgewinnung sehr kritisch sehen. In dem Report »Das weiße Gold« von »Brot für die Welt«[29] ist der Vorgang detailliert beschrieben. Zum Einsatz kommen dabei auch Lösemittel wie Kerosin, Alkohole und Salzsäure. Später werden in dem Prozess insbesondere Kalziumoxid und Natriumkarbonat eingesetzt.

Umweltauswirkungen des *Lithiumabbaus*:

- Flächenverbrauch für die Verdunstungsbecken
- Staub der chemikalienhaltigen Abraumhalden kann Gesundheit der Menschen und Tiere schädigen.
- Zerstörung von oberirdischen Ökosystemen und Naturreservaten
- Brutverhalten und Vogelzug, z. B. der endemischen Flamingos, verändern sich.
- Veränderung der mineralischen Zusammensetzung des Grundwassers
- Absenkung des Grundwasserspiegels durch die Entnahme der Sole führt zum Trockenfallen angrenzender Vegetationszonen wie Lagunen und Flussebenen.
- Verlust der Wassereinzugsgebiete für die in der ohnehin extrem trockenen Region lebenden Menschen, Tiere und Pflanzen
- Vergiftung durch nicht fachgerechte oder gar keine Entsorgung der Abfallchemikalien

---

Die langfristigen Folgen dieser Lithiumgewinnung sind also nicht absehbar; so könnte sich z. B. das Mikroklima unumkehrbar nachteilig verändern. Absehbar aber ist etwas anderes: Von der

Wertschöpfung und den Profiten aus dem Lithiumgeschäft sieht die örtliche indigene Bevölkerung so gut wie nichts – im Gegenteil: Die Landwirte fürchten um ihre Existenzgrundlage. Und völlig ungeklärt sind die Nutzungs- und Eigentumsrechte in der Atacama-Wüste. Hier baut sich ein sozialer Konflikt auf; darauf weist die österreichische Umweltorganisation Global 2000 hin.[30]

Zusammen mit Chile sticht Australien im Lithiummarkt hervor: Beide Länder zusammen hielten 2020 einen Weltmarktanteil von knapp 80 %, aufgeteilt unter sehr wenigen Firmen. Aber der Hauptpunkt kommt jetzt: Der Großteil der Lithiumprodukte (wie Lithiumkarbonat für die Autoakkus) landet zur Weiterverarbeitung im asiatischen Raum, vor allem in China. Dass es allmählich knapp wird auf dem globalen Lithiummarkt, zeigt die Preisentwicklung: Steil nach oben geht der Preis ab 2020, und das ist noch nicht das Ende. Der Online-Datendienst Statista[31] nennt für das Jahr 2022 einen Durchschnittspreis von 37 000 US-Dollar pro Tonne Lithiumkarbonat. Zehn Jahre zuvor, 2012, betrug der Preis gerade mal 6060 US-Dollar. Der prognostizierte Bedarf an Lithium könnte mit Bezug auf das Jahr 2017 bis 2027 um den Faktor 10 steigen. Schon früher, nämlich ab 2025, könnte es aber ein Angebotsdefizit geben, zumindest erwarten das die Analysten von Benchmark Minerals Intelligence (BMI).[32] Ein treibender Faktor ist das dynamische Wachstum der Elektroauto-Industrie. Der US-amerikanische Finanzdienstleister S&P Global schätzt, dass 2023 rund 14 Millionen Elektroautos neu auf die Straßen des Planeten kamen. Bis 2030 soll der jährliche Output auf mehr als 30 Millionen elektrisch betriebener Fahrzeuge steigen. Das führt zu Engpässen auf der Rohstoffseite. Als eine wichtige Ursache gilt das Wachstum in China. Die Asiaten herrschen über den größten Elektroauto-Markt der Welt, sind also der größte Verarbeiter von Lithium, bauen das Alkalimetall aber nur in vergleichsweise geringen Mengen selbst ab. BMI erwartet, dass die Nachfrage in China bis 2032 um durchschnittlich 20,4 % pro Jahr wachsen wird. Demgegenüber werde der heimische Abbau dagegen nur um 6 % pro Jahr ansteigen. Diese Diskrepanz werde zu Engpässen auf dem Weltmarkt führen, wo die Chinesen mit US-Amerikanern und Europäern um attraktive Lithiumvorkommen ringen. Zwar gibt es immer wieder Meldungen über neue Funde, wie im Herbst 2023 zu Lithiumlagerstätten in Nevada oder in Indien, doch heißt das nicht zwingend, dass das Metall auch zeitnah und wirtschaftlich abgebaut werden kann. Zumindest rechnen die meisten Experten mit einer Lithiumlücke, die sich bis 2030 auf 768 000 Tonnen im Jahr ausweiten könnte. Wenn der Weltmarkt nicht genug Lithiumnachschub liefern kann, gibt es nur eine absehbare Konsequenz: Die Energiewende wird teurer, was sich vor allem bei E-Autobatterien und stationären Stromspeichern zeigen dürfte.

Lithium: Peking kauft ein
In Peking hat man das offenbar längst erkannt. Im September 2023 meldete das australische Bergbauunternehmen Arcadia Minerals nicht ganz ohne Entsetzen, dass die Hälfte aller Lithiumminen weltweit von chinesischen Unternehmen übernommen wird bzw. wurde. Dabei liegt die Hälfte der erworbenen Minen in Kanada und Australien. Dazu kommen Länder wie Argentinien, die Demokratische Republik Kongo und Simbabwe. Im Gegensatz zu westlichen Konzernen setzen die Asiaten voll auf den Erfolg von batteriebetriebenen Autos und sichern ihren Rohstoffnachschub. Der Wettbewerb um Lithiumvorkommen mit den USA dürfte in den kommenden Jahren zunehmen. Seitdem bereits Barack Obama vor rund einem Jahrzehnt das pazifische Jahrhundert heraufbeschwor, sehen die USA die Chinesen als Konkurrenten um ihre Vormachtstellung. China aber will sich nicht abhängig machen von den USA oder anderen Staaten und baut seinen Einfluss im Rohstoffsektor massiv aus. Dies gilt insbesondere bei Metallen wie Kupfer, Kobalt, Nickel und Seltenen Erden, deren Versorgung auch die USA als kritisch sehen. Kritisch ist die Versorgungslage eben auch bei Lithium. Zudem will

China seine Vormachtstellung bei der Verarbeitung von Lithium festigen. Schließlich wird schon heute (Stand Herbst 2023) mehr als die Hälfte des globalen Angebots in chinesischen Anlagen verarbeitet. Chinesische Konzerne haben sich seit 2021 schon an 13 größeren Lithiumunternehmen beteiligt.

Lithium: Recycling bisher unwirtschaftlich

Langsam setzt sich die Erkenntnis durch, dass ein Lithiumionen-Akku eine begrenzte Nutzungsdauer hat. Irgendwann kann die volle elektrische Kapazität nicht mehr erreicht werden – das Lithium ist aber ja noch vorhanden. Technisch gibt es bereits Möglichkeiten, den kostbaren Stoff aus alten Akkus herauszuholen und wiederzuverwenden. Dieses Recycling spielt allerdings derzeit so gut wie keine Rolle. Die Rückgewinnung ist einfach zu teuer, zu unwirtschaftlich. Es müssten z. B. die Gehäuse aller Batterien für E-Fahrzeuge so genormt sein, dass sie mit ebenfalls vereinheitlichten Werkzeugen und Zerlegeprozessen demontiert werden könnten. Davon sind wir leider sehr weit entfernt. Außerdem werden das Lithium bzw. die daraus gewonnenen Folgeprodukte in sehr unterschiedlichen Konstellationen verarbeitet. Auch das erschwert die Wiederverwendbarkeit.

Nach diesem Zahlen- und Prognosemarathon ist es gut möglich, dass sich die eine oder andere Frage im Kopf einstellt: Haben wir kurzfristig überhaupt genügend Rohstoffe, um E-Autos, Wärmepumpen, Windräder etc. mit den für die globale Energiewende notwendigen Mengen zu versorgen? Die Knappheiten und Preissteigerungen, jetzt schon zu sehen bei den einschlägigen Märkten, sagen: Im Moment und absehbar nicht. Dabei wird der Bedarf in den Folgejahren ja noch gewaltig zunehmen. Und unter welchen Umweltbedingungen werden die Metalle abgebaut? Wie gehen wir mit den sich abzeichnenden neuen Abhängigkeiten um? Die Antwort auf diese Frage ist relativ einfach: Da sich China weltweit in die größten Lithiumvorkommen einkauft und absehbar zum größten Anbieter aufsteigen wird, können wir den

Energiewendestoff dann einfach beim chinesischen Internetgiganten Alibaba bestellen, höchstwahrscheinlich zu Mondpreisen. Und wo wir gerade bei Abhängigkeiten sind: Das Halbmetall Silizium, unverzichtbares Basismaterial für Mikrochips, ist ebenfalls fest in chinesischer Hand – mehr als 70 % des Weltbedarfs kommen aus dem sogenannten Reich der Mitte. Tja, an den Chinesen geht kein Weg mehr vorbei.

So, was machen wir jetzt mit den Zahlen, Fakten und Hintergrundinformationen? Aus der Energiewende aussteigen und zurück zu Kohle und Atom? Nein, das wäre die falsche Schlussfolgerung. Eine globale Energiewende auf Basis der sogenannten erneuerbaren Energien ist schon der richtige Weg, gepaart mit Technologieoffenheit, um sich nicht neue Möglichkeiten aufgrund technischer Entwicklungen von vornherein zu verbauen – Stichwort CO_2-neutrale Treibstoffe. Aber bitte, liebe Politikerinnen und Politiker, seid endlich ehrlich! Sagt uns doch, welche Umweltschäden Lithium hervorruft, sorgt für eine umfassende Ökobilanz von Windkraftanlagen und für LNG, geht bitte offensiv mit den neuen Abhängigkeiten um und hört auf uns vorzugaukeln, man müsse nur ein Elektroauto fahren und eine Wärmepumpe betreiben und schon ist die klimaökologische Welt wieder in Ordnung. Und noch eins: Dass erneuerbare Energien und die Energiewende diesen Sektor unseres Lebens billiger machen, klingt nach wie vor wie grün-populistische »Bitte-wähl-mich-doch«-Propaganda. Aber ein jeder kann für sich selbst überlegen, welchen Beitrag er persönlich zu einer ökologisch-nachhaltigen Entwicklung und eben auch zum Klimaschutz leisten kann. Wie wäre es z. B. mit dem Studium einer Ingenieurswissenschaft, um dann am notwendigen Ausbau der Stromnetze mitzuwirken?

Neues von Lara und der »Markant DoppelPlus«

Mittlerweile hatte sich Lara Craft an das Eigenleben ihrer neuen »Markant DoppelPlus« gewöhnt; sie drückte nach dem Befüllen der Maschine einfach auf den Startknopf und wartete, bis eine WhatsApp-Nachricht mit der Info »Wäsche fertig!« kam. Manchmal tauchte die »Alles sauber«-Botschaft schon nach zwei Stunden auf dem Display ihres Smartphones auf, manchmal auch erst nach zwei Tagen. So kümmerte sie sich nicht mehr darum, sondern ließ der »Markant DoppelPlus« einfach ihren Lauf. Auch wenn ihr Mann Lennart monierte, dass es mal wieder Zeit für ein paar frisch gewaschene Hemden wäre. Egal. Lara wunderte sich, wie schnell sich das Kontingent von 1000 Wäschen abbaute. Es war ihr früher nie aufgefallen, wie oft die alte Waschmaschine lief. Es gab ja keinen Grund für eine Strichliste. Apropos Strichliste: In letzter Zeit bekam sie auffallend viel Werbemails mit Angeboten für Waschmittel, Weichspüler, Farbauffrischer – überhaupt für alle Produkte, die man so zum Waschen brauchen könnte. Zuerst waren es nur ein oder zwei Mails am Tag. Mittlerweile waren es schon so viele, dass bereits viermal ihr Postfach übergelaufen und sie deshalb per Mail nicht mehr erreichbar war. Und heute war es offenbar wieder so weit: Postfach voll. Dafür tönte alle paar Minuten der Signalton für »Neue WhatsApp eingetroffen«. Lara hatte aufgehört nachzuschauen, um welche Meldungen es sich handelte. Sie wusste es ohnehin – allesamt Reklame für Waschmittel & Co. Jetzt aber reichte es ihr. Das alles hatte ja angefangen kurz nach der Lieferung der »Markant DoppelPlus«. Ob es da einen Zusammenhang gab? Sie griff zum Telefon, die Servicenummer von Markant war gespeichert und – erstaunlicherweise – nach ein paar Klingelzeichen hörte sie eine vertraute Stimme: »Hallo, Lara, was kann ich für Sie tun?«, fragte Ken, der Computer-Avatar. Lara fing an, Ken von der Werbeflut zu erzählen, kam aber nicht weit. »Aber Lara«, säuselte Ken, »schauen Sie doch bitte einmal in Ihren Vertrag, da haben Sie ein Kreuzchen gemacht bei ›Ich möchte auf dem Laufenden bleiben‹. Deshalb informieren unsere Partnerfirmen Sie mit den neuesten und tollsten Angeboten rund ums Waschen.« »Was?« Lara wurde zornig. »Auf dem Laufenden bleiben heißt, mit Werbung bombardiert zu werden? Das habe ich mir anders vorgestellt. Ich möchte das beenden. Sofort.« »Liebe Lara«, flüsterte Ken ins Telefon, »Sie bleiben so lange auf dem Laufenden, wie der Vertrag für die 1000 Wäschen läuft. So steht's ganz unten im Vertrag. Im Kleingedruckten. Schönen Tag noch.« Mit einem »Klick« war das Gespräch beendet. Und Lara ahnte, wofür das »DoppelPlus« stand.

Pacta sunt servanda – Verträge sind einzuhalten

Lara Craft kommt aus ihrem Waschvertrag nicht raus. Wohl oder übel muss sie noch eine ganze Weile die Werbeflut ertragen. Vertrag ist eben Vertrag. Na klar, das mit dem Kleingedruckten war schon ein wenig hinterhältig. Aber nicht so, dass man dagegen klagen könnte. »Pacta sunt servanda«, wusste ihr Mann Lennart noch beizusteuern, dieses uralte Prinzip der Vertragstreue, das erstmals vom Kirchenrecht im Mittelalter beschrieben wurde. Ausdrücklich gilt das Vertragstreueprinzip auch für das Völkerrecht. Nur ist da die Durchsetzung meist sehr schwierig. Ein prominentes Beispiel ist – leider – das Klimaschutzabkommen aus dem Jahr 2015. Es wurde während der 21. UN-Klimakonferenz in Paris abgeschlossen und wird bis heute als Durchbruch der internationalen Klimapolitik gefeiert. Denn im Gegensatz zum Kyoto-Protokoll aus dem Jahre 1997 haben sich nun alle Länder, auch die Entwicklungs- und Schwellenländer, zu mehr Klimaschutz verpflichtet.

Es hatte etwas von jener Mystik, die immer dann erlebbar wird, wenn etwas Großes geschieht. So war die unerschütterliche Entschlossenheit der Koalition der Willigen – so nannten sich die Länder, die unbedingt ein Abkommen als Ergebnis von Paris haben wollten – sphärisch spürbar. Die Staatspräsidenten, Staatssekretäre, Delegationsleiter und viele Mitarbeiterinnen und Mitarbeiter marschierten zur entscheidenden Plenumssitzung an uns Journalisten vorbei, die Arme ineinander verschränkt und die Fäuste geballt. Die Macht der Mächtigen schwebte wie eine Druckwelle durch das Konferenzgebäude. Und so fiel das Schaltgespräch mit der *heute-journal*-Moderatorin Marietta Slomka am 12. Dezember 2015 deutlich emotionaler aus:

Volker Angres, ein besonderer Tag, den Sie da heute in Paris miterlebt haben. Zumal es ja auch immer wieder so aussah, als drohe das Ganze doch noch zu scheitern.

Das war in der Tat mehrfach der Fall. Es gab erhebliche Widerstände durch die OPEC-Länder, die Ölförderländer. Es gab Widerstände von China, von Indien, weil sie alle befürchtet haben, durch die Ausrichtung auf erneuerbare Energien, durch die Ausrichtung auf die Green Economy, die grüne Wirtschaft, könnten sie sich nicht so schnell entwickeln, nicht so schnell Fuß fassen und einfach ihre Menschen, ihre Leute nicht mehr versorgen. Das war das große Problem. Aber das scheint sich gelegt zu haben. Es hat sich gelegt. Nun sind sie eingeschwenkt. Und das ist einfach das Neue an diesem Abkommen, dass jetzt alle in Richtung erneuerbare Energien marschieren, alle in Richtung Green Economy, das hat es vorher so noch nie gegeben.

Klar ist, dass da heute die Erleichterung überwiegt darüber, dass es überhaupt einen solchen globalen Vertrag gibt. Aber von Klimaschützern gibt es ja durchaus auch Kritik. Wo sind denn aus dieser Sicht die größten Schwachstellen?

Ich glaube, dahinter steckt ein riesiges Missverständnis. Es wurde immer gedacht: Ja, dieses Klimaschutzabkommen bringt ganz, ganz viele Details und dann wird ab morgen alles besser, wenn man sich nur nach dem Abkommen richten würde. Das ist falsch. Das Abkommen ist ein Basisabkommen. Es sagt einfach: Ja, wir haben diese strategische Wende vollzogen. Es geht in die Richtung globale Energiewende. Und man setzt jetzt auf eine doppelte

Dynamik. Die eine Dynamik ist eine politische Dynamik, sie kommt aus den 196 Vertragsstaaten, die hier anwesend waren. Sie werden ihre nationalen Klimaschutzziele jetzt konsequent angehen müssen, weil sie das verbindlich unterschrieben haben. Und die zweite Dynamik wird im privaten Sektor, bei den Investoren, entstehen. Sie haben jetzt einfach gesehen, die politischen Leitplanken sind da, und wenn ich eine Milliarde investieren will, dann wird es in Richtung Green Economy gehen. Das sind die eigentlichen Botschaften hier von Paris.

Und wenn ich mir zum Schluss noch die persönliche Bemerkung erlauben darf: Auch für mich ist es wirklich ein großer Moment, das miterleben zu dürfen. Seit 1992 berichte ich für das ZDF von Klimakonferenzen und das ist wirklich ein riesiges historisches Ereignis, was es hier heute in Paris gegeben hat.

... sagt der Leiter unserer Umweltredaktion. Danke schön nach Paris, Volker Angres.

Das Abkommen selbst ist sachlich und nüchtern abgefasst, es soll die Erde vor dem Klimakollaps bewahren, so die Hoffnung. Die Verständigung auf eine globale Energiewende ist das Kernelement, weg also von Kohle und Öl, hin zu erneuerbaren Energieträgern. Im Laufe der zweiten Hälfte des 21. Jahrhunderts muss dafür Energie nahezu klimaneutral erzeugt werden, so die Festlegung des Abkommens. Noch vorhandene CO_2-Emissionen müssen dann durch Aufforstung kompensiert oder aus der Atmosphäre herausgeholt und in der Erde gespeichert werden, etwa in leeren Erdgaskavernen unter der Nordsee. Ins Visier nimmt das Abkommen auch das Vorantreiben neuer Entwicklungsprojekte zwischen Industrie- und Entwicklungsländern. Sie schaffen nicht nur Investitionsmöglichkeiten, sondern verhelfen den Ländern auch zu mehr Wohlstand, was aus heutiger Sicht eine kluge Maßnahme zur Flüchtlingsprävention ist. Eine Afrikainitiative etwa soll den Kontinent mit Ökostrom ausstatten. Zudem wird es einen Klimafonds für Schutz und Anpassungsmaßnahmen in Entwicklungsländern geben, um z. B. die Folgen von steigenden

Meeresspiegeln und Dürrekatastrophen zu mildern. Der Fonds soll ab 2020 mit mindestens 100 Milliarden US-Dollar befüllt und dann ständig, Jahr für Jahr, aufgestockt werden. Und erstmals werden auch reichere Schwellenländer in die Pflicht genommen. China als größter CO_2-Emittent soll demnach ebenfalls finanzielle Beiträge leisten. Das alles klingt wirklich gut, aber Papier ist ja bekanntlich geduldig.

Heute sind sehr viele »Paris-Veteranen« ganz anderer Meinung. Sie sagen: Das Format der UN-Klimakonferenzen hat sich selbst erledigt, es ist gescheitert. Es macht keinen Sinn, immer wieder Zehntausende Delegierte in irgendeine Stadt zu fliegen – 2023 war Dubai Gastgeberstadt der 28. UN-Klimakonferenz mit über 70 000 Teilnehmern! –, alle dort in vollklimatisierten Hotels unterzubringen, um dann im 18 °C kalten Tagungszentrum um weitere Maßnahmen zum Klimaschutz und zur Anpassung an den Klimawandel zu ringen.

Wäre das Format so erfolgreich geworden, wie es sich die Delegierten und Beobachter in Paris 2015 gewünscht hatten, dann sähe die Treibhausgas-Bilanz doch ganz anders aus. Aber die Emissionen steigen weiter an, von 33 268 Millionen Tonnen 1990 auf 53 786 Millionen Tonnen 2022[33]. Nach wie vor führt China die Liste der schlimmsten CO_2-Emitenten an, Deutschland liegt auf dem zwölften Platz.[34] Alle bisherigen Maßnahmen haben noch nicht einmal dazu geführt, die zu erwartende Zunahme aufgrund des Wachstums der Weltbevölkerung zu kompensieren. Und das ist offenbar ein Punkt, den »Politik« nicht sehen will: Allein die Bevölkerung auf dem afrikanischen Kontinent wird sich, mit Bezug auf das Jahr 2020, bis 2050 verdoppelt haben! Also läuft uns die Zeit dramatisch schnell davon. Ein Schwachpunkt des Pariser Abkommens zeigt jetzt Wirkung: Es gibt keine Sanktionen, wenn einer der 196 Vertragspartner gegen das Abkommen verstößt, eben keine Klimaschutzmaßnahmen umsetzt, zu langsam ist oder keine internationalen Klimaschutzkooperationen unterstützt. Das Mandat der Vereinten Nationen reicht für wirkungsvolle Eingriffe in die nationalen Souveränitäten noch nicht einmal im Ansatz aus. Und mehr noch: Unverändert brechen die Industriestaaten ihre Versprechen und Verpflichtungen, die sie mit dem Pariser Klimaabkommen gegeben haben. So sollten ja ab 2020 jährlich mindestens 100 Milliarden Dollar in den Klimaschutzfonds eingezahlt werden, um mit diesem Geld dringende Anpassungsmaßnahmen an die Auswirkungen der Erderwärmung für die ärmsten Länder zu finanzieren, etwa Bewässerungssysteme für die Landwirtschaft, Dämme für den Küstenschutz oder Investitionen in Aus- und Fortbildung oder Stärkung des Katastrophenschutzes etc. Wie sieht die Bilanz dieser absolut nötigen Maßnahme aus? Mit einem Wort: miserabel.

Die internationale Unterstützung ärmerer Staaten bei der Anpassung an den Klimawandel ist 2021 nach UN-Angaben vom November 2023 deutlich zurückgegangen. Im Vergleich zum Vorjahr sank die Finanzierung für besonders betroffene Entwicklungsländer um 15 % – zum Entsetzen nicht nur von UN-Generalsekretär António Guterres. »Stürme, Brände, Überschwemmungen, Dürren und extreme Temperaturen werden immer häufiger und zerstörerischer, und sie werden noch viel schlimmer«, erklärte Guterres. Die Notwendigkeit, Menschen und Natur zu schützen, sei »dringender denn je«.[35]

Es ist in der Tat ein Skandal: Den Berechnungen des UN-Umweltprogramms (UNEP) zufolge standen 2021 nur rund 21 Milliarden Dollar für die Unterstützung der Entwicklungsländer zur Verfügung. 2020 waren es noch 25,2 Milliarden Dollar gewesen. Unterdessen wird der jährliche Bedarf mittlerweile auf 387 Milliarden Dollar geschätzt. Und mindestens 100 Milliarden pro Jahr waren ja die in Paris verabredete, völkerrechtlich eigentlich bindende Zusage der reichen Länder.

Pacta sunt servanda: Große Sprüche auf den Klimakonferenzen, aber dann nicht liefern – es ist unbegreiflich, warum diese Art von Pseudo-Klimapolitik noch weiterhin stattfinden soll. Längst muss es den Industrieländern doch klar sein: So produzieren wir die Flüchtlinge von morgen, denn Entwicklungsländer u. a. in Afrika und Asien sind weltweit am stärksten von der Erderwärmung betroffen. Ohne finanzielle Unterstützung der Industriestaaten können sie jedoch nicht genügend zur Bewältigung der Klimakrise tun. Allein in den vergangenen zwei Jahren erlitten die 55 am stärksten betroffenen Volkswirtschaften dem UN-Bericht zufolge Schäden in Höhe von mehr als 500 Milliarden Dollar.

Eines haben die UN-Klimakonferenzen aber doch geschafft: Die jährlichen Großereignisse finden ein außerordentliches mediales Interesse. Alle Jahre wieder: Das hat der globalen Öffentlichkeit so etwas wie ein klimasensibles, gemeinsames Bewusstsein beschert.

Wie wird's denn was? Ein paar Anregungen:

- **Energiesparen** ist völlig in Vergessenheit geraten. Wir brauchen viel mehr Forschungsprogramme zu Energieeffizienz und viel mehr Energiespar-Mitmachkampagnen.
- Nicht den zweiten vor dem ersten Schritt tun – das heißt: **Zuerst** die **Stromnetze ausbauen,** dann die erneuerbaren Energien.
- Den **Strompreis von** »**Nebenkosten**« (EEG-Umlage, Netzentgelte etc.) **entlasten.** Nur so lässt sich erkennen, wie viel eine Kilowattstunde wirklich kostet. Das hilft beim Wechsel zum günstigeren Anbieter.
- **Technologieoffenheit** ist geradezu das Gebot der Stunde!
- Wirksame Klimaschutzmaßnahmen wie die Umstellung eines Stahlwerks auf Wasserstoffbetrieb müssen exportfähig sein. »**Klimaschutz – made in Germany**« muss ein **Qualitätssiegel** werden. Nur dann sind milliardenschwere Subventionen gerechtfertigt.
- Die UN-Klimakonferenzen haben ihre wirkungsvollste Zeit hinter sich. Jetzt muss es um **bi- oder multilaterale Projekte** zwischen einzelnen Ländern gehen.

Hätte ich eine Milliarde Euro für den Klimaschutz, ...

»... würde ich sie in die Mengensteuerung der europäischen Netto-Emissionen stecken: 100 Millionen für eine neu zu gründende Europäische Kohlenstoff-Zentralbank, über die die Zuständigkeit für diese wichtige Stellschraube transparent und robust im EU-Machtapparat verankert wird. Und den Rest für eine ihrer ersten Aufgaben: über europäische Auktionen Kontingente für groß angelegte CO_2-Entnahmen ausschreiben. Dabei kommt zum Zuge, wer eine vorgegebene Menge Klimagas zu den geringsten Kosten zurück aus der Atmosphäre holt. Die CO_2-Entnahmen müssen jetzt rasch zur zweiten Säule des Klimaschutzes aufgebaut werden, neben dem raschen Zurückfahren der Emissionen in Richtung null.«

Prof. Dr. Ottmar Edenhofer, Direktor und Chefökonom am Potsdam-Institut für Klimafolgenforschung; Träger Deutscher Umweltpreis 2020

»... würde ich sie in breite Umweltbildung für Kinder investieren, die Entscheidungsträger von morgen. Die Hälfte der Milliarde würde ich in Deutschland, die andere Hälfte in Schwellenländern einsetzen.«

Arved Fuchs, Polarforscher und Buchautor

BAUERN, BIO, BÜRGER IM FREIEN FALL – LANDWIRTSCHAFT AM SCHEIDEWEG

VOM MILLIARDENGRAB VERFEHLTER AGRARPOLITIK

»Was der Frühling nicht säte, kann der Sommer nicht reifen,
der Herbst nicht ernten, der Winter nicht genießen.«

Johann Gottfried Herder,
deutscher Dichter und Kulturphilosoph, 1744–1803

Darum geht es:
Um es gleich vorwegzusagen: Wir Autoren sind keine Ökoträumer, die meinen, mit Bioläden um die Ecke und Bauernhofidyllen der 1950er-Jahre den Herausforderungen des Klimawandels gerecht werden sowie Ernährungssicherung und Rettung der biologischen Vielfalt wirksam sicherstellen zu können. Wie viele Bauern, die von einer überbordenden Bürokratie auf allen Ebenen, einem nicht mehr überblickbaren Subventionsdschungel und einer planlosen, unzuverlässigen Politik in ein Korsett von Abhängigkeiten und zur Billigproduktion gezwungen werden, sind wir der Ansicht, dass die Entwicklung der letzten 20 Jahre so nicht mehr weitergehen kann, ja nicht mehr weitergehen darf.

Innerhalb von nur 100 Jahren ist die Weltbevölkerung von zwei Milliarden auf acht Milliarden Menschen angewachsen. Während Millionen Menschen hungern, werfen wir viel zu viele Lebensmittel weg – auch, weil diese oft viel zu billig sind, nicht wertgeschätzt werden und die Kosten der Billigproduktion zulasten der Umwelt und Artenvielfalt nicht eingepreist sind. Beim Fleisch sind es 40 %, bei Milch, Obst und Gemüse 30 %, bei Backwaren ebenfalls 30 %. Unglaubliche elf Millionen

Tonnen Lebensmittel werden in Deutschland jedes Jahr weggeworfen.[36] Wir essen viel zu viel Fleisch und Fleischprodukte – eben, weil sie günstig sind. Trotz leicht abnehmender Tendenz sind es 52 Kilogramm pro Person in Deutschland.[37] Gleichzeitig wird global gesehen der Fleischkonsum steigen; er hat sich binnen 20 Jahren mehr als verdoppelt – denn die Menschen in vielen sogenannten Entwicklungs- und Schwellenländer orientieren sich ungeachtet kultureller Unterschiede an »westlichen Standards«.[38] Von verantwortungsvollen Bauern wird auch nicht bestritten, dass der Siegeszug der Produktion von Billiglebensmitteln zulasten der biologischen Vielfalt unserer Flure und damit unseres Naturerbes und in vielen Gegenden zulasten intakter Böden und intakter Grundwasservorräte geht. Immer mehr, immer größer, immer billiger auf der einen Seite, immer weniger »kleine« bäuerliche Betriebe, deren Einkommen sinkt, und wachsende Ansprüche der Gesellschaft, gerade an Klimaschutz, biologische Vielfalt, Heimatbewahrung und Nachhaltigkeit auf der anderen Seite.

Entstanden ist ein Teufelskreis, der die Abwärtsspirale ständig weiter nach unten treibt, befeuert von der Billigmentalität einer immer weniger ernährungskompetenten Bevölkerung und dem Preisdruck des Lebensmitteleinzelhandels. Bauern bekommen immer weniger für ihre Produkte und werden gleichzeitig zu »Buhmännern« der Nation. Derweil nehmen die Herausforderungen dramatisch zu: Die wachsende Weltbevölkerung braucht mehr Nahrungsmittel, Ackerflächen, Weideland – und Waldflächen werden vernichtet. Der übermäßige Einsatz von Pestiziden und Düngemitteln belastet Böden, Stillgewässer, Flüsse und Meere. Ein menschenverursachtes Artensterben ist die Folge, mit der Aussicht auf irreparable Schäden für das globale Ökosystem.

Lässt sich dieser Teufelskreis noch durchbrechen?

Für eilige Leser hier einige Aspekte zum Thema:
* **Europäische Milliarden** für ein krankes Landwirtschaftssystem: Gefördert werden fast nur natur-, umwelt- und klimaschädliche Produktionsweisen, Fläche zählt.

- **Konkurrenz aus Fernost:** Chinesische Großbetriebe fluten den europäischen Markt.
- **Veränderte Klimabedingungen** zwingen zu schnelleren Anpassungsstrategien.
- **Bürokratischer Agrarwahnsinn:** Vor allem Kleinbauern und Familienbetriebe geben auf.
- **Ausbeutung der Ressourcen:** Ernährungssicherung ist nicht nachhaltig, die biologische Vielfalt ist bedroht wie nie.
- **Unsägliches Tierleid:** Qualzuchten und Massentierhaltung sind der wahre Preis für Billigfleisch.

Lennart Craft und der Samstagseinkauf

Seit Weihnachten hatte sich Lennart Craft auf das lange Wochenende Ende Januar gefreut: Vier Tage am Stück frei! Er konnte sich gar nicht erinnern, wann dies das letzte Mal der Fall war. Eher war es umgekehrt: Wochenenden wurden gestrichen, Acht-Stunden-Tage standen nur auf dem Papier, und gegen Jahresende mussten die vielen Übertage abgebaut werden. Er aber liebte seinen Job als leitender Ingenieur bei der Bundesflugbereitschaft, kannte alle Macken der in die Jahre gekommenen Flugmuster in- und auswendig und freute sich jedes Mal, wenn ein Flug pannenfrei absolviert werden konnte. Nun hatte er frei und ließ sich von seiner Frau Lara sehr gern mal zum Wochenendeinkauf schicken. Gut gelaunt schwang Lennart sich auf sein Elektro-Lastenrad, das er vor Kurzem gebraucht erstanden hatte – ein tolles Fortbewegungsgefühl.

Die erste Station war die Metzgerei, die seit zig Jahren das Vertrauen der Familie genoss. Egal, ob Schnitzel, Grillwürstchen oder andere Wurstwaren: Alles stets in top Qualität, super frisch, denn hier wurde noch selbst geschlachtet. Alle Tiere kamen aus guter regionaler Haltung, lebten zumeist im Freiland und bekamen von den Landwirten nur Futter aus eigenem Anbau. Das hatte Lennart schon immer überzeugt. Die Schlange im Laden war erfreulich kurz, nur zwei Kundinnen vor ihm. Tja, dachte er, nicht jeder Ehemann hat die Lizenz zum Wochenendeinkauf ... und schon war er dran. »Hallo, Herr Craft, schön, Sie mal wieder bei uns zu sehen, alle Flieger o. k.?«, fragte Tina, die Tochter des Metzgermeisters. »Hallo, Tina«, erwiderte Lennart, »ja, alles bestens. Aber im Moment ist es relativ ruhig. Ich hab ein langes Wochenende!«»Na dann«, meinte Tina, »was darf's denn sein?«»Also, Lara möchte gerne Rouladen machen, vom Rind, schön dünn geschnitten.«»Also dreimal?«, fragte Tina, die natürlich auch seinen Sohn Finn kannte. »Ach, nee, geben Sie mir bitte vier. Eine in Reserve. Für den Hunger danach ... Und dann noch 150 Gramm Corned Beef.« Corned Beef war für Lennart ein »Must-have« auf dem Frühstückstisch. »Was darf's noch sein?«, fragte Tina, schon mit dem Einpacken der Rouladen beschäftigt. »Ich nehme noch einen ganzen Ring Fleischwurst, die im Naturdarm. Das ist alles für heute.«»Das macht dann 34 Euro 80.« »Wie bitte? Das ist aber ein stolzer Preis, so teuer war es doch früher nicht!«»Stimmt!«, bestätigte Tina. »Aber da hatten wir ja auch keine verschärften Probleme! Sie haben doch sicher die Bauern-Demos der letzten Wochen mitbekommen?« Nein, hatte er nicht, da war er irgendwo in Afrika unterwegs; mit der Bundesaußenministerin. Und dann gab es eine kleine Einheit Nachhilfe in Sachen Landwirtschaft. Tina legte los: »Wir müssen auch als Verbraucher letztlich wie nachhaltig wirtschaftende Bauern denken. Und so verstehen, was die Bauern alles machen müssen: natürlich Nahrungsmittel erzeugen. Aber bitte ohne die Umwelt zu schädigen. Denn es geht um unsere Lebensgrundlagen. Artenschutz kommt auch noch hinzu. Ackerrandstreifen mit Wildkräutern, Feldlerchenfenster, so gut wie keine Chemie auf dem Acker. Jede Menge Bürokratie, Berichte, Meldungen nach Brüssel, Förderanträge und so weiter. Das ist ein bisschen viel für den kleinen Landwirt.« Lennart schaute dezent über die Schulter Richtung Ladentür: Die Warteschlange kaufwilliger Kundinnen hatte eine rekordverdächtige Länge erreicht und blockierte mittlerweile den Bürgersteig. Aber Tina dozierte unbeirrt weiter: »Verdienen tun ja nur die großen Agrarfabriken im Norden und Osten Deutschlands und anderswo in Europa. Da haben Investoren das Sagen. Denen ist es wurscht, was mit der Umwelt passiert. Und da wir bei den kleinen Betrieben hier in der Nähe unsere Waren beziehen, ist es halt mittlerweile etwas teurer als beim Discounter …« Aber eben auch besser, dachte bzw. hoffte Lennart. »Die Frage ist: Welche Bauern, welche Landschaften wollen wir? Was sind wir uns selbst wert? Schönes Wochenende, Gruß an Lara und Finn! So, wer ist hier der Nächste?«

Lennart steckte seine Einkäufe in den Korb und ging nachdenklich zu seinem E-Lastenrad. Der Einkaufskorb passte perfekt in das Lastenfach. Sehr komfortabel! Nächste Station: Der Gemüsestand ein paar Straßen weiter. Kartoffeln, Kohlrabi, rote Bete, Karotten – hier kam alles direkt vom Erzeuger. Mehrere Bauern hatten sich zusammengeschlossen, um ihre Kunden am gemeinsamen Verkaufsstand mit Waren »frisch vom Acker« zu versorgen. »Guten Morgen, Herr Craft.« Landwirt Herbert Wehmut begrüßte ihn offenbar bestens gelaunt. »Hallo, Herr Wehmut, heute gar nicht auf der Bauern-Demo?« Sofort wunderte sich Lennart über seinen etwas schnippisch klingenden Tonfall. Ärgerte er sich möglicherweise noch über die hohen Preise beim Metzger? Bauer Wehmut sah ihn scharf an. »Also, erstens ist heute keine Demo, und zweitens kann man ja nicht immer demonstrieren, irgendwer muss ja auf den Acker, die Ware holen, säen, ernten. Nichts geht von allein. Aber wenn die Politik so weitermacht, dann gibt es ohnehin bald keine Bauern mehr.« Lennart zog es vor, lieber nicht auf das Thema einzugehen, um nicht für noch eine Kundenschlange verantwortlich zu sein. Aber er nahm sich vor, mehr über die Lage der Bauern in Erfahrung zu bringen. »Ja, also, ich brauche ein bisschen Gemüse, das gut zu Rinderrouladen passt.« »Da würde ich Ihnen hier den Rosenkohl empfehlen, oder Brokkoli. Der geht eigentlich immer.« Lennart fand, dass der

Brokkoli frisch und knackig aussah. »Ich nehme den Brokkoli, zwei Stück bitte«. »Macht sieben Euro achtzig, bitte.« Lennart traute seinen Ohren nicht. Der nächste Preisschock. Wie lange hatte er eigentlich nicht mehr eingekauft? Schnell fingerte er das Geld aus seinem Portemonnaie und verzichtete auf Nachfragen, um nicht wieder eine Lektion in Landwirtschaftskunde zu kassieren. »Schönes Wochenende, bis zum nächsten Mal!«, verabschiedete Herbert Wehmut seinen Kunden. Bis zum nächsten Mal? Wenn die Preise so weiterklettern, dann erst nächstes Jahr um die gleiche Zeit, dachte Lennart. Mit einem leicht flauen Gefühl im Magen radelte er zur nächsten und letzten Station, zur Bäckerei. Auf seinem Einkaufszettel standen ein Baguette, vier Laugenstangen, zwei Mohnbrötchen und vier Berliner. Vor Lennart waren noch drei Kunden an der Reihe, also konnte er die Auslage betrachten und die Preisschilder studieren. Was? Ein Berliner für 1 Euro 80? Unverschämtheit! Und die Laugenstangen für 1,10 das Stück! Einem inneren Impuls folgend, wollte Lennart auf der Stelle den Laden verlassen. »Der Nächste bitte! Ah, guten Morgen, Herr Craft, lange nicht gesehen, was darf's denn sein?«, fragte die freundliche Bäckereifachverkäuferin. Überrumpelt trug Lennart seinen Einkaufszettel vor. Alles wurde flott eingepackt. »Ach übrigens«, ließ sich die Verkäuferin vernehmen, »kennen Sie vielleicht jemanden, der bei uns arbeiten möchte? Wir bekommen einfach kein Personal, niemand will mehr morgens früh um 2 Uhr in der Backstube antreten, alles viel zu anstrengend, wegen der Work-Life-Balance, wissen Sie! Auch hier im Verkauf brauchen wir dringend noch Leute. Und dabei zahlen wir schon 25 % über Tarif! Also, wenn Sie etwas hören, bitte Bescheid sagen. Schönes Wochenende, viele Grüße an Ihre Frau!« Lennart nahm seinen Einkauf, und ihm schwante, warum auch Backwaren teurer geworden waren. Und er war heilfroh, nicht noch eine Einkaufsstation ansteuern zu müssen. Meine Güte, dachte er, das ist alles zusammen reichlich teuer, wie schaffen das nur Menschen mit kleinem Einkommen? Oder die Rentner? Er stieg auf sein Lastenrad und fuhr los. Nach ein paar Metern merkte Lennart, dass er deutlich kräftiger in die Pedale treten musste. Ein Blick auf die Ladeanzeige bewies: Der Akku war leer. Er ahnte, dass ihm das neue gebrauchte E-Bike doch nicht so viel Freude bereiten würde ...

Freie Bauern im freien Fall

Gegenüber ihren internationalen Konkurrenten sind Agrarbetriebe in Deutschland – und sind sie noch so groß – geradezu Waisenknaben. So besitzt nach Berichten von Agrar Heute der Agro-Großbetrieb »Foert« in der Tschechischen Republik und in der Slowakei mehr als 100 000 Hektar Ackerland.[39] Das von Andrej Babis gegründete Unternehmen wird auf mehr als 3,4 Milliarden US-Dollar geschätzt. Da können die Subventiontöpfe der EU ganz anders »angezapft« werden als von Klein- und Nebenerwerbsbetrieben mit durchschnittlich gerade mal fünf bis zehn Hektar Fläche.[40] Doch das ist noch nichts gegen Schweinefabriken und Massenbetriebe wie die von Liu Yonghao, Chef der New Hope Group. Über 500 Tochtergesellschaften und Niederlassungen gehören zum Unternehmen, das auch Schweinehochhäuser betreibt. Oder der Betrieb von Bao Hongxing, »Muyuan Foodstuff«, der als größtes Schweinezuchtunternehmen in China gilt. Monokulturen ohne Ende auch beim Unternehmen von Stewart und Lynda Resnick[41]: Die Großgrundbesitzer mit Land im Central Valley in Kalifornien sowie im Süden von Texas produzieren im großen Stil Orangen, Grapefruits und Mandeln sowie Fruchtsäfte und sind Mehrheitsbeteiligte bei der Kern-Water-Bank. Dabei handelt es sich um einen unterirdischen Wasserspeicher in Kalifornien, wo gerade durch die intensive Landwirtschaft das Wasser immer knapper wird. Oder weltweite Marktbeherrschung auf andere Art: Ende Februar 2024 lag vor Südafrika ein Frachter mit 19 000 lebenden Rindern aus Brasilien – bestimmt für den Irak; das ist einfach nur krank![42]

Der Trend innerhalb der EU ist klar: Immer mehr Agrar-Holdings drücken »echte« Bauern auf die Seite. Diese Holdings gehören Leuten, die mit der Ackerscholle nun wirklich nichts im Sinn haben – außer eben möglichst viele Einnahmen abzugreifen, und davon gerade auch das Geld der EU-Steuerzahler. Vor ihrer Pleite (2016) hatte etwa die KTG-Agrar mit Siegfried Hofreiter an der Spitze eine Betriebsgröße in Mecklenburg-Vorpommern sowie Brandenburg von rund 45 000 Hektar Land. 20 000 Hektar waren Eigentum. Nach der Pleite wurden viele Flächen von der Deutschen Agrar Holding (DAH) übernommen. Es handelt sich um ein Tochterunternehmen der Gustav-Zech-Stiftung aus Bremen, hinter der eine Bau- und Beteiligungsfirma steckt. Wie Dr. Olaf Zinke für Agrar Heute berichtete, gehören zu den Nicht-Bauernbetrieben auch der Begründer der Entsorgungsfirma Remondis Rethmann, Aldi Nord, Möbelfabrikant Steinhoff und das Pharma-Unternehmen Merkle. Über ähnliche Beteiligungsverhältnisse landeten die von der EU über die Flächengröße gewährten Direktzahlungen u. a. mit je drei Millionen Euro bei der Steinhoff-Gruppe, bei Aldi Nord oder mit 5,4 Millionen Euro bei der DAH Holding.[43]

Fast die Hälfte, nämlich 48,5 % der Einkommen in der Landwirtschaft stammen aus Beihilfen. Neben den EU-Direktzahlungen gibt es weitere Hilfen, wie die Agrardiesel-Vergütung (die laut Beschluss der Bundesregierung nach und nach abgeschafft werden soll) sowie Zuschüsse für einzelbetriebliche Investitionen. Ganz klar, dass eher umweltfreundliche Klein- und Nebenerwerbsbetriebe mit durchschnittlich einer Arbeitskraft und 36 Hektar Fläche im Nachteil sind gegenüber Haupterwerbsbetrieben mit zwei oder drei Arbeitskräften und 92 Hektar landwirtschaftlicher Fläche oder gegenüber Großbetrieben, die juristischen Personen gehören, mit im Schnitt 17,1 Arbeitskräften und durchschnittlich 1 086 Hektar landwirtschaftlicher Fläche.[44]

Die Erhebungen berücksichtigen natürlich nicht, dass gegenüber Großbetrieben mit fest angestelltem Personal und geregelten Arbeitszeiten, Urlaubsansprüchen und anderen sozialen Leistungen die oft von Familien getragenen, mittelgroßen sowie Klein- und Nebenerwerbsbetriebe mit oftmals 12–14 Arbeitsstunden pro Tag viel mehr gefördert und von bürokratischen Hemmnissen entbunden werden sollten.

Bauern und Biologie im Spannungsfeld

Willkommen also im größten Irrenhaus Europas – nichts anderes ist die europäische Landwirtschaftspolitik. Da steigt niemand mehr durch. Es sind nur ganz gewiefte Lobbyisten der Agrarwirtschaft und deren Helfershelfer in Politik und Behörden, die noch wissen, wo was geht, wo es Subventionen abzugreifen gibt und gilt. Aber selbst diese haben Mühe, den von ihnen selbst geforderten und geförderten Entwicklungen noch zu folgen. Kleine bäuerliche Betriebe in der »normalen«, an die Landschaft angepassten Landwirtschaft, Weidebetriebe oder Bewirtschafter von Sonderkulturen wie Wein- und Obstbau haben kaum mehr eine Chance. Angesichts der Agrarübermacht der Großen sind viele Ältere ausgestiegen oder kurz davor. Wegen der Regelungs- und Kontrollwut der Behörden steigen deren Nachkommen schon gar nicht ein. Und so geht die Schere immer weiter auseinander: Immer größere Betriebe mit Monokulturen vor allem im Norden und in der Mitte Deutschlands, in Schleswig-Holstein, Nordrhein-Westfalen, Niedersachsen, Mecklenburg-Vorpommern und Brandenburg. Dies setzt sich fort mit den weiten Agrarflächen in Polen, der Tschechischen Republik und der Slowakei. Unfassbare Massen-Tierfabriken etwa in Mecklenburg-Vorpommern, wo bei einem Großbrand im März 2021 gleich 50 000 Schweine starben – davon hauptsächlich Ferkel.[45] Oder die Tierzucht Gut Losten bei Bad Kleinen in Mecklenburg mit rund 35 000 Schweinen, die bei voller Auslastung ein Gülleaufkommen von bis zu 100 Millionen Litern hat. Alles wird auf Äckern und Grünflächen entsorgt, trotzdem wird weiter gefördert – kritisiert seit Jahren u. a. die Heinrich-Böll-Stiftung.[46] Noch mehr Grauen gefällig? Fast 20 000 Rinder hält die Agrar GmbH Gut Ferdinandshof bei Wilhelmsburg (Landkreis Vorpommern-Greifswald), über 966 000 Hähnchen der Geflügel-»Hof« Möckern GmbH in Gommern (Landkreis Jerichower Land in Sachsen-Anhalt), u. a. rund 256 000 Legehennen die Wimex Group bei Groß Stieten (Landkreis Nordwest-Mecklenburg).[47] Nur durchrationalisierte Erzeugerketten gelten als profitabel. Solche Agrarfabriken lassen mit ihren auf maximalen Gewinn orientierten Produktionsweisen der Natur keinen Platz mehr, verseuchen Böden und Grundwasser.

Nun ist Gewinn zunächst nichts Verwerfliches. Auch »normale« Landwirte können ohne Gewinn keine rentablen Betriebe führen, notwendige Investitionen vornehmen und als immer wichtigeres »Beiprodukt« landschaftliche Vielfalt fördern. Die Frage ist, wo und wie viele Gewinne gemacht werden.

Der Blick auf das mittlere und südliche Deutschland, etwa Teile von Baden-Württemberg, Bayern, Rheinland-Pfalz, Hessen, Saarland und Thüringen, und auch auf Österreich und das Nicht-EU-Land Schweiz, zeigt: Es gibt noch eine, fast schon exotisch anmutende, kleinflächigere Landwirtschaft, wo selbst große Betriebe mit gerade mal 30 Hektar der Natur trotz der auch hier erfolgten Intensivierung noch eine Chance lassen, wo die Kulturlandschaft zwar stark unter Druck steht, aber noch wie eine solche aussieht. Es liegt auf der Hand, dass echte Bauern (viele im Nebenerwerb), die noch kleinräumig und damit umwelt- und klimafreundlicher wirtschaften, fordern, die Agrarsubventionen anders zu verteilen: Kleinere Betriebe müssten anteilsmäßig pro Flächeneinheit mehr Subventionen[48] bekommen als die Agrarfabriken.

- Die erste Säule bilden Direktzahlungen an Landwirte. Von wenigen Auflagen abgesehen, bekommen Betriebe Förderungen nach der Fläche, also sogenannte Direktzahlungen. Hier profitieren ganz klar die großen Betriebe. Es bekommt nämlich Geld, wer Fläche hat.

- In der zweiten Säule sind Förderprogramme für die »nachhaltige und umweltschonende Bewirtschaftung und die ländliche Entwicklung« zusammengefasst.[49]

Rund 33 % des EU-Haushaltes fließen in die europäische Landwirtschaft. Hinzu kommen jeweils nationale Agrarfördermittel. Von 2021 bis 2027 sind das insgesamt rund 336,5 Milliarden Euro[50]. Die meisten EU-Mittel fließen nach wie vor in die erste Säule. Ein Treppenwitz. Warum werden nicht auch die Großbetriebe verpflichtet, von vornherein ohne besondere Zuschüsse so zu wirtschaften, dass beide Säulen gleichmäßig »belastet« werden?[51]

Aus der Kontrolle geratener Agrarterror

Wer sich auch nur kurz mit dem Mega-Bauerntheater der Agrarsubventionen beschäftigt – es genügen wenige Internetklicks –, wird schnell feststellen, dass die »klassische Agrarlobby« überaus erfolgreich war. Eine unheilvolle Allianz aus Bauernverbänden, die sich vorzugsweise für die Interessen der konventionellen Großbetriebe einsetzen, EU-Agrarpolitikern, Landmaschinenherstellern, Stallplanern, Düngemittel- und Pestizidproduzenten, dem Agrarhandel und den Nahrungsmittelproduzenten hat es geschafft, dass in den letzten 50 Jahren mehr Tier- und Pflanzenarten aus den Fluren verschwunden sind als in den 50 – ja

500 – Jahren zuvor. Fast schon kartellähnliche Strukturen. Sie haben es fertiggebracht, dass Böden und Grundwasser vielerorts durch übermäßige Gülleausbringung, andere Düngemittel (Kunstdünger) und Rückstände von Pestiziden verseucht sind. Ist in den weiten Monokulturen und Gülleentsorgungsflächen überhaupt noch etwas von der ursprünglichen biologischen Vielfalt oder den einstigen Agrar-Ökosystemen übrig, dann in nicht überlebensfähigen Populationen. Die Agrarpolitik förderte auch erfolgreich immer größere, am Weltmarkt orientierte Betriebe – Betriebe, die Äcker bewirtschaften, welche diesen Namen nicht mehr verdienen. Ökologische Nischen werden kleiner, die Betriebe ebenso größer wie die bewirtschafteten Flächen. Über Jahre hinweg wurde hinreichend geforscht, beschrieben und mehrfach bewiesen, dass sich die Art und Weise der industriellen Agrarwirtschaft, wie sie von Großkonzernen betrieben wird, durch die Subventionen in den vergangenen 40 Jahren überhaupt erst entwickeln konnte. »Wir haben ausreichende Daten, zum Teil europaweit, sodass es an der tiefen Krise der Biodiversität in der Agrarlandschaft keinen Zweifel geben kann, und das bedeutet: Ein ›Weiter so‹ kann es nicht geben«, sagt etwa Katrin Böhning-Gaese. Die Biologin mit Schwerpunkt Ornithologie hat eine Professur an der Johann-Wolfgang-Goethe-Universität Frankfurt inne und ist zugleich Direktorin des Senckenberg Biodiversitäts- und Klimaforschungszentrums.[52] Sie war maßgeblich an der Stellungnahme der Nationalen Akademie der Wissenschaften Leopoldina zur Situation der Landwirtschaft und der Notwendigkeit einer Ökowende, gemeinsam mit dem Rat für nachhaltige Entwicklung, beteiligt und wurde 2021 mit dem Deutschen Umweltpreis ausgezeichnet.[53] Wir müssen zwingend die Landwirtschaft wieder der Landschaft anpassen – und nicht umgekehrt. Und wir müssen Bauern wieder Bauern sein lassen. Eine enorme Aufgabe, da die Riesen-Agrarfabriken nun mal da sind. Eine Aufgabe, an die sich die »Immer-weiter-so«-Politik nicht herantraut. Im Gegenteil: Die Ampelkoalition aus Grünen, SPD und FDP hat sich mit

unsolider Haushaltsplanung – durch gut gemeinte, aber falsch geplante »Energie- und Klimafonds« (EKF)-Klimaschutzmaßnahmen[54] – ordentlich verzockt. Nun wollten sie das gar nicht so progressive Rad zurückdrehen und den Bauern in ihren Vorbereitungen für Frühjahr und Sommer mit längst getroffenen Betriebsentscheidungen kräftig finanziell ans Leder. Wie verfahren der Güllekarren Landwirtschaft ist, zeigte sich mit den PS-starken Bauernprotesten im Dezember 2023 und im ersten Quartal 2024, bei denen die Bauern mit ihren großen Traktoren die Maschinenmuskeln spielen ließen. Im Grunde genommen ging es nicht nur um die Pläne der Bundesregierung, nach einer vermurksten und verfassungswidrigen Haushaltsplanung die Subventionierung des Agrardiesels stark einzuschränken, sondern um viele »Einbußen«, welche die Landwirtschaft in einem kranken System in den vergangenen Jahren hinnehmen musste. Und so ist das Güllefass allgemeiner Unzufriedenheit und Staatsverdrossenheit und vor allem der Aussichtslosigkeit für viele kleine und mittlere Betriebe, die keine Nachfolger mehr finden, übergelaufen.

Die Proteste haben jedoch verschleiert, dass es durchaus einen Unterschied macht, ob industrielle, nicht mehr von Bauern betriebene Agrarbetriebe Kürzungen hinnehmen sollen oder Landwirte, die aufgrund der Übermacht von Massenbetrieben und bunt blühender Bürokratie keine Chancen mehr sehen.

Offenbart haben die Proteste, dass es beim Bundesbauernverband keinen wirklichen Reformwillen gibt und »immer nur die anderen schuld sind«. Doch viele Menschen haben auch gesehen, mit welch mächtigen Traktoren – die gerade vom Steuerzahler subventioniert werden – die Bauern aufgefahren sind. Wie lange die Verbraucher das noch mitmachen, ist eine andere Frage. Dabei ist durch die Herausforderung des Klimawandels mehr denn je Solidarität und ein Miteinander gefragt. Das erfordert aber auch Bewegung bei den Bauern. Der Slogan, der auf den Transparenten mancher Traktoren zu sehen war, bringt auf den Punkt, dass wir alle im selben Boot sitzen: »Ist der Bauer ruiniert, wird dein Essen importiert!« Die Proteste waren zu Recht heftig, einten sie doch kurzfristig die Vertreter ganz unterschiedlicher Betriebsstrukturen.

Unterwegs zu den Letzten ihrer Art

Verlassen wir die würdelose und Geschöpfe verachtende Welt der Agrarfabriken und schauen uns um – dort, wo es noch fragile Vielfalt gibt, »echte« Landwirtschaft mit ökologisch kulturellem Mehrwert. Landwirtschaft, die mit einem punkten kann: Artenvielfalt. Würde diese kapitalisiert, wären die Agrarfabriken, die keine Bauern- sondern Investorenmodelle sind, längst ökologisch bankrott. Trotz dieser biologischen Insolvenz ist keine Abwicklung in Sicht. Im Gegenteil: Ein gescheitertes System hält die anderen klein. Kommen Sie also mit zu Idealisten, letzten Helden der Landschaft, zu Heimatliebhabern, die ihre Heimat verlieren, und zu Pionieren, die nicht aufgeben wollen. Bauern, die normal arbeiten und nicht in eine Zwangsjacke aus immer neuen Subventions- und Kontrollbestimmungen gesteckt werden wollen.

Wer sich mit Landschaften und Leuten beschäftigt, kann in und mit diesen Zeichen lesen und erkennen. Wir haben uns auf den Weg gemacht.

Momentaufnahme 1 – vergessene Heimat, vergessene Helden

»Guck dir das mal an, seit Langem haben wir wieder Rauchschwalben im Stall«, sagt Daniel Heim und führt mich zum kleinen, alten Stall. Vier Junge sitzen im Nest. Aus feuchtem Lehm, Stroh- und Grashalmen und Speichel haben es die gewandten Vögel auf einem Balkenkopf, der aus der Wand hervorsteht, gebaut und mit Federchen ausgepolstert. Laut schreiend betteln die Jungen mit weit geöffnetem Schnabel um Fliegenfutter, wenn die Altvögel in schnellem Flug hereinschießen. »Wir haben extra die obere Hälfte der hinteren Stalltür offen gelassen«, sagt Daniels

Cousin Marvin Heim, der gerade eine Futtermischung zubereitet. Sojaschrot, verschiedenes Getreide, Kalk – alles gut ausgewogen »Alles selbst angebaut, bio, aber nicht zertifiziert«, erklärt mir Daniel. »Das rechnet sich für uns als kleiner Nebenerwerbsbetrieb einfach nicht, obwohl wir zu 95 % bio sind.« Er weiß, wovon er spricht, denn hauptberuflich ist der Diplom-Agrarbiologe für eine Zertifizierungsstelle für biologischen Landbau tätig. Er ist also zu Hause in der Welt von Bioland, Naturland und Demeter. Diese und andere, allmählich nicht mehr überblickbaren Labels haben ähnliche und doch teilweise unterschiedliche Zertifizierungskriterien, welche gemäß den EU- und Länderbestimmungen[55] zu kontrollieren sind, damit entsprechend gekennzeichnete Produkte überhaupt in den Handel kommen können. Auch Marvin weiß, wovon er redet. Bei einem Landschaftsbaubetrieb hauptberuflich tätig, kennt er den immer weiterwachsenden Vorschriftenwald, weiß, dass immer mehr Menschen Natur erleben, aber draußen nur joggen, Hunde Gassi führen oder Rad fahren wollen – in schönen Kulturlandschaften, die in den angeschwollenen Ballungsräumen in Deutschland immer mehr unter Druck stehen. »Unsere Dörfer und Städte sehen aus, als ob sie in die Landschaft gekotzt hätten«, hat mir vor Jahrzehnten mal der legendäre und heute meist nur noch Älteren bekannte Journalist, Filmemacher und Buchautor Horst Stern[56] bei einem Gespräch im Bayerischen Wald gesagt. »Heute ist es noch schlimmer«, denke ich. Dann gehe ich mit den beiden Feierabendbauern mit Schubkarren und Eimern eine Straße weiter, und schon führt uns ein Grasweg direkt zur Hühnerwiese. In der Schubkarre die von Marvin vorbereitete Futtermischung. Schnell haben uns die etwa 120 Hühner, die im Schatten alter Obstbäume dösen, im Boden scharren, Staubbäder nehmen, da und dort Gras aufpicken, bemerkt. Idylle pur. Laut gackernd springt uns das Hühnervolk entgegen. »Die wissen, dass sie jetzt was anderes als Gras zum Fressen bekommen«, sagt Daniel und öffnet den Elektrozaun. Auch andere wissen, dass sich was tut. Eine rüstige Rentnerin wartet schon mit ihren Enkeln auf die Hühnerfütterung. Dann kommt noch ein junges Paar mit einem etwa vierjährigen Kind und dessen Geschwisterchen im Kinderwagen hinzu. »Einfach raus aus dem Homeoffice«, sagt der stolze Vater. Geduldig und gleichzeitig die gackernden und drängenden Hühner fütternd, beantwortet Marvin die Fragen des erst vor Kurzem zugezogenen Ehepaares. Sie wollen wissen, warum die einen Hühner weiße, andere braune Eier legen, wie viele Eier so ein Huhn im Jahr überhaupt legt, und, und, und … Schnell hat sich herumgesprochen, dass es in der Obstwiesenidylle der Familie Heim am Rande des Ortes für jeden etwas zu sehen gibt. Die Oma neben mir schüttelt verwundert den Kopf und sagt leise: »So was weiß man doch.« Kein Wunder, die wohl 80-Jährige hat in ihrer Jugend selbst noch Hühner auf einer kleinen Hofstelle gefüttert und ist im Ort aufgewachsen. Ein Ort, nördlich im Speckgürtel Stuttgarts gelegen, der von 3 800 Einwohnern im Jahr 1970 auf heute 6 500 Einwohner angewachsen ist, die ursprünglichen bäuerlichen Betriebe mussten jedoch zum großen Teil aufgeben. Längst wäre die Idylle aus Obstwiesen und kleinen Gemüsegärten zugebaut, hätten das nicht die im Boden verborgenen Reste eines schon im 16. Jahrhundert entdeckten, weitgehend unzerstörten Römerkastells und damit der Denkmalschutz zusammen mit einem Landschaftsschutzgebiet verhindert. Während die Hühnerschar gierig Körner und Kalkschrot aufpickt, sammeln Daniel und Marvin flugs in dem umgebauten Bauwagen, in denen die Vögel nachts vor Fuchs und Marder sicher sind, die Eier ein, füllen in verschiedene Behältnisse Wasser nach und gehen dann mit mir zurück zur Hofstelle. Dort gibt es einen Mini-Hofladen mit einem Kühlschrank zur Selbstbedienung in einem nur etwa drei Quadratmeter großen Räumchen. Früher wurden dort die Milchkannen der Kleinlandwirtschaft abgestellt, bevor die Milch vom Milchauto des 1985 geschlossenen »Milchwerks« aus der nahen Stadt abgeholt wurde. Mit den Bauern sind auch regionale Kreisläufe gestorben. Familie Heim hat manches wiederbelebt. Im kleinen

Hofladen gibt es die Eier von der Hühnerwiese, Honig und Kartoffeln aus eigener Erzeugung und Bergkäse von befreundeten Bauern aus Oberstdorf im bayerischen Landkreis Oberallgäu, der südlichsten Gemeinde Deutschlands. Seit 2023 gehören auch selbst hergestellter Joghurt und Frischkäse aus Schafsmilch zum Sortiment. Der kleine Hofladen macht heimische Produkte auf kurzen Wegen zugänglich und ist auch ein wenig Nachrichtenbörse im Ort. »Doch immer wieder bedienen sich manche Zeitgenossen, ohne Geld in die angekettete Kasse zu werfen; auch von den Weiden wurden schon mehrfach die Trafos für die Elektrozäune geklaut. Respektlosigkeit macht sich breit«, klagt Marvin, der wie sein Vetter mit Leidenschaft und aus Liebe zur Familientradition und Heimat tätig ist. Das erfahre ich auch von vielen anderen Feierabendlandwirten und Profibauern. Alle klagen über die Verrohung der Gesellschaft. Während die »Großen« jedoch ordentlich von Agrarzuschüssen – der unsäglichen Flächenprämie[57] – leben können, sind Diebstähle neben all dem Ärger, wenn etwa Tiere wieder eingefangen werden müssen, für das Vettergespann auch finanziell ein Drama. Hart erarbeitete, gute Ware und Werte sind dann einfach weg.

Marvin und Daniel richten wieder Futter her. Dieses Mal ist es Zusatznahrung zum Weidegras für 40 Schafe und ein Dutzend Rinder. »Auch alles selbst angebaut, bis auf das hier. Das sind Presslinge aus Oliven, Raps, Lein und anderen Ölfrüchten einer kleinen, heimischen Ölmanufaktur. Die Schafe sind ganz wild darauf«, erzählen die beiden, ohne dabei ihre Arbeit zu unterbrechen. Dann suchen wir verschiedene Weiden auf. Zweimal am Tag gehen die nicht zertifizierten Biobauern raus. Morgens früh vor und am Abend nach der Arbeit. Mit ihrem Engagement sorgen sie »ganz automatisch« dafür, dass »Erholungssuchende« und ihre Kinder überhaupt noch Nutztiere im Freien sehen können – verteilt auf verschiedene Weiden, Obstwiesen und Wiesen. So wird für die Allgemeinheit ein überaus wertvoller Bezug zur Natur, traditionellen Landwirtschaft und Landschaftspflege erhalten. Während sich die meisten Menschen nach Feierabend zerstreuen, sorgen Nebenerwerbs- und Halbtagslandwirte wie Daniel und Marvin dafür, dass wertvolle Kulturlandschaft erhalten bleibt. Doch dies wird viel zu wenig geschätzt. Nicht nur Landes-, Bundes- und EU-Politik – auch die Gemeinden nehmen noch viel zu wenig Chancen wahr, ihr Natur- und Kulturerbe durch kleinbäuerliches Landschaftsmanagement zu bewahren. Obstwiesen etwa binden CO_2, sind Klimaanlagen der Landschaft, weil sie frische Luft erzeugen, Staubfilter und Ressourcenbewahrer, weil sie Boden- und Grundwasser schützen. Und sie sind Lebensraum. Auf der Hühnerwiese etwa baden Spatzen im freigescharrten sandigen Boden. In und auf den Apfel-, Birnen-, Kirsch- und Walnussbäumen leben Gartenrotschwanz, Mönchsgrasmücke, Goldammer, Bunt- und Grünspecht und viele andere Arten. Auch der Habicht, vor dem sich die Hühnerschar in Acht nehmen muss. Hier geben sich Natur und Kultur vielfach die Hand – ein Beispiel, wie es Naturschutzverbände immer wieder lauthals fordern. Davon liest auch Familie Heim des Öfteren in der Zeitung. Aber Unterschutzstellung solcher Grundstücke? »Die sollen erst mal selbst draußen arbeiten; aber die meisten wollen ja nichts tun. Manche machen mal eine Aktion, pressen mit Kindern vielleicht Apfelsaft, schreiben in der Zeitung – schaffen sieht man sie nicht«, brummelt Marvin in sonorem Schwäbisch. Und er erzählt: Auch Obstwiesen müssen gemäht, die Bäume geschnitten, das Reisig weggefahren, das Obst verwertet werden. Und zwar in jedem Jahr. »Was bringt die Unterschutzstellung solcher Baumwiesen, wenn niemand mehr schaffen will«, sagt Daniel und spricht vielen älter gewordenen Helden der Landwirtschaft aus den Herzen. Seine Familie ärgert sich auch, dass sie in der Heimatgemeinde Pacht für die gemeindeeigenen Obstwiesen bezahlen muss, die ohne ihre Weidetätigkeit schon längst verbuscht wären. Anders in der Nachbargemeinde: Von dort kam die Anfrage, doch die Obstwiesen und andere Flächen zu beweiden, was sich die Gemeinde auch etwas kosten lässt – ein

Ansporn, den Bestand an Schafen und Rindern zu erhöhen. Das bringt zwar mehr Arbeit mit sich, aber etwas Entlastung gibt's auf dem Hühnerhof durch Marvins Schwester, die immer wieder Hühnerfütterdienst leistet.

Die örtlichen Terrassenweinberge der Familie mit ihren typischen Trockenmauern managt Marvins Vater Martin, der mit seinem Vetter Werner Widmaier eine weit über die Kreisgrenzen hinaus bekannte Rettungsaktion für die imposante, rund 1 000 Jahre alte Terrassenlandschaft aus Trockenmauern gestartet hat. Und wenn es ganz klemmt, hilft Marvins und Daniels Onkel Gerhard mit der Familie aus, wenn sie nicht gerade mit Martin nach den Getreidefeldern, Kartoffeläckern und eben den Weinbergen schauen. Alles im Nebenerwerb, vieles als Hobby mit enormem Zeitaufwand. So geht Familie, so geht Erhaltung der für die Ballungsräume im Hinblick auf Klimaschutz, Biodiversität und Lebensqualität so wichtigen Grünoasen.

Stille Helden, die schaffen statt schwätzen, die Mehrwert für die Gesellschaft erbringen – eine Gesellschaft, welche die Helden der Landschaft immer mehr vergisst. Das alles hört sich nach altmodischem Bauerndasein an. Ja, es mag altmodisch sein, aber es ist traditionell. Das sieht man der alten Hofstelle der Familie Heim, die hauptberuflich schon 1993 aufgegeben wurde, auch an. Neuinvestitionen sind finanziell nicht drin, zumal das kleine Gehöft – früher am Rand, heute mitten im Ort gelegen – so nicht mehr genehmigt würde. Ein verschachteltes Ensemble aus einem alten kleinen Stall, Scheunen und anderen Nebengebäuden, in den 1930er-Jahren errichtet. Auch die Tierhaltung mitten im Ort, zu der je nach Jahreszeit auch ein Dutzend Gänse gehören, passt nicht allen. Überhaupt die Behörden! Nicht nur in der alten Römergemeinde Benningen am Neckar gegenüber der Schillerstadt Marbach am Neckar, überall zwischen Flensburg und Oberstdorf, zwischen Düsseldorf und Görlitz beklagen die vergessenen Helden der Landschaft, dass es immer mehr Leute auf den Ämtern gibt, die keinen Bezug mehr zur Landschaft haben. Seit etwa 2000 habe ich die Praxisentfremdung in der Gesellschaft selbst erlebt. Viele meiner Praktikanten an der Umweltakademie Baden-Württemberg, die Biologie, Geografie oder Umweltwissenschaften studiert haben, hatten keinen oder nur ganz wenig praktischen Hintergrund. Dabei kamen zu uns noch traditionell denkende, am Thema eigentlich interessierte junge Menschen.

Natur- und Heimatbewahrer wie Familie Heim verfügen über einen enormen Schatz an praktischem Wissen – ungemein wertvoll für unsere Gesellschaft. Ihr Idealismus wird ausgebremst: Kontrollen statt konkreter Hilfe, Bürokratie statt Biotophilfe, Misstrauen statt Mut machender Mitbürgerhilfe. Das zeigt sich überhaupt beim vernachlässigten Thema Beweidung.

Momentaufnahme 2 – Mut für wilde Weiden

Das Beispiel der Familie Heim und der durch ihr Engagement beweideten Flächen macht auf lebendige Art und Weise deutlich, wie die Präsenz von Weidetieren durch die Schaffung einer Nahrungsbasis über den Dung zu Insektenvielfalt führt und letztlich die biologische Vielfalt insgesamt sichern und erhöhen hilft. So haben nämlich die Rauchschwalben aus ihrem Stall, der Gartenrotschwanz auf der Obstwiese, die Nachtigall in der Hecke und weitere Vogelarten ebenso wie Fledermäuse und andere Tiere wieder eine Nahrungsbasis. Nicht nur Daniel Heim fordert eine stärkere Förderung der Weidetierhaltung: Es gebe zwar in den Bundesländern unterschiedlich hohe Weideprämien, doch die Antragsverfahren seien viel zu komplex, und letztlich führe die Weidewirtschaft im Gegensatz zum hoch subventionierten Ackerbau noch immer ein Schattendasein. Daniel Heim hält eine höhere Bewertung zur Förderung der vielfach so wichtigen Weiden gegenüber Ackerflächen für überfällig.

Wer nur einen kleinen Überblick zu den EU-Bestimmungen der GAP (gemeinsame Agrarpolitik ab 2023) und die unterschiedlichen Ausführungsbestimmungen der Bundesländer allein in

Sachen Beweidung gewinnen will, sieht sich sofort orientierungslos im Dickicht des Bestimmungsdschungels gefangen.[58] Auch Dr. Alois Kapfer, Vorsitzender des Vereins »Naturnahe Weidelandschaften e. V.«, fordert im Verbund mit Agrarbiologen, Kleinlandwirten, Landschaftsökologen, Zoologen, Raumplanern und Touristikern mehr Schutz und die unkomplizierte Förderung von Grünland und, wo immer möglich, die Rückführung von klima- und biodiversitätsschädigendem Ackerbau zu Wiesen- und Weideflächen u. a. auf ehemaligen, trockengelegten Moorflächen, in Talauenbereichen und auf Hochflächen. Solche Bereiche, bei denen sich jetzt schon an vielen Stellen durch eingetretene und sich künftig verstärkende Extremniederschläge – wie im Juli 2022 im Ahrtal (Rheinland-Pfalz) und im Erfttal (Nordrhein-Westfalen) – gezeigt hat, dass z. B. der Maisanbau dort, wo einst Grünland war, den Boden nicht schützt, sondern Überschwemmungen und Bodenerosion geradezu begünstigt und verstärkt. Abgesehen von einigen eher abgelegenen Projekten in Randbereichen – welche für die Agrarindustrie wenig interessant sind und nicht wehtun – finden jedoch kaum nachhaltige, zum Maisanbau konkurrenzfähige Förderungen für Weidemanagementsysteme statt.

Es gibt mittlerweile genügend Beispiele in Deutschland, Österreich und der Schweiz, die zeigen, dass robuste Weidetiere wie verschiedene Rinder-, Pferde-, Schaf- und Ziegenrassen – möglichst ganzjährig und dem jeweiligen Standort angepasst – durch Fraß, Tritt und Lagerplätze die Landschaft gestalten und ein vielfältiges, dynamisches Lebensraummosaik schaffen. Dies bringt eine hohe Biotopqualität mit reichhaltiger Fauna und Flora hervor, bereichert die Landschaft und fördert Biotopvernetzung. Unsere Gesellschaft ist mehr denn je auf solche Konzepte angewiesen, wollen wir dem Artensterben in den heimischen Fluren begegnen – schließlich ist die Liste gefährdeter Lebensräume wie gefährdeter Tier- und Pflanzenarten immer länger geworden. Ohne Revitalisierung unter Beachtung der natürlichen Gegebenheiten sträflich fehlgenutzter Flächen können die Herausforderungen des Artensterbens nicht bewältigt werden. »Der Wiederaufbau vernetzter, extensiver Weidesysteme kann schnell, kostengünstig und effizient dazu beitragen, das Artensterben in der freien Flur zu stoppen«, so der Ökologe Dr. Herbert Nickel von der Georg-August-Universität Göttingen. Vorausgesetzt natürlich, dass die ökologischen Gemeinwohlleistungen umweltschonender und biodiversitätsfördernder Grünland- und Tierhaltungssysteme besser honoriert werden. Sowohl finanziell wie ideell. Dafür ist eine neue Architektur der EU-Agrarpolitik nötig, die auch nach den jüngsten Reformen so nicht erkennbar ist. Landwirtschaftliche Betriebe – ob hauptberuflich oder im Nebenerwerb – und auch die einen oder anderen ideellen Tierhaltungen müssen in die Lage versetzt werden, mit den ökologisch erzeugten Produkten und mit den damit verbundenen Leistungen für das Gemeinwohl trotz starker internationaler Konkurrenz ein angemessenes Einkommen zu erzielen.

Artenschutz durch Biss und Schiss

Ein von der Umweltstiftung NatureLife-International mitten im Ballungsraum Stuttgart initiiertes Wasserbüffel-Weideprojekt hat nach dem Motto »Ökologische Optimierung durch Biss und Schiss« deutlich gemacht, was solche Flächen leisten – gerade auch im Hinblick auf Heimatidentität, Naturerlebnis, Naturwissen, Umweltbildung, Verbesserung der Lebensgrundlagen vieler Arten sowie Schaffung von Biotopvernetzungssystemen. Es geht einfach um die Nahrungskette. Wo es Dung in der Landschaft gibt, gibt es auch Insekten. Ohne Insekten haben weder die Rauchschwalben der Familie Heim noch andere Insektenfresser unter den Vögeln, wie Sumpf- und Teichrohrsänger, Nahrung. Auch Vogelarten wie Meisen, Spatzen[59] und andere Körnerfresser brauchen zur Aufzucht der Jungen zwingend Insektenfutter. Kein Wunder, dass die Vogelbestände überall eingebrochen sind. Jetzt gilt es, schnell zu handeln. Davon keine Spur. Obwohl die Finanzierung des Wasserbüffelprojektes aus Spenden privat aufgebracht wurde und ehrenamtliche Kräfte unzählige Stunden investierten, hat allein die Genehmigung neun Jahre gedauert – neun Jahre verlorener Chancen, schnell und effizient Natur und Mensch zu helfen. Neun Jahre, in denen die Idealisten der beteiligten Familien Fahr und Weigle oft kurz davor waren, das Handtuch zu werfen und das Projekt zu stoppen. So haben es Menschen, die solche Projekte betreuen, landauf, landab schwer. Die Macher werden müde. Viele Mitstreiter, welche die klar definierten »gesellschafts-politischen« Ziele des Schutzes biologischer Vielfalt nach den einschlägigen Rechtsnormen der EU, der Bundesgesetze sowie der Länderbestimmungen letztlich in die Tat umsetzen, fühlen sich oft allein gelassen, ja missachtet, viele geben irgendwann unterwegs auf. Es bedarf keiner großen empirischen Studien, um festzustellen, dass es mittlerweile mehr »Machthaber« in verschiedenen Behörden und scheinbare »Machthaber« in Verbänden als Macher in der Landschaft gibt. Die hinreichend formulierten Zielsetzungen zum Schutz der biologischen Vielfalt sowohl in verschiedenen Rechtsnormen als auch in unterschiedlichen Programmen nützen nichts, wenn in der Praxis keine Umsetzung erfolgt und gerade in ehemals vielgestaltigen Agrar-Ökosystemen die letzten Bewirtschafter ebenso auf der Roten Liste der vom Aussterben bedrohten Arten stehen wie die auf Restbiotope zurückgedrängten Arten der offenen Fluren. Es ist deshalb jeweils ein Glücksfall, wenn sich Macher wie die Familie Heim oder die »Wasserbüffel-Manager« der Familie Weigle und deren Helfer finden, die aus Gründen …

… der Ergänzung zum landwirtschaftlichen Betrieb,
… des Haupterwerbs,
… der sinnvollen Freizeitbeschäftigung,
… der Liebe zur Kreatur,
… des Beitrags zum Arten- und Biotopschutz,
… des Beitrags zu Heimatpflege, Naherholung und Tourismus,
… der Fortführung familiärer Tradition
bereit sind, Verantwortung zu übernehmen. Was über Jahr-

hunderte hinweg ausreichte, um eine an die Landschaft angepasste Weideführung mit Rindern, Pferden, Eseln, Ziegen und Schafen umzusetzen – nämlich praktische Kenntnisse und Einfühlungsvermögen im Umgang mit den Tieren, gesunder Menschenverstand, gesellschaftliche Einbindung und Vernetzung und bei einer umfangreichen Weidetierhaltung gegebenenfalls berufliche Qualifikation (Landwirt, Schäfer) –, wurde mit der zunehmenden Akademisierung und Bürokratisierung der Gesellschaft zusätzlich von vielerlei Anforderungen staatlicher, kommunaler und gesellschaftlicher Stakeholder überlagert. Wer heute ein Weideprojekt angehen will, sieht sich – das zeigen zahlreiche Beispiele, Gespräche und Diskussionen mit den jeweiligen Akteuren – einer großen Zahl von »Mitwirkenden« ausgesetzt. Da sind die amtlichen Vertreterinnen und Vertreter u. a. von Naturschutz, Wasserrecht, Baurecht, Landschaftsplanung, Veterinärrecht, Jagdrecht, Bodenschutzrecht, je nach Lage des Projektes Straßenverkehrsbehörden und andere mit all den ihnen zugewiesenen und von ihnen in der administrativen Praxis umzusetzenden Rechtsnormen. Auch andere öffentliche Stakeholder und Konkurrenten wie Energieversorgungsbehörden, Raumplaner, Denkmalschutz, »Bio«gaserzeuger, Windradlobbyisten wollen mitsprechen. Vielen fehlt – weil fern einer utilitaristischen Lebensweise – die früher ganz selbstverständliche praktische Kenntnis von Landschaft, Landwirtschaft, Tier und Natur. Bei Ortsterminen treffen so ganz unterschiedliche soziokulturelle Welten aufeinander: Einem oder zwei potenziellen Weidetierhaltern und prädestinierten Landschaftspflege-Managern stehen nicht selten ein Dutzend und mehr Personen aus diversen Ämtern, Verbänden und anderen Anspruchsgruppen gegenüber. Viele an Weideprojekten Interessierte sehen in diesem Szenario »Machthaber gegen Macher«. Man fragt sich, wie überhaupt vor Jahrhunderten unterschiedlich an die Landschaft angepasste Tierrassen und artenreiche Weiden ohne all die »Fachleute«, sondern »nur« von Praktikern geleitet und betreut, entstehen konnten.

Wer macht endlich was für die Macher?

Daraus ergeben sich Konstellationen, die manche Projekte scheitern lassen, weil sich potenzielle Projektbetreiber weder mental noch organisatorisch in der Lage sehen, all die Anforderungen einer in den letzten Jahren regelrecht explodierten Bürokratie umzusetzen, und sich oft genug als »überwacht« betrachten. Die heterogene Gruppe von Stakeholdern wird oft auch wegen ihres obrigkeitshaften Verhaltens als Gegner empfunden, dem man sich nicht gewachsen fühlt. Dies ist kein naturschutzspezifisches, sondern ein auch in anderen gesellschaftlichen Bereichen festzustellendes, für die Zukunftsfähigkeit unserer Gesellschaft immer größer werdendes Problem. Ein Problem, das sich jedoch fatal auswirkt – gerade im Hinblick auf die Bewahrung der biologischen Vielfalt und die Notwendigkeit praktischer Umsetzung in angepassten Weidenutzungssystemen, die diese Vielfalt einst begründeten. Trotz der genannten schwierigen Rahmenbedingungen ist es aufgrund eines überaus großen Teamgeistes, großen Organisationstalents, erheblicher Geduld und überzeugter Spender (rund 20 Personen, Institutionen und Firmen) gelungen, ein Netzwerk für das genannte Wasserbüffel-Weideprojekt bei Großbottwar (Landkreis Ludwigsburg) aufzubauen, Pläne zu erstellen, zu überzeugen, die organisatorischen Voraussetzungen und die erforderlichen Einrichtungen im Gelände (Zäune, Stromzufuhr, Wasser, Weideunterstand u. a.) zu installieren, um dann die Tiere nach fast zehn Jahren endlich auf die Weide zu bringen. Wer hält das schon durch?

Die an vielfachen Beispielen aufgezeigten positiven Wirkungen von Weide-Ökosystemen auf die biologische Vielfalt müssten sowohl für den amtlichen Naturschutz als auch für ehrenamtlich Engagierte Anlass sein, verstärkt praktisch orientierte Personen aus Landwirtschaft, Nebenerwerbslandwirtschaft, Hobby oder naturschutzbezogener Tierhaltung als Partner zu gewinnen. Sowohl die gesetzlichen Vorgaben als auch die Ziele verschiedener, ambitionierter Programme sind sonst nicht realisierbar. Das erfordert einen grundlegenden Paradigmenwechsel und eine neue Definition von Partnerschaft im Sinne »Machthaber helfen Machern«. Es sollten die genannten Stakeholder nicht als Kontrolleure, sondern als unterstützende Partner auftreten, und Praktiker sollten nicht als Gegner, sondern als Partner gesehen werden. Bei den allermeisten Projekten ist dies vielen Berichten zufolge noch längst nicht der Fall. Ein Paradigmenwechsel wird vielleicht erleichtert, wenn die wahre Leistung der Macher in der gesamten Dimension erkannt werden würde. Keiner der Stakeholder würde es wohl auf sich nehmen, wie etwa die Familien Weigle und Fahr, Elektrozäune zu bauen und täglich zu überwachen, täglich die Wasserversorgung der Weidetiere zu kontrollieren und den Ernährungszustand der Tiere zu überprüfen, laufend Behördentermine wahrzunehmen, interessierte Besucher zu informieren, regelmäßig Dokumentationen zu erstellen, wo eine Fleischnutzung erfolgt, Schlachttermine zu organisieren, geeignete Metzger zu gewinnen, zu entlohnen und das Fleisch zu vermarkten, Veterinärtermine (zur Blutkontrolle und bei Erfordernis) zu organisieren (wobei es immer weniger Großtierveterinäre gibt), Finanzmittel in erheblichem Umfang einzuwerben, bei nicht gewinnbringenden Projekten für den laufenden Betrieb die Finanzierung sicherzustellen, Abfälle aufzulesen und zu beseitigen, die im Zuge einer sich ausbreitenden Wohlstandsverwahrlosung von scheinbaren »Naturliebhabern« hinterlassen werden, Kritik von Besserwissern zu ertragen, die selbst nichts machen und sich als »Hilfspolizisten« sehen.

Es gilt, Chancen wahrzunehmen, die biologische Vielfalt durch die Wiederbelebung der Weidewirtschaft zu retten. Das dafür verbleibende Zeitfenster ist denkbar eng. Das zunehmende Auseinanderdriften von Behörden einerseits und Bäuerinnen, Bauern sowie Biotopmanagern andererseits muss beendet werden. Dies bedarf einer Trendumkehr weg vom »Möchten« hin zum Machen. Grundlage ist die ökologische und damit auch gesellschaftliche Wertschöpfung der Macher. Wertschöpfung für Natur und Mensch gelingt letztlich nur durch Wertschätzung.

Wie wird unser Wissen wieder zu Wiesen und Weiden?

Mit den bisherigen Herangehensweisen das Artensterben in den Fluren zu stoppen, klappt nicht, und wir verlieren weiterhin wertvolle Zeit. Schnell und mit relativ geringen Kosten können jedoch Erfolge erzielt werden, bis andere Elemente der überfälligen Agrarwende aufgebaut werden – durch Schaffung von großflächigen Biotopvernetzungssystemen gegen den Artenkollaps, indem naturnahe Wiesen (keine überdüngten Grasäcker) und Weiden erhalten und wiederhergestellt werden. Dies ergab der bislang größte Kongress zum Themenkomplex Wiesen und Weiden in Europa im Herbst 2021 mit über 1 300 Teilnehmern in Stuttgart.

Die Ergebnisse aus Praxis und Wissenschaft sind in der »Stuttgarter Erklärung« zur Weidestrategie zusammengefasst – eigentlich eine Fundgrube für Politiker und Behörden, wenn sie denn reinschauen würden.[60]

Momentaufnahme 3 – die Verstädterung der Gehirne

Ein Besuch bei Topwinzer Fritz Keller, Inhaber des renommierten Bioweingutes Franz Keller und des hoch dekorierten Gourmet-Lokals und Hotels »Schwarzer Adler« in Vogtsburg am Kaiserstuhl. Dort, gleich beim Keller'schen Bioweingut, wo die Flurbereiniger in den 1970er-Jahren die zuvor vielstrukturierte Lösslandschaft des vulkanisch entstandenen, schon von den Römern genutzten Kleingebirges zwischen 1960 und 1982 nicht zu gigantischen Großterrassen planiert haben, präsentiert sich die Gegend in einer Mischung aus kleinteiligen Weingärten, sonnenbeschienenen Böschungen, Hecken und allerlei Feldgehölzen. Teilweise beweidete Trockenrasen mit einer Vielzahl seltener Orchideen und anderer Gewächse grenzen an. Hinzu kommen zum Teil tief eingeschnittene Hohlwege mit ihren markanten

Löss-Steilwänden, in denen nicht nur zahlreiche Wildbienen-arten, Lehm- und andere Wespen nisten, sondern auch deren potenzielle Jäger – die bunt gefärbten Bienenfresser, die hier ihre Brutröhren in die Erdwände scharren. Ihre markant exotischen Rufe bilden zusammen mit den »put, put, put«-Rufen der eben-falls hier lebenden Wiedehopfe die romantische Geräuschkulisse dieser badischen Toskana. Am Himmel kreisen Rotmilan und Baumfalke, aus den Hecken klingen die Rufe von Dorn- und Gar-tengrasmücke. Hier lauert auch der Neuntöter auf Beute. Dass es solche Flächen einer ineinandergreifenden Natur und Kultur noch gibt, ist gerade auch Leuten wie dem Biowinzer Fritz Keller und seiner Familie zu verdanken. Sie hatten sich einst gegen die Flurbereinigung gewehrt und so eine einmalige, zum Teil als Na-turschutzgebiet, zum Teil als Landschaftsschutzgebiet ausgewie-sene Gegend erhalten. Der renommierte Weinhändler redet sich noch mehr in Rage als in seinen Zeiten als Präsident des Bun-desliga-Erstligisten SC Freiburg und als Präsident des Deutschen Fußballbundes. »Es ist die Verstädterung der Gehirne, welche sol-che Ideen vorbringt«, sagt Keller und ist entsetzt über »grüne« Pläne der EU und anderer Institutionen, Pflanzenschutzmittel in Schutzgebieten generell zu verbieten. Gemeint sind alle Pflan-zenschutzmittel, auch biologische. »Für uns würde dies mit den vielen Schutzgebieten das völlige Aus unseres Betriebes bedeu-ten. Wertvolle Lebensräume wären dann verloren, Arbeitsplätze werden vernichtet, und eine uralte Kulturlandschaft geht mit der biologischen Vielfalt den Bach runter«, sagt Fritz Keller enga-giert. Unterstützung bekommt der badische Winzer von seinem württemberger Kollegen Gert Aldinger aus Fellbach bei Stutt-gart. Die Aldingers zählen wie die Kellers zu den Topbetrieben des Verbandes Deutscher Prädikatsweingüter.[61] »Jetzt sollen wir dafür bestraft werden, dass wir einst die Schaffung von Land-schaftsschutzgebieten nicht nur geduldet, sondern sogar gefor-dert haben, um die Landschaft als Ganzes von Bebauung frei-zuhalten«, so Gert Aldinger, der die gesamte Weinwelt ebenso hinter sich weiß wie solche Naturschützer, die noch einen Bezug zur Landschaft und zur Landwirtschaft haben. Eben das Gegenteil der verstädterten Gehirne, wie es Fritz Keller nennt. Als Erste hatte die *Stuttgarter Zeitung* den Winzern Gehör verschafft.[62] Ohne Pflanzenschutz kann auch im biologischen Weinbau kein Wein produziert, kein Weinberg erhalten werden. Da helfen auch pilzwiderstandsfähige Sorten – die sogenannten Piwis – nichts.[63] Bis von den Weingärtnern durchaus erwünschte und vor allem trinkbare Sorten zur Verfügung stehen, wird noch etliche Zeit ins Land gehen. Auch wenn Weinbauinstitute in Deutschland, Österreich, der Schweiz und Südtirol an entsprechenden Rebzüchtungen arbeiten, muss in der Zwischenzeit der Markt mit gefragten, trink- und verkaufsfähigen Weinen bedienbar sein, es müssen die Konsumenten durch entsprechendes Marketing erreicht werden. »Es ist eben nicht nachhaltig, nur auf die Ökologie zu achten und die Ökonomie zu vergessen«, kritisiert Gert Aldinger und erzählt, dass die Neuanlage eines Hektars Reben rund 30 000 Euro kostet, und noch weit mehr in den mit Trockenmauern terrassierten Reblagen, wenn die Mauern saniert werden müssen. Die Anlage ist das eine, der Ertrag ist das andere. Da gibt es in den ersten Jahren gar nichts zu holen, aber viel zu pflegen und zu unterhalten; bis zum sogenannten Vollertrag dauert es rund drei bis vier Jahre. Es ist ein Wunder, dass Topwinzer wie Fritz Keller mit seinem Sohn Friedrich[64] und Gert Aldinger mit den Söhnen Hansjörg und Matthias[65] bei der schwierigen Situation des europäischen und internationalen Weinmarkts – immer neue Auflagen und Kontrollen (die in anderen Ländern nicht so kleinlich sind) – überhaupt noch Betriebsnachfolger finden. Und ihre Familien noch mitmachen und dahinterstehen. Während Keller und Aldinger hoch professionell aufgestellt sind, ist mancher Feierabend- oder Hobby-Weingärtner, sind die Mitglieder der Weinbaugenossenschaften dem Druck nicht gewachsen, sich auch noch nach Dienstschluss all die Gängeleien einer gut gemeinten, aber fehlgeleiteten Politik anzutun. Sind jedoch Weinberge erst einmal aufgegeben und werden nicht mehr bewirtschaftet, machen sich schnell Brombeeren, Hartriegel und Wildrosen breit. »Die sollen dann regelmäßig abgemäht werden«, sagen manche Realitätsverweigerer unter den praxisfremden Umweltschützern. Aber wer will die schwierigen, oft sehr steilen Grundstückslagen wie etwa an der Mosel oder am Mittelrhein mähen, wenn Bewirtschafter keine Nachfolger finden und viele Winzer bereits 70 oder 80 Jahre und älter sind und es körperlich einfach nicht mehr schaffen? Dabei braucht man Pioniere wie Aldinger und Keller, die Neues wagen, durchaus Risiken eingehen und vorausgehen. So waren sie als damalige Vorsitzende des Verbandes der Prädikatsweingüter überhaupt bei den Ersten, die sich zusammen mit den staatlichen Weinbauinstituten und den Weinbauverbänden für die flächige Begrünung der Weinberge und den Verzicht auf Insektizide einsetzten und stattdessen die Kontrolle des für den Weinbau gefährlichen Traubenwicklers mittels Pheromonfallen einführten – heute ein Standard im Weinbau![66] Als ich in den 1990er-Jahren die Aktion »Lebendiger Weinberg« entwickelte, in deren Rahmen früher weit verbreitete, aber durch die Flurbereinigung zurückgedrängte oder ganz verschwundene Weinbergbegleitpflanzen wie Weinraute, Weinberglilie oder Färberkamille wieder ausgepflanzt und »Naturinseln« angelegt wurden, waren es wieder Schrittmacher wie Gert Aldinger und Fritz Keller, die mit dabei waren.

Auch in Sachsen-Anhalt, einem der kleineren Weinanbaugebiete Deutschlands, gingen die Winzer auf die Barrikaden und beklagten entsetzt die grünen Ideen.[67] Auch ihre Weinberge sind weitgehend in Schutzgebieten, viele davon wurden mit großem Aufwand renoviert, neu bepflanzt und jetzt, wo es einen Ertrag zu holen gibt, soll alles auf den Kopf gestellt werden. »Während Frankreich als ›sensible Gebiete‹ nur seine Nationalparks angemeldet hat, umfasst die ›deutsche Gebietskulisse‹ alle Schutzgebiete, angefangen von den Landschaftsschutzgebieten über die Vogelschutzgebiete bis hin zu den Nationalparks«, kritisierte zu

Recht Olaf Feuerborn, der Präsident des Bauernverbandes Sachsen-Anhalt. Der Unmut ist groß; auch bei den immer weniger werdenden Obstbaubetrieben, die ohnehin nach und nach ihre Pflanzenschutzmitteleinsätze reduziert haben und teilweise auf neue Sorten setzen. Sie kritisieren, dass mit großem Aufwand allerlei Obst aus Ländern wie Südafrika, Ägypten, Neuseeland, Argentinien und Peru mit erheblichem Ausstoß klimaschädlicher Gase eingeführt wird. Länder, in denen es keine entsprechenden Vorschriften gibt und noch Mittel eingesetzt werden, die in der EU längst nicht mehr erlaubt sind. Auch werden zu lasche Importkontrollen bemängelt.

All diese Entwicklungen legen offen, dass sich die jüngere, stark ideologisch geprägte Umweltbewegung immer mehr selbst ins Abseits drängt und die Akzeptanz derjenigen verliert, die letztlich durch ihre harte, von hohem Wetterrisiko geprägte Arbeit biologische Vielfalt und Klima schützen. Sie verspielen damit die Grundakzeptanz für Heimat- und Umweltschutz, weil sie nicht fähig sind, Wertschätzung zu vermitteln, und dadurch viel Frust erzeugen.

Vertrauen verspielt

Mehr als ein Jahr lang haben die Aldingers und Kellers zusammen mit anderen Privatweingütern, Genossenschaften und Verbänden gekämpft. Haben Gespräche geführt, Politiker in die Weinberge eingeladen und mühevolle Überzeugungsarbeit leisten müssen. Dann, nach unsäglichem Frust und unnötigem Zeitverlust, der Durchbruch: »Wengerter jubeln über Aus für Pestizidverordnung«, titelten die *Stuttgarter Nachrichten* Ende November 2023[68] und berichteten über das Scheitern der »neuen« Pestizidverordnung im Europaparlament. »Wir sind total erleichtert«, kommentierte der Präsident des Badischen Weinbauverbandes, Rainer Zeller. Der Entwurf wäre »eine Katastrophe für den Weinbau am Kaiserstuhl, im Markgräfler Land und in der Ortenau gewesen«. Erleichterung überall in den Weinbaugebieten, die ja fast allesamt in Schutzgebieten liegen. Erleichterung auch bei den Bauernverbänden. Ein zweischneidiges Schwert! Die Sache ist komplizierter. Denn eigentlich ist eine Reduktion der Pestizide in der Landschaft – vor allem beim Intensiv-Ackerbau – überfällig. Doch die von der Bundesregierung unterstützen Ziele der EU waren zu ambitioniert, wurden undifferenziert und damit praxisfremd angegangen. Hier gilt der alte Spruch: Es wurde das Kind mit dem Bade ausgeschüttet. Das eigentliche Ziel, Pestizide in der Landschaft zu reduzieren, wurde verfehlt; jetzt gibt es wohl auf längere Sicht gar nichts. »Ich bin mir sicher, mit echtem Willen zu Kompromissen wäre eine Lösung möglich gewesen, die Landwirtschaft und Umwelt hinter das Reduktionsziel hätte versammeln können«, so wird Bundeslandwirtschaftsminister Cem Özdemir zitiert.[69] In der Tat praktizieren viele kleine landwirtschaftliche Betriebe – wie die der Familie Heim – schon lange die Reduktion der eingesetzten Dünge- und Spritzmittel. »Das alles ist ja auch eine Kostenfrage«, so Martin Heim, der trotz mancher Offerten der Werbung des Bauernverbandes widerstanden hat. »Dieser ist ja viel zu eng verflochten mit der Agrarindustrie, die uns Kleinen kaputt macht«, sagt Heim. Fazit: Wieder einmal wurden die Helden der Landschaft wie die Weingärtner, Obstbauern und Kleinlandwirte als Steigbügelhalter für die industrielle Landwirtschaft benutzt. Dabei stellen verschiedene Studien fest, dass es selbst in abgelegenen Schutzgebieten durch Eintrag von Agrarchemikalien zu einem Verlust an biologischer Vielfalt kommt.[70]

Momentaufnahme 4 – wenig Trost, wenn die Heimat austrocknet
»Schön, dass ihr da seids; I bin der Doni«, sagt der Kutscher mit Gemütlichkeit vermittelnder Stimme in seinem Burgenland-Slang. Pünktlich zur vereinbarten Zeit ist er mit seinem Planwagen vor dem Winzerhof in Illmitz, wo wir uns für ein paar Tage einquartiert haben, vorgefahren. »Ich zeige euch jetzt ein paar besondere Stellen meiner Heimat am Neusiedler See«, sagt »Doni« mit weichem »T«, während er an diesem kühlen Maimorgen

Decken austeilt und dabei – ganz Charmeur alter Schule – den Damen auf den Wagen hilft. Die Spannung steigt, haben wir uns doch alle zuvor nicht nur mit den Weinen des Burgenlandes, sondern gerade mit der Kultur und der viel gerühmten Natur beschäftigt. Und schon geht's los. Schnell merken wir, dass das Pferdeduo – ein robuster Grauschimmel und ein ebenso kräftiger Brauner – von allein weiß, wo es hingeht, und ohne Anweisung des Kutschers an den richtigen Stellen rechts oder links abbiegt. Dank dieser zweifachen PS-Intelligenz kann sich »Doni« getrost umdrehen und uns von seiner Heimat vorschwärmen. Toni Gardner, dem man seine 85 Jahre nicht anmerkt, ist in seiner Zeit als Lkw-Fahrer viel rumgekommen in Österreich, Deutschland und anderen Gegenden Europas. Und er kennt sich aus! Insbesondere von der Vogel- und Pflanzenwelt rund um den Neusiedler See scheint er mehr zu wissen, mehr Artenvielfalt zu kennen als manch studierte Biologen. Er zeigt uns die verschiedenen Lebensräume – breite Schilfgürtel, Salzlaken und beweidete Grassteppen – oder vielmehr das, was vom einstigen Natur-Netzwerk noch übrig geblieben ist. Seit Jahren hat es viel zu wenig geregnet, der See ist auf dem Tiefstand, die jetzige Uferlinie ist sehr weit von unserem Kutschweg, der über staubtrockene Sandwege führt, abgerückt. Noch vor ein paar Jahren lag die Uferlinie näher, so erfahren wir, und es gab hier zahlreiche Löffel- und Silberreiher, Große und Kleine Rohrdommeln. Im Bereich der jetzt völlig trocken gefallenen Salzlaken – ein Phänomen dieser Region – gab es zahlreiche Säbelschnäbler, Kampfläufer, Stelzenläufer, Kiebitze und andere Watvögel. Nun, es war schon immer das Schicksal solcher Steppenseen, immer mal wieder auf niedriges Restwasser zu schrumpfen oder ganz auszutrocknen, aber der Wassermangel war noch nie so dramatisch wie jetzt. »Doni« meint hoffnungsvoll: »Vielleicht bekommen wir ja irgendwann mal wieder genug Regen, und die Vögel kehren zurück«, und zeigt uns während der Fahrt Feldhasen, Fasane und einzelne Kiebitze. Für viele Regionen in Deutschland sind Letztere schon ein Highlight, sind doch die Kiebitzbestände wie auch die Vorkommen anderer Vogelarten des Feuchtgrünlandes wie Brachvögel, Grauammer und Wiesenpieper bei uns in Deutschland um bis zu 80 % eingebrochen.[71] Ein Ergebnis der intensiven Landwirtschaft und Fehlförderung der EU! Jahrelang wurden Wiesen entwässert, als ob Wasser ein Feind des Menschen sei. Grünland wurde umgepflügt und in monotone Maisäcker verwandelt. An vielen Stellen auch hier am Neusiedler See – so weit das Auge reicht Mais, Mais und noch mal Mais. Hinzu kommen Sonderkulturen wie Kartoffeln, allerlei Gemüse und Reben. Bewässerungsanlagen sorgen für das Nass, als ob Wasser unendlich zur Verfügung stehen würde. Der Wasserverbrauch für Sonderkulturen wie Kartoffeln anstatt der traditionellen Weiden ist groß. Die Grundwasserentnahme gibt dem Ökosystem Neusiedler See und dem Einzugsgebiet – so wie es jahrelang von Urlaubern gerühmt und geschätzt wurde – den Rest. Dieselbe Europäische Union, welche durch Fehlförderungen den Schwund »streng« geschützter Arten verstärkt, fördert zugleich traditionelle Nutzungen im Rahmen einiger Vorzeigeprojekte, die »Doni« uns jetzt zeigt. Flächenmäßig sind es im Vergleich zu dem intensiv beackerten Gelände jedoch Briefmarken auf einem Blatt Papier so groß wie ein Fußballfeld. Trotzdem können sich die Projekte durchaus sehen lassen; es wird Weidewirtschaft mit Landschaftsmanagement und Tourismusförderung verknüpft. Ein vernünftiger Ansatz. Doch letztlich ein Tropfen auf die immer mehr erhitzte und vertrocknende, einst überall von Vogelgeschnatter erfüllte Landschaft. Es ist fraglich, ob Touristen auch künftig noch kommen, um mit dem Rad, bei Wanderungen oder wie wir mit der Kutsche die für diese Puszta-Landschaft einst typischen Tiere – Graurinder, Zackelschafe, Ziegen sowie Wasserbüffel und eine seltene Variante der sogenannten »Weißen Esel« – auf Mini-Referenzflächen zu bestaunen oder vielleicht noch einen seltenen Greifvogel zu entdecken. Vielleicht kommen eine Zeit lang noch Touristen wegen der gemütlichen Heurigenlokale oder wegen der Konzerte und Fernsehaufzeichnungen auf den bekannten Seebühnen in Mörbisch und Rust, wo außerdem noch zahlreiche Storchenpaare brüten? »Doni« wird still bei der Frage; er kann und will sich einfach nicht vorstellen, dass seine Heimat vertrocknet.

Einen Tag später: »Die Wassertiefe beträgt zurzeit durchschnittlich 1,5 Meter«, gibt der Schiffsführer durch. Viele Bereiche, wo einst See war, sind jetzt zur kanalartigen Wasserstraße geworden, gesäumt von Schilf und Röhricht. Der See ist ganz einfach weggeschrumpft. Verschwindet er ganz? Unter dem Titel »Neusiedl ohne See« zeigte der Journalist Hanno Settele im ersten Programm des österreichischen Fernsehens ORF 1 eine dystopische Zukunft für das (noch) Natur- und Urlaubsparadies auf. Spielszenen, welche im Rückblick das Austrocknen des Sees, die Landschaftsveränderungen und die gemachten Fehler der Entscheidungsträger reflektierten, malten ein düsteres Szenario, das nach Einschätzung vieler Landschaftsökologen und Naturschutzpraktiker in Österreich gar nicht so abwegig ist.[72] Auch wenn es das Schicksal eines solchen Steppensees ist, in den langen Zeiträumen der Natur wieder zu verschwinden oder auch nicht, so dürfen ja solche Entwicklungen durch immer weitere Grundwasserentnahmen für die Landwirtschaft und immer noch nicht gestoppte Neubaugebiete – die wiederum den Bedarf an Grundwasser steigen lassen – nicht noch verstärkt werden. Die Natur hat ihre eigenen Gesetze – das zeigen an vielen Stellen aufgegebene Weinberge, die schon bei der Anlage viel zu nahe an den See herangerückt waren.

Symbole für das unvernünftige »Immer weiter so« sind auch die vielen neuen Pools in den peinlich sauber gepflegten Siedlungen rund um den Neusiedler See. Was unseren Kutscher aufgrund eigener Beobachtungen und Empfindungen so nachdenklich stimmte, beschäftigt immer mehr kritische Bürger und Journalisten. Sie beleuchten die Tatsache, dass der Steppensee in den vergangenen Jahrhunderten immer mal wieder ausgetrocknet ist. Dies war zuletzt 1865 der Fall. Doch ist das Wasser den

Aufzeichnungen zufolge nach ungefähr sechs Jahren wieder zurückgekehrt. Angesichts der Auswirkungen des Klimawandels wird es jedoch immer unwahrscheinlicher, dass es dieses Mal ebenfalls so kommen wird. Allein im Jahr 2022 hat der See über 30 Zentimeter an Wassertiefe verloren. Pläne, dem See über eine 40 Kilometer lange Pipeline Donauwasser zuzuführen, werden in Kreisen von Naturschutzpraktikern und Wissenschaftlern äußerst kritisch gesehen. Sie befürchten, der See könnte durch die damit eingetragenen Nährstoffanteile kippen.

Diese ganze Landschaft steht exemplarisch für ähnliche Extremsituationen in anderen Regionen Europas. Es sind meist eher abgelegene Gebiete, wo es noch reiche Natur gibt – Gebiete, die aber auch in besonderem Maße gefährdet sind. In der intensiv genutzten Agrarlandschaft Europas gibt es aber für viele Arten kein Ausweichgebiet; da nützt auch das ausgeklügelte, aber vielfach praxisferne Artenschutzrecht der EU sowie der Mitgliedsländer nichts. Und so ist der Neusiedler See »Bote der Klimakrise«, wie die Journalisten Viktoria Tatschel und Andreas Novak in ihrer Dokumentation für das Österreichische Fernsehen ORF 2 auch im Vergleich zu den 1960er-, 70er- und 80er-Jahren aufzeigten, als der See noch als »Meer der Wienerinnen und Wiener« bezeichnet wurde.[73]

Rast bei der Restnatur

Am Tag zuvor waren wir schon früh unterwegs zur Trappenbalz in einem besonderen Herzstück des Nationalparks Neusiedler See – Seewinkel. Hier existieren die letzten österreichisch-ungarischen Großtrappen. Ein Wunder, dass die auffälligen Steppenvögel überhaupt überlebt haben. Ein Wunder auch der Natur: Ein Trappenhahn wird bis zu 15 Kilogramm schwer und hat eine Flügelspannweite von rund 2,40 Metern. Ein Weibchen bringt es immerhin auch noch auf sechs Kilogramm Gewicht. Großtrappen gelten als die schwersten flugfähigen Landvögel der Welt. Wir hatten Glück, noch war Balzzeit. Mit uns waren auch rund zwei

Dutzend »Birdwatcher« – wie die Engländer zu Vogelbeobachtern sagen – mit Ferngläsern und Spektiven (Fernrohren) »bewaffnet« unterwegs. Im Lauf des Vormittags wurde mir klar, dass diese kleinen Hotspots der Artenvielfalt – denn auch Wiesenweihe, Rohrweihe, Rotmilan, Silberreiher, Brachvogel und verschiedene Entenarten waren auszumachen – letztlich klitzekleine Restgebiete sind, umgeben von intensiv bewirtschafteten Feldern. »Trotz des Schutzes nimmt der Druck auf die Landschaft zu«, so unsere Führerin vom Nationalpark, die nicht mit Namen genannt werden möchte. Auch sie kann nicht verstehen, weshalb es immer noch Wasserableitungen und intensive agrarische Nutzung im unmittelbaren Einzugsgebiet auch mitten im Nationalpark gibt. Das Fachwissen für einen »Turnaround« in Sachen Landwirtschaft, verknüpft mit erfolgreichem und Einkommen generierendem Tourismus, wäre vorhanden. Das zeigt etwa das pädagogisch-didaktisch gelungene Nationalparkzentrum am Ortsrand von Illmitz. Hier sind auch Präparate der faszinierenden Tierwelt am und rund um den Neusiedler See zu sehen, so auch die Großtrappen, verschiedene Reiherarten und Greifvögel.

Überall, wo intensive Agrarnutzung mit dem Schutz biologischer Vielfalt kollidiert, sind Agrarökosysteme zunehmend instabil und drohen bei weiterer Inkonsequenz zusammenzubrechen.[74] Wenn Menschen wie »Doni« Gardner, die noch Natur in Hülle und Fülle erlebt haben, nicht mehr unter uns sind, wird noch mehr altes Wissen und Sensibilität für die Heimat verloren sein.

Momentaufnahme 5 – Geldgier unter Geiern

Ortswechsel. Andere Landschaft, andere Landwirtschaft, ähnliche Probleme, ähnliches Versagen einer EU-Bürokratie in unheilvoller Allianz mit nationalen und regionalen Behörden. Mit Jesús Garzón, einem der charismatischsten Naturschützer Europas[75], und Claus König[76] bin ich in der spanischen Extremadura unterwegs – jener faszinierenden Landschaft mit Stein- und Korkeichenhainen, unter denen die Cerdos Ibericos grasen, die für Südwestspanien und Portugal typischen iberischen Schweine. Grasen, Eicheln fressen, den Boden aufwühlen sind Lieblingsbeschäftigungen dieser halb wild lebenden Viecher; fein marmoriertes Fleisch und besonders Fett anzusetzen, ist ihr Job. Auch früher extensiv genutztes Getreideland gibt es, schon in der Römerzeit als Kornkammer gepflegt und geschätzt. »Früher, so sagt man, konnte man von Madrid bis zur portugiesischen Grenze und weit nach Portugal hinein im Schatten der Kork- und Steineichenhaine reiten«, erzählt Jesús Garzón. Von 1984 bis 1987 Generaldirektor für Umwelt der autonomen spanischen Region Extremadura, wehrte er sich in den 1980er-Jahren erfolgreich gegen monotone – von der EU geförderte (wie könnte es auch anders sein) – Eukalyptusplantagen mit ihren verheerenden Folgen der Grundwasserabsenkung, der Bodenzerstörung und der Vertreibung einst vielfältiger Natur. Auch nach Erfolgen wie der Rettung des heute international bekannten Nationalparks Monfragüe hat er weitergekämpft, für Mensch, Kultur und Natur: Für die Winterheimat Tausender von Grullas – die »Grauen«, wie in Spanien die Kraniche genannt werden – aus Deutschland, Polen und Skandinavien. Für das Winterquartier von Rotmilan und Ringeltaube. Viele Dehesas, so heißen die weitläufigen Stein- und Korkeichengebiete, haben zum Glück überlebt. Der smarte Selfmade-Ökologe hat zusammen mit anderen spanischen Naturschützern – und internationaler Unterstützung von Leuten wie Claus König – einige Kämpfe gewonnen: Mit Hilfe von Spendengeldern und damals noch nicht so einfachem Medien-Marketing konnten Schutzgebiete eingerichtet werden. Sein größter Erfolg: Menschen zu begeistern, Partner zu gewinnen, dass die uralten, wohl bis zur Jungsteinzeit zurückreichenden und von den Römern ausgebauten Fernwanderwege für die Viehtriebe – die sogenannten Cañadas (meist 70 Meter breit) – mit über 450 000 Hektar Fläche und einem Wegenetz von 125 000 Kilometern 1995 vom spanischen Parlament vom noch aus dem Mittelalter stammenden Gewohnheitsrecht in modernes Recht überführt wurden. Eines der größten Schutzgebiete und Biotopvernetzungssysteme überhaupt. Nur für Weidezwecke und den Viehtrieb ist die Nutzung erlaubt. Zuvor wurden in manchen Gemeinden die Flächen für Müllkippen, Bauland und andere nicht landschaftsgerechte Nutzungen missbraucht. Zum Start der Kampagne und um das Parlament zu überzeugen, hat sich Jesús Garzón – von seinen Freunden Suso genannt – 2 000 Schafe geliehen, um mit einem alten Wanderschäfer die traditionellen Strecken zu begehen und zu zeigen, wie vernetzt die Natur auf der Iberischen Halbinsel ist. So wurde Wissen über die Transhumanz an die jungen Leute, die dabei waren, lebendig weitergegeben. Jedes Jahr kommen zum Glück weitere junge Menschen hinzu. Es wandern alljährlich wieder mehr Hirten. Betrachtet man diese uralte Kultur und die dadurch hervorgebrachte biologische Vielfalt, so hat Spanien eine für die biologische Vielfalt Europas – gerade im Hinblick auf die Millionen von Zugvögeln, die dort Rast machen, um nach Afrika weiterzuziehen, oder hier den Winter verbringen – enorme Biodiversitätsleistungen erbracht, sagt Jesús Garzón und wundert sich, dass nicht überall, wo noch Reste der Wanderweide – wie man sie in anderer Weise auch vom Viehtrieb in den Alpen kennt – vorhanden sind, diese stärker gefördert wird. Er hat sich deshalb mit anderen Initiativen zusammengetan. Alljährlich zum Auftakt der Weidesaison machen sich Profi- und viele Hobbyhirten schon im März auf den Champs-Élysées in Paris mit Tausenden von Schafen, Ziegen und Rindern auf den Weg zum Arc de Triomphe. Das Ziel: Überregional und international auf die Wanderweide, deren kulturelle, ökologische sowie wirtschaftliche Bedeutung – gerade auch für den Tourismus – aufmerksam zu machen. Was als Folklore ebenso gut ankommt wie der herbstliche Zug der Schäfer und Hobbyhirten mit Tausenden von Schafen, Eseln und Hunden mitten durch die spanische Hauptstadt Madrid – wo einer der Hauptviehtriebwege der Iberischen Halbinsel seit Jahrhunderten hindurchführt –, hat in der europäischen

Weidepolitik leider noch keinen durchgehenden Niederschlag gefunden. Dabei werden durch die Weidewirtschaft nicht nur unersetzliche Landschaften gepflegt, sondern auch hervorragende Produkte erzeugt. So sind das Fleisch der Merinoschafe und besonders der Käse aus Schafs- oder Ziegenmilch begehrt. Das regional halb wild gehaltene Cerdo Iberico liefert einen der besten Schinken der Welt, der zu Kilopreisen zwischen 75 und 130 Euro (meist mit Knochen) verkauft wird. Eine besondere Inwertsetzung der Landschaft in einer ansonsten wirtschaftlich eher armen, aber ökologisch überaus reichen, dünn besiedelten Region. Ein attraktives Zusatzeinkommen für die Landbesitzer, Produzenten sowie den Lebensmittelhandel. Mehr Bio geht nicht.

Dies gilt auch für die Fleischprodukte von den regionalen Rinderrassen wie den Tudancas in Asturien und Kantabrien, den Retintas in Andalusien und der Extremadura oder den schwarzen Avileña-Rindern aus der Sierra de Guadarrama sowie der Sierra de Gredos, dem spanischen Scheidegebirge. Doch überall ist die Weidewirtschaft zurückgegangen, obwohl sie von den traditionsreichen Großgrundbesitzern in Spanien auf ihren Fincas immer hochgehalten und gegen den Eukalyptusanbau und andere intensive Agrarwirtschaft verteidigt wurde. Sie können es sich leisten; von wegen Großkapital gleich Naturvernichtung. Doch die Front der Traditionalisten, Befürworter nachhaltiger, an die Landschaft angepasster Landwirtschaft, bröckelt. Zu verlockend ist die EU-Agrarförderung. Claus König, langjähriger Direktor des Staatlichen Museums für Naturkunde in Stuttgart und Kenner der Extremadura seit mehr als 40 Jahren, ist entsetzt, als er die weiten Felder mit Solarpaneelen mitten im spanischen Outback sieht. Wo die Gegend flacher ist, gibt es seit der Römerzeit neben den Dehesas Gras- und Getreideflächen. Ein uralter Biotopverbund, eine ideale CO_2-Senke. Natur und Kultur Hand in Hand. »Da ist wohl einiges schiefgelaufen«, sagt der trotz großer Aufregung immer ruhig bleibende Ornithologe und NABU-Ehrenpräsident. »Früher gab es hier bei Cáceres Großtrappen, Zwergtrappen,

126

Spießflughühner und andere auf die Steppensituation angewiesene und durch die EU eigentlich streng geschützte Vogelarten.« Warum hält die EU ihre eigenen Gesetze nicht ein? Trotz der strikten Europäischen Vogelschutzrichtlinie[77], trotz eigentlich schlüssiger Rechtsbestimmungen wie der Fauna-Flora-Habitat-Richtlinie (FFH)[78]? Warum wird mit scheinbarem Klimaschutz durch Agri- und Flächenphotovoltaik Naturschutz kaputt gemacht? »Es gibt doch genügend Gebäude in den Städten und Dörfern, die mit Photovoltaik ausgestattet werden können, da müssen doch nicht die letzten intakten Steppengebiete, die Winterheimat Tausender mittel-, nord- und westeuropäischer Zugvögel auch noch mit EU-Förderung zugepflastert werden? Das sind Lebensräume von Tierarten, die nicht ausweichen können, weil sie an die Grassteppe – ähnlich wie im österreichischen Burgenland – angepasst sind«, sagt Naturschutz-Vordenker Jesús Garzón. Er ist mit Naturschutzpraktikern in ganz Europa einig darüber, dass die Förderung von landwirtschaftlichen Massengütern – die Intensivagrarwirtschaft auch auf ackerbaulich eigentlich weniger geeigneten Böden – zum weiteren Verstummen der Natur beiträgt. Die Intensivierung von wertvollem ökologischem Gelände, die Nicht- oder Unterförderung der perfekten Weide-Ökoagrarsysteme und die noch immer nicht überwundene Orientierung an Masse statt Klasse ist mit gesundem Menschenverstand nicht nachvollziehbar.

Wir wandern auf einem Abschnitt einer Cañada im Übergangsbereich von artenreicher Steppe zu ausgedehnten Steineichenwäldern. Eine Landschaft, wie sie durch die Initiative von Jesús Garzón und seinen Mitstreitern auf verschiedenen Ebenen gerettet wurde. Bis jetzt! Denn die neuen Entwicklungen lassen uns mehr und mehr zweifeln. Sind wir und alle, die in den 1980er- und 1990er-Jahren Erfolge für die Naturbewahrung erringen konnten, gescheitert? Die Entwicklungen seit der Corona-Pandemie[79] in den Jahren 2020 bis 2022 zeigen, dass das sicher geglaubte Natur- und Kulturerbe gefährdet ist wie noch nie. So wurden keinerlei Anstrengungen unternommen, die ausgebrachten Düngermengen, welche bekanntermaßen Böden und Grundwasser belasten, zu reduzieren bzw. zu ermitteln, wie viele und welche Agrarchemikalien in welcher Kombination letztlich über die Landschaft rieseln. Gefördert durch die Agrarpolitik, finanziert von uns Steuerzahlern.

Ganz klar: Wir sind keine Ökofantasten, und es ist uns bewusst, dass mit museal anmutenden und für die Biodiversität so wichtigen Landschaften und deren kulinarischen Spezialitäten die Bevölkerung allein nicht ernährt werden kann. Und es ist uns auch klar und längst wissenschaftlich hinlänglich dokumentiert und bewiesen, dass ohne ein Umsteuern – ohne eine echte Agrarwende – die biologische Vielfalt nicht gerettet werden kann und eine gefährliche Abwärtsspirale in Gang gesetzt wird. Immer wenn ich mich mit Leuten wie Jesús Garzón, Claus König, meinem Mitautor und anderen Weggefährten mit langer Erfahrung im Natur- und Umweltschutz unterwegs bin, kreisen unsere Gedanken um die Frage, ob es überhaupt noch lohnend ist, sich für die Bewahrung der natürlichen Lebensgrundlagen, für Umweltschutz und Nachhaltigkeit einzusetzen. Sind doch so viele Menschen gleichgültig geworden. Menschen, die es der Agrarpolitik, ja überhaupt der reaktionären Politik so einfach machen. »Dahinten kreist ein Kaiseradler«, sagt Jesús Garzón und macht uns auf den Vogel am Horizont aufmerksam. Unsere Augen sind jetzt auf den Himmel gerichtet. Nach und nach können wir Gänse- und Mönchsgeier entdecken, sehen wir Gleitaar und – bald bricht der Abend herein – viele Ketten von Kranichen, die mit ihren lauten Rufen und kräftigem Flügelschlag ihre angestammten Schlafplätze im seichten Wasser der Seen ansteuern. Dort fühlen sie sich vor Beutegreifern wie Fuchs, Wolf und Schakal während der Nacht sicher. Wie lange noch wird es diese Flachgewässer geben? Ist doch im September 2022 das international bedeutsame Großschutzgebiet Coto de Doñana an der Costa de la Luz in Andalusien ausgetrocknet; einer der wichtigsten Wasser- und

Watvögelrastplätze war verloren. Es war nicht nur die Dürre, welche durch die Auswirkungen des Klimawandels verstärkt wurde, sondern gerade auch die jahrelange, unvernünftige Entnahme von Grundwasser durch legale und unzählige illegale Brunnen für Gewächshauskulturen wie Erdbeeren, die dann kreuz und quer durch Europa gekarrt werden, für touristische Siedlungen usw. Doch nicht nur dort an der Coto de Doñana[80], einem Gebiet halb so groß wie das Saarland, hat fehlende Regulierung, haben fehlende politische wie behördliche Konsequenzen dazu geführt, einen weiteren ökologischen Baustein im internationalen Gefüge der Wasservogelrastplätze herauszureißen.

2023 klagten viele Menschen in Europa über die Dürre, Täler und Flüsse trockneten aus, und die später heftigen Regenfälle, die teilweise zu Überschwemmungen führten, waren nicht ausreichend, um die Trinkwasserspeicher zu füllen. Werden wir in Mitteleuropa im zeitlichen Versatz ein ähnliches Schicksal erleiden? Es geht ja nicht nur um die uns jetzt wieder faszinierenden Kraniche, die als Wanderer zwischen den Welten zeigen, dass Natur keine Grenzen kennt[81] und wir Umweltprobleme nur mit gemeinsamer Anstrengung bewältigen können.

Momentaufnahme 6 – wenn auch Bio Bio tötet

Weiß leuchten die Pavillons und Zelte vor hellblauem Junihimmel in der weiten Landschaft. Ein perfekter Tag für eine Feldschau. Das sieht nach Party aus, und so etwas Ähnliches ist es auch. Die FiBL Projekte GmbH hat zu den Ökofeldtagen 2023 eingeladen. FiBL Deutschland[82] mit Sitz im Frankfurter Ökohaus[83] ist nach eigenen Angaben als gemeinnütziger Verein organisiert, der »wissenschaftliche Expertisen für aktuelle Fragen der ökologischen Land- und Lebensmittelwirtschaft bietet und interdisziplinär und praxisorientiert mit landwirtschaftlichen Betrieben sowie Fachleuten aus Wissenschaft und Wirtschaft forscht«. Zusammen mit der Stiftung Ökologie & Landbau (SÖL) sowie den bekannten Bioverbänden Bioland, Naturland und Demeter ist der FiBL Deutschland e. V. wiederum Gesellschafter der FiBL Projekte GmbH. Die FiBL Projekte GmbH hatte zusammen mit der SÖL, dem Ministerium für Ernährung, ländlichen Raum und Verbraucherschutz Baden-Württemberg sowie dem Biohof Grieshaber & Schmid nördlich von Stuttgart zu der zweitägigen, europaweit sicherlich größten Open-Air-Öko-Agrarmesse eingeladen. Menschen orientieren sich über Maschinen und Märkte. Die froh gelaunten Helferteams an den kleineren Infoständen haben nicht so viel Publikum, wie sie für den Aufwand, den sie mit ihrer Präsentation getrieben haben, verdient hätten. Denn unerträgliche Hitze liegt wie eine Bleiweste über dem Geschehen und ist untrügliches Signal für die größte Herausforderung der Land- und Ernährungswirtschaft – den Klimawandel. Wasser ist gefragt; Strohhüte, die Saatgutfirmen ebenso wie manche staatlichen Institutionen großzügig verschenken und die wenigstens Schatten für das Gesicht versprechen, sind begehrt. Viele Besucher lassen sich nicht abschrecken, es ist ja eine Fachmesse, die nicht wie etwa die Grüne Woche in Berlin für das breite Publikum zur Fressmeile geworden ist. Und so flüchten viele, trotz unerträglich stickiger Tropenluft, in die Ausstellungs-, Informations- und Vortragszelte. Das Fachprogramm kann sich sehen lassen. Wer all die Workshops, Diskussions- und Vortragsrunden besuchen wollte, müsste hier gut und gerne zwei Wochen verbringen; die Ökofeldtage dauern aber nur zwei Tage. Schirmherr der Veranstaltung war der BÖLW, das ist der Bund Ökologische Lebensmittelwirtschaft, der sich als Spitzenverband landwirtschaftlicher Erzeuger, für Arbeiter und Händler ökologischer Lebensmittel etabliert hat. »Mehr als 37 000 Bio-Bäuerinnen und Bauern zeugen für Vielfalt auf dem Acker, gesunde Böden, und ihre Tiere haben Auslauf und viel Platz im Stall«, so der BÖLW auf seiner Website. Je näher ich dem riesigen Ausstellungsareal komme und die Autonummern aus den unterschiedlichsten Gegenden Deutschlands, Österreichs, der Schweiz und anderen Ländern sehe, umso klarer wird mir, was die Agrar-Biobranche seit den alternativen Anfängen in den 1970er- und 1980er-Jahren eigentlich erreicht hat – gegen viele Widerstände eines Bollwerks aus klassischen Bauernverbänden und deren gleichermaßen gedankenlosen wie unfähigen Unterstützern in Politik und Administration. Bio boomt, so hieß es allenthalben, bis die Corona-Pandemie so vieles auf den Kopf gestellt hat. Gerade auch die Öko-Lebensmittelwelt. Plötzlich war die bei manchen fast schon zur Ersatzreligion gewordene Bioernährung weniger gefragt. Die Leute hatten weniger Geld, sparten, und plötzlich ging die Nachfrage nach Biolebensmitteln zurück[84] (2023 gab es wieder einen zaghaften Anstieg). Dabei brauchen wir zum Schutz von Boden und Grundwasser und zur Erhaltung der Artenvielfalt durchaus mehr Bio.

Doch wie viel Bio steckt in biologischer Landwirtschaft? Bio, wie es sich manche noch mit ländlichen Hofidyllen, gackernder Hühnerschar, im Schlamm suhlenden Sauen und muhenden Kühen auf sattgrünen Weiden vorstellen. Beschäftigt man sich näher mit der realen Bio-Landwirtschaft, wird schnell klar, dass diese Vorstellung ein Klischee ist, das bis auf ganz wenige Ausnahmen längst nicht mehr trägt – und angesichts der Nachfrage gar nicht tragen kann.

Idylle zwischen Idealismus und Investment
Leider verwechseln viele Konsumenten veganes und vegetarisches Essen mit Bio. Lassen wir deshalb Fehlentwicklungen wie den Import von Biofrüchten aus Südamerika (von Bananen mal abgesehen), wo meterweit der Grundwasserspiegel abgesunken und die Zukunft der dortigen Bäuerinnen und Bauern infrage gestellt ist, mal beiseite. Mit Bio hat das nichts zu tun, denn auch wenn manche Früchte bio-zertifiziert sind, ist der negative ökologische Fußabdruck nicht akzeptabel.

Machen wir uns zu heimischen Bioerzeugnissen mal klar: Biobetriebe müssen genauso rechnen und benötigen genauso große Maschinen wie ihre auf billige Massenerzeugung getrimmten

Kollegen. Auch Bio frisst trotz ambitionierter, wichtiger Standards Bio, sprich biologische Vielfalt. Im Zweifelsfall steht professionell gegen ideell. Wohin der Weg geht und noch weitergehen wird, zeigt der Rundgang auf den Ökofeldtagen. Riesige Sä-, Bodenbearbeitungs- und Erntemaschinen sehen von Weitem aus, als seien Ufos gelandet. »Wie da wohl trotz biologischer Landwirtschaft bei großen Anbauflächen noch Rebhuhn, Feldlerche und Feldhase überleben können?«, geht mir durch den Kopf, ebenso im Sonderausstellungsbereich für die unterschiedlichsten Agri-Photovoltaikanlagen. Viele Landbewirtschafter sehen als Energiewirte ein weiteres Einkommen. Da gibt es sogenannte Vertikal-Agri-Photovoltaikelemente, zwischen denen noch Ackerbau betrieben werden kann. Aber für viele Feldvogelarten wie Kiebitz, Brachvogel, Grauammer und Co. ist dies kein Lebensraum; für den Beweis braucht man keinerlei Forschung. Sicherlich sinnvoller sind aufgeständerte PV-Anlagen für Sonderkulturen wie Äpfel und Birnen. In solchen Intensivkulturen – das sind sie auch bei Bioproduktion – hoppeln vielleicht Feldhasen und Kaninchen, für die Feldvögel bringen sie aber nichts; im Verhältnis zur Gesamtfläche handelt es sich jedoch um kleine Flächen. Dann sind da noch die flächigen Solarpanels. Was dies mit Ackerbau zu tun hat, ist eine andere Frage. Während viele Menschen wegen mangelnder Kenntnisse Photovoltaik generell für gut halten, egal, ob damit Ackerfläche zugepflastert wird oder nicht, finden mittlerweile sogar »alte« Kontrahenten zusammen. So haben sich in einer einmaligen Allianz der Landesbauernverband Baden-Württemberg, der Badische Landwirtschaftliche Hauptverband mit dem Landesnaturschutzverband Baden-Württemberg und dem Bund für Umwelt und Naturschutz zusammengetan. Anfang August 2023 forderten sie mit dem Volksantrag »Ländle leben lassen«[85] verbindliche Obergrenzen für den Flächenverbrauch und damit keine weitere Ausweisung von Baugebieten auf wertvollen landwirtschaftlichen Flächen und Vorrang von Photovoltaikanalgen auf Dachflächen. Die Motivation der beteiligten Verbände mag unterschiedliche Ursachen haben – das Ziel ist dasselbe: landwirtschaftlichen Flächenverbrauch durch Photovoltaik verhindern. Tatsächlich gehört Flächenphotovoltaik nicht auf die Äcker, wo es doch eigentlich unendliche Möglichkeiten auf vorhandenen Gebäuden gibt. Auch Autobahnauf- und -ausfahrten sind Alternativen, wie es auch schon der für seine Klimaschutzinitiativen u. a. von NatureLife ausgezeichnete Tübinger Oberbürgermeister Boris Palmer gefordert hat. Die Feldvögel wollen mir nicht aus dem Kopf gehen, auch nicht, als ich die großen Roboter sehe. Maschinen, die Personal einsparen und die Flächen noch gezielter bewirtschaften sollen. Ja, dadurch kann gezielter geackert, kann mit Maschinen unerwünschtes Unkraut – heute Beikräuter genannt – entfernt und der Boden gezielter gedüngt werden. So sehe ich gigantische, robotergesteuerte Ackermaschinen, hinter ihnen wehen lange Staubfahnen – Erosionssignale der trockenen Böden. Biologische Vielfalt bei Bio in der Öko-Nische? Das Thema biologische Vielfalt ist bis auf einige Prospekte bei verschiedenen Messeständen auf den Ökofeldtagen nach meinem Empfinden unterrepräsentiert. Schade, denn den Biobetrieben kommt nach wie vor eine wichtige Schrittmacherrolle bei der Sensibilisierung der Konsumenten zu.

Was bei all der Diskussion auf der Strecke bleibt, ist Regionalität, sind regionale Wertschöpfungsketten, die ins Nischendasein abgedrängt wurden. Alle reden von regional – aber was ist regional? Bei den Ökofeldtagen komme ich mit einem Erzeuger von Biozwiebeln ins Gespräch, der nicht genannt werden will. Seine Hauptkunden sind Supermarktketten. Er, der im deutschen Südwesten produziert, kann aufgrund seiner Betriebsgröße der enormen Nachfrage oft gar nicht nachkommen und muss deshalb von Produzenten in Norddeutschland oder den Niederlanden – ebenfalls Bio, versteht sich – zukaufen. »Wenn nicht, bin ich weg vom Markt«, sagt er schulterzuckend. Wie Bio und Regional heute ticken, zeigt bei den Ökofeldtagen ein Unternehmen wie die Firmengruppe Böhmer, die u. a. in Südgellersen (Niedersachsen),

Adersleben (Sachsen-Anhalt), Unterschleißheim (Bayern) und Dannstadt (Rheinland-Pfalz) vertreten ist und ihren Hauptsitz in Mönchengladbach in Nordrhein-Westfalen hat. Das auch als »Kartoffel-Böhmer« firmierende Unternehmen[86] ist vor allem auf Kartoffeln und Zwiebeln spezialisiert. Das Team am Messestand mit beachtlicher Showbühne und einem umfassenden Informations- und Unterhaltungsangebot gibt gern Auskunft. Ich will wissen, wie regional Böhmer Bio ist. »Wir sind eigentlich ein Verpackungsbetrieb mit eigener Logistik und mit unseren Niederlassungen bemüht, regionale Produkte – die wir von unseren Landwirten beziehen – zu unseren Kunden zu bringen«, erzählt der freundliche Herr der Böhmer-Gruppe. Die Bivano GmbH, die Bio-Tochter der Unternehmensgruppe, ist ebenfalls in Mönchengladbach ansässig. Auf 10 000 Quadratmetern mit 100 Mitarbeitern bezeichnet sich Bivano als das größte Bio-Logistikzentrum Deutschlands – von der Lebensmittelbeschaffung einschließlich Import, deren Verzollung, Lagerung und Verpackung bis zur Reifung und dem Transport von Obst und Gemüse, wie es Bivano beschreibt »von der Ananas über den Salat, die Tomate bis zur Zitrone – von regionaler bis Importware«. Das Dienstleistungszentrum in Mönchengladbach verteilt mit eigener Logistik europaweit. Die Böhmer-Gruppe ist damit ein beachtlicher Player bei der Lieferung von Bioware. Das weiß sie auch gut zu kommunizieren. So hat auch die Hans-Willi Böhmer Verpackung und Vertrieb GmbH und Co. KG ansprechende Publikationen zu bieten. So ein Sachbuch für Kinder von vier bis acht Jahren mit dem Titel »Kartöffelchens Reise – vom Feld in den Supermarkt«[87] oder »Die Kartoffelfibel – Interessantes zum Thema Kartoffeln«[88]. Es wäre wünschenswert, würde unsere Bildungspolitik Kinder und Heranwachsende ebenso gründlich über Lebensmittel, deren Anbau, Verarbeitung, Nährwert und Transport informieren. Ganz klar, dass den Kindern nicht vermittelt wird, wie man auch im eigenen Garten Kartoffeln anbauen kann oder woher diese sonst (außer im Supermarkt) bezogen werden können. Kleine landwirtschaftliche Biobetriebe oder einfach lokal und regional wirtschaftende Betriebe müssen sich da warm anziehen und können nur durch große Nähe zu den Verbrauchern, Direktverkauf und sympathischer Kundenbindung in echter Regionalität existieren. Haben sie angesichts solcher Marktmacht, wie es Firmen wie Böhmer zeigen, überhaupt eine Chance? Die Öffentlichkeitsarbeit von Böhmer passt so gar nicht zur Zurückhaltung der Böhmer-Gruppe auf der Homepage. »Wir suchen nicht so sehr die Öffentlichkeit«, sagte mir die Nachhaltigkeitsbeauftragte Nora Lehmann bei einem Telefonat. Wohl auch, weil die Firmengruppe für die unterschiedlichsten Lebensmittelketten und die verschiedensten Labels produziert. Und so kann es sein, dass Böhmer-Bioprodukte bei verschiedenen Einzelhandelsketten auftauchen. »Wir versuchen auch im Nicht-Biobereich so viel wie möglich für Umweltschutz und Biodiversität zu machen, stoßen aber angesichts der Rahmenbedingungen auch an Grenzen«, sagt Nora Lehmann und beklagt fehlende Ernährungsbildung, mangelndes Verbraucherbewusstsein für gerechte Agrarpreise und die Haltung vieler Verbraucher, alles zu jeder Jahreszeit kaufen zu wollen. »Die Handelsbestimmungen und die Verbrauchererwartungen dazu«, so Lehmann, »verhindern, dass eigentlich bestes Biogemüse, das durch Schnecken, Drahtwürmer und andere Organismen ›angeknabbert‹ wurde, Akzeptanz findet.« Dennoch versuche man an den verschiedenen Standorten so viel wie möglich zu machen und strebe eine Regionalversorgung von den Produktionszentren im Umfeld von 200 Kilometern an. »Wir beraten die Anbaubetriebe und haben schon etliche Flächen zur Verbesserung der biologischen Vielfalt umgestaltet und sind auch an der Biotopvernetzung interessiert«, sagt Frau Lehmann. Man könne letztlich viel mehr machen, wenn die preisbewussten Lebensmittelstandards sich nicht in strikter Weise an Größe und gutem Aussehen der Produkte orientieren würden. Auch dort, wo nicht bio produziert, sondern nach herkömmlichen Verfahren Kartoffeln, Zwiebeln und andere Produkte erzeugt werden, arbeite man gemeinsam mit der Produktion zielstrebig an der Reduktion der eingesetzten Pflanzenschutzmittel, was in letzter Konsequenz aber am Einkaufsverhalten der Endkunden, fehlendem Wissen über die Produkte, deren Verarbeitung und damit auch fehlender Toleranz gegenüber »nicht perfekter« Ware scheitere. Die klare Botschaft also, die wir immer wieder bei unseren vielen Gesprächen hören: Wir könnten mehr machen und sind bereit dafür, wenn die Rahmenbedingungen stimmen. »Wir müssen die Vermarktungsnormen radikal ändern und brauchen ab den Kindergärten Ernährungs- und Umweltbildung, konsequent über alle Bildungssysteme«, so die Böhmer-Nachhaltigkeitsbeauftragte Lehmann.

Bio macht Bio Konkurrenz

Man darf nie aufhören Fehleinschätzungen zuzugeben, zu benennen und vor allem Sicht- und Handlungsweisen zu korrigieren. Oftmals sind es Entwicklungen, neue Realitäten, die ein Um- und Weiterdenken erfordern. Zugegeben, auch wir haben schon vor 30 Jahren gefordert, dass Lebensmittel aus der Hofladenecke der 1970er- und 1980er-Jahre herausgeholt und in die Supermärkte einziehen müssen, einfach, weil dadurch mehr Menschen erreicht werden und Ökoware erschwinglicher wird. Das ist jetzt geschafft, und Lebensmittelkonzerne wie Aldi, Lidl, Edeka und Rewe haben ein erfreulich breites Biosortiment im Angebot. Wie breit, demonstrierte Rewe als Hauptsponsor der Ökofeldtage 2023 in einem eigenen Pavillon mit meterlangen Kühlschränken voller Bio-Fertigprodukte. Da kann schon der Eindruck entstehen, Rewe – das ist Bio. Dass dieses große Sortiment bei den Discountern jedoch klein im Verhältnis zum Gesamtangebot ist, verwundert nicht. Mehr gibt der Markt schon von der Produktion auf dem Acker noch nicht her. Ohnehin sind Kaufentscheidungen vom Image geleitet – eben, dass es Bio gibt, wenn auch nicht immer Bio gekauft wird. Deshalb wird bei den Supermärkten so manches Bioprodukt sogar noch quer subventioniert, um ein günstiges Angebot machen zu können. Wer letztlich im entsprechenden Supermarkt kauft, hat das Gefühl, auch die anderen Waren hier seien Bio, nachhaltig, umwelt- und klimafreundlich. Leider sieht die Wirklichkeit noch anders aus.[89] Verabschieden wir uns von dem Gedanken, mit Hofläden die Agrarmisere beseitigen zu können, freuen wir uns über Hofläden und kleinere Betriebe, die es da und dort noch gibt oder die durch innovative Konzepte junger, unverbrauchter Geister neu entstehen – solcher Menschen, welche die definitiv überholte Pionierarbeit der Bio-Gründerväter und -mütter in eine rentable Zukunft führen und – sei es aus Idealismus, Pflichtgefühl oder beidem – mit ihrer Arbeit dazu beitragen, ökologische Nischen in der Kulturlandschaft zu erhalten, zu schaffen und zu vernetzen.

Letztlich ist das anwachsende Sortiment von Biolebensmitteln in den Supermärkten ein Fortschritt, wenn die Handelsketten ihre Marktmacht nicht missbrauchen, indem sie die Bioproduzenten bzw. nachhaltig wirtschaftenden Betriebe zu Dumpingpreisen entlohnen. Denn dies würde sich negativ auf die biologische Vielfalt der Agrarfluren und das Klima auswirken. Es ist nämlich schon ein Unterschied zwischen Billig-Bio in der Plastikverpackung in den Kühlregalen und hochwertigen Bioprodukten direkt vom regionalen Erzeuger. Aber Letzteres wird nie und nimmer flächig zu etablieren sein! Auch beim Begriff Regionalität werden wir im Gesamten neue Realitäten anerkennen müssen. Letztlich können wir die Agrarmisere nur überwinden, wenn die Landwirtschaft insgesamt radikal umgestellt wird. Dafür müssen die Flächenprämien gedeckelt und wieder regionale Wertschöpfungsketten aufgebaut werden, insbesondere gilt es zu definieren, was regional letztlich bedeutet. Nur eine Kombination aus biologisch-ökologischem Anbau – der sich nicht weiter in nicht mehr überblickbaren Labels verstricken darf – und einer umweltverträglichen »normalen/konventionellen« Landwirtschaft kann in die Zukunft weisen. Es bleibt abzuwarten, welchen Weg hier etwa die Böhmer-Gruppe nehmen wird. Denn auch diese liefert für sechs bis sieben Wochen Importwaren aus Spanien, Portugal, Zypern, Ägypten. Einfach, weil die Kunden es nicht erwarten können, bis die ersten Erdbeeren, Spargel, Frühkartoffeln auf den Tisch kommen. Ein Irrsinn, der nur in einer – wegen fehlender Bildung – zur Dekadenz und Wohlstandsverwahrlosung verkommenen Gesellschaft so entstehen konnte.

Wieder Bauern aufbauen – Wissen schaffen

Es ist eigentlich unfassbar. Dieselben staatlichen Mächte, die jahrzehntelang zugelassen haben, dass immer mehr Tiere und Pflanzen aus unserer Landschaft durch Fehlsubventionen (und damit auch mit unseren Steuergeldern) verschwunden sind, legen Programme auf, um biologische Vielfalt zu fördern. Dafür gibt es dann eigens Berater, die den Bauern das erzählen, was früher jeder Bauer sowieso selbst wusste – wie man eine Hecke pflanzt, welche Sträucher in der jeweiligen Gegend dafür geeignet sind, wie man die Hecke pflegt, welche Obstbäume wo und wie gepflanzt werden können. Beratung gegen Honorar natürlich. Warum sollten sie es auch umsonst machen? Warum aber sollen wir Steuerzahler Berater bezahlen, wenn doch die Aus- und Fortbildung von Landwirten schon die entsprechenden Themen beinhalten könnten. »Wir haben das schon nicht mehr vermittelt bekommen; alles, was ich weiß, habe ich noch aus dem Elternhaus«, erzählt mir Betriebswirt Frank W., der einst eine landwirtschaftliche Lehre machte, aber den Umgang mit Wildpflanzen und -tieren sowie mit der Landschaft schon in den 1980er-Jahren nicht mehr vermittelt bekam. Er wundert sich, was heute draußen in der Landschaft so abgeht. Könnte man nicht all die Berater einsparen und diese im notwendigen Landschaftsmanagement, der Organisation von Pflegemaßnahmen, der Schaffung neuer Biotope, der Biotopvernetzung bei den Städten und Gemeinden beschäftigen? Das ist vielleicht zu einfach. Aber es ist wie in den Schulen: Hauswirtschaft und Werken wurden so gut wie abgeschafft, Kinder lernen in der Schule nicht mehr, wie man richtig kocht, sie greifen zu Fertiglebensmitteln, werden dick und dicker, dann schickt man sie später als kranke Menschen – bezahlt durch die Krankenkassen und auch wieder finanziert durch uns Beitrags- und Steuerzahler – zur Ernährungsberatung. Alles wohl nach dem Motto »Geld ersetzt gesunden Menschenverstand«. Zu welchen Fehlentwicklungen falsche Ernährung, falsche Erzeugung von Lebensmitteln für Mensch und Gesellschaft, für Landwirtschaft und Landschaft führen, haben wir schon vor rund 25 Jahren aufgezeigt.[90] Mittlerweile bekommen die damals Fehl- bzw. Überernährten selber wieder Nachwuchs; die Probleme werden fortgepflanzt und scheinen in den Köpfen der Nachwuchspolitiker ebenfalls eingepflanzt.

Landwirtschaft am Scheideweg – wer zerschlägt den gordischen Knoten?

Eines ist klar, die vielfach gescheiterte Agrarpolitik kann und darf so nicht weitergehen. Ja, sie wird auch nicht so weitergehen, weil dies früher oder später der ökologische Kollaps verhindert. Dann aber wird es zu spät sein, werden die letzten Restbestände an Insekten und deren Funktion als Basis der Nahrungskette verschwunden sein. IT, KI und andere Technik können halt ausgestorbene Arten nur virtuell »aufleben« lassen, aber nicht zum Leben erwecken.

Doch wer zerschlägt den gordischen Knoten? Wie kommen wir heraus aus einem Gewirr von Gesetzen, Richtlinien, Paragrafen, Ausführungsbestimmungen auf EU-, Staaten- und Länderebene? Aus Förderrichtlinien, Kontrollvorschriften, Arbeitsbestimmungen und vielem mehr? Die letzten 40 Jahre und die jüngsten Entwicklungen seit etwa 2000 haben gezeigt, dass die Schere zwischen ökologischem Landbau einschließlich kleinbäuerlicher, regionaler Landwirtschaft einerseits und großflächiger Intensivlandwirtschaft andererseits nicht geschlossen werden kann, sondern immer weiter aufgeht. Bislang ist ein Stopp dieser Abwärtsspirale aus Geld saugenden Subventionen und Biobeerdigung nicht in Sicht. Die verfehlte Agrarpolitik schreit im konventionellen Anbau geradezu nach Regulierung und klaren, für alle begreiflichen ökologischen Leitplanken. Jetzt geht es schlicht um das Überleben von Leben. Dabei ist die Ausgangslage gewiss nicht einfach.

Bald sind zehn Milliarden Menschen zu ernähren

Bis 2050 werden nach den heutigen Berechnungen bis zu zehn Milliarden Menschen auf der Erde sein, die durch Landwirtschaft und Lebensmittelproduktion ernährt werden müssen. Bereits jetzt leidet rund eine Milliarde Menschen unter Hunger, zwei Milliarden sind von Mikronährstoffmangel betroffen, und zwei Milliarden Menschen sind übergewichtig. »Es geht nicht nur darum, Menschen satt zu bekommen, sondern ausreichend und kontinuierlich so mit Makro- und Mikronährstoffen zu versorgen, wie es für den Aufbau und den Erhalt zahlreicher Körperfunktionen erforderlich ist«, so Prof. Dr. Friedrich Longin von der Landessaatzuchtanstalt der Universität Hohenheim, der mit einem Wissenschaftlerteam ein radikales Umdenken in den globalen Wertschöpfungsketten fordert. »Viel zu wenig wird beachtet, dass die Ernährung eine zentrale Rolle beim Auftreten zahlreicher chronischer Krankheiten wie Diabetes, Krebs und Herz-Kreislauf-Erkrankungen spielt«, so Longin im renommierten Wissenschaftsmagazin *Trends in Plant Science*.[91]

Um angepasste Ernährungsweisen etablieren zu können, müssen nach der Studie des Longin-Teams Lebensmittel verfügbar sein, die schon hinreichend im Hinblick auf Makronährstoffe wie Kohlenhydrate und Eiweiß, aber auch auf Mikronährstoffe wie Vitamine, Mineral- und Ballaststoffe beschrieben und bekannt sind. Es sei aber dringend erforderlich, dass Rohmaterialien wie Getreide sehr genau auf Inhaltsstoffe untersucht werden, was meist nicht erfolge. Deshalb stünden auf vielen Verpackungen maximal nur Makronährstoffangaben, welche aber nicht im Produkt »gemessen« wurden, sondern aus Datenbanken mit einer großen Fehlerstreuweite stammten. Da jedoch die Mengen solcher Inhaltsstoffe ganz wesentlich von den verschiedenen Produktionsschritten innerhalb der jeweiligen Wertschöpfungsketten abhängen, ist nach den Hohenheimer Forschern und ihren korrespondierenden Kollegen eine neue Herangehensweise erforderlich. So erklärt das Team am Beispiel des Mineralstoffs Zink, dass sowohl die Auswahl der Weizensorte, das Anbauverfahren bei den jeweiligen Landwirten, die Verarbeitung bei den Mühlenbetrieben sowie die Backrezepte der Bäckereien als grundlegende Faktoren den Gehalt und die Bioverfügbarkeit im Endprodukt Brot beeinflussen. »Alle müssten viel mehr zusammenarbeiten und nicht jeder nur den eigenen Bereich sehen«, unterstreicht Longin und schlägt ein überfälliges Teambuilding zur Sicherung künftiger Wertschöpfungsketten und gesunder Ernährung für Mensch und Landschaft vor. Das bedeutet aber das Verlassen eingeschlagener Wege und das Zusammenwirken der verschiedenen Partner, die über die eigenen Schultern schauen müssten. Das Credo des Longin-Teams: Parallele Einbahnstraßen verlassen und gemeinsam funktionsfähige Wege im Sinne von Ökonomie und Ökologie definieren.

Es war trocken in den letzten Tagen, die Getreideernte steht kurz bevor. Hochzeit für Friedrich Longin, der in den Sommerwochen noch mehr als sonst in den Feldfluren der typischen Getreideregionen unterwegs ist. Ein Sonnenhut gehört zur Grundausrüstung des Wissenschaftspragmatikers, der das, was er erforscht, auch anwendet und in die Gesellschaft trägt. So sind etwa ein Brotbackbuch[92] oder online-Crashkurse zu Dinkel, Emmer und Einkorn[93] selbstverständlicher Teil seines wissenschaftlichen Schaffenspotpourris. Wir begleiten den Experten in einem Gebiet nördlich von Kassel, wo er gemeinsam mit seinen Projektpartnern eine Feldversuchsfläche betreut. Der 45-jährige Agrarbiologe beschäftigt sich nicht erst seit seiner Promotion mit der Zukunft eines nachhaltigen Getreideanbaus. Dabei geht es ihm nicht nur um die klassischen Parameter wie Menge und Ertrag oder Eiweißgehalt, etwa von Weizen, sondern auch um alternative Kulturarten wie Dinkel, Emmer und Einkorn sowie deren »echten Nährstoffgehalt«, die Wiederetablierung vergessener Feldfrüchte wie Buchweizen und die ganzheitliche Betrachtung der Wertschöpfungskette, bei der er Bauern, Müller, Bäcker, den Lebensmittelhandel, Landschaftsökologen und Verbraucher einbezieht. Durch den weit verbreiteten Anbau seiner Hohenheimer Züchtungen gelangen mittlerweile viele Verbraucher wieder an Produkte aus Dinkel, Emmer und Einkorn. Bei unserem Treffen geht es Friedrich Longin – für uns der Getreideflüsterer schlechthin – auch um den Umgang mit der Landschaft. »Wenn im Hochsommer nach der Getreideernte großflächig nichts mehr auf den Feldern steht, können wir nicht einfach darüber hinwegsehen und so tun, als ob das normal ist«, betont der Schwabe, der auch schon in Frankreich und Spanien gearbeitet und in einem deutsch-chinesischen Graduiertenkolleg der Uni Hohenheim und der China Agricultural University in Peking promoviert hat. Er zeigt auf blühende Versuchsflächen mit Buchweizen.[94] Mit verschiedenen Sorten hat er experimentiert, hat die Eignung für gesunde Ernährung, für die heimische Küche, die Verbraucherakzeptanz und die Marktfähigkeit getestet und unter Beweis gestellt, welches Potenzial Buchweizen hat. »Schaut her, wie es summt und brummt«, sagt Friedrich Longin und ist begeistert von der Insektenvielfalt an den weißlichen bis rosafarbenen Blüten der Pflanzen. »Wir hätten in Deutschland, Österreich und der Schweiz viele Möglichkeiten Blüh- und Nutzpflanzen in die Feldfluren zu bringen, wenn dort im Sommer fast nichts anderes mehr blüht, um damit die biologische Vielfalt zu stützen und gleichzeitig attraktive Erträge für die Landwirtschaft zu erzielen. Doch die gegenwärtigen Anbauflächen für Buchweizen sind viel zu gering.« Da keine Landschaft der anderen gleicht, forscht Longin mit seinem Wissenschaftsnetzwerk deshalb vielerorts über Anbaueignung von Buchweizen und »echtem« Getreide sowie von Sortenvarietäten unter verschiedensten Bodenverhältnissen. »Wir müssen unsere Nahrungsmittel der Landschaft und nicht die Landschaft den Nahrungsmitteln anpassen«, sagt er und geht entlang des Feldes zum nächsten Acker. So betreut er Versuchsflächen in Baden-Württemberg, Bayern, Sachsen-Anhalt, Thüringen, Nordrhein-Westfalen, Niedersachsen und eben in Hessen, wo wir gerade eine Feldlerche aufsteigen und trällern hören. »Bald werden diese Vögel wieder wegziehen, aber was erwartet sie in ihren Winterquartieren?«, sagt Longin und schaut in die Ferne. Weil Agrarpolitik nicht nur von europaweitem Förderdenken bestimmt sein darf, sondern auch die Unterschiedlichkeit der jeweiligen Landschaften berücksichtigen muss, ist Longin auch in Frankreich sowie in verschiedenen Regionen Belgiens und Österreichs unterwegs und auch über Europa hinaus im fachlichen Austausch.

Wir gehen weiter und staunen über Wildbienen, Schwebfliegen, Feldwespen, Zikaden und Schmetterlinge: sommerliches Insektenleben, das es so in vielen Agrar-Intensivbereichen nicht mehr gibt. Seit Jahren stehen wir im Dialog mit dem auch von TV, Radio und Printmedien viel gefragten Experten. Jetzt bietet sich erneut die Gelegenheit für ein ausführliches Gespräch über die Misere in der Landwirtschaft, verpasste Chancen und – noch wichtiger – nutzbare Potenziale.

Weg von Naivität und Dogmatismus, hin zu gesundem Menschenverstand – der Experte hat das Wort. Ein Gespräch mit Prof. Dr. Friedrich Longin

Die Probleme der intensiven Landwirtschaft und deren Auswirkungen auf Klima und biologische Vielfalt sind vielfach beschrieben. Angenommen, Sie hätten als Bundeslandwirtschaftsminister die Möglichkeit, der bisherigen Entwicklung des Agrarsektors und dessen negativen Auswirkungen gegenzusteuern. Was wären Ihre Maßnahmen? Wo könnte die Politik jetzt sofort handeln?

In der Lebensmittelproduktion befinden wir uns in einer Zwickmühle – wir müssen mehr produzieren und parallel unbedingt nachhaltiger werden. Naivität und Dogmatismus helfen hier wenig, aber auch keine Rückkehr in veraltete Muster und Strukturen. Im Gegenteil: Es sollte endlich eine Professionalisierung der Wertschöpfungsketten erfolgen, die dem jetzigen Wissensstand auch angemessen ist. Der freie globale Markt sollte es eigentlich regeln, aber dieser ist teilweise durch Diktatoren, fehlende Logistik und monopolartige Strukturen in manchen Gegenden der Welt, Privatisierung von Gewinn, aber Generalisierung der Umweltrisiken usw. nicht überall gegeben. In der aktuell immer kritischeren Lage der Ernährungsversorgung und Umweltsituation müssen wir alle endlich zusammenhalten. Gemeinsam müssen wir eine deutlich nachhaltigere, aber sichere Lebensmittelversorgung auf unserem Planeten erreichen, und zwar schnell.

Dabei ist mir wichtig, darauf hinzuweisen, dass Ökolandbau weniger Ertrag pro Fläche hat und wir in Versorgungskrisen nicht weniger produzieren können; es geht eher darum, wie wir auf der bereits genutzten Fläche mehr produzieren können mit weniger negativen Einflüssen auf Boden, Wasser und Luft bei weniger Umweltkosten. Geringere Produktivität je Fläche erfordert nämlich die Ausdehnung der Agrarfläche, was ein Supergau für unsere Biodiversität wäre.

Dabei spielen die globalen Stellschrauben Lebensmittelverschwendung, Reduktion des Verbrauchs veredelter Produkte und gerechtere Lebensmittelverteilung eine entscheidende Rolle. Wir dürfen auch die vielen kleinen Schritte, die häufig viel realistischer und schneller umzusetzen sind, nicht vergessen. Und wir sollten die undogmatische Ökologisierung mit großer Vehemenz auch in anderen Bereichen des täglichen Lebens vorantreiben – auch in solchen Bereichen, die nicht alle eine so fundamentale Bedeutung wie die Lebensmittelversorgung haben.

Konkret geht es darum, ganz schnell die Lebensmittelverschwendung einzudämmen, die Reduktion des Konsums tierischer Produkte zu forcieren, eine faire und weltweite, sichere Lebensmittelversorgung hinzubekommen unter Einhaltung der gleichen Regeln. Dabei würde ich mich ziemlich genau an den

Empfehlungen der Zukunftskommission Landwirtschaft[95] orientieren: Besteuerung von Dünger und Spritzmitteln, sodass diese verhaltener eingesetzt werden, aber zur Not zur Verfügung stehen, umweltgerechte Besteuerung/Bezahlung tierischer Produkte, die Abkehr von teilweise doch ideologiegetriebenem/verträumtem Ökolandbau der Ökoverbände, Wettbewerb der besten wissenschaftlichen Lösungen für die Landwirtschaft einschließlich Technologieoffenheit. Aus meiner Sicht wäre dies ein »Best of konventionell und öko« – das entspricht grob dem sogenannten integrierten Anbau, der heute auch als generative Landwirtschaft bezeichnet wird. Subventionierung anhand von Umweltmaßnahmen in der Landwirtschaft, also weg von Säule 1 zu Säule 2, gleiche Maßstäbe ansetzen für Importware im Vergleich zu heimischen hohen Umweltstandards, Schaffung klein strukturierter Biotoplandschaften mit sinnvoller Vernetzung der Elemente und Akteure.

Wie könnte das gelingen?

Wir müssen es schaffen, dass nicht sektorenunabhängig gedacht und gearbeitet wird, sondern dass Wertschöpfungsketten als Ganzes begriffen werden und jeder seinen Beitrag zu einer umweltgesunden Ernährung leisten muss. So versteht die Lebensmitteltechnologie oft wenig von Landwirtschaft und umgekehrt, aber jeder fordert das Maximale für sich bei minimalem eigenem Aufwand. Auch müssen handelsgetriebene Qualitätskriterien überdacht werden. Es kann im 21. Jahrhundert nicht nur um makelloses Aussehen oder möglichst hohes Backvolumen gehen, es muss um möglichst gute Inhaltsstoffe gehen bei möglichst nachhaltiger Produktion, Lagerung usw. Hier sind monopolartige Strukturen entlang einiger Lieferketten als sehr fraglich zu bewerten.

Die Ernährungskunde und -beratung muss sofort auf allen gesellschaftlichen Ebenen verbessert werden, und zwar ideologiefrei! Die moderne Landwirtschaft ist einer der größten Erfolge unserer Menschheitsgeschichte und hat erst unser hohes

Wohlstandsniveau ermöglicht. Allerdings unter Inkaufnahme der Umweltzerstörung. Wir brauchen eine schnelle, nachhaltige Fortentwicklung der Agrarwirtschaft.

Wegen zu hoher Qualitätsanforderungen etwa an Weizen (Klebergehalt) haben wir hohe Boden- und Grundwasserbelastungen. Wie könnten wir auf welche Weise gegensteuern?

In der Weizenproduktion selbst haben wir mehrere Möglichkeiten, nachhaltiger zu werden, ohne die Produktivität stark zu reduzieren. Als mit Abstand wichtigster Punkt ist hier die Stickstoffdüngung zu nennen, die aus mehreren Gründen ökologisch sehr wirksam ist. Die Produktion von synthetischem Stickstoffdünger ist sehr energieaufwendig, und eine zu hohe Düngung bewirkt häufig die Auswaschung von diesem Stickstoff durch Regen in nahe gelegene Bäche und Flüsse. Weltweit betrachtet das größte agrarökologische Problem. Laut zahlreichen Experten könnte Weizen durchaus weniger gedüngt werden, aber der internationale Handel fordert einen hohen Proteingehalt bei Weizen, der in vielen Produktionsgebieten nur über viel Düngung erreicht werden kann.

Der Proteingehalt korreliert jedoch nur mäßig mit der Backeignung von Weizenpartien, Masse ist eben nicht Klasse, ein E-Weizen mit 11 % Proteingehalt backt immer besser als ein C-Weizen mit 13 % Proteingehalt. Es kommt vielmehr darauf an, Sorten bzw. Weizenpartien auszuwählen, die eine gute Backqualität abgesichert durch gute Proteinqualität haben. Es wäre schon viel erreicht, wenn man die Sorteninformationen nutzt. Wozu leisten wir uns sonst in Deutschland eine Wertprüfung für Weizen, wo die Backqualität jeder neuen Sorte an Mustern von 24 Orten durch Backversuche erarbeitet wird? Wenn man als Händler nicht genauer hinschauen will, dann könnte man wenigstens drei Silos nutzen und diese nicht über den Proteingehalt, sondern über Sortenkenntnis füllen: ein kleines Silo für Aufmischweizen (E- und guter A-Weizen), ein mittleres Silo für Backweizen (A/B-Weizen) und ein großes Silo für Futterweizen und erntegeschädigte Ware.

Wenn wir beim Handel von Weizen endlich wirkliche Qualitäten handeln, könnten wir problemlos geringere Proteingehalte zulassen und somit auch deutlich weniger Stickstoff düngen, ohne dass die Endqualität für den Bäcker schlechter wird.

Aber es wird ja auch Futterweizen angebaut?

Da sind wir gleich beim nächsten Punkt: Nur ca. 30 % unserer Weizenproduktion wird für Backzwecke benötigt, wir bauen aber über 80 % backfähigen Weizen an. Backqualität und Ertrag korrelieren aber negativ, deswegen hat Futterweizen einen etwas höheren Ertrag pro Fläche und eingesetzten Ressourcen als qualitativ hochwertiger sogenannter Aufmisch- und Eliteweizen.[96] Auch benötigt ein Futterweizen keine 12 % Proteingehalt. Proteine lassen sich durch Mischung mit Leguminosen wie Erbsen oder Soja viel nachhaltiger ergänzen. Somit könnten wir auf ca. der Hälfte der heimischen Weizenfläche durch den Anbau von echtem Futterweizen ohne Proteinvorgabe mehr Ertrag unter weniger Einsatz von Düngung realisieren.

Und dann gibt es beim Backen ja auch noch zahlreiche Möglichkeiten, mit geringeren Proteinmengen des Weizens sehr gut zurechtzukommen, ansonsten würde ja jedes Ökobrötchen aussehen wie ein Ziegelstein. Einfachste Rezepturanpassungen wie Nutzung von Vor- oder Sauerteigen oder lediglich die Anpassung der Knetenergie bewirken mehr als jede Stickstoffdüngung! Insofern sollte auch das Backgewerbe hier in die Pflicht genommen werden: Mit mehr Wissen deutlich höhere Toleranzen der Spezifikationen neuer Mehllieferungen ermöglichen, sei es durch einen eigenen Teig- oder Backversuch oder Einsatz von etwas Laboranalytik, die meistens die Müller sowieso schon machen.

Der Einsatz für eine bessere Weizenproduktion lohnt sich, da Weizen eine der drei größten Kulturarten der Welt ist. Ökologische Verbesserungen hier haben einen echten Flächeneffekt.

Welche Stellschrauben könnten sofort angezogen/verändert werden? Was ist mittelfristig und langfristig erforderlich?

Kurzfristig:

- Die Zukunftskommission Landwirtschaft[97] sollte wieder einberufen und deren Empfehlungen umgesetzt werden, z. B. umweltgerechte Besteuerung von Dünge- und Spritzmittel sowie von tierischen Produkten.
- Die Biodiversität auf dem Acker könnte relativ schnell gesteigert werden durch den heimischen (Wieder-)Anbau von alternativen Kulturarten und Sorten. Das ermöglicht der Landwirtschaft zudem, abwechslungsreichere Fruchtfolgen zu fahren, was indirekt erhebliche Mengen an Düngung und Pestiziden einsparen kann. Bei den Arten gibt es aktuell schon zahlreiche Ideen – Leguminosen, alternative Faserpflanzen oder Saaten –, die in Backwaren und Frühstückscerealien eingesetzt werden. Allein dafür importieren wir aktuell Lein, Buchweizen, Kürbiskerne, Sonnenblumenkerne usw. in einer Menge, die mehreren 100 000 Hektar Anbaufläche dieser Blühpflanzen entspricht. Wichtig bei der Etablierung alternativer Kulturarten aber ist, dass diese rentabel für die Wertschöpfungskette sind – sei es durch angemessene Preise und/oder Subventionen, gekoppelt an diese Leistungen. Bei den höheren Preisen für heimisch produzierte Ware sollten wir Folgendes bedenken: Diese kommen u. a. dadurch zustande, dass in Deutschland eine höhere Sozialabsicherung zu höheren Löhnen führt und mehr Umweltauflagen erfüllt werden als in vielen Importländern – eigentlich das, was wir doch alle für uns selber wollen, oder?

Mittelfristig:

- Dazu brauchen wir die Abkehr von falschem Marktverständnis der Politik: Agrarpolitik versucht oft Planwirtschaft, etwa nach dem Motto »Wir brauchen 30–40 % Ökoanbau«, und erzwingt dies dann bei den Landwirten. Doch der Markt dafür ist nicht da und wird nicht kommen; somit haben wir Überproduktion, und der an sich schon tiefe Preis kollabiert vollends. Gleiches gilt bei der Ackerbiodiversität: Man kann Landwirte nicht zwingen, andere Kulturarten anzubauen, wenn dafür kein Markt da ist! Man sollte seitens der Politik den Rahmen für diese Märkte schaffen, dann zieht die Kette automatisch mit, und zwar nachhaltig und langfristig.

• Wir bräuchten eine Umstellung der Weizenbepreisung, Anbau von mehr Leguminosen für heimisches Tierfutter und wieder mehr heimische Weidehaltung.

Langfristig:

• Wir brauchen viel mehr Ernährungsbildung. Was Landwirtschaft tut und warum; Lern- und Lehrstandards sollten gesteigert, nicht aufgeweicht werden – und dies in allen Bildungseinrichtungen. Lehrpläne der Schule sollten geändert werden, mehr Themen zu Ernährung, Verbraucherschutz und Umwelt integriert werden. Diese Themen gilt es als gemeinsame Einheit zu verstehen und zu lehren.

• Universitäre Lehre und Forschung müsste meines Erachtens verpflichtend mehr fachübergreifend erfolgen; Agrarier müssen Lebensmittelproduktion verstehen und Ernährungswissenschaftler die Agrar- und Umweltwissenschaften. Idealerweise sollten noch Ernährungsmedizin sowie Sozioökonomie dazukommen. Zudem müssen Umweltfolgen und Lösungen vermittelt werden. Gleiches gilt für Umweltstudiengänge, die ein realistisches Agrarbild gelehrt bekommen sollten.

• Es herrscht Verwirrung, die uns nicht weiterhilft, ja bremst. Zu überlegen ist die Abschaffung der vielen Labels und Siegel hin zu wenigen, aber eindeutig objektiven Labels, sodass Verbraucher wissen, was sie kaufen. Und es bedarf der strengen Kontrolle der dann wenigen, aber überschaubaren Labels.

Generell: Dringende Änderung der Forschungsförderung in der Agrarwirtschaft: Nötig ist mehr angewandte Feldforschung. Nur ordentlich und langfristig durchgeführte Feldversuche können wissenschaftlich sichere Kennzahlen für die Agrarproduktion der Zukunft liefern. Solche Projekte brauchen auch längere Forschungszeiträume als zwei bis drei Jahre, mit deutlich weniger Dokumentationswut bzw. weniger starren Regeln – misslingt etwa ein Versuch, muss man ihn noch mal machen können und dafür nicht erst 20 Seiten Papier produzieren, das zehnmal gestempelt wird, bevor etwas passiert …

Riesige Ackerschläge, vor allem in den nördlichen und nordöstlichen Bundesländern – und zum Teil erst recht bei den europäischen Nachbarn – sind im Moment Standard. Gibt es Alternativen, oder müssen wir biologisch weitgehend »tote Zonen« als gegeben hinnehmen?

Nein, das müssen wir nicht, allerdings ist dringend eine langfristig verlässliche Agrarpolitik notwendig. Ein Landwirt kann nicht heute große Maschinen kaufen, und morgen soll alles wieder kleinteilig werden in der Landschaft. Es ist wissenschaftlich belegt, dass klein strukturierte Feldfluren mit artenreichen Ackerstreifen und Hecken wenig Auswirkung auf Ertrag pro Fläche haben, aber große, positive Wirkung auf die Biodiversität. Hier müssten zusammen mit der Landwirtschaft langfristig haltbare und umsetzbare Konzepte entwickelt werden, die nicht stur nach Gemarkungsgrenzen vorgehen, sondern ökologische Wirkungsweisen mit ökonomischen Interessen und Notwendigkeiten der Landwirte verbinden. Damit meine ich, dass – wo möglich – Strukturelemente etwa an die Maschinenbreiten bzw. Wendemöglichkeiten der neuen Agrartechnik angepasst werden, aber auch längerfristige Blühwiesen nicht einfach dort hingesetzt werden, »wo sie am wenigsten stören«, sondern mit sinnvollem Abstand und Vernetzung zu weiteren Struktureinheiten mitten in den Fluren und nicht abgedrängt. Eine potenzielle weitere Möglichkeit ist der Mischanbau bzw. das Intercropping verschiedener

Kulturen auf einem Acker, das zumindest bei eher kleinbäuerlichen Strukturen gut und logisch funktioniert. Inwiefern sich das auch effizient auf große Systeme anwenden lässt, muss getestet werden. Der Weg kann jedenfalls nicht daran vorbeigehen.

Es wird immer wieder argumentiert, dass wir vom internationalen Agrarsektor abhängig sind und Deutschland nicht isoliert betrachtet werden kann. Ist das wirklich so? Wo könnten wir andere Wege gehen?

In einer idealen Welt ohne Diktatoren, markteingreifende Handelspolitik, mit funktionierenden Handelswegen ohne Monopole wäre der weltweite Handel von Agrarprodukten eine perfekte Lösung. Auch unter teilweiser Einschränkung zuvor genannter Annahmen ist es lohnend, die Produktion von Agrargütern als Arbeitsgemeinschaft aufzuteilen, weil einfach nicht jede Frucht oder jedes Tier in jedem Eck der Welt gleich gut gedeiht. So haben Deutschland, Frankreich und die Ukraine ein super Klima für Getreide, Deutschland tut sich aber bei vielem Obst und Gemüse schwer, es hier – wenn überhaupt – effizient ohne viel Klimaschaden zu produzieren. Auch wachsen Soja und Mais einfach in sonnigeren und wärmeren Gefilden besser, das heißt, sie haben mehr Ertrag pro Fläche, und somit haben wir mehr Platz für Biodiversität. Wichtig wäre, dass sich der internationale Handel an hohen Sozial- und Umweltstandards orientiert und insbesondere keine willkürlichen Marktmachtpositionsgrenzwerte einführt, die dann häufig zu unnötig umweltbelastenden Produktionsformen führen. Lokale Wertschöpfungsketten haben auch Vorteile, neben lokaler Wertschöpfung und Arbeitsplatzsicherung auch kurze Transportwege sowie Unabhängigkeit von großen Händlern. Es gilt also ein ausgewogenes Maß zu finden.

Wer sind die Ökobremser im Agrarsektor – wo versagt die Politik? Wo versagen die Bauernverbände?

Seit Jahren sind wir Autoren in ganz unterschiedlicher Weise mit der Agrarpolitik konfrontiert. Von A wie Artenschutz über K wie Klimawandel bis Z wie Zukunftsfähigkeit zeigt sich bei allen Projekten, bei allen Initiativen, dass ohne ein ganz neues Denken und Handeln bei der Agrarpolitik das Artensterben weitergeht und der Klimawandel verstärkt wird. Das gilt weltweit, aber wir sind hier in Deutschland, in Mitteleuropa, in der Europäischen Union. Und so fangen wir vor der eigenen Haustür an. Wir haben – zusammen und auch jeder für sich – unzählige Gespräche geführt. Wir waren auf Äckern, in Weinbergen, auf Obstwiesen, in Gärtnereien, auf Bauernhöfen, wir waren in Ställen, wir haben mit Kleinbauern und Nebenerwerbslandwirten, mit Vertretern der »normalen« Landwirtschaft – das sind heute die, die konventionell mit Kunstdünger und Chemie wirtschaften – gesprochen. Ebenso mit Vertretern des Einzel- und Großhandels der Lebensmittelbranche, mit Imkern und Fischern und vor allem mit denen, die landwirtschaftliche Rohprodukte für die Endverbraucher verarbeiten. Das sind Bäcker, Metzger, Marmeladenmanufakturen, Wein- und Obstkellereien, Schnapsbrennereien, Nudelmanufakturen, Käsereien und viele mehr.

Immer mehr wurde uns klar, dass wir einen Paradigmenwechsel in der Landwirtschaftspolitik brauchen. Getan hat sich bisher nichts. Die Landwirtschaftspolitik des Deutschen und Europäischen Bauernverbandes scheint nicht wirklich reformfähig zu sein.

Als mit der sogenannten Krefeld-Studie[98] anschaulich zutage gefördert wurde, was Biologen, Geografen und andere Naturschützer längst bemerkt hatten und seit Langem beklagten, nämlich den Zusammenbruch von Insektenbeständen von über 80 %,[99] gab es einen Aufschrei in Politik und Gesellschaft. Plötzlich avancierten Wildbienen, Schmetterlinge und Co. für einige

Tage zu den Nachrichtenstars – nicht nur zur Prime Time in ARD und ZDF, sondern auch in den sonst eher schrillen RTL-, Sat1- und VOX-Nachrichten und anderen Formaten. Artenschützer wurden in Talkshows eingeladen, Politiker versicherten mit treuen Dackelblicken, dass jetzt endlich etwas getan werden müsse, in Bund und Ländern wurden wie auch in anderen europäischen Staaten Stellen für Insektenkundler und andere Biologen geschaffen, Fortbildungszentren für Umweltbildung verstärkt, Universitäten aufgerüstet. Wurden bei den bayerischen Landtagswahlen 2018 die Grünen – die das »Bienensterben-Volksbegehren« massiv mitgetragen hatten – mit 17,6 % als zweitgrößte Fraktion in den Münchner Landtag gespült, so wurde angesichts dieser Ökowelle und dem damit verbundenen Druck mit Zustimmung aller Landtagsfraktionen die Staatsregierung aufgefordert, dem Landtag ein wesentlich verbessertes Naturschutzrecht vorzulegen.[100] Damit war das Volksbegehren »Artenvielfalt und Naturschönheit in Bayern – rettet die Bienen« das »erfolgreichste Volksbegehren in der Geschichte des Freistaates Bayern: Über 1,7 Millionen Wahlberechtigte hatten sich vom 31. Januar bis zum 13. Februar 2019 in ihren Rathäusern dafür eingetragen. Das Votum der Bürgerinnen und Bürger war Ausdruck einer offenkundigen gesellschaftlichen Erwartung, den Artenschwund im Freistaat Bayern zu stoppen und die noch vorhandene Artenvielfalt konsequent zu schützen«, so das Bayerische Staatsministerium für Umwelt und Verbraucherschutz.[101] Ein Hoffnungsschimmer, der ähnliche Initiativen auch in anderen Bundesländern aufflackern ließ. Allerdings hat sich seither substanziell wenig geändert. Verkündeten doch die Bauernverbände von Anfang an, dass sie die Insekten und andere Arten durchaus schützen wollen, aber nur, wenn sich für ihre Wirtschaftsweise substanziell nichts verändert. Das aber geht nicht.

So wird das nichts

Es ist immer dasselbe Spiel und es sind immer noch dieselben Ökobremser:

- **Der Bauernverband** hält trotz vieler Versicherungen an den alten, längst als ökologische Sackgassen erwiesenen Wegen fest. Schuld sind immer nur die anderen. Es liegt nahe, dass die Hauptlobbyisten auch die Profiteure der für die Umwelt so ungerechten Subventionierung der Agrarförderung (1. Säule) sind. Wenn es die gescheiterte konventionelle Landwirtschaftslobby nicht fertigbringt, aus der perfekt gespielten Opferrolle herauszukommen und konstruktiv mitzuarbeiten, werden die Agrarökosysteme bald zusammenbrechen.

- **Der Agrarhandel** hält an monopolartigen Strukturen in vielen Regionen der Welt fest; dies gilt im Kleinen regional wie im Großen weltweit, wo die einzelnen Händler vor Ort sowohl Saatgut als auch Spritz- und Düngemittel sowie die Ernteware verkaufen. Landwirte haben gar keine andere Chance, als das zu tun, was die Händler wollen. Weshalb soll der Agrarhandel auch auf neue Sortenentwicklungen setzen, wenn mit den »alten Ladenhütern« mit schlechter Resistenz und schlechter Stickstoffeffizienz bessere Margen eingefahren werden können?

- Auch viele **Endprodukthersteller** wie Bäcker und vor allem Großbäckereien setzen nur auf billiges, letztlich aus viel gedüngtem Getreideanbau stammendes Mehl. Sie wissen einfach nicht mehr, wie man auf Mehl aus stickstoffreduziertem Getreideanbau reagieren muss, ohne dass es dem Kunden auffällt.

- Bei der **Ausbildung der Landwirte** wird viel zu wenig Wissen zu den Agrarrohstoffen und umweltfreundlichen Erzeugungsmethoden vermittelt. Der **Lebensmittelhandel** nutzt seine Marktmacht nicht ausreichend, um auf andere Produktionen zu bestehen; scheren Lieferanten aus, werden sie ausgelistet.

- Die bisherige EU-**Politik** widerspricht sich in vielem. Einerseits werden von der Kommission – ideologisch verblendet – neue Zielvorgaben entwickelt, die einerseits Schadstoffgrenzwerte reduzieren und andererseits Produktivitätsverluste nicht bedenken. Prof. Dr. Rainer Luick, renommierter Biologe und Hochschullehrer a. D., bringt das Dilemma auf den Punkt: »Nach wie vor werden gewaltige **Steuermittel der EU-Mitgliedstaaten** für individuelle, nur profitmaximierende und für die Allgemeinheit **nachteilige Zwecke verausgabt**. Die Bürokratie der gemeinsamen Agrarpolitik (GAP) hat an Komplexität und nicht mehr vermittelbarer Transparenz und Administrierbarkeit zugenommen. Was sich eventuell auf EU-Ebene vereinfacht hat, wurde in bislang nicht bekannter Intensität auf untere Ebenen verlagert. Für viele Landwirte bedeutet dies Auszahlungsverzögerungen für Leistungen, die sie zum Teil schon lange erbracht haben.«

- Wegen **fehlendem Ernährungsbewusstsein**, fehlender Lebenskompetenz und Umweltbildung ist der Großteil der Bevölkerung auf Billigprodukte mit einem hohen Anteil an Billigfleisch aus **nicht tiergerechten Massenhaltungen** eingestellt. Es fehlt jegliche Einsicht, auf hoch verarbeitete und letztlich doch teure Produkte zu verzichten, wieder mehr selbst zu kochen und für »echte« Lebensmittel statt für »Nahrungsstoffe« höhere Preise zu bezahlen.

- Es gibt viel **zu viele Bio- und Ökolabels**, die eher verwirren als informieren. Die vielen Ökolabels gehören abgeschafft und stattdessen maximal drei Standards zugelassen.

- Es gibt **viel zu viel Gegeneinander statt Miteinander**. Vegetarier und Veganer, die meinen, ohne Nutztiere und Weidewirtschaft Kulturlandschaften erhalten und Klima schützen zu können, befinden sich genauso in einer Blase wie regulierungswütige, ebenso gutmeinende Beamte und Politiker oder an alten Positionen festhaltende Agrarorganisationen und Bauernverbände sowie besser essende Eliten, die in ihren **Parallel-**

welten, in denen sie sich gute Lebensmittel leisten können, keine Vorstellung haben, wie manche Geringverdiener etwa an der Supermarktkasse ihr Geld zusammenkratzen müssen. Leute, die sich eine Ökoblase genauso wenig leisten können wie einen Gaststättenbesuch mit einem ordentlichen Essen für 30 Euro pro Person und die sich deshalb freuen, wenn Supermärkte eine Mango für einen Euro anbieten. Leute, denen es verständlicherweise egal ist, ob diese fair angebaut, fair transportiert oder gar »bio« ist.

- Bei all diesen Verflechtungen wird die **gefährliche Marktmacht der größten Lebensmittelkonzerne** weltweit, wie Nestlé, Mars, Anheuser-Busch, Coca-Cola, Tyson Foods, fast unbemerkt außer Acht gelassen und bleibt deshalb trotz dringender Erfordernis unreguliert.

Der Impfstoff ist da – doch der Patient Landwirtschaft will krank bleiben

»Wer hat, der hat«, so heißt ein altes Sprichwort. Und wer viel hat, der bekommt noch mehr. So jedenfalls funktioniert die längst aus den Fugen geratene europäische Agrarpolitik. Einen Großteil der Fördermittel in Höhe von 385 Milliarden Euro der sogenannten gemeinsamen Agrarpolitik (GAP) erhalten im Zeitraum zwischen 2021 und 2027 – das ist die gegenwärtige Förderperiode – die Betriebe nach Flächenbesitz. Längst ist der landwirtschaftliche Bodenmarkt aus den Fugen geraten. »Die ausufernden Pacht- und Kaufpreise sind aus der landwirtschaftlichen Urproduktion oft nicht mehr zu erwirtschaften. Die unzureichend qualifizierten Flächenprämien der GAP haben hieran einen wesentlichen Anteil.« Dies beklagte zu Recht Anfang November 2023 eine Verbändeplattform von drei Dutzend Organisationen aus Landwirtschaft, Natur- und Umweltschutz und Tierschutzverbänden sowie der Naturparks nach eingehender Analyse des

Patienten Landwirtschaft in einer mit Mitteln des Bundesministeriums für Umwelt, Naturschutz, nukleare Sicherheit und Verbraucherschutz und des Bundesamtes für Naturschutz unterstützten Studie. In ihrer detaillierten Stellungnahme sprechen sich die Verbände im Wesentlichen für etwas aus, das längst überfällig ist, nämlich ab dem Jahr 2027 – der neuen Förderperiode der GAP – sämtliche Fördermittel »für eine einkommenswirksame Honorierung klar definierter Leistungen der Bäuerinnen und Bauern in den Bereichen Umwelt-, Natur-, Klima- und Tierschutz anzusetzen und hierbei stets agrarstrukturelle Aspekte zu berücksichtigen. Auch wird zur Entbürokratisierung vorgeschlagen, schon früher bisherige Agrarumwelt- und Klimamaßnahmen sowie die Ökoregelungen zusammenzuführen und aufeinander abzustimmen. Die Unterstützung von jungen Landwirten und Landwirtinnen sollte nicht im Sinne einer flächengebundenen Existenzgründungsprämie erfolgen, sondern sich an individuellen, der jeweiligen Landschaft und Situation angepassten Konzepten orientieren.«

Gefordert wird, was eigentlich längst selbstverständlich sein müsste: Planbarkeit, Verbindlichkeit und sozial gerechte Unterstützung von Gemeinwohlleistungen.

Nachhaltig und regional – Erfolgsbeispiele sind da

Wie nachhaltige, regionale Lebensmittel auch in größerer Menge mit Respekt vor Tier und Natur den Verbrauchern und der Landschaftskultur erzeugt werden können, zeigt neben anderen die Bäuerliche Erzeugergemeinschaft Schwäbisch-Hall.[102] Rund ein Drittel der 1 500 Mitgliedsbetriebe wirtschaftet nach ökologischen Landbaukriterien. Das Wichtigste aber ist, dass die Bäuerliche Erzeugergemeinschaft schon frühzeitig Kriterien für die Tierhaltung entwickelt hat, welche die üblichen Standards – auch im Nicht-Bio-Bereich – weit übertreffen: Durch die Betreuung,

Vermarktung und Abnahmegarantie durch die Mitgliedsbetriebe sowie einen eigenen Schlachthof (kurze Transportwege für die Tiere) und professionellen Vertrieb wird eine Inwertsetzung der Landschaft für die Bauern wie auch für die Natur und die Verbraucher ermöglicht.

Bauern wieder Bauern sein lassen

Der große Erfolg der Bäuerlichen Erzeugergemeinschaft Schwäbisch-Hall und deren überregionale Bekanntheit (auch der damalige Prince Charles besuchte anlässlich eines Aufenthaltes bei seinem Verwandten Philipp Fürst zu Hohenlohe-Langenburg die von Rudolf Bühler gegründete Erzeugergemeinschaft) offenbart auf der anderen Seite, dass es viel zu wenige derartige Initiativen gibt. Es gibt noch andere Ballungszentren in Deutschland, in deren Umfeld Landwirtschaft ökologisch wie ökonomisch in größerem Stil in Wert gesetzt werden könnte.

Mit einem Schwarz-Weiß zwischen agrarindustrieller und ökologischer Landwirtschaft kommen wir nicht weiter. Grabenkämpfe zwischen Bauern da und Naturschützern dort bringen genauso wenig wie ein weiteres Auseinanderdriften von biologischer und konventioneller Landwirtschaft. Wir brauchen eine neue Sichtweise!

Wie wird's denn was? Ein paar Anregungen:

- Radikale Umkehr der Agrarförderpolitik. **Auflösung des Zwei-Säulen-Modells.** Keine Förderung mehr, die sich an Grundbesitz orientiert, sondern nur noch solche, die art- und naturgerechte, regionale Landwirtschaft honoriert.
- In der Zwischenzeit: Sofortige deutliche **Umschichtung von Agrar-Fördergeldern** aus EU und nationalen Haushalten von

der ersten Säule (Direktzahlungen für Grundbesitz) in die zweite Säule für Agrar-Umweltmaßnahmen. Regenerative Landwirtschaft (früher integrierte Landwirtschaft genannt) fördern

- Massive **Senkung des Pestizideinsatzes** mit klaren Minimierungsrichtlinien. Hohe Steuern auf Pestizide und »Kunstdünger« mit konsequenten Kontrollen, aber unbürokratischer Anpassung an die verschiedenen Landschaften und Erfordernisse bei den jeweiligen Kulturen
- Beamte und Angestellte in Agrar- und Umweltministerien sollten mindestens ein Jahr lang jeweils im anderen Bereich gearbeitet haben, um zu begreifen, was sie entwickeln und weitergeben.
- **Abschaffung der vielen Bio-Labels** und Einführung eines Meta-Labels zwischen Bio, Regio und Konventionell im Sinne besserer Produkte
- Es ist überfällig, zu definieren, was unter regionalen Produkten zu verstehen ist und wie hoch der Anteil der dabei enthaltenen bzw. verarbeiteten Ausgangsprodukte sein muss. **Drei Labels** mit realistisch machbaren regionalen Wertschöpfungsketten sind vollkommen ausreichend.
- **Verbot von Billigfleisch-Produktion** und Regulierung durch begrenzte Anzahl an Tieren bei Nutztierhaltungen
- **Einpreisung externer Kosten** in die Lebensmittelpreise (True Cost Accounting)
- **Keine Nutztiertransporte** über mehr als 150 Kilometer
- Wiederaufbau eines **kleinflächigeren Systems von Schlachtbetrieben** und deren konsequente Kontrolle
- Massive **Förderung von Nachhaltigkeits- und Ernährungsbewusstsein**, z. B. (Wieder-)Einführung von Kochunterricht und Natur- und Umweltbildung in Kindergärten, allen Schularten, einhergehend mit entsprechender Qualifizierung an Universitäten und anderen Hochschulen (Bildungskette Lebensmittel- und Lebenskompetenz; Food and Sustainability Literacy)

- **Breite Verbraucherbildung**, die Bürger informiert statt desorientiert und deutlich macht, dass es mit »1-Euro-Schnitzeln« nicht mehr weitergehen kann.
- **Keine Lebensmittelverschwendung** mehr. Verpflichtender Stopp, Lebensmittel wegzuwerfen
- Regulierung durch **Zerschlagung der Monopole** in den einzelnen Strukturen der Lebensmittelproduktion
- Massive **Förderung von Weidewirtschaftssystemen** und -projekten
- **Keine Photovoltaikanlagen auf landwirtschaftlichen Flächen!**
- Umdenken beim Naturschutz. **Überholte Artenschutzbestimmungen**, die der geänderten Gesellschaft und der Situation in der Landschaft nicht mehr entsprechen, müssen zügig **reformiert werden.** Behörden müssen sich als Berater, nicht als Kontrolleure verstehen.
- Ausbau der **Förderung** von Machern und **von Kooperationen** zwischen Umwelt- und Landwirtschaft
- **Entbürokratisierung sämtlicher Fördervorschriften,** damit diese auch für »normale Menschen« verständlich und transparent sind

---

Hätte ich eine Milliarde Euro für den Klimaschutz, ...

»... würde ich in jedem Landkreis zwei großflächige Weideprojekte realisieren. Mithilfe von Biss und Schiss hätten wir bald wieder mehr Leben in den Fluren.«

Dipl.-Ing. agr. Dr. Alois Kapfer, Vorsitzender des Vereins »Naturnahe Weidelandschaften e. V.«

»... würde ich dafür sorgen, dass Kinder wieder kochen lernen, verstehen, wie Natur tickt und welch wertvolle Kultur wir haben, und wieder erkennen, dass von nichts nichts kommen kann. Dann wird Fehlentwicklungen, wie wir sie jetzt haben, wirksam vorgebeugt. Ohne bürokratisches Brimborium und

staatliche Kontrolle sollten Senioren ihren reichen Wissens-
schatz an Kinder und Jugendliche weitergeben, bevor sie nicht
mehr unter uns sind.«

Sonja Aldinger, VDP-Weingut Aldinger, Fellbach

»... würde ich fünf Anlagen an Standorten in Europa, Nordamerika, Nigeria, Argentinien sowie Indien für die Algenproduktion
bauen. Mit Algen kann man wirksam CO_2 speichern und aus
der Atmosphäre holen, Baumaterialien, Textilfasern, Kunststoffe
und Treibstoff herstellen sowie Menschen eiweißreich ernähren.
Ein Hektar Algenproduktion liefert so viel Eiweiß wie 60 Hektar Mais.«

Dr. Monika Griefahn, Gründerin Institut Medien, Umwelt,
Kultur (IMUK); niedersächsische Umweltministerin a. D.; Mitbe-
gründerin Greenpeace Deutschland

BEVOR DEN STÄDTEN DIE LUFT AUSGEHT

WARUM WIR WIEDER KONTINUIERLICHE STADT- UND SIEDLUNGSPLANUNG BRAUCHEN

»Die Materialien der Stadtplanung sind: Himmel, Raum, Bäume, Stahl und Zement. In dieser Reihenfolge und in dieser Hierarchie.«

Le Corbusier, schweizerisch-französischer Architekt,
Maler und Designer, 1887–1965

Darum geht es:
Unsere Städte sind eigentlich fertig gebaut: Es gibt Straßen, Gehwege, Fußgängerzonen, Versorgungsleitungen für Strom und Wasser, es gibt eine Kanalisation, es gibt Wohngebäude und Gebäude für öffentliche Belange, Freizeiteinrichtungen wie Kinos und Theater, Stadtparks, Kneipen und Restaurants und hier und da noch ein paar Geschäfte des gehobenen Einzelhandels.

Jahrzehntelang ging das so in Ordnung. Doch seit ein paar Jahren wandelt sich das Bild: Immer mehr Menschen wollen in die Stadt, kommen teils als Flüchtlinge zu uns, es wird eng, es fehlen Wohnungen, die Infrastruktur reicht nicht mehr. Immer wärmer wird es in der City, in vielen Städten wurde bereits der Klimanotstand ausgerufen. Und bei Starkregen laufen die Kanäle über, Unterführungen werden zu gefährlichen Fallen. Nichts geht mehr.

Für eilige Leser hier einige Aspekte zum Thema:

- Die **Anforderungen** an die Organisation unserer Städte sind **ins Gigantische gewachsen**, der Wandel kommt schneller, als Stadtarchitekten planen und Ämter genehmigen können.
- **Bürotürme stehen leer**, weil Menschen nun im Homeoffice arbeiten. Für eine andere Nutzung wurden die Hochhäuser aber nie gebaut.
- Der **Wohnungsbau liegt brach**, weil Rohstoffe teuer geworden sind und Politiker Unsicherheit verbreiten, statt kluge Konzepte zu entwickeln.
- Der **ländliche Raum darbt**, Dörfer verfallen, Menschen wandern ab und verschärfen die Probleme in den Städten.
- Statt **Energiebilanzen** brauchen wir **Ökobilanzen**, um die gesamten Stoff- und Energieketten beurteilen zu können.
- Wenn Oberbürgermeister und Stadträte den **Klimanotstand** ausrufen, dann müssen sie auch dafür sorgen, dass die Verwaltung dementsprechend aktiv handelt.

Dringend gesucht wird also ein Plan, wie Stadt und Land künftig symbiotisch existieren können und wie Wachstum im urbanen Raum zukunftssicher zu organisieren ist.

Finn und die Lehrerin aus Nairobi

»Ich will Stadtplaner werden!« Finn haute diesen Satz zwischen zwei Bissen seiner veganen Bratwurst raus. Einfach so, beim Abendessen an einem ganz normalen Tag. Vater Lennart horchte auf; was war das eben? Wieso Stadtplaner? »Das ist nämlich so«, kam der nächste Satz aus Finns Richtung, diesmal mit einem Hauch von Zitronensenf in der Luft. Zitronensenf zur veganen Bratwurst? »Bis 2030 werden 60 % der Menschheit in Städten leben. Und da muss jede Menge geplant werden. Allein Lagos, die Hauptstadt Nigerias, wird bis zum Ende dieses Jahrhunderts

80 Millionen Einwohner haben.«»Wie, 80 Millionen Einwohner?«, mischte sich jetzt Lara ein.»Das ist ja so viel, wie ganz Deutschland jetzt hat! Woher hast du das denn?«»Aus dem Fernsehen, im ZDF gab es eine Reihe über Megacitys, eine Folge war Lagos. Der Hammer. Von stinkreich bis stinkarm. Hunderttausend Menschen in einem riesigen Slum, lauter Blech- und Holzhütten, in der Lagune Brackwasser, alles total versifft. Das geht doch so nicht, da muss was geschehen!« Finn kam tatsächlich richtig in Fahrt – was seine Eltern absolut wunderte. Immerhin lebten sie in ihrer Doppelhaushälfte recht gut, kein Brack-, dafür fließend Wasser und Strom rund um die Uhr. So kannten sie ihren 16-jährigen Nachwuchsstar gar nicht. Irgendetwas musste ihm den Stadtplaner-Floh ins Ohr gesetzt haben.»Vor Kurzem wolltest du noch das Super-E-Bike erfinden, eine KI-Plattform für Mathenachhilfe aufmachen und dich den Klimaaktivsten anschließen. Wie passt denn Stadtplaner da hinein?«, fragte Lara.»Das war die Frau Djamila. Unsere Gemeinschaftskundelehrerin aus Nairobi. Also, wir dürfen sie beim Vornamen nennen. Sie hat in München studiert und ist bei uns an der Schule als Gastlehrerin. Und da haben wir heute angefangen, uns das Habitat-Programm anzuschauen«.»Habi... was?«, fragten Lara und Lennart wie aus einem Munde.»Na, das Habitat-Programm der UN, United Nations, Vereinte Nationen. Klingelt's jetzt?« Finn erntete ein doppeltes Kopfschütteln. Vom Habitat-Programm der UN hatten die Eltern noch nie etwas gehört. Finn nutzte sofort die Sekundengunst dieser seltenen Elternschwäche und legte los.»Also, meine Dame, mein Herr, hier kommt das Habitat-Programm in zwei Minuten. Extra für euch zusammengefasst – vom Stadtplaner der Zukunft!« Finn flitze los, um sein iPad zu holen. Offenbar suchte er nach seinen Notizen und Unterlagen aus dem Unterricht.»Also, Wikipedia schreibt: Das Programm der Vereinten Nationen für menschliche Siedlungen – UN-Habitat (United Nations Human Settlements Programme, auch Weltsiedlungsgipfel oder Konferenz der Vereinten Nationen über Wohn- und Siedlungs-

wesen) ist das Wohn- und Siedlungsprogramm der Vereinten Nationen. 2001 wurde es durch die Resolution A/56/206 der UN-Generalversammlung zu einem eigenständigen Programm der UNO. Der Sitz der Organisation ist in Nairobi/Kenia mit weiteren Regionalbüros in Fukuoka für Asien und den Pazifik, Rio de Janeiro für Lateinamerika und Kairo für die arabischen Staaten. Merkt ihr was?« Finn schaute fragend in die Familienrunde, ignorierend, dass der Rest der veganen Bratwurst ziemlich schrumpelig aussah, ein deutliches Zeichen für die Erkaltung der undefinierbaren Gemüsemix-und-Sonstiges-Masse. Wieder erntete Finn ein doppeltes Kopfschütteln.»Na Keniaaaa, Nairobiiiii! Der Sitz des UN-Habitat-Programms. Da kommt doch Djamila her! Und bevor sie Lehrerin wurde, hat sie für das UN-Programm gearbeitet.«»Ach soo«, murmelte Lara,»kein Wunder, dass sie dafür brennt. Und was bedeutet das für uns?«»Ich glaube, meine Eltern gehören mittlerweile zur Generation der ›Raff-nix-mehr‹. Mann, schaut doch mal, was in der Welt los ist. Also, Djamila hat das jedenfalls getan. Städte stehen vor beispiellosen demografischen, ökologischen, wirtschaftlichen, sozialen und räumlichen Herausforderungen«, zitierte Finn aus seinen elektronischen Unterlagen,»es hat eine phänomenale Verschiebung hin zur Urbanisierung stattgefunden: Sechs von zehn Menschen auf der Welt werden bis 2030 voraussichtlich in städtischen Gebieten leben. Über 90 % dieses Wachstums werden in Afrika, Asien, Lateinamerika und der Karibik stattfinden. Ohne eine wirksame Stadtplanung werden die Folgen dieser rasanten Urbanisierung dramatisch sein. – Habt ihr gehört? Wirksame Stadtplanung!« Jetzt kam Finn so richtig in Fahrt. Er trug weiter vor:»An vielen Orten auf der Welt sind die Auswirkungen bereits spürbar: Mangel an angemessenem Wohnraum und Wachstum von Slums, unzureichende und veraltete Infrastruktur – seien es Straßen, öffentliche Verkehrsmittel, Wasser, Sanitäranlagen oder Elektrizität –, eskalierende Armut und Arbeitslosigkeit, Sicherheits- und Kriminalitätsprobleme, Umweltverschmutzung und Gesundheitsprobleme sowie schlecht bewältigte Naturkatastrophen oder vom Menschen verursachte Katastrophen und die Folgen des Klimawandels. Denkweisen und Richtlinien zur Urbanisierung müssen sich ändern, damit das Wachstum von städtischen Räumen in Chancen für alle umgewandelt werden kann. Das Siedlungsprogramm der Vereinten Nationen (UN-Habitat)[103] hat von der UN-Generalversammlung den Auftrag, sozial und ökologisch nachhaltige Städte zu fördern. UN-Habitat ist die zentrale Anlaufstelle für alle Urbanisierungs- und Siedlungsangelegenheiten innerhalb der UN. UN-Habitat fördert die geplante, strukturierte Urbanisierung als positive transformative Kraft für Menschen und Gemeinschaften und verringert Ungleichheit, Diskriminierung und Armut.« Finn schaute verdutzt in die Runde und nahm erfreut zur Kenntnis, dass ihm beide Eltern sehr anerkennend zunickten.

Stadtplanung: Die Kluft zwischen Theorie und Praxis

Finn liegt mit seiner Einschätzung absolut richtig. Es ist beängstigend zu sehen, wie die sogenannten Megacitys wie Mexico City, Mumbai, Manila oder Kairo in den Randbereichen zu gigantischen Armenvierteln, den Slums oder Favelas, verkommen. Und bei uns ist zu sehen, dass die Sanierung im Bestand nicht im Sinne des Habitat-Programms vorankommt. Häuser, ganze Straßenzüge verfallen, Viertel werden von Migrantengruppen geradezu okkupiert, die gewünschte soziale Vermischung und damit die Integration bleiben aus. Schauen wir zum besseren Verständnis noch einmal genauer auf das UN-Habitat-Programm und darauf, was wir daraus für uns ableiten können.

Erstmals in den 1970er-Jahren wurden konkrete, aber leider nur zaghafte Maßnahmen ergriffen, um dem schnellen und oft unkontrollierten Wachstum der Städte entgegenzuwirken – und das, obwohl die UN-Generalversammlung ihre Mitglieder bereits mehrfach aufgefordert hatte, sich mit der Urbanisierungsproblematik auseinanderzusetzen. Hier sehen wir eine Parallele zur UN-Klimarahmenkonvention, die ja auch Jahrzehnte benötigte, um von den Mitgliedstaaten ernst genommen zu werden, was dann ja – viel zu spät – zu (unzureichenden) Handlungen führte.

Am 1. Januar 1975 gründete die UN-Generalversammlung zunächst die United Nations Habitat and Human Settlements Foundation (UNHHSF), die erste offizielle UN-Einrichtung, die sich der Urbanisierung widmet.

Die erste internationale UN-Konferenz, welche die Herausforderung der Urbanisierung voll anerkannte, fand 1976 in Vancouver, Kanada, statt. Diese Konferenz – Habitat I – führte am 19. Dezember 1977 zur Gründung der Kommission der Vereinten Nationen für menschliche Siedlungen und des Zentrums der Vereinten Nationen für menschliche Siedlungen (gemeinhin als »UN-Habitat« bezeichnet). Knapp 20 Jahre später, 1996, veranstalteten die Vereinten Nationen eine zweite Städtekonferenz – Habitat II – in Istanbul (Türkei). Beschlossen und von 171 Ländern angenommen wurde die sogenannte Habitat-Agenda, darin über 100 Verpflichtungen und 600 Empfehlungen zu allen Themen der Stadtentwicklung. Allerdings, wie immer bei UN-Dokumenten, ohne jedwede Sanktionsmechanismen, wenn Verpflichtungen nicht eingehalten werden.

Der 1. Januar 2002 war dann die Geburtsstunde des UN-Habitat-Programms der Vereinten Nationen für menschliche Siedlungen. Im Jahr 2015 verabschiedeten die Mitgliedstaaten die Ziele für nachhaltige Entwicklung[104] einschließlich eines speziellen Ziels für die Stadtentwicklung – »Sustainable Development Goal« (SDG 11) –, das dazu aufruft, »Städte und menschliche Siedlungen inklusiv, sicher, widerstandsfähig gegen Klimafolgeschäden und nachhaltig zu gestalten«. Ein Jahr später unterzeichneten die Mitgliedstaaten am 20. Oktober 2016 auf der UN-Konferenz über Wohnungsbau und nachhaltige Stadtentwicklung – Habitat III – in Quito, Ecuador, die New Urban Agenda. Es handelt sich erstmals um ein handlungsorientiertes Dokument, für das die Habitat-Leute vier Arbeitsfelder ausgemacht haben:

Vordenken: UN-Habitat setzt Standards, schlägt Normen und Prinzipien vor, teilt bewährte Verfahren, überwacht den globalen Fortschritt und unterstützt die Formulierung von Richtlinien im Zusammenhang mit nachhaltigen Städten und menschlichen Siedlungen.

Handeln: Die operative Arbeit von UN-Habitat umfasst verschiedene Formen technischer Hilfe und stützt sich dabei auf seine einzigartige Expertise in nachhaltiger Urbanisierung und Krisenreaktion.

Teilen: Durch Interessenvertretung, Kommunikation und Öffentlichkeitsarbeit mobilisiert UN-Habitat öffentliche, politische und finanzielle Unterstützung für eine nachhaltige Stadtentwicklung auf lokaler, nationaler und globaler Ebene.

Partnerschaften: UN-Habitat arbeitet mit Regierungen, zwischenstaatlichen Organisationen, UN-Organisationen, zivilgesellschaftlichen Organisationen, Stiftungen, akademischen Institutionen und dem Privatsektor zusammen.

Das klingt immer noch sehr theoretisch – wie aus einer Vorlesung darüber, wie menschliches Zusammenleben in einem schönen Modell organisiert werden könnte. Leider sieht es »da draußen« ein bisschen anders aus. Die Realität, und das haben die letzten Jahre gezeigt, hat eine wirklich unkalkulierbare Macke: Sie ändert sich rasend schnell. Zum Leidwesen nicht nur der Habitat-Forscher.

Der Blick der Praktikerin

Noch immer bleibt es nebulös, wie Stadtentwicklung, Siedlungspolitik und Lebensqualität im urbanen Raum organisiert werden können. Um herauszufinden, ob es überhaupt möglich ist, das unvorstellbar rasante Wachstum der Megastädte in den Griff zu bekommen – Lagos wächst um 3000 Menschen pro Tag! –, und was bei uns stadtplanerisch dringend auf die Agenda gehört, darüber haben wir mit der renommierten deutschen Expertin Prof. Lamia Messari-Becker gesprochen. Sie ist Diplom-Bauingenieurin und Professorin für Gebäudetechnologie und Bauphysik an der Universität Siegen. Anfang 2024 wurde sie als Staatssekretärin in das hessische Wirtschaftsministerium berufen. Lamia Messari-Becker engagiert sich für Diversität, Gleichberechtigung und Integration. Als gebürtige Marokkanerin hat sie eben auch den Blick auf die globale Entwicklung und versteht z. B. Afrika besser als manch anderer.

Frau Messari-Becker, Lagos und die anderen sehr großen Städte in Afrika: Was macht Ihnen am meisten Sorgen?

Dass die Weltgemeinschaft immer noch meint, es reiche, allein Klimaschutz und CO_2-Vermeidung zu betreiben. Klimaanpassung muss globale Aufgabe werden. Wenn es wirklich um die Zukunft der Menschheit geht, müssen wir die von uns gebaute Umwelt, egal ob Stadt oder Land, auch an den Klimawandel anpassen. Das heißt, mit klimawandelbedingten Extremen umgehen zu können: Hitze, Hochwasser, Stürme und dergleichen. Und das vor allem in den großen Metropolen, die stark versiegelt sind. Wir haben seit Jahren einen Megatrend zur Urbanisierung. Inzwischen gibt es 30 Gigastädte mit mehr als zehn Millionen Menschen. Und die Tendenz ist steigend. Die Weltbevölkerung wächst, statistisch gesehen, um gut zwei Menschen pro Sekunde. Schon heute stellt sich die Ressourcenfrage.

Welche Rolle spielt denn hierbei aus Ihrer Sicht und Erfahrung die Stabilität von Regierungen? Stichwort Korruption.

Prinzipiell müssen diese Länder ihre Entwicklung aus sich heraus schaffen. Wenn man dort Einfluss nehmen will auf eine positive Entwicklung, dann muss man eben im Dialog bleiben. Auch wenn es schwierig ist und es viel Kritik gibt. So muss es etwa auch darum gehen, regional funktionierende Verwaltungsstrukturen aufzubauen, um damit den jeweiligen Herausforderungen zu begegnen. Unterstützen kann man auch durch Wissenstransfer, Ausbildung, Innovations-Hub und schulische Infrastrukturen.

Geredet wird seit vielen Jahren vom globalen Norden und vom globalen Süden. Ist diese sehr grobe geopolitische Aufteilung noch zeitgemäß?

Nein. Diese Weltaufteilung in Norden und Süden bildet nicht mehr die Realität ab. Inzwischen haben wir neue Mächte, die im Osten sitzen. Und diese Mächte betrachten Entwicklungsländer in Afrika, auch in großen Teilen Asiens, mit ganz anderen Augen. Die gehen in diese Länder rein, bieten Kooperationen an, bauen Straßen, Infrastruktur, ganze Städte, Flughäfen, Krankenhäuser und sichern sich die Rohstoffe der Zukunft, gleich für Jahrzehnte. Ich habe die Sorge, dass der Westen diese Entwicklung längst verschlafen hat. Wir müssen schnell darauf reagieren und daran arbeiten, ganz andere faire Wirtschafts- und Handelsbeziehungen auf Augenhöhe hinzubekommen.

Welche Herausforderungen sehen Sie für die Städte in Deutschland?

Wir müssen dringend die Kluft zwischen dem städtischen und dem ländlichen Raum abbauen. Diese Kluft ist nicht nur schlecht für die Menschen, für ihre Lebensverhältnisse, sondern sie ist auch eine Gefahr für die Demokratie. Wenn Menschen auf dem Land das Gefühl haben, der Staat erfüllt seine Daseinsvorsorge in Sachen Energie, Wasser, Wohnen, Arbeit, Mobilität usw. nicht mehr, dann geht Vertrauen verloren. Diese Regionen abzuhängen oder zu übergehen, liefert politischen Sprengstoff. So wie in den USA: Trump ist in den vernachlässigten Regionen stark, weil die Menschen dort verzweifelt sind.

Der zweite Punkt: Der knappe Wohnraum ist bereits heute ein Riesenproblem. Wohnen muss für alle bezahlbar sein, es müssen ausreichend Wohnungen da sein. Wir sehen aber, dass bestimmte soziale Schichten in bestimmten Quartieren wohnen, hier die Gutbetuchten, dort Menschen mit schwachem Einkommen. Das erzeugt ein selbst gemachtes Integrationsproblem und soziale Instabilität. Wir müssen uns viel intensiver mit sozialer Wohnungsbau- und Raumpolitik befassen, die für eine gute soziale Mischung in den Quartieren sorgt. Kurz gesagt: Kampf den Ghettos.

Die dritte Riesenherausforderung ist, dass wir Klimaschutz und Klimaanpassung betreiben müssen. Wie reagieren wir im Katastrophenfall? Sind unsere Städte wirklich in der Lage, mit einem Starkregen fertig zu werden? Oder mit mehrtägigen Hitzewellen? Dafür braucht es Finanzmittel, Klimaanpassung muss zur nationalen Aufgabe erhoben werden; sie ist genauso wichtig wie der Klimaschutz.

Heißt das auch, wir brauchen mehr Freiflächen in der Stadt, viel mehr Grün, um mit extremen Wetterereignissen fertigzuwerden? Schluss also mit Nachverdichtung?

Ein klares »Jein«. Nachverdichtung braucht Regeln. Wenn ein Quartiercharakter erhalten bleibt, etwa alte Baulücken gefüllt werden, ist das in Ordnung, die gewachsene Baukultur bleibt erkennbar. Dann: Grün- und Freiflächen müssen bestehen bleiben. Aber: Zum Teil müssen sie attraktiver werden, mehr zum sozialen Miteinander beitragen. Also, es geht immer um eine kluge Balance zwischen Grün- und Freiflächen und Flächen, die wir für alles andere brauchen. Und unter dem Vorwand »Nachverdichtung« darf es keine Luxussanierungen geben, die letztlich alteingesessene Mieter zwingt, die Wohnung zu verlassen. Natürlich ist Nachverdichtung irgendwann ausgeschöpft. Dann geht es an den Stadtrand. Und da passieren dann schnell neue Fehler. Wenn man da neu baut, dann darf es nicht wieder isoliert sein. Es muss aus sich heraus leben und funktionieren. Man muss eine gute Infrastruktur und Grundversorgung mitplanen, ortsnahe Geschäfte mindestens, Gastronomie, Kindergärten, Mobilitätsangebote. Sonst fahren die Leute ja wieder in die Innenstadt. Das erhöht wieder das Verkehrsaufkommen und damit auch die Umweltprobleme.

Vernünftige Stadtplanung ist offenbar äußerst komplex. Gibt es eigentlich noch so etwas wie Stadtplanungsmeister, gibt es diesen Beruf eigentlich noch?

Nicht wirklich und schon gar nicht flächendeckend. Ich beklage selbst, dass seit mehr als 20 Jahren Lehrstühle und Professuren für Stadt- und Raumplanung bzw. -entwicklung eher abgebaut wurden – weil man gedacht hat, Deutschland ist ja gebaut, wir kümmern uns jetzt nur noch um Einzelaspekte, Gebäude, Straße, Energie usw. Das ist fatal, denn Stadtplanung ist ja keine Einmalsache, sie muss dauernd, ja wirklich dauernd, Prozesse und Entwicklungen begleiten. Anforderungen und Wünsche, aber auch Nutzungen, Wirtschaftsstrukturen etc. ändern sich mit den Generationen. Und erst wenn eine Stadt sozusagen aus sich heraus logisch wächst, siehst du möglicherweise, wo muss ich noch eingreifen, wo muss ich anpassen? Früher gab es den Stadtarchitekten, ja sogar den Stadtteilarchitekten – also Leute, die sich um bestimmte Viertel gekümmert haben. Und so etwas bräuchten wir eigentlich in den kommunalen Verwaltungen dringend.

Das halten wir hier mal fest: Lehrstühle für Stadtplaner sind gezielt abgebaut. Schauen wir noch mal auf den Wohnungsbedarf. Bundeskanzler Olaf Scholz hat 400 000 neue Wohnungen versprochen. Sie sollten 2023 fertiggestellt werden. Das ist nichts geworden. Nur ein Bruchteil ist tatsächlich gebaut worden. Aus Ihrer Sicht: Was sind die Gründe dafür?

Bauen ist Ländersache. Ein Bundeskanzler kann da nichts versprechen. Wir haben 16 Bundesländer und entsprechend 16 Landesbauordnungen. Insgesamt wurde in den letzten Jahren zu wenig bezahlbarer Wohnraum gebaut. Zugleich hat Deutschland sehr viele Menschen aufgenommen, die vor Krieg und Gewalt flüchten. Das bedeutet natürlich auch einen Mehrbedarf an Wohnraum. Der zweite Grund ist die totale Verunsicherung durch eine verfehlte Klima- und Energiepolitik. Investoren, aber auch private kleine Bauherren wissen nicht, wie sie ihre Immobilie weiterentwickeln sollen. Aufstocken ja oder nein? Ein

Erweiterungsbau? Oder ein Neubau? Welche Förderungen gibt es wo? Der unorganisierte Streit um das Gebäudeenergiegesetz, ausgetragen sozusagen auf offener Bühne, hat diese Verunsicherung dramatisch angeheizt. Dann die steigenden Preise, Rohstoffe, Energie, alles ist viel teurer geworden. Wir haben in der Baubranche sogar eine massive Rohstoffknappheit und Fachkräftemangel. Und dann sind auch noch die Zinsen für Immobilienkredite gestiegen. Nicht zu vergessen: Seit Jahren haben wir immer mehr Regulierungen im Baubereich: Schallschutz, Brandschutz, Wärmeschutz, Energieeffizienz, Haustechnik, Umweltprüfungen und etliche Baugesetze und DIN-Vorschriften. Ja, wir brauchen Standards, die Vergleiche ermöglichen. Aber wir brauchen keinen willkürlichen Wildwuchs. Immer neue Vorschriften bedeuten mehr Kosten und mehr Zeitaufwand für Planer und Auftraggeber. Auch das macht Bauen teurer.

Wenn Grundstücke immer an den Meistbietenden verkauft werden, kann Wohnungsbau nicht günstiger werden. Deshalb mein Plädoyer: Wir brauchen massive Reformen im Baurecht. Wir müssen Baukosten und Standards wieder in ein vernünftiges Verhältnis bringen. Und wir brauchen eine nachhaltige Boden- und Grundstückspolitik.

Neubau ist das eine, der Bestand das andere: Da stecken riesige Mengen Material und sogenannte graue Energie drin. Was sollten wir tun, eher neu bauen oder im Bestand sanieren?

Einen Bestand abzureißen und dann neueste Standards zu bauen, ist nicht per se nachhaltig. Ich bin erst mal für Bauen mit dem Bestand, mit »dem, was da ist« – und eben zu schauen, was steckt in so einem Bestandsgebäude an Chancen für Umbau, Umnutzung, Weiterentwicklung? Abriss, dann Neubau ist nicht automatisch ökologisch. Wir müssen Bestandsgebäude so oft und so gut wie möglich weiterentwickeln. Das geht nur mit einem Umbaurecht. Deutschland kennt aber bis dato nur ein Baurecht. Gleichzeitig müssen wir die unnötige Regulierung deutlich reduzieren.

Also schonen Bestandsbauten eigentlich Ressourcen- und Energieverbrauch?

Natürlich, derzeit wird eigentlich nur auf den jeweils aktuellen Energie- bzw. Wärmeverbrauch geschaut. Der Lebenszyklus eines Gebäudes ist aber mehr, nämlich ein Zyklus von Rohstoffverbrauch, Energieverbrauch, CO_2-Emissionen und Kosten. Und deshalb lohnt es sich, das alles über die gesamte Nutzungsdauer eines Gebäudes zu bilanzieren. Ich habe deshalb der Bundesregierung den Ressourcenausweis/-pass vorgeschlagen, der ja auch in den Koalitionsvertrag aufgenommen wurde. Das ist ein Ressourcenausweis, der diese Umwelteffekte und Ressourcenverbräuche in allen Lebensphasen eines Gebäudes erfasst, sichtbar macht und Daten liefert. Daraus lassen sich dann z. B. neue, realistischere Grenzwerte und Förderkriterien entwickeln.

Derzeit sehen wir, dass durch die Homeoffice-Möglichkeiten zig Quadratmeter Bürofläche leer stehen. Wie können wir mit dieser Verschwendung künftig besser umgehen?

Auch hier greift der Zyklusgedanke. Was eben noch ein Bürogebäude war, warum nicht ein Hotel daraus machen? Warum können ehemalige Hotels nicht Studentenwohnheime werden? Künftige Planung verlangt eine ausgeprägte Flexibilität im Grundriss. Also Wände müssen versetzbar sein, Haustechnik wie Wasserversorgung und Abwasserentsorgung leicht anpassbar oder erweiterbar usw. Flexibilität in der Planung macht nur dann Sinn, wenn es gleichzeitig sinnvolle Flexibilität in den Bebauungsplänen und in der Gesetzgebung gibt.

Gerade die schier endlose Debatte rund um das Gebäudeenergiegesetz – Stichwort Wärmepumpe – hat für erhebliche Verunsicherung gesorgt. Offenbar wurden als Reaktion sehr viele neue Gasheizungen eingebaut. Inwieweit hat sich da die Lage entspannt?

Den Wärmemarkt anzuschauen, ist im Prinzip völlig richtig. Bezogen auf den gesamten Energiebedarf, macht Strom bei uns bisher ca. 20 % aus, Wärme und Treibstoffe zusammen satte 80 %. Im Bereich Strom erreichen wir im Jahresmittel inzwischen sogar über 50 % Anteil erneuerbarer Energien. Aber im Wärmebereich und bei den Treibstoffen sind wir blank. Bei Wärme sind wir bei 16 %, im Treibstoffbereich gerade mal bei 7 %. Bezogen auf das politische Ziel der Energiewende, ist das eine Katastrophe. Wir müssten eigentlich viel, viel weiter sein. Und die Lösung ist eben, die Energiewende zu diversifizieren. Also zu Wind und Solar müssen noch weitere erneuerbare Energiequellen kommen, Biomasse, Biogas, Geothermie, auch Wärme aus Abwässern. Letztendlich müssen wir die Energiewende aber auch räumlich – städtisch wie ländlich – denken. Jede Region hat ihre Stärken, und jede Region kann das energetisch nutzen, was sie hat. Die Landwirtschaft etwa liefert verlässlich eine gewisse Menge an Biomasse. Warum gehen wir nicht stärker darauf ein, anstatt Biomasse zu verteufeln? Im Rheingraben gibt es ein lohnendes Potenzial an Geothermie. Geothermie kann 25 % des Endenergiebedarfs in Deutschland abdecken. Trotzdem spielte Geothermie in der Wärmeplanung lange keine Rolle. Wärme vom Dach via Solarthermie[105] ist eine weitere Möglichkeit. Und ich finde es richtig, dass es etwa in Hessen Fördergelder für die Erforschung der Kernfusion gibt. Das ist zwar keine Energieform, die schon morgen zur Verfügung steht, aber wichtig ist doch, als Industrienation auch an vorderster Front der Energieforschung zu sein, damit wir nicht diesen Zug auch noch verpassen. Wichtig für die Transformation des Energiesystems ist unbedingt auch eine leistungsfähige Speicherinfrastruktur.

Schauen wir noch mal auf den Ökostrom. Da liegen wir knapp unter 60 %. Aber nicht jeden Tag, jede Stunde. Das ist natürlich ein Jahresdurchschnitt. Wir sehen extreme Schwankungen. Im Winter etwa sinkt die Ausbeute von Photovoltaikanlagen auf nur 15–20 % der Nennleistung. Aber Wärmepumpen machen nur Sinn, wenn sie mit Ökostrom betrieben werden.

Und das passt überhaupt nicht zur Verteilung der Heizlast. Die rufen wir ja nicht gleichmäßig verteilt über das ganze Jahr ab, sondern in drei kalten Monaten, da wollen wir alle heizen.

Klar. Das ist ungefähr so, wie wenn du sagst, 200 km/h auf der Autobahn seien erlaubt. Aber jetzt bitte alle gleichzeitig. Dass das schiefgeht, ist sehr wahrscheinlich. Der Wärmemarkt ist ein Peakmarkt. Maßgeblich für die Heizlast ist doch der Winter. Und da ist die Frage, woher dann der Strom für Millionen Wärmepumpen kommen soll? Nicht nur Gebäude, auch die Industrie braucht viel Strom. Der kommt im Winter nach wie vor überwiegend aus fossilen Energieträgern und aus der französischen Kernkraft. Deswegen müssen wir mit jedem Windrad, mit jeder Photovoltaikanlage auch die Speicherinfrastruktur gleich mitdenken und aufbauen, um etwa über Zwischenprodukte die Stromüberschüsse aus dem Sommer im Winter nutzen zu können. Also, es wäre gut, wenn man Ökostrom-Förderung an Speicherinfrastruktur und Speichertechnologie koppelte.

Fehlt uns der Blick auf die Zusammenhänge, auf das Ganzheitliche?

Durchaus, ja, wir betrachten die Energiewende immer nur produktseitig, also immer nur das Windrad oder die Photovoltaikanlage, den E-Motor oder den Verbrenner, die Wärmepumpe oder die Gasheizung. Es fehlt die Vernetzung all dieser Sektoren, vor allem auf der kommunalen Ebene – dort, wo sich das Leben der Menschen abspielt und auch die Unternehmen sind. Also wie sieht die Wärmeplanung vor Ort aus, gibt es vielleicht ein Unternehmen, das viel Abwärme produziert? Rechenzentren etwa. Wie kann ich Quartiere klug vernetzen mit Büro, mit Gewerbe, mit Wohnen? Welche Dächer eignen sich für PV-Anlagen? Welche für Solarthermie oder für beides? Wie verteile ich Energie in einem Quartier? Und wir brauchen die Stadt der kurzen Wege mit einer Anbindung des ländlichen Raums auf Augenhöhe.

Also: Auch Stadtplanung und Stadtentwicklung brauchen den Blick aufs Ganze. Städte für Menschen zu bauen, da geht es nicht nur um Gebäude und Straßen, sondern um sehr viele soziale

Komponenten, angefangen beim bezahlbaren Wohnen und guten Mobilitätsangeboten bis hin zu Begegnungsorten und Freizeit-möglichkeiten. Stadtplanung und Stadtentwicklung, das ist für mich alles, was sich in einer Stadt abspielt.

Der Sohn der für das Buch erfundenen Familie Craft, Finn, möchte ja neuerdings Stadtplaner werden. Geben Sie ihm bitte einen Ratschlag.

Wenn er Menschen mag – denn Städte sind für Menschen –, wenn er ein Gefühl für die inneren Zusammenhänge in einer Stadt hat oder entwickeln kann, sich architektonisch ein biss-chen interessiert, hartnäckig an Projekten dranbleiben und mit sehr unterschiedlichen Fachleuten zusammenarbeiten kann, und wenn ihm das alles auf lange Sicht Freude bereitet – ja, dann soll er das machen.

Stadtplanung: Die zehn Meta-Aspekte

Ganz klar, die zukunftssichere Stadtplanung steht vor einer Reihe von gewaltigen Herausforderungen, um Städte lebenswert, nach-haltig und widerstandsfähig gegenüber zukünftigen Entwicklun-gen und Auswirkungen des Klimawandels zu machen. Grübelt man wie Finn ein wenig darüber nach, lassen sich folgende zehn Meta-Aspekte herausfiltern:

1. **Bevölkerungswachstum und Urbanisierung:** Die wachsende Weltbevölkerung und die zunehmende Urbanisierung stellen Städte vor die Herausforderung, ausreichende Wohnraum- und Infrastrukturkapazitäten bereitzustellen, ohne dabei Um-welt und Lebensqualität zu beeinträchtigen.
2. **Verkehr und Mobilität:** Die Bewältigung von Verkehrsüber-lastung, Luftverschmutzung und Staus erfordert eine effiziente und nachhaltige Verkehrsplanung. Der Ausbau von umwelt-freundlichen Verkehrsmitteln und die Förderung von Fußgän-gerzonen und Radwegen sind entscheidende Aspekte.

3. **Klimawandel und Umweltschutz:** Die Auswirkungen des Klimawandels erfordern eine Anpassung der Stadtplanung, um städtische Gemeinden vor Extremwetterereignissen zu schützen.

4. **Soziale Gerechtigkeit und Inklusion:** Zukünftige Stadtplanung muss sicherstellen, dass Entwicklungen die Bedürfnisse aller Bevölkerungsgruppen berücksichtigen und soziale Gerechtigkeit sowie Barrierefreiheit fördern.

5. **Technologische Entwicklungen:** Die Integration von Technologien wie Smart Citys, Internet der Dinge (IoT) und künstliche Intelligenz (KI) erfordert nicht nur eine sorgfältige Planung, sondern auch den Schutz der Privatsphäre und die Sicherstellung ethischer Standards.

6. **Wirtschaftliche Dynamik und Arbeitswelt:** Veränderungen in der Arbeitswelt, wie vermehrtes Homeoffice, erfordern eine Anpassung der städtischen Infrastruktur und Dienstleistungen. Flexible und gemischte Nutzungsmöglichkeiten von Räumen sind dabei von Bedeutung.

7. **Energieeffizienz und Ressourcennutzung:** Zukünftige Städte müssen nachhaltige Energiequellen nutzen, energieeffiziente Gebäude fördern und den sorgsamen Umgang mit Ressourcen sicherstellen, um Umweltauswirkungen zu minimieren.

8. **Ausreichender und bezahlbarer Wohnraum:** Erforderlich sind Strategien zur Schaffung von bezahlbarem Wohnraum, um die soziale Vielfalt in Städten zu bewahren und eine ausufernde Gentrifizierung[106] zu verhindern.

9. **Gesundheit und Wohlbefinden:** Die Planung von Städten sollte sich auf die Förderung von gesundem Leben konzentrieren, was auch den Zugang zu Grünflächen, Sporteinrichtungen und gesunden Lebensmitteloptionen einschließt.

10. **Partizipation und Bürgerbeteiligung:** Eine zukunftssichere Stadtplanung erfordert die aktive Einbindung der Bürgerinnen und Bürger, um sicherzustellen, dass die Planungen ihren Bedürfnissen entsprechen und akzeptiert werden.

Das ist doch mal eine hübsche Liste, an der sich so manche Stadt-planer abarbeiten könnten. Blaupausen und Pauschallösungen, die für alle gleich gut sind und sofort angewandt werden könnten, sind leider eher selten bis gar nicht vorhanden. Dazu sind Städte, urbane Räume und die Beziehungen zum ländlichen Raum jeweils viel zu unterschiedlich. Jedenfalls erfordert die Bewältigung dieser Herausforderungen eine integrierte Herangehensweise sowie die Zusammenarbeit zwischen Regierungen, Kommunen, Verwaltungen, Unternehmen und der Zivilgesellschaft. Da müssen wohl auch Verwaltungsvorgänge und kommunalpolitische Zuständigkeiten neu geordnet werden. Und noch etwas muss sich neu ausrichten: Siedlungs- und Raumplanung, Städtebaupolitik und Landschaftsmanagement hängen auch damit zusammen, ob sich Mensch und Natur »wohlfühlen«. Erst recht in Zeiten des Klimawandels mit überhitzten Städten in Trockensommern spielt viel Grün und damit auch Lebensraum für Tiere und Pflanzen eine wichtige Rolle. Tier- und Stadtnatur passen durchaus zusammen. Aber längst ist einiges aus den Fugen geraten, schadet falsch interpretierter Artenschutz den Arten und der Art Mensch. Und es wird – völlig unnötig – Akzeptanz für biologische Vielfalt verspielt.

EU-Regelungen, Eidechsenwahn und andere Entgleisungen

Plötzlich waren sie da. Um das Jahr 2019 haben wir die erste Mauereidechse in unserem Garten beobachtet. Ein Jahr später waren es zwei oder drei, und heute wimmelt es überall. Nicht nur in unserem Garten, sondern auch bei den Nachbarn, auf dem Friedhof und überall dort, wo es auch nur einen Ansatz für eine Versteckmöglichkeit gibt. Ja, wir müssen aufpassen, dass wir die Tiere auf der Straße nicht überfahren. Natürlich habe ich mich über die Mini-Saurier gefreut, interessiere ich mich doch seit frühester

Jugend auch für Reptilien. Und weil ich diese in der näheren und weiteren Umgebung seit Jahrzehnten beobachtet habe, bin ich mir auch ganz sicher, dass wir nie zuvor Mauereidechsen entlang des linken Neckarufers hatten. Die flinken kleinen Drachen sind wohl entlang der Bahngleise, die an unserem Ort seit 1879 von Stuttgart Richtung Backnang und dann Richtung Prag oder Berlin weiterführen, gewandert, haben sich im Lauf von etwa zehn Jahren vermehrt, alte und junge Reptilien sind dem Schotterbett folgend weitergezogen; wie eben Natur seit Jahrhunderten und Jahrtausenden Lebensräume erobert. Dass es so schnell ging und sich die Mauereidechsen quasi explosionsartig vermehrten, führen nicht wenige Naturschutzpraktiker und Reptilienexperten auf die Bauarbeiten zum Eisenbahngroßprojekt Stuttgart 21[107] mit neuem, durchgehendem Bahnhof und einer völlig neuen, leistungsstarken Bahnverbindung Richtung Ulm, Augsburg und München zurück. Eines der größten Umwelt-Infrastrukturprojekte, das nach dem Motto »Von der Straße auf die Schiene« mit neuem Bahnhofskonzept eine Bahninfrastruktur aus der Kaiserzeit zukunftsfähig macht. Ein Infrastruktur- und Umweltprojekt, das neue Grünanlagen schafft und Wohnen in der Stadt statt Industrie- und Gleisbrachen bietet. Ein Projekt auch, bei dem durch realitätsferne Artenschutzbestimmungen der Artenschutz gewaltig entgleist ist. In Stuttgart leben schon lange Mauereidechsen, vor allem in den Villenarealen der Halbhöhenlagen, die gar nicht so weit vom Stuttgarter Hauptbahnhof entfernt sind. Die oft stattlichen Gärten liefern nicht nur Frischluft für die oftmals von Hitze geplagten Menschen des Talkessels der baden-württembergischen Landeshauptstadt, sondern befinden sich meist auf ehemaligem Weinberggebiet, das erst Ende des 19. und zu Beginn des 20. Jahrhunderts nach und nach erschlossen und mit meist repräsentativen Villen bebaut wurde. Überall gibt es noch alte Weinbergmauern und viel Grün. Ideale Bedingungen für Mauereidechsen. Für die Bewohner dieser und anderer attraktiver Halbhöhenlagen ist also der Anblick der schlanken Mauereidechsen nichts Ungewöhnliches. Verwundert waren einige aber dann schon, als es plötzlich nicht nur an den bekannten Stellen, sondern überall nur so wuselte. In Garagenzufahrten, an Stützmauern und vielen anderen Orten. Einer der Ersten, der dies bemerkte, war Wolfgang Rolli, früher PR-Manager beim damaligen Daimler-Benz-Konzern, begeisterter Naturbeobachter und Förderer von Natur und Kultur. Entsetzt rief er mich an – nicht, weil er sich von Eidechsen verfolgt fühlte, sondern weil er bei einem Rundgang bemerkte, dass auf der Feuerbacher Heide – eine alte, traditionelle Schafweide, übrig geblieben von der bäuerlichen Vergangenheit der Schwabenmetropole – Lastwagen anrollten, Steine herbeigekarrt und lange Wälle aufgeschüttet wurden. 14 000 Tonnen Steine wurden dafür benötigt.[108] Wolfgang Rolli ist ein aufmerksamer Bürger, der nicht einfach zuschaut, sondern wissen will, was Sache ist. Doch für den gewandten Kommunikator mit großem Netzwerk war es nicht so einfach herauszufinden, was da passierte. Er traute seinen Ohren nicht, was er dann nach und nach in Erfahrung brachte, und machte das Geschehen zusammen mit anderen sofort publik.

Gut gemeint ist das Gegenteil von gut

Ausgerechnet in einem der am wenigsten sonnenverwöhnten Bereiche der Feuerbacher Heide wurden Mauereidechsen vom Stuttgart-21-Bauareal angesiedelt – und die dafür vorgesehene Fläche wurde von einem geschlossenen Kunststoffzaun umgeben, damit die lieben Tierchen nicht entkommen konnten. Nach Auskunft der Bahn – als Bauherr zu dieser Artenschutzmaßnahme verpflichtet – sowie den verschiedenen Behörden sind dort 3 200 »streng geschützte« Individuen der Mauereidechsen angesiedelt worden. Pro Reptil wurden 1 556,25 Euro aufgewendet; für die Gesamtaktion 3,7 Millionen Euro, wenn alle »umgesiedelten« Tiere berücksichtigt werden. Denn für die Statistik zählen nur erwachsene Tiere. Dann sind es sogar 2 228,92 Euro pro Eidechse. Eingepreist ist auch die 30-jährige Pflege des Areals.[109] Es soll

Anwohner geben, die auf den Steinwällen noch nie eine Eidechse gesehen haben.

Die Feuerbacher Heide ist nicht das einzige Beispiel, wo der Eidechsenwahn um sich greift. Wer jetzt der Bahn – die genug Probleme hat und macht – zürnt, tut den Verantwortlichen unrecht. Denn sie muss für das gesamte Stuttgart-21-Projekt etwa 15 Millionen Euro für Echsenumsiedlungen berappen. Wegen des Europäischen Artenschutzrechtes und den daraus hervorgegangenen Bestimmungen auf Bundes- und Länderebene gibt es ein individuelles Tötungsverbot. Das heißt, jedes einzelne Exemplar einer besonders geschützten Art muss gerettet werden. Der Aufwand ist immens. Erst einmal müssen mit hohen Personalkosten die Eidechsenbestände identifiziert und die Tierchen eingefangen werden. Und dann wird hier, wie bei vielen anderen Umsiedlungsaktionen auch, die heute bei nahezu allen größeren Baumaßnahmen unisono von den Behörden gefordert werden – koste es, was es wolle –, beobachtet, dass die kleinen Reptilien ausbüxen. Einmal, weil die Plastikzäune beidseitig einwachsen, nicht sauber montiert sind oder mutwillig beschädigt werden. Außerdem hat die Natur eigene Gesetze und nimmt auf Planer und Artenschutzexperten keine Rücksicht – auf Artenschutzbestimmungen schon gleich gar nicht. Denn schnell entdecken Graureiher, Turmfalke und andere Arten das Nahrungspotenzial und bedienen sich am unbeabsichtigt geschaffenen Futterplatz. Natürlich wird alles wissenschaftlich begleitet; schließlich soll nachgewiesen werden, wie viele Tiere umgesiedelt und wie viele von deren Jungen oder gar der Enkelgeneration wieder in die ursprünglichen Habitate oder deren Nähe zurückgebracht werden – ja, so etwas ist geplant! Nun soll Ökonomie Ökologie nicht ausstechen. Aber wo bleibt hier der gesunde Menschenverstand? Was könnte mit einem Betrag in Höhe von 15 Millionen Euro, wie er allein aus dem Stuttgart-21-Projekt aufgebracht werden soll, an anderen Stellen für Arten- und Biotopschutz, für Umwelt- und Lebensqualität getan werden. Aber die Gesetzeslage! Ein Bürgermeister aus der Region – der nicht genannt werden will – betonte:»Es ist immer dasselbe. Wir planen, dann wird ein Artenschutzgutachten gefordert. Geht es um Reptilien, kann dies einen ganzen Eidechsensommer lang und damit ein Jahr oder, wenn wir Pech haben, noch länger dauern. Dann werden die teuren Gutachten wieder begutachtet und Umsiedlungsmaßnahmen formuliert, die dann auch wiederum viel Geld kosten. Oft gehen zwei bis drei Jahre ins Land, bis eigentlich unstrittige Bauvorhaben realisiert werden können. Das halte ich nicht mehr lange aus.« Das alles demotiviert die Menschen, die wir dringend brauchen, um im Kleinen wie im Großen Klimaschutz (Motto »Von der Straße auf die Schiene« bei Stuttgart 21), Umwelt- und Lebensqualität (Grünzonen in der Stadt) sowie Biodiversitätsbewahrung (Lebensräume) voranzubringen (Resilienz des urbanen Raumes). Kontrolle ist aus der Kontrolle geraten.

Wenn der Mensch nicht mehr zählt

Spätestens nach den Hitzesommern seit der Jahrtausendwende und besonders seit 2022 und 2023 ist auch bei den letzten Zweiflern die Erkenntnis gereift, dass der urbane Raum viel Grün und noch mehr Grün braucht, um extrem hohe Temperaturen abzumildern und das Leben in der Stadt wie auch auf dem Dorf erträglich zu halten. Große Bäume entlang der Straßen, in Parks und anderen Grünanlagen sowie in Privatgärten sind zusammen mit anderem Grün mehr als nur lebende Airconditioner. Sie sorgen nicht nur für Sauerstoff, sondern ziehen auch Tiere an, die in den sonst viel zu ausgeräumten Fluren immer weniger Lebensraum finden. Dazu gehören seit ein paar Jahren auch die noch in den 1970er-Jahren in vielen Gegenden seltenen Saatkrähen. Ihre Natur ist es nun mal, die Nähe zu Artgenossen zu suchen und in Kolonien zu brüten. In wenigen Jahren sind die Neuansiedlungen in den Städten zu beachtlich großen Populationen herangewachsen. Erfreulich für den Artenschutz. Ärgerlich für all jene, die zwar Natur lieben, sich aber im Freien von den Krähen gestört fühlen. Denn ob an Schulen, in Wohngebieten oder Parks: Die Rabenvögel machen einen infernalischen Lärm und koten alles in der näheren Umgebung voll. Rufen die genervten Leute bei den Behörden an, so heißt es meist lapidar: »Streng geschützte Art – da kann man nichts machen, außer vielleicht mal im Herbst die Bäume zurückzuschneiden.« Denn nach dem Artenschutzrecht ist nicht nur der einzelne Vogel, sondern es sind auch seine Niststätte, die Eier, die Jungvögel geschützt. Da gibt es Wohngebiete, wo die Menschen von einem Naturschutzvertreter dahingehend »getröstet« wurden, dass das ganze Spektakel ja nur etwas mehr als zwei Monate dauern würde – nämlich die Saison des Nester-Ausbesserns, des Neubaus, des Brütens und die Jungenaufzucht. Genau die Zeit, in der die Bewohner auf Terrassen oder Balkons sitzen wollen. Gab es etwa in Bad Krozingen in den 1980er-Jahren auf nur wenigen Bäumen Saatkrähennester, so explodierte der Bestand der Vögel geradezu: Zwischen 2004 und 2017 waren es schon rund 1 400 Paare, um 2020 bereits mehr als doppelt so viele. Letztlich also (die Altvögel und bettelnde Jungvögel mitgerechnet; Saatkrähen legen ca. vier Eier; nehmen wir im Durchschnitt nur zwei Junge) sind es dann in der Brutsaison schon 5 600 Vögel. Ein schlechter Witz. »Sind die Vögel mehr wert als wir Menschen?«, heißt es immer öfter. Landauf, landab nehmen solche Beispiele zu. Nicht mehr gefährdete Vögel zählen mehr als die Menschen.

Wo bleibt die »Netto-Null?«

»Netto-null-Verschuldung« – ein oft ausgegebenes Ziel, das bislang nur von einigen Kommunen, aber noch nie von einer Landes- oder Bundesregierung erreicht wurde. Eigentlich soll das Ziel sein, keine Schulden zulasten kommender Generationen aufzunehmen, sondern so vernünftig zu wirtschaften, dass diese auch noch ihr Leben gestalten können. Dass wir davon weit entfernt sind, ist nicht nur u. a. diversen Wirtschaftskrisen und dem Ukraine-Krieg, sondern auch der Nichtbeachtung der eigenen Ziele geschuldet. Noch schwerer wiegt die ökonomische Ignoranz einer Netto-Null bei der Siedlungspolitik. Eines müsste klar sein und wurde schon hinreichend definiert, und zwar kein weiteres freies Land für Siedlungen jeglicher Art oder Gewerbe- und Freizeitanlagen mehr in Anspruch zu nehmen, zu erschließen und zu versiegeln, wenn nicht ein entsprechender Ausgleich an anderer Stelle erfolgt. Das war Mitte der Nuller-Jahre fast Konsens und wurde etwa vom damaligen Ministerpräsidenten und späteren EU-Kommissar Günther H. Oettinger massiv gefordert.

Aber noch ist die Erschließung von Bauland auf der grünen Wiese einfacher zu finanzieren als Bauen, Sanieren und Modernisieren im städtischen Bestand. Und noch immer ist es einfacher für Städte und Gemeinden, vor allem in den Wirtschaftszentren ihre Haushaltslöcher mit dem Gewinn von Baulandumlegungen zu stopfen.

Ein Teil der Bürokratie machen mittlerweile eigentlich gut gemeinte Auflagen zum Umwelt- und Klimaschutz aus. Wird der Paragrafendschungel aber immer dichter, die Forderungen nach noch besseren Standards lauter, wird er von vielen gar nicht betreten. Dies aber verhindert die Ertüchtigung unserer Städte, die in den allermeisten Fällen für Hitzeperioden mit Trockenheit und Wassermangel ebenso wenig gerüstet sind wie für die immer häufiger zu erwartenden, lokal ganz unterschiedlich auftretenden Extremniederschläge mit Hagel, Erdrutschen oder Überschwemmungen.

Wo niemand investieren will oder kann, brechen schnell die Systeme zusammen. Dann rächen sich an falscher Stelle erhobene Steuern, fehlende Förderungen und nicht nachhaltige Ökopolitik. Gerät die Ökonomie ins Wanken, ist es mit der Ökologie und den Klimaschutzzielen rasch vorbei. Dann nützen auch Forde-

rungen an die Städte und Gemeinden nach sozialem Wohnungsbau nichts. »Gerade Sanierungen im Hinblick auf ökologische
Ertüchtigung im urbanen Raum benötigen einen enormen Kapi-
talbedarf. Die Politik agiert zu langsam beim Umsteuern, und
Teile der Koalition in Berlin blockieren die Neubauförderung«,
beklagt etwa Dr. Daniel Hannemann, Geschäftsführer der u. a.
in Hamburg, Berlin, Frankfurt, München und Stuttgart vertrete-
nen Immobiliengruppe Strenger. Die Firma erhielt für nachhaltige, innovative Projekte namhafte Auszeichnungen. Hannemann
beklagt außerdem, dass das »Korsett an Vorschriften« für Vorha-
benträger von Projekten immer enger geschnallt werde und seitens der Entscheidungsträger in der Politik und oft auch in den
Verwaltungen noch nicht angekommen sei, »dass wir in einer
vollkommen veränderten Bürokraten-Welt leben«.

Dies alles führt auch zum Verschwinden so mancher heimischer, solider Handwerksbetriebe, deren Mitarbeiter dann arbeits-
los werden. So ist es der Firma Richard Hoff & Söhne GmbH &
Co. KG in Husum ergangen. Das Familienunternehmen wurde
1949 gegründet und bot bis Ende 2023 Leistungen und Gewerke
vorwiegend im Straßenbau an, also Bau von öffentlichen Straßen
und Radwegen, Asphalt-, Kanalisations-, Pflaster- und Steinsetz-
arbeiten. Kunden waren sowohl private und gewerbliche Auftraggeber als auch die öffentliche Hand. Seit dem 1. Januar 2024 gibt
es das Familienunternehmen nicht mehr. Ursache war nicht etwa
Fachkräfte- oder Auftragsmangel, sondern allein die überbordende Bürokratie. Firmenchef Dipl.-Ing. Michael Hoff schreibt
während der Liquidationsphase auf, was er erlebt hat. Wir haben
ihn gefragt, ob wir seinen Text für dieses Buch verwenden dürfen – und er hat zugestimmt. Dann nimmt Sie Michael Hoff jetzt
mal mit auf eine Reise ins deutsche Absurdistan.

Bürokratie-Dschungel ohne Ende:
Ein Unternehmer redet Klartext

»Moin, wir haben unser Geschäft aufgrund der überbordenden Bürokratie eingestellt. Was die Bürokratie in unserem Betrieb verursacht und warum möglicherweise noch weitere Handwerksunternehmen schließen könnten, erläutern wir im Nachfolgenden. Nachdem wir die Datenschutzgrundverordnung umgesetzt, die Geschäftsprozesse GoBD-konform[110] installiert hatten, konnten wir Mitarbeiter einstellen, die wir über die ordnungsgemäße Dokumentation der Arbeitszeiten, das Mitführen der Ausweisdokumente und das Nutzungsverbot von Betriebsfahrzeugen für private Zwecke schriftlich unterwiesen. Weiter mussten wir den Auszubildenden schriftlich erklären, dass sie möglicherweise nicht am Ende der Ausbildung übernommen werden könnten.

Wir erstellten eine Gefährdungsbeurteilung für den Betrieb und haben für die Mitarbeiter Sicherheitsunterweisungen gehalten und diese dokumentiert. Weiter mussten wir dann explizit darauf hinweisen, dass die Mitarbeiter sich bitte einen Hut bei Sonne aufsetzen sollten und sich mit Sonnenschutz eincremen mussten. Vorsorglich wurden Termine für ärztliche Untersuchungen angeboten und gebucht.

Nun wurden noch schnell ein Ersthelfer, ein Maschinenbeauftragter, ein Datenschutzbeauftragter, eine Fachkraft für Arbeitssicherheit und ein Brandschutzbeauftragter ausgewählt, ausgebildet und bestellt. Weiter einige Mitarbeiter schriftlich als Baumaschinenführer eingewiesen, unterrichtet und natürlich schriftlich bestellt.

Bevor wir dann mit unserer Arbeit anfangen konnten, meldeten wir noch schnell bei der GEMA[111] unsere Telefonschleife an, meldeten bei der Künstlersozialkasse Leistungen für unser neues Firmenlogo, unterrichteten die Lkw-Fahrer in Sachen Fahrpersonalverordnung und Sozialvorschriften zu den Lenk- und

Ruhezeiten. Nicht vergessen: Fahrer von Lkw mit Ausnahmegenehmigungen bitte alle drei Monate über die entsprechenden Sonderregeln belehren und dies dokumentieren. Natürlich waren auch Fahrtenschreiber sowie Fahrerkarten regelmäßig auszulesen und alles DSGVO-konform dauerhaft zu speichern und vorzuhalten.

Mist: Die Ausnahmegenehmigungen mussten noch beantragt werden: StVZO § 70[112] usw. – kennen wir ja alles, und es musste ebenfalls auf Termin gelegt werden, da es jedes Jahr erneut beantragt werden sollte. Ganz klar war nicht, was denn nun genau beantragt werden musste; da hatten Zulassungsstelle, LBV-SH[113], Polizei und BAG[114] leider unterschiedliche Ansichten. Wir suchten uns einfach etwas aus, die Konsequenzen mussten wir ja so oder so tragen.

Noch kurz entsprechend dem Kreislaufwirtschaftsgesetz den Transport von Ausbaustoffen bei der zuständigen Behörde angezeigt, alle Mülltonnen auf dem Hof fotografiert und für die Abfallverordnung die Wege vom Abfall des Betriebes aufgeschrieben.

Oh nein, da hatten wir doch die Schulung über die Ladungssicherung vergessen; die BAG findet ja bekanntlich immer etwas, was man falsch gemacht hat. Entsprechendes Bußgeld natürlich inklusive.

Dann kam noch kurz etwas Bürokratisches: Anmeldung und Eintragung beim Transparenzregister, FACTA-Selbstauskunftsmeldung und etliche Zertifikate und Fremdüberwachungsverträge abgeschlossen. Denn der Qualifikation von Meistern und Ingenieuren kann man ja nicht mehr trauen.

Dann noch schnell die Normen für unsere Gewerke durchgearbeitet und die VOB[115] studiert – wir wollten ja in unserem Vertrags- und Vergaberecht fit sein. So konnten wir dann mal ein Angebot schreiben, denn wir wollten ja schließlich arbeiten und etwas für das Bruttoinlandsprodukt tun.

Mist, wie war es jetzt noch mit der Umsatzsteuerumkehr nach § 13b UStG? Das hatte sich ja fortlaufend geändert. Noch kurz auf die Schlichtungsverfahren, DSGVO und Aufbewahrungsfristen in den Dokumenten und der Homepage hingewiesen, denn das ist ja Pflicht.

Das Tariftreuegesetz galt es zu beachten und einzuhalten, auch für alle Subunternehmer, denn dafür hafteten wir ja auch.

Das Statistische Landesamt fragte mal wieder nach Zahlen und drohte mit Strafe, wenn wir nichts melden – leider hatten wir es bis dato noch nicht geschafft, in unserem operativen Geschäft tätig zu werden und einfach unserer handwerklichen Arbeit nachzugehen.

Es ging ran an die Baustelle: Kurz noch die Kampfmittelfreigabe abgewartet (das LKA benötigt dafür nur 6 Monate), die Gefährdungsbeurteilung für die Baustelle erstellt, die Mitarbeiter unterwiesen, einen Verkehrszeichenplan erstellt und eine Verkehrsanordnung beantragt. Leider hatten wir vergessen, dass noch jemand zur RSA[116]-Schulung musste. Das hat der aufmerksame Leser wahrscheinlich gemerkt.

Dann die Schilder aufgestellt: Da waren jedoch die neuen RSA zwischenzeitlich erschienen; alle Baken und Schranken mussten leider neu aufgestellt werden, da es eine neue Norm für die Folierung gab. Natürlich protestierten wieder alle Anwohner, dass ausgerechnet bei ihnen die Straße gesperrt wurde, die RSA waren da aber kompromisslos, es sind faktisch immer Straßensperrungen erforderlich.

Vor dem Start waren noch Bodenproben nach LAGA[117] und Ersatzbaustoffverordnung zu nehmen, denn der Boden auf dem unbebauten Acker hätte ja mit organischem Material (TOC)[118] »verseucht« sein können. Danach war dann leider keine Zeit mehr für unsere eigentliche Arbeit …

Und bemerke: Es hat noch kein Gespräch mit dem Steuerberater stattgefunden; aber das Steuerrecht ist sicherlich nicht so kompliziert. Lohnabrechnung auf dem Bau mit mehr als 20 Lohnarten pro Abrechnung, Spesenbescheinigungen, Hinweise auf innerbetriebliche Altersvorsorge und deren Pflichtteile konnte der dann ja machen. Ist ja dort in Sachen Bürokratie sicherlich alles ›easy‹. Keine Garantie für die Vollständigkeit – teilweise ironisch.«

Als wir das zum ersten Mal lasen, dachten wir: Ein Fake! Das kann nicht sein. Kommt aus der *heute-show*! Doch es ist so. Michael Hoff findet dann noch …

»… ernste Worte: Es läuft leider generell etwas sehr schief: Die Bürokratie ist für einen Handwerksbetrieb nicht mehr zu bewältigen; zumindest nicht, wenn man alle Gesetze, Verordnungen und Vorgaben berücksichtigen und vollständig einhalten möchte. Wir haben versucht, die Problematik an die Politik auf Kreis-, Landes- und Bundesebene heranzutragen, und bei verschiedenen Treffen Gespräche geführt. Ein Dank gilt hier der Kreishandwerkerschaft NF mit unserer Innung, dem Baugewerbeverband Schleswig-Holstein und dem Zentralverband des deutschen Baugewerbes. Leider war alles Bemühen ohne Erfolg. Alle reden von Entbürokratisierung – nur es passiert leider nichts.

Daher haben wir uns für die Schließung unseres Betriebes entschieden. Eine erfolgreiche 99-jährige Firmengeschichte endet damit. Wir danken allen Geschäftspartnern und Mitarbeitern für die vertrauensvolle Zusammenarbeit.

Ihre Familien Hoff«

Nicht nur Michael Hoff ist Opfer der Bürokratie. Die Vorschriften gehören überprüft und angepasst. So sieht das auch Firmenchef Daniel Hannemann: »Wir brauchen verlässliche Rahmensetzungen bei den Bauvorschriften, was einer gewaltigen Entschlackung bedarf.« Der früher bei der renommierten Beratung McKinsey tätige Manager fordert konsequente Entbürokratisierung: Er sieht die Akteure im Städtebau zunehmend »in einer Schleife von sich selbst beauftragenden DIN-Kommissionen, Baustoff-Lobby und Gutachter-Kommissionen gefangen«. Es bedarf keines Ökonomie- oder Bauingenieurstudiums, um zu wissen, dass immer höhere Baustandards nicht nur höhere Kosten, sondern auch einen höheren Aufwand nach sich ziehen, was die Fertigstellungszeiten erheblich verlängert.

Dem Klimaschutz hilft das alles nichts. Uns wird immer mehr klar: Eine unheilvolle Allianz aus Politikern, Lobbyisten und Ökofundies verhält sich ungefähr so, dass sie mit hohem Forschungs-, Beratungs- und Kommunikationsaufwand für einen verhungernden Menschen ein fünfgängiges Menü mit idealem Ernährungs- und Diätprogramm für die nächsten 20 Jahre entwickelt, während der Patient wegen mangelnder Soforthilfe – spontan würde schon ein Leberkäsweck reichen – verstorben ist, bis mehrere Arbeitsgruppen und Dutzende Gesprächsrunden überhaupt erst in die Gänge gekommen sind.

Bauen mit Holz – eine uralte Idee setzt sich durch

So kam jahrzehntelang auch das Bauen mit Holz nicht wirklich in Schwung. Dabei ist Holz als nachwachsender Rohstoff mit sehr klimafreundlichen Eigenschaften ein nahezu ideales Baumaterial. Ewig lang ging es um Brandschutzmaßnahmen, um statische Standards und um die Frage, ob Holzhäuser höher als zwei Stockwerke werden dürften. 2022 lag denn auch die Holzbauquote im Ein- und Mehrfamilienhausbereich bei mageren 2,1 %.[119] Wenn auch auf niedrigem Niveau, ist die Tendenz (Stand Anfang 2024) erfreulicherweise steigend. Klar ist aber auch: Mit Holz kann man nicht alles bauen – obwohl eine Studie des Potsdam-Institut für Klimafolgenforschung (PIK) schon 2022 zu dem Ergebnis kam, dass Städte künftig komplett aus Holz gebaut werden könnten.[120] Für die Versorgung mit Bauholz werden neben natürlichen Wäldern neu angelegte Holzplantagen benötigt. Diese Art der Landnutzung beeinträchtigt nicht die Nahrungsmittelproduktion, so die Forscher. Sie kann aber zu einem Verlust der Artenvielfalt führen, wenn sie nicht sorgfältig gesteuert wird. »Mehr als die

Hälfte der Weltbevölkerung lebt mittlerweile in Städten, und bis zum Jahr 2100 wird diese Zahl noch erheblich steigen. Das bedeutet, dass mehr Häuser aus Stahl und Beton gebaut werden, die meist einen großen CO_2-Fußabdruck haben«, sagt Abhijeet Mishra, Wissenschaftler am Potsdam-Institut für Klimafolgenforschung (PIK) und Hauptautor der Studie. »Aber wir haben eine Alternative: Wir können die neue Stadtbevölkerung in mehrstöckigen Gebäuden unterbringen – wir sprechen hier von 4–12 Etagen –, die aus Holz bestehen.« Holz ist eine erneuerbare Ressource, die von allen vergleichbaren Baumaterialien den geringsten Klima-Fußabdruck hat, da Bäume für ihr Wachstum CO_2 aus der Atmosphäre aufnehmen. Mishra erklärt: »Bei der Herstellung von Holzbaustoffen wird viel weniger CO_2 freigesetzt als bei Stahl und Zement. Zudem speichern Holzbaustoffe Kohlenstoff und machen Holzstädte zu einer einzigartigen langfristigen Kohlenstoffsenke – bis zum Jahr 2100 könnten dadurch mehr als 100 Milliarden Tonnen zusätzlicher CO_2-Emissionen eingespart werden, was 10 % des verbleibenden Kohlenstoffbudgets für das Einhalten des 2-Grad-Limits entspricht.« Die Szenarienanalyse zeigt, dass genügend Holz für neue mehrstöckige Häuser in der Stadt produziert werden kann, ohne größere Auswirkungen auf die Nahrungsmittelproduktion befürchten zu müssen. »Das Holz wird sowohl aus Holzplantagen als auch aus natürlichen Wäldern bezogen. Der größte Teil der zusätzlich benötigten Holzplantagen – wir sprechen hier von rund 140 Millionen Hektar – wird auf abgeholzten Waldflächen angelegt und geht somit nicht auf Kosten von landwirtschaftlichen Flächen«, erklärt PIK-Wissenschaftler Florian Humpenöder, Mitautor der Studie.

Ganze Städte neu aus Holz – dass es gemäß der Studie simulativ funktioniert, können wir uns vorstellen. Vielleicht machen es die Menschen in 100 Jahren auch so. Aber wie steht es denn um den Holzbau heutzutage?

Das zeigen uns, wie bei vielem, Pioniere wie Zimmermeister Sylvester Fritz, der im Jahre 1896 die Zimmerei »Fritz« gründete.

Damals dachte niemand daran, dass daraus eines der innovativsten Öko-Hausbau-Unternehmen Europas entstehen würde. Das handwerkliche Können, die Kreativität, der Forschungsdrang und Pioniergeist der Familie Fritz waren die Grundlage für die einzigartigen Baufritz-Produkte. 2004 übernimmt Dagmar Fritz-Kramer die Geschäftsführung der Firma, mittlerweile in vierter Generation. Der einstige Familienbetrieb hat sich zu einer ökologischen Größe im Bausektor entwickelt. Viele Auszeichnungen und Preise sind der Lohn dafür. 2023 erhielt Baufritz den Deutschen Umweltpreis, verliehen von Bundespräsident Frank-Walter Steinmeier in Lübeck. »Ökologisch vorbildlich«, konstatiert der Bundespräsident. »Erwiesenermaßen hat Dagmar Fritz-Kramer ein neues Denken angestoßen. Bauen mit Holz hat eine ganz neue Aktualität, ich würde sogar sagen: Dringlichkeit, bekommen.« Lob also vom Inhaber des höchsten Amtes im Staat. Grund genug für ein Treffen mit Dagmar Fritz-Kramer und für ein ausführliches Gespräch rund um das Thema »Bauen mit Holz«.

Wie moderner Holzbau geht

Frau Fritz-Kramer, was war Ihr erster Berührungspunkt mit dem Thema Holzbau?

Da war ich noch Teenie. Wir haben ja als Familie ein ganz klassisches, massiv gebautes Haus bewohnt. Das war ein Erbstück meiner Omi, und meine Eltern haben das in den 1970er-Jahren umgebaut. Damals natürlich mit allen »wunderbaren« 70er-Jahre-Baustoffen: Asbestplatten, das Holzschutzmittel Xyladecor, das später verboten wurde.[121] Meine Mama war ja dann sehr schwer krebskrank. Da hat mein Papa Hubert Fritz gesagt, wir bauen neu. Natürlich mit seiner Firma Baufritz ein Holzhaus. Und zwar nach wirklich baubiologischen, sauberen Kriterien. Die hatte er nämlich damals beim Baubiologischen Institut in Neubeuern kennengelernt.

Wie ging's dann weiter?

Sehr unangenehm – für mich. Weil ich mich damals für unsere Lebensweise so oft geschämt habe. Meine Eltern mutierten zu so etwas wie Hardcore-Ökos. Wir hatten einen Klärteich für unsere Abwässer. Wir hatten schwarze Schläuche auf dem Dach als rudimentäre Solaranlage, um warmes Wasser zu bekommen. Wir haben unser Gemüse selber angebaut, und wir haben uns Quellwasser geholt. Natürlich haben wir vegetarisch gelebt – und wir wurden ausgelacht. Wir waren die mit den schrumpeligen Äpfeln im Garten.

Die Auslacherei dürfte sich mittlerweile gelegt haben.

Ja, schon, aber noch gar nicht so lang, erst in den letzten acht bis zehn Jahren ist das anders geworden. Da haben uns die Architekten entdeckt und einfach das Bauen mit Holz schöner gemacht. Gerade hier im Allgäu und aus Vorarlberg.[122] Einige Architekten haben ja sogar Betonbauten mit Holz verkleidet, um sie modern erscheinen zu lassen.

Also kamen und kommen viele Impulse offenbar von einer neuen Architektengeneration?

Es waren aus meiner Sicht vor allem die Vorarlberger, die waren schon vor 25 Jahren als Holzbau-Pioniere unterwegs. Entstanden ist so eine Art eigene Architektursprache in Holz. Auch haben sie sich früher als andere mit dem Thema Nachhaltigkeit befasst. Das Thema Energieverbrauch kam dann erst mit der Energieeinsparverordnung in Gang.[123] Aber ewig lang ging es nur um den Energieverbrauch beim Wohnen, vom Einzug bis zum Auszug. Das ist doch zu kurz gesprungen, wir müssen doch eine Gesamtbilanz ziehen, eine Lebenszeitbetrachtung der Baustoffe. Was ist drin in den Baustoffen, und was passiert am Ende des Lebenszyklus? Und dieser Ansatz hat den Holzbau auch noch mal mit einem zusätzlichen Schub versehen.

Das ist ein wichtiger Punkt. Viele Leute können sich gar nicht vorstellen, dass in jedem Haus jede Menge sogenannte graue Energie drinsteckt.

Ja, jeder Stein, jedes Fenster, jeder Balken: Alles wird ja mit

Energieaufwand hergestellt und dann zur Baustelle transportiert. Wir könnten natürlich alles abreißen. Dann haben wir aber die ganze schöne Energie, die drinsteckt, vernichtet. Und das Material auch. 21 Millionen Gebäude in Deutschland müssen noch saniert werden bis 2025. 21 Millionen, davon sind 16 Millionen Einfamilienhäuser, fünf Millionen sind Mehrgeschossbauten. Das geht eigentlich relativ einfach, weil das ja recht große Einheiten sind. Aber was macht man mit diesen 16 Millionen Einfamilienhäusern, die ja energetisch definitiv viel zu viel verbrauchen? Da ist eben sehr viel gebundene Energie in diesem Bestand. Also schauen wir genauer hin: Bis zu den 1970er-Jahren haben wir meist eine ordentliche Bausubstanz mit ehrlichen Materialien. Also da ist nicht so viel verbackenes Plastikgedöns, sondern es sind ganz normale Vollziegel. Oft haben wir auch normales, unbehandeltes Holz. Wenn das gut gepflegt ist, dann kann man mit der Substanz auf jeden Fall was machen. Was fehlt, ist die dämmende Hülle. Und die würde ich nicht mit Styropor machen. Wir brauchen entweder Dämmstoffe aus nachwachsenden Rohstoffen oder aus Recyclingmaterial.

Was ist denn demzufolge Ihr Lösungsvorschlag?

Bei Baufritz heißt das Produkt Eco Protect Wand. Das ist wie eine Art Vorsatzschale. Das Bestandshaus wird exakt vermessen, bei uns im Werk entsteht dann die neue Fassade mit allen Fenster- und Türöffnungen. Es ist eine Doppelwand, 24 Zentimeter stark, mit Holzspänen als Dämmung dazwischen. Die Außenoptik ist nahezu beliebig gestaltbar, Holz lassen oder Putz drauf und Anstrich, wie man mag. Dann kommt der Kran und setzt die neue, gedämmte Fassade einfach vor das Haus, die neuen Fenster sind schon drin, dreifach verglast, die alten Fenster nehmen wir innen raus und machen die Laibungen neu.

Wie viel Energie lässt sich so einsparen?

Wenn's gut läuft, können das bis zu 75 % sein und damit auch zwei Drittel der Energiekosten.

Kosten: Wie teuer ist die neue Dämmfassade nach Maß?

Also nehmen wir mal an, Sie haben ein Haus mit 130, 140 oder 150 Quadratmetern Nutzfläche. Dann entfallen auf den Quadratmeter 1 000 Euro. Die Fassadensanierung für ein 150 Quadratmeter-Haus kostet dann 150 000 Euro. Rein rechnerisch sind die eingesparten Energiekosten ein Finanzierungsbaustein. Aber wenn schon sanieren, dann auch das Dachgeschoss.

Inwiefern?

Man kann das Dachgeschoss zu Wohnraum machen. Genehmigungsfrei. Das heißt, in diesen 1950er-, 1960er-Jahre-Gebäuden habe ich oft einen kalten Dachstuhl, ein sogenanntes Kaltdach. Und dieses Kaltdach darf ich genehmigungsfrei in Wohnraum umwandeln. Entweder zur Selbstnutzung oder als eigenständige kleine Wohnung vermieten – was auch wieder der Finanzierung zugutekäme. Und wenn wir schon das Dach anschauen, dann prüfen wir, ob etwa eine Photovoltaikanlage drauf geht. Wenn die alten Balken das Gewicht tragen, prima! Wenn nicht, bieten wir auch eine entsprechende Verstärkung bzw. den konstruktiven Neuaufbau des Dachstuhls an. Mit der PV-Anlage sind wir dann rein rechnerisch ganz dicht dran am Null-Energie-Haus.

Ist es verwaltungstechnisch egal, wie ich das Haus dämme, Styropor wird genauso gefördert wie andere Materialien?

Nein, nicht ganz. Ich kriege 15 % mehr Zuschuss, wenn ich seriell saniere. Seriell heißt, ich muss fertige Bauteile bringen, die im Werk zentral hergestellt werden. Also nicht Styropor Block für Block mit der Hand ankleben. Sind die vorgefertigten Dämmteile aus Holz oder aus einem anderen nachwachsenden Rohstoff, dann gibt es etwa in Bayern noch etwas extra obendrauf. Bäume wandeln ja per Photosynthese[124] CO_2 in Biomasse um, die Fachleute sagen, es sind CO_2-Senken. Man kann ausrechnen, wie viel CO_2 auf diese Weise in der Biomasse gebunden wird. Pro Tonne gibt es dann 500 Euro Extraförderung. Für eine Styropor-Dämmung kriege ich nichts extra, das wäre ja auch noch schöner.

Dennoch haben Styropor und sogenannte Wärmedämmverbund-

systeme den größten Marktanteil. Hat da die Lobby der Chemie-Industrie gute Arbeit geleistet?

Das war überhaupt nicht nötig. Styropor ist der billigste Baustoff, den es überhaupt gibt. Eine Holzweichfaser-Dämmung dagegen, eine Spänedämmung oder Hanfdämmung kosten um den Faktor 3 mehr, gar um den Faktor 5, wenn neben dem Material auch noch die aufwendigere Verarbeitung gerechnet wird. So hat der nachwachsende Dämmstoffbereich nur etwa 7 % Marktanteil.

Obwohl mit Styropor und den anderen »künstlichen« Dämmstoffen teils rohölbasierte Ressourcen verbaut werden, gibt es keinen Unterschied in der Förderung. Warum ist das so?

Nicht nur das, Styropor ist auch ein prima Brandbeschleuniger. Die Schieflage kommt aus meiner Sicht daher, weil die Energieberechnung nur von Einzug bis Auszug gemacht wird. Herstellung und Entsorgung der Materialien werden nicht mitbilanziert. Also: Ich ziehe heute ein, ich heize, bis ich ausziehe, 50 Jahre später, so ist es ja heute gerechnet, dann spielt es keine Rolle, mit welchem Material ich dämme. Ich spare mir genauso viel Heizenergie. Ganz einfach. Sobald ich aber den ganzen Kuchen sehe mit der grauen Energie, also sprich, was ist denn energetisch schon passiert, <u>bis</u> ich einziehe? Und was passiert <u>danach</u>? Stichwort Sondermüll. Ab dieser Betrachtungsweise macht es keinen Sinn mehr, mit Styropor zu dämmen.

Wir haben gerade festgehalten, dass man nur dann zu aussagekräftigen Daten kommt, wenn wir insgesamt die Lebensdauer eines Hauses energetisch und vom Materialeinsatz im Ganzen betrachten und nicht nur die Energieeinsparung während einer Wohnphase. Was würde das denn für die Baupolitik und auch für die Förderpolitik bedeuten?

Teilweise gibt es da schon Verbesserungen, zumindest beim Neubau. Seit Anfang 2023 muss ich eine CO_2-Bilanz machen für alle Baustoffe, die ich verwende, von ganz Anfang bis ganz Ende. Viele Angaben dazu finde ich in der zentralen Datenbank ÖKOBAUDAT des Bundesbauministeriums. Für die Sanierung im

Bestand – und da landet natürlich die weitaus größte Menge an Dämmmaterial – gibt es das noch nicht.

Hinkt Deutschland da hinterher?

Durchaus. Seit vielen Jahren gibt es eine Datenbank dazu in der Schweiz, wo jeder erdenkliche Baustoff gelistet ist und der entsprechende CO_2-Fußabdruck berechnet wurde. Also: Da haben wir ein paar Quadratmeter Glasscheiben, zweifach oder dreifach verglast, so und so viel Quadratmeter Holzschalung, x Quadratmeter mit einem Verbundsystem, Beton, Ziegel usw. Das hat alles schon einen eigenen CO_2-Footprint. Wenn ich baue, kenne ich meine Materialien, hole mir die CO_2-Daten und rechne alles zu einer Gesamt-CO_2-Bilanz zusammen. Geteilt durch die Wohnfläche bekomme ich einen Wert »CO_2-Last pro Quadratmeter Wohnfläche«. Daran lässt sich doch ganz prima die Förderhöhe bemessen: Je kleiner der Wert, desto höher die Förderung. Plus die Betrachtung der energetischen Seite während der Wohnphase. Ich finde das einen super Ansatz, um endlich in ein Umdenken zu kommen. Es spielt eben eine erhebliche Rolle, welche Materialien ich einsetze. In der Schweiz ist schon seit Jahren diese CO_2-Bilanz zwingend, um Fördergelder zu bekommen, in Luxemburg ist es ganz ähnlich.

Das heißt ja eigentlich für den Altbestand: So viel Substanz erhalten wie möglich, weil ja Materialien und Energie drinstecken, die schon CO_2 verursacht haben?

Ja, je mehr ich von diesem Bestand erhalten kann, umso mehr bleibt ja dort CO_2 auch gebunden. Aber ganz klar: Die energetische Sanierung muss trotzdem stattfinden.

Schauen wir mal auf die Rohstofflage. Wir haben ja leider, eben auch durch Klimawandel, erhebliche Schäden in unseren Wäldern. Was bedeutet denn das für Ihren Rohstoffnachschub, sprich für die Hölzer, die Sie ja dringend brauchen, um die Häuser zu bauen oder zu sanieren?

Das bedeutet zweierlei. Zum einen: Wir müssen im Bauen natürlich schauen, dass wir einmal super ressourceneffizient mit unserem Werkstoff umgehen. Auch wir müssen den alten Dachstuhl, der da vielleicht runterkommt, recyceln. Wie gehen wir also mit dem Altholz um? Zum anderen: Was können wir mit den Hölzern anfangen, die jetzt angeboten werden? Wir haben ja relativ viel Fichte, die fliegt jetzt gerade praktisch reihenweise um im Sturm. Und dann noch die Borkenkäfer-Problematik. Wir werden Sturm- und Käferholz die nächsten Jahre ohne Ende haben. Das ist bisher nicht unbedingt Bau- oder Möbelholz. Wir haben auch hohe Buchenbestände. Was machen wir mit denen?

Die Waldschäden sind schon jetzt enorm. Wie kann man gegensteuern?

Das ist fast die wichtigste Frage: Wie kriegen wir den Wald klimagerecht umgebaut? Wenn wir so weiter machen mit dem CO_2 und wenn Ihre Buchthese stimmt, wird das so wirklich nichts. Dann haben wir drei Grad wärmer. Das heißt, wir müssen unsere Wälder ja so herrichten, dass sie drei Grad wärmer auch aushalten. Von gut zehn Millionen Hektar Wald in Deutschland haben wir etwa 2,5 Millionen Hektar Monokulturen. Und die sollen bis 2050 klimaresistent umgebaut werden. Jedenfalls denkt sich das die Politik.

Haben Sie ein Beispiel, wie das gehen kann?

Bei uns vor der Haustür. Das Holzforum Allgäu. Ein Zusammenschluss eigentlich aller, die mit Wald und Holzverarbeitung zu tun haben, Forstwirte, Sägereien, Möbelbranche und wir. Das Holzforum ist der einzige Querschnittsverein im Allgäu, der die komplette Wertschöpfungskette vom stehenden Baum bis zum fertigen Produkt umfasst und lebt – das ist Kern der Idee, so zu finden auf der Internetseite.[125] Und da haben wir jetzt folgendes Programm aufgelegt. Wir schauen uns alle Monokulturen an und überlegen, wie wir nur immer einen kleinen Teil der Bäume rausnehmen und Mischwald nachpflanzen, und zwar mit Holzarten, die dem Klimawandel standhalten, etwa Tiefwurzler wie die Weißtanne. Aber wir brauchen auch Laubhölzer.

Das klingt nach hohen Kosten.

Ja klar, ein großes Problem. Wir haben ja hier bei uns rund 50 % Wald in Privatbesitz. Der Holzpreis ist eh schon ziemlich am Boden, weil wir so viel Käfer- und Sturmholz haben. Das heißt, die Waldbesitzer können das gar nicht komplett finanzieren. Und da muss man jetzt schauen, wie kriegen wir wirklich diesen nachhaltigen Waldumbau hin? Im öffentlichen Staatswald gibt es festangestellte Forstwirte usw., die bekommen ihr Gehalt, egal, wie der Holzpreis ist. Allerdings gibt es eine neue Idee, nämlich das CO_2, das ein Baum ja aus der Atmosphäre nimmt und umwandelt, als Finanzierungsbaustein zu nehmen.

Wie soll das gehen?

Die EU nennt das Carbon Farming. Also erst mal Aufforstung, dann gibt es eine Bestandsaufnahme, wie viel CO_2 wird denn da gebunden, und dann gibt es CO_2-Zertifikate. Die kann man als Waldbesitzer verkaufen, etwa an Pina Earth, das ist ein junges Start-up[126], eine Ausgründung der TU München. Die handeln dann die Zertifikate, und es gibt dafür Geld. Das ist ein guter Ansatz, der muss ausgebaut werden.

Schauen wir auf die große Politik. Wie kommen wir beim Bauen, bei der Stadtentwicklung besser voran?

Wer bauen will, braucht ein Grundstück. Ich finde, es sollte einfacher gehen, große Grundstücke, so 1500 Quadratmeter und mehr, wo noch von früher ein einziges Einfamilienhaus draufsteht, möglichst genehmigungsfrei mit mehreren Einheiten zu bebauen, ohne dass man einander stört. Alle sollten dann aber auch wirklich gemeinschaftlich haustechnisch versorgt werden, eine große Wärmepumpe für alle und eine Photovoltaikanlage, von der alle Strom beziehen können. Und in der Stadt, im urbanen Raum würde ich nach Konversionsflächen schauen, nach Gewerbeeinheiten, die vielleicht gar nicht mehr in dem Umfang gebraucht werden. Immer mehr Leute schaffen im Homeoffice. Und dann gibt es ja noch in den Städten unheimlich viele Baulücken, da fehlen Etagen, das sind noch Kriegsschäden. Auch da wünsche ich mir viel schnellere Genehmigungsverfahren. Es werden beim Aufstocken ja auch keine neuen Flächen versiegelt.

Ist es wirklich so schwierig, da die Genehmigung zu bekommen?
Also wir haben gerade eine Aufstockung in Berlin gemacht, Genehmigungszeit zwei Jahre! Zwei Jahre, bis da wirklich dieses eine Geschoss endlich oben drauf war. Und das Haus war dann auch nur so hoch wie das Nachbargebäude. Zwei Jahre, das ist Wahnsinn! Aber es interessiert die Verwaltung nicht, keiner macht was. Da steckt doch ein unglaubliches Potenzial in den Städten, wenn man nur die Gebäude auffüllen könnte, so, wie sie mal waren. So an die 1,5 Millionen derartige Baulücken gibt es in München, Stuttgart, Frankfurt, eigentlich in jeder Stadt. Also Aufstocken im Altbestand genehmigungsfrei oder zumindest im Schnellverfahren genehmigen. Ein Riesenthema!

Flächenknappheit gibt es nicht, nur unausgeschöpfte Möglichkeiten

Ganz ähnlich sieht es auch der Architekt und Hochschullehrer Prof. Dr.-Ing. Steffen Lehmann.[127] An der Universität Nevada forscht und lehrt er im Bereich nachhaltiger Architektur und Stadtplanung. Er meint, dass in jeder Stadt, in jeder vorhandenen Substanz jede Menge ungenutztes Potenzial steckt. Es gibt keine Flächenknappheit, sondern nur Möglichkeiten, die bislang nicht ausgeschöpft wurden. Seiner Meinung nach werden die heute als scheußlich angesehenen Ballungsgebiete dann smart, lebenswert und ökologisch, wenn es gelingt, die bestehende Infrastruktur effizienter zu nutzen. So müssen etwa Transportangebote mit den gesellschaftlichen Anforderungen Schritt halten. Der Bereich Schul-, Ausbildungs- und Berufsfahrten wird aufgrund von Homeoffice und Digital Learning schrumpfen, der Freizeitverkehr wird steigen, und eine alternde Gesellschaft braucht auch für die Senioren Mobilitätsangebote. Eine Stadt der kurzen Wege ist das Ideal, Gewerbe- und Wohngebiete sollten nicht wie bisher strikt getrennt sein, sondern, wo es ohne Umweltbelastung möglich ist, miteinander verzahnt werden. Mit dem Fahrrad oder zu Fuß zur Arbeit – für die meisten Menschen ist das nicht realistisch. Stadtplaner werden zunehmend auf Ökobilanzen und Materialverbrauch achten, Baustoffrecycling wird eines der großen Themen in der zweiten Hälfte dieses Jahrhunderts werden.

Architekten stehen vor neuen Aufgaben. Wurde bisher ein Büroturm geplant und gebaut eben mit dieser eindimensionalen Nutzung, wird es künftig um flexible Auslastungen gehen; sozusagen im Handumdrehen kann aus dem Büroturm z. B. ein Studentenwohnheim oder ein Kaufhaus werden. Alle Versorgungsleitungen und -systeme müssen leicht zugänglich und jederzeit erneuerbar sein. Gebäude sind ein Schatz, reich an Materialien und voller grauer Energie. Dies alles zu vernichten, können wir uns nicht mehr leisten – eigentlich konnten wir uns das noch nie leisten. Aufhören muss auch das Denken in Profit pro bebautem Quadratmeter. Stadtplaner der Zukunft werden etliche Hektar Grünflächen vorsehen müssen, vielleicht auch kleine Seen und andere Wasserflächen in der Stadt. Auch hier gibt es schon Beispiele zum Nachmachen – so das auf einem Konversionsgelände in Dornstadt bei Ulm realisierte Arkadien-Projekt der Firmengruppe Strenger.[128] Oder man muss, sofern Städte an Flüssen liegen, Stichkanäle in die Stadt hineinziehen. Nur so können Hitzepuffer für die mit Sicherheit zu erwartenden Rekordhitzetage der nahen Zukunft geschaffen werden. Das wiederum stellt das Flächenmanagement einer Stadt und die dazugehörige Kalkulation der Budgets auf den Kopf. So wurde 2023 in Mainz eine große Chance vertan. Ein Karstadt-Komplex in zentraler Lage wird dem Abriss preisgegeben und durch einen ähnlich großen Gebäudekomplex ersetzt. Es fehlen der Mut und das Geld, auf der frei werdenden Fläche einen Stadtwald anzulegen und damit eine kühlende Oase zu schaffen. Dass der Stadtrat schon vor

Jahren für Mainz den Klimanotstand ausgerufen hat, war dann irgendwie nicht mehr präsent. Egal, was schert mich mein Geschrei von gestern ...

Wie wird's denn was? Ein paar Anregungen:

- **Sanierung im Bestand** vorrangig betreiben. Denn da wohnen die meisten Menschen. Und gebundene Energie bleibt erhalten.
- **Flexibilität in der Infrastruktur:** Eine skalierbare Infrastruktur kann sich an Veränderungen in Bevölkerung und Technologie anpassen.
- **Flexibilität in der Gebäudenutzung** durch Abbau bürokratischer Hemmnisse
- **Förderung von umweltfreundlichen Baustandards** und »grünen« Gebäuden, u. a. um den Energieverbrauch zu minimieren
- **Mehr Widerstandsfähigkeit** gegen Hitzeperioden, Starkregenereignisse und Hochwasser schaffen (Resilienz)
- **Stadt/Land-Beziehungen** neu denken und in die Planung integrieren, sowohl zur Entlastung der Ballungszentren als auch zur Stabilisierung und Entwicklung des ländlichen Raums.
- **Kommunalentwicklung** und Bauen viel mehr als bislang **ganzheitlich** denken und zeitnah umsetzen – etwa bei allen Bauvorhaben Zisternen als wertvolle Wasserspeicher für Hitzeperioden realisieren.

Hätte ich eine Milliarde Euro für den Klimaschutz, ...

»... würde ich – statt Neubau – eine bunte Vielfalt skalierbarer Mustersanierungen von Mietwohngebäuden realisieren, die die Machbarkeit von bezahlbarem Wohnraum, kreativer Umnutzung, höchstem ökologischem Baustandard und mehr gemeinschaftlicher Lebensqualität verdeutlichen. Kurz gesagt: Leuchttürme gerechter Suffizienzpolitik für Mietwohnungen sollten errichtet werden.«

Prof. Dr. Peter Hennicke, Ökonom; Präsident Wuppertal Institut a. D.; Träger Deutscher Umweltpreis 2014

»... würde ich mit einem Drittel Forschungen fördern, die die Zukunft der Menschheit entscheidend und positiv verändern können. Das kann Kernfusion sein oder die Entwicklung einer inhärenten Kreislauffähigkeit aller Produkte und Dienstleistungen, um trotz Rohstoffknappheit für alle Menschen eine positive Entwicklung zu ermöglichen. Ein Drittel würde ich für KI in der Gesundheit und der Sicherheit ausgeben: im Kampf gegen Pandemien, gegen Klimawandelfolgen oder gegen Cyberattacken oder auch um harte soziale Barrieren zu überwinden, etwa dass taube, stumme oder gehbehinderte Menschen auf einmal hören, kommunizieren und gehen können. Ein Drittel würde ich für globale »Jugend-forscht-für Nachhaltigkeit«-Projekte ausgeben, die ihre Ideen in Klima- oder Nachhaltigkeitskonferenzen mit Entscheidungsrelevanz vorstellen und debattieren dürfen. Nachhaltigkeitsthemen international, aber gemeinsam zu denken, ist sehr viel Erfolg versprechender als die nationale Brille.«

Prof. Dr. Lamia Messari-Becker, Staatssekretärin im Hessischen Ministerium für Wirtschaft, Energie, Verkehr, Wohnen und ländlichen Raum; Dipl.-Bauingenieurin und Professorin für Gebäudetechnologie und Bauphysik

HISTORISCHE MOMENTE

WAS DIE MENSCHHEIT MISSACHTET HAT

»Die Historiker verfälschen die Vergangenheit,
die Ideologen die Zukunft.«

Žarko Petan, jugoslawischer/slowenischer Schriftsteller,
1929–2014

In den vergangenen Jahren ist vor allem die Klimaproblematik in den Fokus des öffentlichen Interesses gerückt. Mit dazu beigetragen und verstärkt durch teils »laute« mediale Berichterstattung haben die Aktionen von »Fridays for Future«, der »Letzten Generation« und von »Extinction Rebellion«. Schulstreik-Ikone Greta Thunberg[129] wurde – auch dank ihres professionellen Marketing-Managements im Hintergrund – in kürzester Zeit weltbekannt und erlangte rund um den Globus derart viel Sympathie, dass Politiker gar nicht mehr anders konnten, als sich mit den kompromisslosen Klimaschutzforderungen zumindest scheinbar zu solidarisieren.

Abgesehen davon, dass plötzlich alles nur noch »Klima« war (und gefühlt auch noch ist) – infolgedessen unproportional viel Geld in vermeintliche Klimaschutzmaßnahmen floss und an anderer Stelle nun fehlt –, entstand der Eindruck, dass die Klimaproblematik erst vor Kurzem aufgetreten sei und man nun schnell intensiv Konzepte der nachhaltigen Entwicklung umsetzen müsse.

Umwelt- und Naturschutz, die Klimaproblematik und ein kluger Kurs der nachhaltigen Entwicklung: Nichts davon entspringt jüngsten Erkenntnissen. Wie groß die Versäumnisse der gesamten Menschheit hier wirklich sind, zeigt ein Blick auf drei herausragende historische Momente.

1713 – als die »nachhaltende« Nutzung erfunden wurde

Das Wirken von Hannß Carl von Carlowitz

Los ging es im 12. Jahrhundert mit den ersten Silberfunden. Immer mehr Erzvorkommen wurden im Böhmerwald entdeckt, neben Silber vor allem auch Zinn, sodass schließlich aus dem Böhmerwald das Erzgebirge wurde. Neue Ortschaften entstanden, entwickelten sich zu Bergbaustädten – Schneeberg, Annaberg-Buchholz, Marienberg und vor allem Freiberg gehörten und gehören dazu.

Schleichend veränderte sich das Landschaftsbild: Wälder wurden gerodet, um Platz für Siedlungen zu schaffen. Der Holzeinschlag stieg gewaltig an, weil Baumaterial benötigt wurde – sowohl für Häuser als auch zur Auskleidung und Abstützung der Bergbaustollen. Während des 30-jährigen Krieges (1618–1648) verfielen auch zahlreiche Erzgruben durch Zerstörung oder infolge unzureichender Instandsetzung. Der Bergbau nahezu im gesamten Erzgebirge kam weitgehend zum Erliegen.

Am 14. Dezember 1645, also gegen Ende des furchtbaren Krieges, erblickt Hannß Carl von Carlowitz auf Burg Rabenstein bei Chemnitz das dunkle Licht der damaligen Kriegswelt. Aufgrund seiner Herkunft hat von Carlowitz alle Möglichkeiten, sich Wissen anzueignen. Nach dem Schulbesuch und dem Studium der Staatswissenschaften und der Geschichte will er nun die höchste Wissenschaft erlernen, »nämlich die Vermeidung des Bösen und die Nachahmung des Guten«[130], ganz im Geist der frühen Aufklärung.

Kurfürst Johann Georg II schickt ihn für zwei Jahre zur weiteren Ausbildung nach Wien. Am kaiserlichen Hof soll von Carlowitz lernen, was es heißt, selbst Verantwortung zu übernehmen.

Zurück in der Heimat, überträgt man von Carlowitz die Verantwortung für vier Forstämter. Mit Erfolg. Der Kurfürst ernennt ihn 1678 zum Vizeberghauptmann. Es folgen weitere Positionen im sächsischen Bergbauwesen, bis er dann 1713 die Schlüsselposition im Montanwesen besetzt: Als Oberberghauptmann ist er der Herr über Bergwerke und Schmelzhütten.

Jetzt kommen ihm seine vielfältigen Erfahrungen der vergangenen Jahre zugute. Er erkennt, dass der boomende Bergbau zu einer dramatischen Übernutzung der Wälder im Erzgebirge geführt hat. Es wird immer schwieriger, noch starke Stämme zur Absicherung der Stollen zu bekommen. Offenbar ist niemand in den vergangenen Jahrzehnten auf die Idee gekommen, den Wald aktiv zu verjüngen, also Bäume nachzupflanzen. Hannß Carl von Carlowitz fasst einen Entschluss: Er muss allen mitteilen, das der Erzbergbau sich auf diese Weise selbst abschaffen wird, er muss aufzeigen, wie sich das Böse vermeiden lässt und das Gute allenthalben nachgeahmt werden kann – so, wie er es gelernt hat. Er schreibt seine Ideen und Erkenntnisse auf. 1713, das Jahr, in dem er zum Oberberghauptmann ernannt wurde, ist auch das Erscheinungsjahr seines forstwirtschaftlichen Handbuchs *Sylvicultura oeconomica – oder: Hauß-wirthliche Nachricht und Naturmäßige Anweisung zur Wilden Baum-Zucht*. Das Buch ist über 400 Seiten stark und gilt als erste in sich geschlossene Abhandlung über einen sich selbst tragenden Waldbau, der auch nach heutigem Verständnis nachhaltig ist.

Von Carlowitz schreibt[131]: »*(…) Wird derhalben die größte Kunst / Wissenschaft /Fleiß / und Einrichtung hiesiger Lande darinnen beruhen / wie eine sothane Conservation und Anbau des Holtzes anzustellen / daß es eine continuirliche beständige und nachhaltende Nutzung gebe / weiln es eine unentberliche Sache ist (…)*«

Hannß Carl von Carlowitz prägt 1713 also erstmals im Zusammenhang mit einer auf Generationen ausgelegten Forstwirtschaft den Begriff »nachhaltende Nutzung«. Aber: Der Oberberghauptmann ist weder ein Umwelt- noch ein Naturschützer. Er verantwortet den reibungslosen Weiterbetrieb der Bergwerke. Und die sind Basis für Reichtum und Wohlstand im Erzgebirge. Mit anderen Worten: Es ging damals nicht um Umwelt- oder Naturschutz und schon gar nicht um die Rettung des Klimas. Es ging um eine florierende Wirtschaft, die nun »nachhaltig« aufgestellt war.

1957 – die Wahrheit über die Ozeane als CO_2-Speicher

Die Entdeckung des Roger Revelle

Hin und wieder gibt es historische Momente, die einen irgendwie fassungslos zurücklassen. 1957 ist das Jahr, in dem die globale Erwärmung mit all ihren Folgen wissenschaftlich prognostiziert und erstmals publiziert wurde. Schon 1957! Noch jahrzehntelang danach wurden der Treibhauseffekt, der Zusammenhang mit dem Verbrennen fossiler Energieträger und dem damit verbundenen CO_2-Ausstoß sowie die Risiken der Erderwärmung von großen Teilen der (Erdöl-)Industrie und politisch führenden Nationen hartnäckig geleugnet. Dabei lagen die Fakten schon sehr lange auf dem wissenschaftlichen Tisch, genauer auf dem Schreibtisch von Roger Randall Dougan Revelle (1909–1991). Revelle war ein US-amerikanischer Ozeanograf und Klimatologe. Und er war mutig. Denn mit seinen Forschungsergebnissen in Zusammenarbeit vor allem mit dem Chemiker und Kernphysiker Hans Suess und weiteren Wissenschaftlern stellte er sich in aller Öffentlichkeit gegen den wissenschaftlichen und damit auch gegen den politischen Mainstream seiner Zeit.[132]

Gängige Forschungsmeinung war damals, dass die immense Meerwassermasse der Ozeane – neben den natürlichen »Senken« wie intakte Wälder und Moore – das überschüssige CO_2, das durch menschliche Aktivitäten entsteht, schnell absorbieren würde. Und dort, in den gewaltigen Tiefen der Weltmeere, würde es für alle Zeiten verbleiben.

Revelle fand heraus, dass in dieser Betrachtung ein gravierender Fehler steckte – dank einer von Suess entwickelten, ganz neuen Methode, das Alter von CO_2-Molekülen zu bestimmen. So konnten die Forscher erstmals CO_2-Moleküle unterscheiden: Plötzlich gab es alte und neue. Und die neuen kamen aus der Verbrennung von fossilen Energieträgern der Gegenwart.

Roger Revelle hatte zudem von den Arbeiten des englischen Ingenieurs und Erfinders Guy Stewart Callendar gehört, der bereits 1938 auf Basis von Temperaturmessungen über den menschengemachten Treibhauseffekt publizierte. Callendar gewann der damit verbundenen Erderwärmung allerdings eher positive Effekte ab, bessere Ernten etwa. Auch die Forschungsarbeiten von Gilbert Plass zog Revelle zurate. Plass, ein kanadischer Physiker, berechnete 1956, dass eine Verdoppelung der CO_2-Konzentration in der Atmosphäre zu einer Erwärmung der globalen Durchschnittstemperatur um 3,6 °C führen würde.

Revelle kombinierte die Aussagen von Plass und Callendar mit seinen Ergebnissen. Nun argumentierte er, dass eine Anreicherung von CO_2 in der Atmosphäre einen starken Treibhauseffekt haben würde. Revelle sagte öffentlich, dass es im Rahmen des Möglichen läge, dass es für den Planeten und damit für die Menschheit bis zum Ende das Jahrhunderts zu bedrohlichen und schädlichen Auswirkungen kommen könnte.

Fast allen anderen Wissenschaftlern schienen der Treibhauseffekt und die damit verbundene Klimaerwärmung ein Thema ohne praktische Bedeutung zu sein. Alle bisherigen Ergebnisse zeigten doch, dass CO_2-Moleküle im Durchschnitt nur um die zehn Jahre in der Atmosphäre verblieben, bis sie sich im Wasser der Ozeane auflösten. Zehn Jahre: Das schien nach den Annahmen jener Zeit schnell genug zu sein, um mit den künftigen CO_2-Emissionen z. B. einer eher langsam wachsenden Industrie fertigzuwerden.

Auch Revelle ging zunächst davon aus, dass die Industrie das Treibhausgas künftig nahezu in der gleichen Menge ausstoßen würde. Bis er auf die Studien des Physikers und Geochemikers Harrison Brown stieß, der am California Institute of Technology arbeitete. Brown sah das komplett anders und entwarf ein radikales Zukunftsbild, eines mit einer rasant wachsenden, geradezu explodierenden Bevölkerung und Industrialisierung. Im Jahr 1953 machte Brown eine aufsehenerregende, weil unvorstellbar klingende Vorhersage: Die Weltbevölkerung könne bis 2050 sechs Milliarden Menschen umfassen.

Daraufhin überarbeite Revelle seine Daten, die er für den künftigen CO_2-Ausstoß berechnet hatte. Er hatte nun verstanden, dass die Industrieemissionen aller Voraussicht nach dramatisch ansteigen würden und demzufolge das CO_2 eben nicht schnell genug in den Wassermassen der Ozeane gebunden werden könnte. Die CO_2-Konzentration in der Atmosphäre würde zwangsläufig, mit spürbaren Effekten, zunehmen. Einen Anstieg um 25 %, bezogen auf den Zeitraum von 1956 bis zum Jahr 2000, hielt er für möglich. Abschließend bemerkte Revelle: »Menschen führen jetzt ein groß angelegtes, geophysikalisches Experiment durch, wie es in der Vergangenheit weder möglich gewesen wäre noch in der Zukunft reproduziert werden könnte.«[133]

Das Wort »Experiment« war natürlich in der Wissenschaftsszene allgegenwärtig und klang eher nach Neugier als nach Bedrohung. So kam es, dass die Veröffentlichung seines Aufsatzes im Jahr 1957 keine große Resonanz fand.

Im Nachhinein ist es fast schon tragisch, dass Revelle nicht deutlicher wurde und somit auch in der damaligen Politik keine Unterstützer finden konnte. Das sollte sich in der weiteren Entwicklung zur Etablierung von nachhaltigen Ideen zum Schutz des Klimas und der Biodiversität leider noch viele Jahre lang fortsetzen.

1972 – schockierende Erkenntnisse über den Zustand der Welt

Die erste UN-Weltumweltkonferenz und was sie bewirkte

Manchmal hallt sie noch lange nach, die Umweltpolitik der vergangenen Jahrzehnte. Sie kennen vielleicht den Weltumwelttag, der jedes Jahr am 5. Juni begangen wird? Es ist ein mahnender Gedenktag, der die Menschen daran erinnern soll, sorgsam und vorausschauend mit den Ressourcen des Planeten, mit Wasser, den Ozeanen, mit den fruchtbaren Böden, der Natur und der biologischen Vielfalt und schließlich mit ihresgleichen sozial fair und stets auf Augenhöhe umzugehen. Nun, dieser Tag ist ein Ergebnis der ersten Weltkonferenz überhaupt, die sich je mit globalen Umweltfragen befasst hat. Der 5. Juni war der erste Konferenztag im Jahr 1972. Seitdem also gibt es den Tag der Umwelt.[134]

Die Konferenz der Vereinten Nationen über die menschliche Umwelt 1972 in Stockholm hat also erstmals existenzielle Umweltfragen in den Mittelpunkt gestellt und damit einer weltweiten Öffentlichkeit präsentiert. Es ist nicht sicher, ob die damals rund 1 200 Vertreter aus 112 Staaten (es sind so wenig, weil die Ost-Staaten nicht kommen wollten) sahen, dass sie soeben den Einstieg in die internationale Umweltpolitik geschafft hatten. Hunderte Konferenzen folgten, darunter der legendäre Erdgipfel 1992 in Rio und in dessen Folge jährliche UN-Klimakonferenzen (die vorerst letzte, Nummer 28, in Dubai; Stand November 2023).

Befeuert wurde die Stockholmer Konferenz von einem aufsehenerregenden Bericht mit dem Titel »Die Grenzen des Wachstums«[135], herausgegeben vom noch jungen Club of Rome (Gründung: 1968).

Der Club war eine Idee des italienischen Industriellen Aurelio Peccei und des Schotten Alexander King, Direktor für Wissenschaft, Technologie und Erziehung bei der Pariser Organisation für wirtschaftliche Zusammenarbeit und Entwicklung (OECD).

Man glaubt es kaum: Der Club, ein Zusammenschluss von damals 30 Experten aus allen Disziplinen, hatte es sich zur Aufgabe gemacht, nach Wegen zu suchen, die Menschheit in eine nachhaltigere Zukunft zu führen. 1968! Aus heutiger Sicht kann man nur attestieren: Welch ein Weitblick!

Jedenfalls sahen die Mitglieder des Club of Rome in der kommenden Stockholmer UN-Konferenz eine große Chance, die Menschheit wachzurütteln. Aber nicht einfach so, nicht aus dem hohlen Bauch heraus. Behauptungen mussten belegt sein, die Recherchen also überprüft, nach wissenschaftlichen Kriterien »Peer reviewed«.[136] Dem Club schwebte so etwas wie eine Zwischenbilanz über den Zustand der Erde vor, und er beauftragte das US-Forscherehepaar Dennis und Donella Meadows sowie den norwegischen Zukunftsforscher Jørgen Randers mit einer entsprechenden Studie.

Die Autoren setzten eine computergestützte Simulation zur systemischen Entwicklung des Planeten ein, berechneten also Wasserverbrauch, Nahrungsmittelproduktion, Umweltverschmutzung, Bevölkerungswachstum und Siedlungsdichte, Ressourcenverbrauch, Klimaszenarien und alle weiteren, für das Überleben der Menschheit wichtigen Faktoren. Die Studie war ein Schock, denn das Ergebnis lautete: Beim bisherigen Wirtschafts- und Bevölkerungswachstum würde das System Erde massiv überfordert und bis zum Jahr 2100 schlicht zusammenbrechen.

Die so aufgezeigten Grenzen des Wachstums sorgten auf der Stockholmer Konferenz für heftigste Diskussionen und legten die Basis für einen Dauerkonflikt, der bis heute anhält. Um den Systemzusammenbruch der Erde zu vermeiden oder mindestens zu mildern, müssten schleunigst durchgreifende Umweltschutz-maßnahmen beschlossen werden – so weit war das allen klar. Das aber würde Geld kosten und den Ländern des globalen Südens die Chance auf eine armutsbekämpfende wirtschaftliche Entwicklung nehmen. So gingen die Entwicklungsländer in die Offensive, waren sich schnell in der Analyse einig und verkündeten, dass das ganze Umweltschutzgerede ausschließlich eine Sache der reichen Länder im globalen Norden sei. Immerhin wurden ja genau dort die schlimmsten Umweltsünden verursacht. Also müssten die reichen Länder für das »Aufräumen« bezahlen, und die armen Länder dürften sich noch ein paar Jahrzehnte lang »schmutzig« entwickeln, um wirtschaftlichen Wohlstand zu erreichen. Dass diese Entwicklung später dann – wenn auch nicht überall – rasend schnell vonstattengehen könnte (China!), darüber wollten die Entwicklungsländer nicht diskutieren.

Aber immerhin: Die UN-Konferenz verabschiedete eine Reihe von Grundsätzen für einen vernünftigen Umgang mit der Umwelt, darunter die Stockholmer Erklärung und den Aktionsplan für die menschliche Umwelt sowie mehrere Resolutionen. Die Stockholmer Erklärung enthielt 26 Grundsätze und rückte Umweltfragen in den Mittelpunkt der internationalen Besorgnis. Die Erklärung markierte den Beginn eines Dialogs zwischen Industrie- und Entwicklungsländern über den Zusammenhang zwischen Wirtschaftswachstum und Umweltverschmutzung.[137]

Auf Vorschlag der Stockholmer Konferenz wurde im gleichen Jahr durch die UN-Vollversammlung das UN-Umweltprogramm (UNEP)[138] mit Sitz in Nairobi/Kenia gegründet. Dass eine neue und für die Zukunft sehr bedeutende UN-Organisation den Sitz in einem afrikanischen Land zugestanden bekam, war und ist ein »Freundschaftsangebot« im Sinne des Dialoges zwischen dem globalen Norden und dem globalen Süden.

Heute wäre es gut, wenn die Staaten der Welt sich auf das UN-Umweltprogramm besinnen würden. Denn der Dialogansatz von Stockholm aus dem Jahr 1972 ist aktueller denn je. Seitdem hat die Menschheit viel konferiert, sehr viele Erklärungen verfasst, Regeln aufgestellt und Gesetze erlassen und beteuert, wie wichtig eine gesunde Balance des Planeten ist. Einzig das beherzte, zielführende Handeln ist im globalen Maßstab und gemessen an den Notwendigkeiten auf der Strecke geblieben. Der Zeithorizont, der 1972 noch ein eher gemütliches Vorangehen ermöglicht hätte – er ist vertan. Nun muss sehr schnell und effektiv gehandelt werden, um noch Schlimmeres zu verhindern. Und da reicht es nicht, wenn Nationalstaaten im »Klein-Klein« unterwegs sind, etwa über den Austausch alter Heizungen und den Einbau von Wärmepumpen bis zur politischen Erschöpfung diskutieren. Nein, wer das System Erde stabilisieren will, hat jetzt nur noch eine Möglichkeit: Es müssen die ganz großen Räder gedreht werden.

Hätte ich eine Milliarde Euro für den Klimaschutz, ...

»... brauche ich gar nicht. Alles, was wir brauchen, ist die Abschaffung der Subvention für nicht nachhaltige Produkte und damit auch für die fossilen Industrien.«

Prof. Dr. Mojib Latif, Meteorologe, Ozeanograf, Klimaforscher am GEOMAR; Präsident deutsche Gesellschaft Club of Rome; Präsident Akademie der Wissenschaften Hamburg; Träger Deutscher Umweltpreis 2015

»... die bräuchte ich nicht. Es würde schon viel helfen, die immer mehr aufgeblähte Bürokratie einzudämmen und mit dem Kontrollwahn aufzuhören. Wir und die Kollegen aus anderen Handwerksbranchen fühlen uns gegängelt und steuerlich ausgequetscht.«

Rüdiger Beck, Inhaber der Firma Beck Elektrotechnik, Benningen

WIRD DER WALD NOCH ALT?

BÄUME STATT BÜROKRATIE

»Alles, was gegen die Natur ist,
hat auf Dauer keinen Bestand.«

Charles Darwin, britischer Naturforscher, 1809–1882

Darum geht es:
Ein gesunder Wald ist für das ökologische Gleichgewicht und das Wohlergehen vieler Lebewesen, einschließlich des Menschen, von entscheidender Bedeutung. Wälder absorbieren Kohlendioxid (CO_2), produzieren lebenswichtigen Sauerstoff und tragen zur Verbesserung der Luftqualität bei. Sie sind zudem wichtige Kohlenstoffsenken, die helfen, den Klimawandel zu mildern. Wälder sind Lebensräume für eine unglaubliche Vielfalt von Pflanzen, Pilzen, Tieren und Mikroorganismen. Sie bieten Nahrung, Lebensraum und Schutz für zahlreiche, auch gefährdete Arten. Wälder spielen eine entscheidende Rolle bei der Regulierung des Wasserkreislaufs. Sie ziehen über ihr Wurzelwerk Wasser aus dem Boden und geben es in die Atmosphäre ab, was zur Bildung von Niederschlägen beiträgt. Gerade alte Bäume schützen die Böden vor Erosion. Wälder sind oft kulturell bedeutsame Orte für indigene Völker und Gemeinschaften auf der ganzen Welt. Sie dienen als Quelle von Spiritualität, Traditionen, Nahrung, Medizin und Erholung. Wälder sind ein nachhaltiger Wirtschaftsfaktor, sie liefern Holz, bieten Lebensraum für Wildtiere, stützen den Tourismus und schaffen so indirekt Arbeitsplätze.

Die Erhaltung und nachhaltige Bewirtschaftung von Wäldern ist daher von entscheidender Bedeutung für den Erhalt das Gesamtökosystems unseres Planeten.

Doch unseren Wäldern geht es schlecht. Bei mehr als 35 % aller heimischen Waldbäume ist die Krone zu einem Viertel licht. Eine schwächere Kronenverlichtung von II–25 % weisen 44 % der Bäume auf. Damit haben nur 2I % der Bäume eine volle Krone, so der Waldzustandsbericht.[139]

Für eilige Leser hier einige Aspekte zum Thema:
* Noch immer sind die Wälder **zu vielen Luftschadstoffen** ausgesetzt.
* Die ohnehin schon geschädigten Bäume leiden zunehmend unter **Trockenperioden**, unter **Wassermangel** einerseits und schweren **Stürmen** mit **Starkniederschlägen** andererseits.
* **Waldbrände** sind mehr und mehr nicht nur in Südeuropa und auf anderen Kontinenten ein Problem, sondern auch bei uns.
* Statt Waldbesitzer, Waldbewirtschafter und Praktiker vor Ort machen zu lassen, wird der **Paragrafendschungel** immer dichter, während der Wald immer lichter wird.
* Die **Europäische Union** schützt Wälder perfekt auf dem Papier, ist jedoch nicht in der Lage, illegalen Holzeinschlag selbst in Schutzgebieten zu unterbinden. Die **Waldpolitik** und deren Umsetzung muss **reformiert** werden.
* Es reicht nicht, für Wälder am Amazonas, in Afrika und Südostasien zu kämpfen. Die Anpassung an die sich ständig ändernden Umweltbedingungen erfordert konsequentes und **schnelles Handeln auch vor der eigenen Haustür.**

Finn und der Zustand des Waldes

Die Panikattacke kam heftig und unerwartet. Finn hatte die Orientierung verloren. Er war irgendwo im Lennebergwald. Bei Nacht und bei Vollmond. Aber das fahle Licht des Erdtrabanten konnte den Wald nur spärlich erhellen. Wie blöd, dachte Finn, jetzt wäre die LED-Taschenlampe hilfreich. Die aber lag im Zelt, und offiziell mitnehmen ging ja auch nicht. Das war es ja gerade: eine Art Mutprobe, eine Waldwanderung bei Nacht, ohne Hilfsmittel, auch kein Handy, nur den eigenen Sinnen trauend. Mit ihm waren sechs andere Schülerinnen und Schüler aus seiner Klasse unterwegs. Mit verbundenen Augen wurden sie per Auto an verschiedene Startpunkte gebracht. Dann Augenbinde runter und jeder für sich allein zurück zum Zeltplatz. Im Auto hatten sie noch gefeixt:»Alles kein Problem, in fünf Minuten sind wir zurück.«»Ihr könnt schon mal die Getränke hinstellen und den Eintopf warm machen.« Jetzt aber war es ganz still geworden. Nein, nicht ganz: Ein Käuzchen meldete sich und warb um eine Partnerin. Und Wind kam auf, es rauschte in den Baumkronen. Finn tastete sich Schritt für Schritt voran, längst war er nicht mehr auf dem ausgetretenen Pfad, sondern stakste im Unterholz herum.»Aua, Mist«, entfuhr es ihm, als er im Dunkeln mit wildem Gesträuch Bekanntschaft machte. Kein Durchkommen. Also zurück. Schnell war aus dem Wind Sturm geworden, heftige Böen fegten durch den Wald. Plötzlich ein lautes Knacken, dann mörderisches Krachen. Finn blieb wie angewurzelt stehen. Zum Glück, denn keine drei Meter vor ihm knallte etwas auf den Boden. Im Mondlicht erkannte er schemenhaft die Umrisse einer alten Kiefer. Die Rinde fehlte, Zeichen für einen abgestorbenen Baum. Finn schrak erneut zusammen: Wieder ein Knacken, gefolgt von Krachen, genauso laut wie zuvor. Der nächste Baum! Instinktiv warf er sich flach in das Unterholz. Das war sein Glück. Die zweite Kiefer fiel quer über den schon am Boden liegenden Stamm. Finn hob den Kopf – und blickte in ein paar gelbe Augen. Dann noch ein Augenpaar, und noch eines … Die Wölfe stimmten ein entsetzliches Geheul an, was in ein rockiges »Halleluja!« überging. Schweißnass schreckte Finn hoch. Auf der Stelle war er hellwach. Welch ein schrecklicher Traum! Er stoppte den Weckton seines Smartphones, vor ein paar Wochen fand er es witzig, mit »Halleluja!« geweckt zu werden. Jetzt kam es ihm irgendwie schräg vor. Noch verwirrt vom Albtraum zog er sich an und ging zum Frühstücken. Seine

Eltern, Lara und Lennart, saßen schon da und begrüßten ihn mit einem fröhlichen »Guten Morgen!«. Finn setzte sich auf seinen Platz und fahndete nach einer Müslistange, die er dann im Brotkorb entdeckte. »Na, schon aufgeregt?«, frage Lara neugierig. Heute sollte es an der Schule eine große Veranstaltung zum Thema »Unser Wald« geben. Auch die Eltern waren eingeladen, Forst- und Klimaschutzexperten würden Vorträge halten und der Förster des Jahres, Martin Janner, hatte sich bereit erklärt, von seiner Arbeit zu berichten. Finn hatte eine besondere Aufgabe: Als »Chef« der Schüler-Foto-&-Video-AG sollte er sämtliche Smartphone-Fotos und -Videos, die seine Klassenkameraden während der Freizeit im Lennebergwald im letzten Herbst aufgenommen hatten, auswerten und zu einem Bilder- und Videovortrag zusammenfügen. Es war jene Klassenfahrt, die im Regen und im Schlammdesaster geendet hatte, einen Tag vor dem geplanten Abschluss abgebrochen werden musste und seine Mutter Lara zum Kauf einer neuen Waschmaschine bzw. zum Buchen von 1000 Wäschen gezwungen hatte.

Punkt 10 Uhr eröffnete der Schuldirektor die Veranstaltung. Die Aula war voll besetzt. Finn bekam nichts von der Ansprache des Direktors mit, so aufgeregt war er. »Und nun das Neueste aus dem Lennebergwald. Aufgenommen von 35 Schülerinnen und Schülern bei unserer Herbstfreizeit. Zusammengestellt und kommentiert von Finn Craft!« Starker Applaus ließ Finn aufschrecken und zum Rednerpult gehen, wo auch ein Beamer und ein Laptop für seinen Vortrag standen. »Also, äh, vielen Dank, es ist genau so im Wald gewesen, wie ich es letzte Nacht geträumt habe …« Finn erntete ein vernehmbares Kichern, vor allem aus der Ecke seiner Mitschülerinnen. »Also ich meine …, hier sind eure Bilder und Videos.« Finn klickte seine PowerPoint-Präsentation an: Zuerst sah man das Zeltlager mit der Feuerstelle in der Mitte. Fotos und sehr kurze Videosequenzen wechselten sich ab. Dann ging es in den Wald. Zuerst sah alles ganz normal aus: Große Bäume, grüne Blätter – ein Wald eben. Plötzlich änderte sich das Bild. Baumleichen überall. Wild durcheinander liegend, die kahlen Äste wie um Hilfe rufend in den Himmel gestreckt. Es wurden immer mehr. Einige lagen quer zu den Waldwegen. Andere hatten sich in noch stehenden Bäumen verfangen. An einigen Stellen hatten die Leute vom Forstamt schon aufgeräumt, die Stämme zersägt und zum Abtransport aufgeschichtet. Ein Video folgte, die Kamera fuhr ganz dicht an einem Stamm entlang. Die Rinde war fast vollständig weg, dafür sah man merkwürdige Kerben, die kleinen Kanälen ähnelten. »Das sind die Gänge der Borkenkäfer«, erklärte Finn. »Wenn die Bäume schon geschwächt sind, bedeuten sie dann wirklich das Todesurteil.« Finn klickte die nächste Folie an. Mit jedem Bild wurde es stiller in der Aula. So deutlich hatten es die Schülerinnen und Schüler, die Eltern und die Lehrer bislang nicht wahrgenommen – das Waldsterben vor ihrer Haustür.

Sehnsuchtsort Wald

Nichts scheint den Menschen im deutschen Sprachraum heiliger zu sein als der Wald. Als Sehnsuchtsort, als Projektion für die Liebe zur Natur, als Lebens- und Erholungsraum. Eine relativ junge »Erfindung«, die u. a. auf die Zeit der Romantik zurückgeht. Davor waren Wälder – insbesondere in unzugänglichen Berg- und Hügellandschaften – abweisend, ja gefährlich, und nur die Allerärmsten wie Köhler, arme Holzbauern oder als Wilddiebe gebrandmarkte »Outlaws« lebten und versteckten sich dort. Aus dieser Zeit vom gefährlichen Wald mit seinen gefährlichen Bewohnern stammen so manche Märchen. Wald, das war die Energie- und Materialquelle Holz und später das vom Adel beanspruchte Jagdgebiet, für das ohnehin arme Menschen noch Frondienste leisten mussten. Nur in manchen Gegenden gab es Bauernwälder, die zum Teil gemeinschaftlich bewirtschaftet wurden. Dann war der Wald in erster Linie Rohstofflieferant und wurde dazu gnadenlos ausgebeutet. In manchen Gegenden wie dem Erzgebirge so lange, bis vom eigentlichen Wald nicht mehr viel übrig war und die sogenannte nachhaltige Forstwirtschaft erfunden wurde, bei der nur so viel entnommen wird, wie im gleichen Zeitraum nachwächst (vgl. Kap. »Historische Momente«). Wenn auch oft so dargestellt, hatte das mit Ökologie wenig zu tun, weil es eben nur um die Sicherung von Rohstoff ging und Aspekte des Boden- und Grundwasserschutzes, der Lufterneuerung, der Funktion als Lebensraum noch nicht »eingepreist« waren. Erst von den Romantikern, dann am Anfang des 20. Jahrhunderts von Naturliebhabern »entdeckt«, wurde der Wald von der modernen Umweltbewegung – wachgerüttelt durch absterbende Wälder infolge des sauren Regens in den 1970er- und 1980er-Jahren – in seiner ganzen Dimension wahrgenommen und verteidigt. Der Wald steht wie kein anderer Lebensraum für Umwelt- und Klimaschutz, und nirgendwo ist die Liebe zu den fern liegenden letzten Urwäldern Südamerikas, Afrikas und Südostasiens so groß wie bei uns in Europa.

Wald steht spätestens seit Mitte der 1970er-Jahre auch für Bürgerwiderstand – denken wir etwa an die Auseinandersetzungen um das einst geplante Kernkraftwerk Wyhl[140] oder den Kampf um die letzten intakten Donau-Auwälder, die durch den geplanten Donauausbau im Bereich Straubing-Vilshofen gefährdet waren.[141] Auch das fast flächige Absterben mancher Wälder etwa im Erzgebirge – infolge des sauren Regens in den 1980er-Jahren – führte nach Bürgerprotesten zum Umdenken in der Politik,[142] das mit den Sturmschäden durch die Orkane Wiebke (1990) und Lothar (1999)[143] eine weitere Steigerung erfuhr. Angesichts der in ihrem Ausmaß nicht absehbaren, aber sicher eintretenden Bedrohung der Wälder durch den Klimawandel nicht nur in Deutschland, Österreich und der Schweiz, sondern in ganz Europa steht unsere Gesellschaft vor der Herausforderung, wie Wald gerettet, wie Wald im Sinne einer Klimawandel-Überlebenspolitik – von einem besonderen Forschungszweig mittlerweile als

Survival Ecology[144] bezeichnet – überhaupt fortentwickelt und genutzt werden kann.

Fest steht: Der heimische Wald, wie wir ihn bislang kennen und lieben, wird sich massiv verändern.

Ohne Wälder kein lebenswertes Leben auf der Erde – Gedanken über Nachgedachtes

Ohne Wälder auf der Welt sind wir nichts. Nicht nur die Wälder zu Land sind gemeint, sondern auch die im Meer. Die Seetangwälder der Meere, die als CO_2-Senken und Klimaregulatoren so wichtig sind wie die Wälder der Berge, Täler und Moore. Hier in diesem Buch geht es um unsere grünen Lungen zu Lande. Von denen haben wir schon viel zu viele verloren; noch immer ist die Waldvernichtung nicht gestoppt. Das heizt den Klimawandel noch mehr an, vernichtet Leben und ganze Ökosysteme, macht das Überleben noch schwieriger. Im Vergleich zur global (noch) vorhandenen Waldfläche mit 40,6 Millionen Quadratkilometern, das sind rund 30 % der Erdoberfläche[145], machen die Wälder Deutschlands mit knapp 30 % der Landesfläche (114 000 Quadratkilometer),[146] Österreichs mit 48 % der Landesfläche (40 250 Quadratkilometer)[147], der Schweiz mit 31 % der Landesfläche (13 000 Quadratkilometer)[148] – zum Vergleich: Waldanteil in der Europäischen Union insgesamt 39 %, 160 Millionen Hektar = 1 600 000 Quadratkilometer, das sind gerade mal 4 % der globalen Waldfläche[149] – nur einen geringen Anteil aus. Aber genau diese Wälder werden immer wichtiger!

Hier geht es ganz egoistisch um unser eigenes, möglichst erträgliches Überleben vor der eigenen Haustür. Wenngleich wir uns vehement auf vielerlei Ebenen für den Schutz und die Wiederherstellung artenreicher Wälder in anderen Kontinenten einsetzen und dafür selbst praktische Projekte – wie etwa NatureLife in Südostasien – fördern und gestalten, haben wir als Einzelne ebenso wie die Länder in Europa so gut wie keine wirksame Möglichkeit, die nach wie vor ungebremste Abholzung der letzten Primärwälder wirksam zu beeinflussen. Selbst die Europäische Union, deren überzeugte Anhänger wir trotz aller Probleme sind, hat es nicht fertiggebracht, nach strengem Artenschutzrecht der Gemeinschaft eigentlich gesicherte, noch großflächige Urwaldbereiche mit einer erstaunlichen Artenvielfalt in Rumänien, Bulgarien und anderen Regionen wirkungsvoll zu schützen. So sind Paragrafen weder das Papier wert, zu dem das illegal eingeschlagene Holz zum Teil auch zerschreddert wird, noch die Energie, die für die digital schön aufbereiteten, bestens illustrierten Zeilen aufgewendet werden muss. Dies haben trotz vieler internationaler Kongresse, Vereinbarungen und auch nicht weniger Finanzhilfen die vergangenen 40 Jahre gezeigt. Natürlich müssen und wollen wir weiterkämpfen – um die letzten wilden Wälder als grüne Lungen und unersetzliche Bioreservate, wie es etwa Dr. Christof Schenck, Geschäftsführer der Zoologischen Gesellschaft Frankfurt am Main, mit seiner Organisation in den tropischen Regenwäldern Amazoniens, des Kongobeckens und Südostasiens trotz vieler Bedrohungen und Rückschläge realisiert.[150] Aber parallel können wir uns weitere Zeitverluste nicht leisten, da uns die Auswirkungen des Klimawandels ganz unmittelbar vor ganz neue Herausforderungen stellen werden – Herausforderungen, die wir Autoren dieses Buches uns in dieser Dimension – da sind wir ganz ehrlich – Ende der 1970er-, in den 1980er- und 1990er-Jahren so nicht vorstellen konnten.

Nehmen wir Deutschland: Wohl nirgendwo auf der Welt ist Wald strenger geschützt als hier. Dafür sorgten und sorgen schon früh Gesetze, die immer weiter verschärft wurden. Um die Umsetzung kümmern sich bestens organisierte und personell gut ausgestattete Forstverwaltungen von Staat und Gemeinden sowie meist sorgsam auf nachhaltige Holznutzung bedachte private Waldbesitzer.

»Es war einmal ...«, würden Märchenerzähler wie die Gebrüder Grimm, Hans Christian Andersen oder Wilhelm Hauff schon in naher Zukunft schreiben. Denn nichts von dem, was wir an heimischem Wald kennen, lieben, ja stellenweise sogar verehren, wird so bleiben, wie es ist.

Die Ausgangslage ist nicht einfach. Noch leisten sich Fachleute Grundsatzdiskussionen und Grabenkämpfe. Alle wollen es richtig machen, aber Patentrezepte gibt es nicht. Die Spanne reicht von den Wildnisfanatikern einerseits, die den Wald möglichst sich selbst überlassen wollen, bis zu den rein wirtschaftlich denkenden »Holzerzeugern« andererseits, die möglichst viel Holzeinschlag rausholen möchten. Daneben gibt es Forstleute sowie Naturschützer und Waldbesitzer, die angesichts der Herausforderungen des Klimawandels für verschiedene, aufeinander abgestimmte Wege offen sind. Einer davon ist Martin Janner aus Rheinland-Pfalz, der vieles auf den Punkt bringt und für eine neue Waldpolitik plädiert.

Bäume statt Bürokratie: Ein Förster spricht Klartext

Nein, ein Baumflüsterer und Träumer ist Martin Janner gewiss nicht. Aber ein Waldkenner, Praktiker und Waldschützer. Geerdet und doch visionär. Geht es um Wald, seinen Wald, unsere Wälder, dann legt sich der engagierte Baumversteher wortreich ins Zeug. Und er traut sich was.

Das ist für Leute im Öffentlichen Dienst beileibe nicht selbstverständlich. Auf unsere Frage, was er denn mit **einer Milliarde Euro** machen würde, wenn er etwa als »Bundesforstminister«[151] einen solchen Etat zur Verfügung hätte, sagt der bundesweit als »Förster des Jahres 2023« ausgezeichnete Fachmann: »Mit einer Milliarde Euro ließe sich die Organisation der Forstverwaltungen Deutschlands zumindest zum Teil wieder vom Kopf auf die Füße stellen.« Er plädiert dafür, dass Forstleute wieder mehr Freiheit bekommen sollten, um sich mehr um Bäume statt um

Bürokratie kümmern zu können. Seine Analyse: »Während früher ganz klar war, dass die Forstleute von A bis Z für den Wald zuständig waren, hat man es heute mit einer teils undurchsichtigen oder gewaltigen bürokratischen Maschinerie zu tun.« Sein Vorschlag: Die Reviere auf 1 200 Hektar begrenzen (umgerechnet ist dies immer noch eine Fläche, die rund 1 680 Fußballplätzen entspricht) und »in jedem Revier arbeiten mindestens drei Forstwirte, welche mit der zuständigen Revierleitung die zentralen Arbeiten im Revier, also direkt vor Ort, erledigen.« Und Janner hat auch die Gegenrechnung zur Finanzierung parat: »Im Gegenzug sollten Stabstellen und Ministerialbüros verkleinert oder zumindest im Hinblick auf die Gehaltsstufen gekürzt werden – unsere Arbeit muss wieder dem Wald, dem einzelnen Bestand, ja dem einzelnen Baum gelten und nicht der bürokratischen Berichtsroutine.« Es sind ja nicht nur die Berichts- und Nachweispflichten, die auf Gesetzesebene über den Waldbesitzer hereinbrechen: Es sind z. B. auch die Vorschriften der Zertifizierungsorganisationen zu erfüllen und zu dokumentieren, es sind die Vorschriften der Berufsgenossenschaften und der sicherheitstechnischen Fachkräfte zu beachten. Arbeitssicherheit ist eine ganz wichtige Sache, jedoch werden die gleichen Sachverhalte mittlerweile von unterschiedlichen Organisationen mit teils abweichenden Auslegungen der Regeln geprüft! »Und jeder Prüfer hält sich für ganz besonders wichtig«, beklagt nicht nur Janner.

Starke, mutige Worte. Aber Janner spricht garantiert den meisten seiner Berufskollegen aus dem Herzen. Gewiss hat er es sich mit seiner Antwort nicht einfach gemacht. Denn es hat schon einige Zeit gedauert, bis er die Eine-Milliarde-Euro-Frage beantwortete. »Seit unserem letzten Telefonat nage ich an der Milliarden-Euro-Frage. Meine Antwort erfolgt nach reichlicher Überlegung und in Rücksprache und Diskussionen mit Kolleginnen und Kollegen aus der Branche«, erklärt Janner. Wirklich ein mutiger Mann, ein Macher! Leider werden doch solche

Leute allzu oft von der peinlichst auf Dienstwege und Hierarchien bedachten Amtsbürokratie eingebremst, ja zurückgepfiffen.

Wir Autoren haben im Laufe der Jahre viele junge Menschen in Verwaltungen – gerade auch in Umweltverwaltungen – sowie in der Wirtschaft und auch bei Medien erlebt, die hoch engagiert, dynamisch und voller Ideen gestartet sind, aber nach und nach so auf Linie gebracht wurden, dass sie nur mit Sarkasmus ihr Amtsschicksal ertragen haben und genauso gleichförmig wurden wie ihre »Lehrmeister«. Andere hörten frustriert früher auf und suchten in anderen Berufen ihr Glück. Das ist nicht allein ein Problem für nachhaltige Entwicklung, Umweltbewahrung und Klimaschutz; hier schlägt es sich aber besonders deutlich nieder, weil wir mit alten Konzepten und alten Strukturen keine neuen Zukunftsherausforderungen lösen können.

Nichts ist erfolgreicher als der Erfolg

Für seinen Wirkungsbereich, das Forstrevier Oberwallmenach, das zur gleichnamigen Ortsgemeinde gehört, Teil der Verbandsgemeinde Nastätten im Rhein-Lahn-Kreis in Rheinland-Pfalz, scheint Janner, der auch als Buchautor wirkt,[152] jedenfalls Rückendeckung und Unterstützung zu haben. »Er will bei öffentlichen Diskussionen mitreden, regionale Märkte stärken und den Wert der Forstwirtschaft aufzeigen. Der Gemeinde- und Städtebund Rheinland-Pfalz gratuliert Martin Janner ganz herzlich zum verdienten Titel ›Förster des Jahres 2023‹ und bedankt sich für sein besonderes Engagement für den Wald«, so die Reaktion des Gemeinde- und Städtebundes Rheinland-Pfalz auf die Auszeichnung ihres lebendigen Aushängeschildes in Sachen Wald.[153] Sicherlich wird der Titel im Rahmen des Deutschen Waldpreises[154] Janner und seine Arbeit zusätzlich stärken.

Nichts ist ja bekanntlich erfolgreicher als der Erfolg. Denn die Auszeichnung hat ein breites Medieninteresse ausgelöst, auf das man in Rheinland-Pfalz stolz sein kann. Und so konnte Janner u. a. bei SWR1[155] berichten, was ihn bewegt. Auf die Frage, ob ihn der kranke Wald manchmal deprimiere, sagte er: »Irgendwann muss der Zeitpunkt kommen, wo man umschaltet und sagt, das ist jetzt hier meine Aufgabe, das ist jetzt meine Challenge. Jetzt muss ich beweisen, dass ich meinen nachfolgenden Generationen auch wieder etwas hinterlassen kann. Wir können uns nicht hinsetzen und sagen: ›Jetzt ist der Wald abgestorben, jetzt liegt er da‹.« Und Janner brachte bei diesem Interview zum Ausdruck, was viele Forstleute seit den letzten Jahren empfinden. Nach den Erfahrungen der jüngsten Dürreperioden gefragt, verweist er auf die Jahre 2018/2019, als es auch schon Trockenperioden gab und er sich irgendwie wertlos fühlte. »Das geht einem richtig nahe. Da habe ich gesehen, dass viel von dem, was sich so entwickelt hat, auf einmal schlicht und einfach vertrocknet ist. Das nimmt einen Förster, eine Försterin richtig mit, und da gehen wir psychisch in die Tiefe.« Wann immer Janner kann, weist er darauf hin, auf die Zeichen des Waldes zu schauen, auf Erfahrungen aufzubauen, diese fortzuentwickeln und zukunftsfähig zu machen. »Wir müssen vor allem schauen, was uns der Wald heute zeigt, was da von alleine kommt und wo wir gestaltend tätig werden müssen. Wir müssen den Wald in eine möglichst bunte Richtung entwickeln«, sagt Janner im Hinblick auf die Auswirkungen des Klimawandels bei SWR2[156] und plädiert damit für artenreichen, vielfältig aufgebauten, aber auch nutzbaren Wald.

Trotz des großen Interesses seitens der Medien und der zustimmenden Äußerungen offizieller Stellen fragen wir nach, ob Martin Janner mit seiner pointierten Antwort auf meine Frage, wie man am besten eine Milliarde für Waldschutz und Waldmanagement einsetzt, nicht fürchtet, Probleme zu bekommen. Seine Antwort ist wiederum eindeutig: »Ja, natürlich weiß ich, dass meine

Bemerkung in den Chefetagen der Forstverwaltungen nur mäßige Begeisterung auslösen wird. Indes ist es nach meiner festen Überzeugung wichtig, für die Bürgerschaft in den Wäldern auch greifbar und wahrnehmbar zu sein.«Janner bringt auf den Punkt, was viele in den Forstverwaltungen denken. »Es muss doch die Bürgerschaft unzufrieden stimmen, wenn Beamte – also gerade auch meine Berufsgruppe – nicht mehr für die Bürger arbeiten, die sie bezahlen, und wir uns stattdessen aufgrund der Rahmenbedingungen viel zu sehr mit unseresgleichen beschäftigen.« Eine zukunftsfähige Waldpolitik muss für ihn zwei Prämissen haben: »Das eine tun, ohne das andere zu lassen«, sowie »Die Zukunft liegt in der Vielfalt«!

Janner spricht sich ganz klar für eine naturnahe Waldwirtschaft aus, die sich an den örtlichen Gegebenheiten orientiert, »wilde« Naturwaldzellen fördert, aber den Wald auch weiterhin als forstwirtschaftliche Produktionsstätte sieht. »In Berlin werden Holzbauprogramme beschlossen, um Holz als nachwachsenden Rohstoff einzusetzen, gleichzeitig realisiere ich mit Sorge, dass überaus berechtigte Fragen und Sorgen der Bevölkerung im Hinblick auf die Zukunft der Wälder von manchen politischen Kreisen instrumentalisiert werden, um so die forstwirtschaftliche Nutzung ganz zu unterbinden«, beklagt Janner.

Mit Bullerbü-Mentalität[57] kommen wir nicht weiter

Viele Förderprogramme seien daran ausgerichtet, Waldanteile aus der Nutzung zu nehmen und »stillzulegen«. Janner wehrt sich gegen die Kritik an der forstwissenschaftlichen Arbeit der Universitäten im Land, denen manche »zugunsten einiger Bullerbü-Gedanken rund um den Wald Kompetenz absprechen«. So werde auch gerne die Meinung vertreten, die Forstwissenschaft und ganz besonders die Forstwirtschaft »seien im Grunde nichts anderes als die willfährigen Handlanger einer finsteren

Holzindustrie«. »Ich darf Ihren Buchtitel aufgreifen: So wird das nichts!«, sagt Janner und verweist auf die umfangreiche Ausbildung des forstlichen Nachwuchspersonals mit dem mittlerweile errungenen Standard, keine Einheitswälder mehr anzulegen, sondern an den Standort angepasste Mischwälder aufzubauen und Fehlentwicklungen zu korrigieren. Dass die Forstwirtschaft jahrzehnte-, ja fast jahrhundertelang viel zu sehr auf den Holzertrag gesetzt hat, ist indessen nicht von der Hand zu weisen. Landauf, landab sind viele erst aufgewacht, als die Bäume eintöniger Fichten- und Kiefern-Monokulturen, welche die Landschaft zwar äußerlich grün gehalten, aber in artenarme Holzäcker verwandelt haben, bei den Orkanen Wiebke und Lothar umknickten wie Streichhölzer. Trotz dieser Erfahrungen sind weltweit Monokulturen, etwa in den Ländern Südostasiens oder Südamerikas, zum Teil mit Pflanzung von Gummibäumen, Ölpalmen und Jatropha-Sträucher – ungebremst von internationalen Protesten – auf dem Vormarsch.

Der Blick muss nach vorne gehen

Längst haben Forstleute wie auch staatliche, kommunale und private Waldbesitzer aus den Lektionen der Natur gelernt und gegengesteuert. Und es wäre falsch, ihnen 70 und mehr Jahre alte Fehlentwicklungen und weltweite Monokultur-Desaster heute vorzuwerfen. Mit wilden Wäldern allein – von denen wir natürlich viel mehr brauchen als bislang – werden wir nicht vorankommen. Selbst Verantwortliche von Nationalparks, wie Dr. Wolfgang Schlund, Chef des zweitjüngsten deutschen Nationalparks »Schwarzwald«[158], sprechen sich für eine nachhaltige Holzproduktion unter Beachtung der Erfordernisse biologischer Vielfalt, des Boden- und Grundwasserschutzes außerhalb der Schutzgebiete aus. Möglichst große, wilde Wälder und das Motto »Natur Natur sein lassen« – wie es der langjährige Leiter des Nationalparks Bayerischer Wald, Dr. Hans Bibelriether,[159] einst treffend formulierte, sind als »Reallabor Wald« überlebensnotwendig, damit wir von der Natur lernen, Prozesse verstehen und Erkenntnisse gewinnen, wie wir mehr mit statt gegen die Natur arbeiten können. Das muss aber noch lange nicht heißen, dass wir alle Wälder in einen »Urzustand« zurückführen sollten. Denn ganz klar hätte eine starke Eindämmung der Holzwirtschaft oder deren gänzliche Aufgabe zur Folge, dass wir noch mehr von Holzimporten abhängig wären. Nicht nur die Corona-Pandemie zeigte, wie wichtig es ist, autark zu sein bzw. einen hohen Grad von Unabhängigkeit anzustreben. Das gilt beim Thema Energie genauso wie bei der Lebensmittelversorgung oder der Nutzung heimischer, nachwachsender Rohstoffe wie gerade Holz. Auch in anderen Bereichen muss durch nachhaltige Gewinnung und Nutzung anderer Rohstoffe wie Steine, Sand, Zement und Gips die Abhängigkeit von »außen« mutig minimiert und die blindgläubige Sorglosigkeit nach dem Motto »Irgendwie wird es schon gehen« endlich fallen gelassen werden.

Das bedarf einer neuen Ehrlichkeit gerade auch bei der Wald- und der davon letztlich nicht trennbaren Naturschutz- und Klimaschutzpolitik.

Kein Wald ist wie der andere

Kein natürlicher Lebensraum wurde in Mitteleuropa so nachhaltig durch den Menschen beeinflusst wie der Wald. Und kein anderer Lebensraum beeinflusst uns Menschen, ob wir uns dessen bewusst sind oder nicht. Ob Klima, Boden, Grundwasser, Lebensraum oder Heimat – die Wälder sind für den Naturkreislauf sowohl in Mitteleuropa als auch weltweit der wichtigste Stabilisator. Es ist nicht vermessen zu sagen, dass die Zukunft des Lebens auf der Erde in entscheidendem Maße vom Fortbestehen der globalen Waldsysteme abhängt. Auch wenn die Menschen seit der Jungsteinzeit über die Jahrtausende hinweg das einstige »Waldland Mitteleuropa« zur Kulturlandschaft umgeformt haben und die baum- und strauchbestandenen Flächen immer mehr zurückgedrängt wurden, entwickelte sich im Laufe der letzten 5 000 Jahre eine größere Landschafts- und Gehölzvielfalt. Denn zu den natürlichen Waldbiotopen kam eine Vielzahl anthropogener Gehölzbiotope hinzu. Waldinseln in der vielgestaltigen Feldflur fügten sich zusammen mit Alleebäumen, Hecken und weit ausgedehnten Obstwiesen zu einem Landschaftsmosaik, das – einem grünen Netz gleich – die noch verbliebenen Wälder ebenso wie andere Biotopstrukturen miteinander verknüpfte. Auch wenn sich das Landschaftsbild im Laufe der Geschichte immer wieder wandelte, so blieb doch dieses Netzwerk aus Wäldern, Hecken und Gehölzen trotz der unterschiedlichen Ausprägungen weitgehend bis zur Mitte des 20. Jahrhunderts erhalten. Doch die Schaffung landschaftlicher Vielfalt durch den Einfluss von uns Menschen hat sich längst in das Gegenteil verkehrt. Flurbereinigungen vernichteten Hecken und Feldholzinseln, Straßen zerschnitten Waldgebiete, und die Wohn- und Gewerbebebauung sowie die verfehlte europäische Landwirtschaftspolitik radierten großflächige Obstwiesenbestände aus. Und die Luftschadstoffe, die wir aus unseren Heizungen, Gewerbegebieten und durch die Abgasrohre unserer Autos jagen, haben längst großflächige Waldgebiete zum Absterben gebracht und machen auch vor den letzten, noch so streng geschützten und weit entfernten Naturwäldern nicht halt.

Nachdem sich die Erkenntnis von der Notwendigkeit eines umfassenden Schutzes unserer Wälder und anderer Gehölzbiotope immer mehr durchsetzt, brauchen wir jetzt konsequentes, gemeinsames Handeln. Davon sind wir weit entfernt. Die Europäische Union, unsere wichtigste Errungenschaft zur Friedenssicherung, bringt es leider nicht fertig, für Frieden mit der Natur zu sorgen. Selbst streng geschützte Wälder in den Südkarpaten werden geplündert. Ein unvergleichliches Ökosystem verschwindet Stamm für Stamm, Hektar für Hektar auf teils dubiosen Wegen. Dabei ist die Bedeutung der letzten europäischen Urwälder längst bekannt und dokumentiert.[160]

Wir brauchen eine neue Waldpolitik – wohin kann die Reise gehen?

Egal, was wir unternehmen – erst die noch nicht abschätzbare, aber spürbare Dynamik der Natur wird uns zeigen, was richtig und was falsch war. Richtig ist es auf jeden Fall, die Zeichen der Natur und ihre (begrenzten) Selbstheilungskräfte verstehen zu wollen und zu begreifen, dass wir mit alten Konzepten keine neuen Herausforderungen bewältigen können.

Es klingt abgedroschen, aber ist notwendiger denn je – die Bereitschaft, neue Wege zu gehen, alte Feindschaften zu begraben und endlich aus Konfliktgegnern Konfliktpartner zu machen. Konfliktgegner wie etwa die Befürworter wilder Wälder einerseits und die auf möglichst hohen Holzertrag bedachte Waldwirtschaft andererseits. Diese Gegnerschaft können wir uns gar nicht mehr leisten – angesichts erhöhter Waldbrandgefahr, gespenstisch wipfeldürrer Wälder, Eschensterben und der klimawandelbedingten Höhenverschiebung der Vegetationszonen mit absehbarem Totalverlust etwa an Tannen in tieferen Lagen unter 1 000 Höhenmetern. Förster planen für Generationen, hieß es früher. Aber wie planen, wenn sich alles ändert?

Schluss mit Kontrollwahn und Gängelei

Gut gemeint ist bekanntlich das Gegenteil von gut. Eine überbordende Bürokratie und so manche Politiker, welche sich vor deren Karren spannen lassen oder welche selbst die Bürokratie vor ihren Karren spannen, meinen es allzu gut. Anstatt die Menschen mitzunehmen, den Praktikern unter den Waldbesitzern, den Waldbetreuern und -bewirtschaftern, bestens ausgebildeten Forstleuten und Jägern etwas zuzutrauen, deren eigene Kompetenzen zu respektieren, werden Überwachungs- und Kontrollmechanismen ausgebaut, die an die Anfänge des DDR-Überwachungsstaates erinnern. »Neues Gesetz geplant – Özdemir droht Förstern mit Knast«, titelte die für schlagzeilenträchtige

Zuspitzungen bekannte *Bild-Zeitung* und kritisierte die einseitigen, scheinbar nur auf ökologische Kriterien ausgerichteten Ansätze der Reform des Bundeswaldgesetzes[161] mit vorgesehenen Kontrollen und Strafen für Waldbesitzer und Waldbewirtschafter. Der Vorsitzende des Verbandes »Familienbetriebe Land und Forst«,[162] Max von Elverfeldt, bezeichnete geplante neue Straftatbestände und Bußgeldvorschriften als Ausdruck »tiefen Misstrauens gegenüber uns Forstleuten vor Ort. Die Androhung von Freiheitsstrafen setzt Waldbesitzer mit Kriminellen, die Einziehung von Tatmitteln Motorsägen mit Tatwaffen gleich.« Da ist es kein Wunder, wenn sich vor allem kleinere Betriebe zurückziehen und die Lust am nachhaltigen Bewirtschaften privater Wälder verloren geht. »Ich frage mich, wie ein Privatwaldbesitzer all das, was da gefordert wird, leisten soll?«, sagt auch Martin Janner und kritisiert, dass »man bewusst entsprechende NGOs[163] als Wach- und Meldedienst in Feld und Wald sehen will«. Was Janner am meisten ärgert, ist die Tatsache, dass Leute in Administration und Politik, »die am Ende nicht im Geringsten die Verantwortung für die Ergebnisse ihrer Arbeit oder ihrer unterlassenen Arbeit in die Wälder tragen müssen, die Richtung vorgeben wollen«. Mit fragmentarischen Grundkenntnissen ausgestattet, beherrschen sie mit größter Lautstärke die Diskussion und schaffen einen Nährboden für noch umfassendere Entrüstung, was wiederum alle, die noch etwas machen und machen wollen, frustriert. Zweck des neuen Bundeswaldgesetzes soll es ja sein, den »überwiegend kranken deutschen Wald für die veränderten Bedingungen aufgrund steigender Temperaturen zu rüsten«.

Fünf Wege führen in die Zukunft

Nach allem, was wir wissen – und wir wissen heute ein Mehrfaches von dem, was unsere Vorfahren und Vorvorfahren wissen konnten –, liegt die Wahrheit in der Mitte. Und hierfür sehen wir Autoren nach vielen Gesprächen mit Praktikern vier Wege, die nicht alternativ, sondern parallel und korrespondierend gegangen werden können. Vier Wege, die sich immer wieder kreuzen, ergänzen und dasselbe Ziel haben: Erhaltung und Aufbau vielfältiger, klimawandelresilienter Wälder, Nutzung der Wälder als Rohstoffquelle, Schutz von Wäldern als Reallabor, Natur- und Wissensschatzkammer. Dazu kommt noch als »Extra« ein fünfter Weg, der über die Grenzen weist.

1. **Wilde Wälder:** Gerade mal knapp 1 % der Landfläche Deutschlands ist als Nationalpark geschützt.[164] Dort gibt es noch weitestgehende Naturwildnis mit wilden Wäldern, aber auch nur in den Kernzonen – die viel zu gering bemessen sind. Ein Armutszeugnis, erwarten wir doch ganz selbstverständlich von den Menschen in anderen Ländern, dass sie ihre Urwälder – gerade auch für »unseren« Sauerstoff, für »unser« Klima – erhalten. Da der Anteil öffentlicher Forste (Staats- und Kommunalwälder) an der gesamten Waldfläche mit rund 57 % relativ groß ist,[165] könnte man leicht mehr wilde Wälder entstehen lassen und die Fläche binnen kurzer Zeit mindestens verdoppeln.

2. **Vielfalt im Nutzwald:** Die Forstwirtschaft hat nach den verheerenden Stürmen der 1990er-Jahre gezeigt, dass sie dazugelernt hat und viel mehr als früher auf Artenvielfalt schon bei den Bäumen und Sträuchern setzt. Dennoch gibt es noch Luft nach oben. Denn manche Wälder sind immer noch von »Forstwegen« durchzogen, die Heeresstraßen gleichen. Sie sind für uns Symbole einer Zeit, in der wir wohl für manche Dinge zu viel Geld hatten und nicht überlegt wurde, was man wirklich braucht. Aus solchen Zeiten stammen auch unnötige Übererschließungen der Wälder mit sogenannten Holzwegen und Rückegassen in viel zu geringem Abstand, als man Forste aufteilte wie Gemüsebeete.

3. **Wie der Wald aufs Feld kommt – neue Biotopvernetzungssysteme:** Der Dualismus zwischen Feld und Wald ist uralt. Wie mühsam war es für die Menschen vor etwa 6 000 Jahren, damit zu beginnen, den Wäldern Wiesen, Weiden und Ackerflächen abzuringen. Und streng achten Förster heute

darauf, dass Wald Wald bleibt und Landwirte Äcker weiter beackern. Doch welche Agrarwüsten haben wir damit geschaffen (vgl. Kap. »Bauern, Bio, Bürger im freien Fall«)? Warum soll es nicht möglich sein, im Sinne von Agroforsten Bauern auch zu Holzproduzenten werden zu lassen? Lineare und punktuelle, sogenannte Umtriebs-Waldflächen könnten wie einst die Nieder- und Mittelwälder ohne großen Aufwand und Kosten die Biodiversität in den ausgeräumten Feldfluren fördern und Lebensräume vernetzen. Das gelingt nur dann, wenn je nach Nutzung nach zehn oder 15 Jahren beim Einschlag etwa für Holzhackschnitzel keine kontrollwütigen Ökos mit erhobenem Zeigefinger dastehen und anmahnen, dass hier eine Heckenbraunelle brütet oder dort ein geschützter Käfer umherkrabbelt. Natur ist Dynamik – Dynamik, von der wir viel lernen können. Die Zuständigkeitsgrenzen müssen neu und flexibel definiert werden. Wichtig ist zuallererst, dass nicht alles schon »totgeplant« wird, teure Begleitmaßnahmen gefordert werden, bevor sich überhaupt etwas tut. Den üblichen Bedenkenträgern sollte es die Überlegung wert sein, wer denn überhaupt einst den Wald »geplant« hat. Ganz einfach – die Natur! Mut also für artenreiche Holzplantagen auch auf Ackerflächen.

4. **Waldvielfalt statt Monokulturen:** Vor allem in Staatswäldern mit riesigen Monokulturen, wie wir sie zum Teil aus Niedersachsen, Brandenburg und Mecklenburg-Vorpommern kennen, könnten ohne wirtschaftliche Einbußen für Privatleute durch Ausweisung von 10–20 % Renaturierungsflächen öffentlicher Forste wilde Wälder aus zweiter Hand entstehen und so in einer Kombination von Nutz- und Schonwäldern neue Wege gegangen werden.

5. **Patenschaftswälder – ein wertvolles Extra:** Städte, Gemeinden und Landkreise könnten im Rahmen ihrer internationalen Partnerschaften Freundschaftswälder begründen oder gemeinsame Projekte starten, frei nach dem Motto: »Natur kennt

keine Grenzen – Umweltverschmutzung und Klimawandel machen auch vor Grenzen nicht halt. Nur gemeinsam sind wir stark!«

Und ewig brennen die Wälder – ein Blick nach Süden

Der Vogel hat schon eine lange Reise hinter sich. Von den Moselweinbergen in Rheinland-Pfalz bis zum griechischen Alexandroupolis sind es rund 2 400 Kilometer Flugstrecke. Doch wo der Neuntöter auch schaut, findet er nur verkohlte Wälder, verbranntes Gelände. Allein um Alexandroupolis sind im August 2023 mehr als 73 000 Hektar Wald und Buschland verbrannt; eine Fläche fast so groß wie Hamburg.[166] Wald- und Buschgelände, traditionelle Flächen zum Rasten, Nahrung-Suchen, Kraft-Sammeln für den langen Weiterflug nach Ost- und Zentralafrika, sind rar. Denn es hat gleichzeitig noch an vielen anderen Stellen gebrannt. »80 % des Landes unter Rauchwolken«, berichtete der *Münchner Merkur*.[167] Die Brände haben in Griechenland 2023 ein Ausmaß angenommen, wie es auch in den schlimmsten Schreckensszenarien nicht vorstellbar war. Die Trockenheit – viele schreiben die langen Dürreperioden den Auswirkungen des Klimawandels zu – beschleunigte die Feuer ebenso wie aufkommende Winde. Tausende Touristen mussten etwa auf der Insel Rhodos evakuiert werden, viele Menschen verloren ihr Hab und Gut. Häuser verbrannten ebenso wie Schulen, Kindergärten und regionale Infrastruktur. Noch schlimmer: Es gab Todesopfer; der nationale Notstand wurde ausgerufen. Selbst verschuldeter Notstand, denn die sommerlichen Waldbrände haben nicht nur in Griechenland, sondern auch in Italien, Südfrankreich, Spanien, Portugal, Kroatien und Slowenien in den letzten Jahren immer mehr zugenommen. Es fehlte sträflich vorbeugender Waldschutz durch Bewahrung artenreicher Wälder. Nicht nur Rastplätze für Vögel aus Mittel-, Nord- und Osteuropa gehen verloren, sondern mit den grünen Lungen auch wichtige Lufterneuerungsgebiete, die Boden und Grundwasser und letztlich die Heimat der Menschen schützen. Seit Jahrzehnten gehören brennende Wälder zum traurigen Bild der Sommerzeit in den Mittelmeerländern. Dennoch hat es die Europäische Union nicht geschafft, eine zukunftsorientierte Forstpolitik umzusetzen. Der Druck war wohl zu gering. Muss noch mehr passieren?!

Die Gründe, warum Waldbrände überhaupt entstehen, haben in den verschiedenen Regionen unterschiedliche Ursachen, und dennoch läuft es immer wieder auf das Gleiche hinaus: In Griechenland etwa werden Wälder, Macchiabereiche und selbst alte Olivenhaine angezündet, um das »freie« Land dann für die Bebauung nutzen zu können. So wird der Zersiedelung der Landschaft Vorschub geleistet, und die Gefährdung der sich dann ansiedelnden Menschen bei neuen Buschfeuern nimmt zu. Bodenspekulation ist auch in Südfrankreich, in Teilen Spaniens und Portugals die Hauptursache für gezielt gelegte Waldbrände.

Wo Weidewirtschaft betrieben wird, brennen Hirten Wälder und Gebüschzonen ab, um neue Flächen und frisches Grün für ihre Schaf- und Ziegenherden zu erhalten. In Wäldern, in denen Weideverbote bestehen, legen Hirten oft aus Protest gegen diese Vorschriften Feuer. Jagdfrevler legen Waldbrände aus Rache gegen staatliche Reglementierungen. Große Monokulturen wie Kiefern- oder Eukalyptuspflanzungen auf riesigen Flächen begünstigen Waldbrände. Die Erschließung der Wälder mit neuen Wegen und zu breiten »Brandschutzschneisen« ermöglicht den Zugang zu vorher abgelegenen Gebieten und erhöht somit die Gefahrenquellen für den Wald. Vielfach werden Brände auch gelegt, um damit die Ohnmacht der staatlichen Behörden aufzuzeigen. Jugendliche machen sich einen Spaß daraus zu testen, wie schnell die Feuerwehr da ist. Beim Abbrennen abgeernteter Getreidefelder greift das Feuer häufig auf Wälder über. Brennen Flächen, die etwa mit Kiefern aufgeforstet wurden, so entwickelt sich sehr große Hitze. Als Folge werden nicht nur die Bäume selbst, sondern auch die meisten Pflanzensamen abgetötet, sodass die betroffenen Flächen über Jahre hinweg ohne Vegetation bleiben. Es folgt dann eine oft starke Bodenerosion, die außerdem die Konsequenz hat, dass auch Fließgewässer im Einzugsbereich belastet werden.

Ein »Green Deal« der Europäischen Union müsste damit verbunden sein, vorhandenes Grün – das wichtigste Ökokapital des Kontinents – zu erhalten. Das ist für Natur und Menschen in den jeweiligen Ländern gleichermaßen wichtig. Denn der Artenrückgang in Wald, Feld und Flur hängt auch damit zusammen, dass Zugvögel immer weniger Rast- und Nahrungsplätze finden. Für viele Zugvogelarten sind die Wälder im Mittelmeerraum nämlich überlebensnotwendig.

Mit der ökologischen Verarmung etwa der Waldbereiche in Südeuropa erhöht sich zunehmend die Waldbrandgefahr. Die Erhaltung und Wiederanpflanzung einheimischer Bäume wäre hier die beste vorbeugende, nachhaltige Waldbaupolitik. Im Gegensatz zu den monotonen Plantagen besitzen standortgerechte Wälder vielerlei Schutzmechanismen gegen Feuer. Dicke, ledrige Blätter und widerstandsfähige Rinden, wie etwa bei der Stein- und Korkeiche, sorgen dafür, dass sich die Bestände nach einem Feuer wieder regenerieren. Das Problem der Waldbrände im Mittelmeerraum lässt sich nur dann entschärfen, wenn vorbeugende Schutzmaßnahmen ergriffen werden.

Wie wird's denn was? Ein paar Anregungen:

- **Erhaltung und Aufbau naturnaher Mittelmeer-Wälder** mit den jeweils **einheimischen Gehölzarten** – statt Kiefern, Eukalyptus und anderen Brandbeschleunigern
- **Umsichtige Weidepolitik in Südeuropa,** damit Hirten die Wälder nicht abbrennen

- **Änderung der Waldgesetze** in vielen Ländern, damit Spekulanten nach dem Abbrennen eines Waldgebietes nicht damit rechnen können, Baugenehmigungen zu erhalten (wie z. B. in Griechenland oder Südfrankreich)
- **Nur absolut notwendige Waldwege** anlegen; Kontrolle des Verkehrs auf bereits bestehenden Wegen
- **Verhinderung des schnellen Profits,** der mit der ungehinderten Vermarktung von Brandholz erzielt wird
- Ausweisung und Betreuung **neuer Schutzgebiete**
- Aufbau eines **Biotopmanagements** in gefährdeten Waldbereichen mit ausreichender personeller und technischer Ausstattung
- Ganz wichtig: **Konsequente Umweltbildung** zur Sensibilisierung der Entscheidungsträger von morgen, damit die unsägliche Entwicklung nicht weitervererbt wird
- Aufbau einer wirksamen, international koordinierten **Feuerbekämpfungsstaffel**
- Harte Strafen und konsequente Verfolgung von **Brandstiftern**

Hätte ich eine Milliarde Euro für den Klimaschutz, …

»… würde ich in Bäume investieren. Das Pflanzen eines Setzlings kostet 5 €, er wächst 30 bis 50 Jahre und nimmt dabei durchschnittlich 2,5 Tonnen CO_2 auf – bei 1 Milliarde wären das 200 Millionen Bäume. Diese würden dann 2,5 Milliarden Tonnen CO_2 absorbieren – das wäre doch ein guter Anfang!«
Dagmar Fritz-Kramer, Geschäftsführerin Baufritz GmbH; Trägerin Deutscher Umweltpreis 2023

»… würde ich in den Waldschutz investieren, weil da Klimaschutz und Biodiversitätsschutz zusammengehen. Konkret: Ein Drittel der Milliarde würde ich investieren, um alle Produktionsabläufe in Deutschland, immerhin eine der größten Volkswirtschaften der Erde, entwaldungsfrei hinzubekommen. Zwei

Drittel würde ich dafür verwenden, die großen Waldgebiete in der Tropenzone wirklich zu schützen vor Abholzung und Brandrodung. Denn der Amazonasregenwald ist ein Mega-Stabilisator für das Weltklima.«

Dr. Christoph Schenck, Biologe; Geschäftsführer Zoologische Gesellschaft Frankfurt; Träger Deutscher Umweltpreis 2022

WISSENSEROSION BEDROHT ZUKUNFTSFÄHIGKEIT

WENN BILDUNGSPOLITIK VERSAGT

»Je ungebildeter ein Mensch,
desto schneller ist er mit einer Ausrede fertig.«

Marie von Ebner-Eschenbach,
österreichische Schriftstellerin, 1830–1916

Darum geht es:
Spätestens mit der Französischen Revolution (1789–1799) wurden Wissen und Bildung zum Schlüssel für Freiheit und Selbstbestimmung des Einzelnen. Das hat sich immer noch nicht überall herumgesprochen: 6,2 Millionen Menschen, das entspricht 12,1 % der erwerbsfähigen Bevölkerung, können in Deutschland nicht oder nur unzureichend lesen und schreiben. Bei weiteren 10,6 Millionen – das sind 20,5 % der Erwachsenen – gibt es selbst bei gebräuchlichen Worten fehlerhaftes Schreiben.[168] Kann es sein, dass wir zu einer Gesellschaft mutieren, die nicht fähig ist, jungen Menschen Bildung für ein selbstständiges Leben mit auf den Weg zu geben? Müssen wir uns eingestehen, dass die vielen Bildungsexperimente ins Leere laufen und die Kuschelpädagogik längst gescheitert ist? Mit Lern- und Leistungswillen arbeiten dagegen Entwicklungsländer wie Indien und China und treiben ihr Bildungsniveau beharrlich nach oben. Das Ergebnis der 2023 veröffentlichten PISA-Studie zeigt genau das. Deutschland baut offenbar ab. Allerdings nicht überall: Wir leisten uns rund 173 Professuren für Genderforschung,[169] aber nur ganz wenige für die Erforschung und Erhaltung der Artenvielfalt. Und unter Rot-Grün wurde in etlichen Bundesländern

Biologie als eigenständiges Lehrfach an Gymnasien weitgehend abgeschafft.[170] Die Bildungsmisere ist längst Alltag und gefährdet unsere Zukunftsfähigkeit.

So sind wir etwa dabei, ein Volk von Naturanalphabeten zu werden. Immer weniger Menschen kennen Tier- und Pflanzenarten sowie grundlegende Zusammenhänge in unseren Ökosystemen. Eine Folge: Das Wissen über Landschaft, Landwirtschaft und Ernährung nimmt ab, immer weniger kochen selbst, weil sie es nicht können. Wie konnte es zu einer derartigen Erosion des Wissens kommen? Und warum kann unser Bildungssystem offenbar nichts dagegensetzen?

Für eilige Leser hier einige Aspekte zum Thema:

* **Kürzung der Finanzmittel.** Dabei ist »Bildung« der einzige wirkliche Rohstoff, den Deutschland besitzt.
* **16 Bildungssysteme.** Bildung ist Ländersache. Das bringt endlose Grundsatzdebatten hervor, die nicht zielführend sind.
* **Aggressive Verhaltensweisen.** Immer mehr Schüler halten sich nicht an grundlegende Benimmregeln.
* **Unattraktiver Lehrerberuf.** Stress mit Schülern und reformpädagogischen Lehrmethoden schrecken ab.
* **»Nullte« Klasse.** Es ist keine Diskriminierung, wenn Kinder ohne Deutschkenntnisse ein Jahr lang zunächst die Sprache lernen.
* **Computer statt eigenem Wissen.** Digitale Informationsverfügbarkeit führt zu einer gigantischen Kompetenzillusion.

Lara, Finn und die Bildungsmisere

Lara war ziemlich gestresst nach Hause gekommen. Sie hatte nur einen Halbtagsjob in der Bank und verzichtete bewusst auf das komplette Gehalt, um Arbeit und Familie unter einen Hut zu bringen. Aber zu Jahresbeginn war es immer dasselbe: Alle Kontoabschlüsse, die Unterlagen fürs Finanzamt und die zigfachen Nachfragen der Kunden, die dringend irgendwelche Bestätigungen anforderten, mussten mehr oder weniger gleichzeitig erledigt werden und führten zu reichlich Überstunden. Jetzt erst mal einen Kaffee aus der XXL-Tasse und dazu einen Fastnachtskreppel[171]. Die gab es nur in der fünften Jahreszeit, dann statt mit Marmelade mit Eierlikör gefüllt. Beim ersten Biss in den Kreppel hörte sie, wie die Haustür aufgeschlossen wurde. Wenig später kam ihr Sohn Finn in die Küche – mit einem Gesichtsausdruck zwischen »Jetzt reicht's aber« und »Ich fasse es nicht«. »Was ist denn los, Finn? Stimmt was nicht?« »Ich will die Schule wechseln«, grummelte Finn, »und zwar sofort. Gleich morgen.« Lara fiel der Kreppel aus der Hand und verfehlte die XXL-Kaffeetasse nur knapp. »Wie bitte? Du hast doch ganz ordentliche Noten, die Lehrer fandest du immer ganz o. k., und du hast sehr nette Freunde. Was ist denn passiert?« »Wir gehören zu den Dummen«, ließ ihr Sohn sich merklich frustriert vernehmen. »Ich meine, die ganze Schule. Das hat uns heute der Direktor erklärt.« »Wie bitte? Er hat echt gesagt, ihr gehört zu den Dummen? Was soll das denn heißen?« Finn fing an zu erklären: »Nein, so hat er das natürlich nicht gesagt. Aber unter dem Strich läuft es darauf hinaus. Also: Du hast doch von der PISA-Studie gehört, oder?« Lara nickte vielsagend. »So, und da haben ja die deutschen Schüler schon ziemlich mies abgeschnitten.« Soweit Lara sich erinnerte, lag Deutschland im hinteren Mittelfeld und die asiatischen Länder vorn. »Und jetzt gibt es deswegen ein Förderprogramm. Mehr Geld für die Schulen, die es nicht auf die Reihe gekriegt haben, also da, wo die Leistungen der Schüler besonders schlecht sind. Der Direktor sagt, 4000 Schulen bekommen etwas ab von diesem Startchancen-Programm. Das betrifft 10 % der Schüler in Deutschland. Und uns eben auch.« Lara war verwirrt und fragte nach: »Und warum willst du jetzt die Schule wechseln?« »Na, Mama, ist doch klar, unsere Schule kriegt die Kurve nicht, wir lernen alle viel zu wenig, wir hängen hinten dran, wir sind die Nieten! Darauf habe ich keinen Bock, ich will auf eine Schule, wo es ordentlichen Unterricht gibt und nicht lauter Pseudopädagogen rumirren. Ist doch meine Zukunft, die da versaut wird.« Nie zuvor hatte Lara auch nur im Ansatz diesen Lern- und Wissensdrang bei Finn erlebt. Eher das Gegenteil. War er etwa aus der Pubertät raus? Und plante er wirklich für seine Zukunft? »Und was macht dieses Startchancen-Programm genau?«, wollte Lara wissen. Finn holte sein iPad aus der Schultasche, klappte es auf, wartete einen Moment, bis der Minicomputer hochgefahren war, und las dann den Text auf dem Bildschirm vor: »Der Fokus des Programms liegt auf einer Stärkung der Basiskompetenzen Lesen, Schreiben und Rechnen und der Weiterentwicklung des Unterstützungssystems schulischer Bildung. Damit soll es einen zentralen Beitrag dazu leisten, die rückläufige Kompetenzentwicklung von Schülerinnen und Schülern umzukehren und den starken Zusammenhang zwischen sozialer Herkunft und Bildungserfolg aufzubrechen. An den Startchancen-Schulen wird in eine bessere Infrastruktur und Ausstattung investiert, aber auch bedarfsgerechte Maßnahmen der Schul- und Unterrichtsentwicklung und eine gezielte Stärkung multiprofessioneller Teams werden gefördert. – Das sollen wir übrigens unseren Eltern zeigen, der Direktor wird dazu demnächst noch eine Infoveranstaltung machen.« Finn packte das iPad weg, holte sich eine Limonade aus dem Kühlschrank und verschwand in Richtung seines Zimmers. Lara kam ins Grübeln. Was war da dran? Hatten sie und ihr Mann Lennart ihren Sohn tatsächlich auf eine Schule mit niedrigem Lernniveau geschickt? Offenbar wohl ja, sonst würde die Schule nicht zu den 4000 Auserwählten gehören. Sollte Finn die Schule wechseln? Mitten im Schuljahr? Ging das überhaupt? Sie hatte Diskussionsbedarf. Natürlich war Lennart mal wieder auf Dienstreise und erst in fünf Tagen zurück. Typisch, dachte Lara, wenn's eng wird, ist er nicht da. Die Lust auf den Fastnachtskreppel war ihr vorerst vergangen.

PISA: Schock mit Ansage

Was fällt Ihnen eigentlich so alles zu Singapur ein? Oder waren Sie vielleicht schon mal dort? Stadtstaat in Südostasien, tolle Skyline, alles sehr sauber, friedliches Zusammenleben vieler Ethnien, u. a. Chinesen, Inder, Malaien, dazwischen ein paar Europäer, die zumeist einen Job irgendwo in der Finanzbranche haben. Denn Singapur ist auch ein Zentrum des internationalen Geldflusses.

Seit dem 5. Dezember 2023 kommt noch ein Alleinstellungsmerkmal hinzu: Singapurs Schülerinnen und Schüler sind »Best of PISA«. »PISA« steht für »Programme for International Student Assessment« und gilt als die größte internationale Schulleistungsstudie. Getragen wird die seit dem Jahr 2000 im dreijährigen Turnus laufende Studie von der OECD, der Organisation für wirtschaftliche Zusammenarbeit und Entwicklung. Erfunden und ständig weiter entwickelt hat die Studie der deutsche Andreas Schleicher, Direktor für Bildung und Kompetenzen bei der OECD.

Knapp 700 000 Schülerinnen und Schüler aus 81 Ländern und Regionen nahmen an dieser Studie teil. PISA fragt nicht Faktenwissen ab, sondern testet, ob die Teilnehmer ihr Wissen anwenden und Informationen sinnvoll verknüpfen können. Die Pädagogen sprechen von Schlüsselkompetenzen, um in der Informationsgesellschaft des 21. Jahrhunderts erfolgreich zu sein. Die PISA-Studie umfasst die Bereiche Lesekompetenz, Mathematik und Naturwissenschaften. Jeweils einer der drei Bereiche bildet alternierend den Schwerpunkt, Mathe war es dieses Mal.[172]

Also 2023 Singapur. Die Schülerinnen und Schüler haben mit Abstand in allen drei getesteten Kompetenzbereichen die anderen Schüler aus 80 Ländern abgehängt – auch die deutschen. Bei uns wurden 6 116 Schülerinnen und Schüler getestet. Sie lieferten das schlechteste deutsche Ergebnis, seit es PISA-Studien gibt. Und zwar in allen drei Bereichen. Die Kompetenzlücken entsprechen in etwa dem Pensum, das Schülerinnen und Schüler im Alter von

15 Jahren während eines ganzen Schuljahres lernen, sie hinken also ein ganzes Schuljahr hinterher. In den Bereichen Mathematik und Lesekompetenz waren die Leistungen nur nahe am Durchschnitt der OECD-Staaten, im Bereich Naturwissenschaften etwas darüber. Überhaupt, die Asiaten: Auch in Japan, Südkorea und in einigen chinesischen Regionen finden sich die leistungsstärksten Schüler. In Europa konnten nur die Schüler aus Estland in der Spitzengruppe mithalten. Bildungsdirektor Schleicher geht auch mit den Lehrern hart ins Gericht: Sie seien im 21. Jahrhundert noch nicht angekommen, würden eher als Befehlsempfänger handeln und Lehrpläne lediglich strikt abarbeiten. »Lehrer müssen Coaches für die Kinder und Jugendlichen sein und ihnen bei ihren individuellen Lernprozessen helfen«, sagte er in einem Interview mit der *Stuttgarter Zeitung* im Januar 2024.[173]

Also bei PISA durchgefallen. Die Reaktionen kamen bei uns prompt. So ziemlich alle zeigten sich entsetzt über das schlechte Abschneiden. Voll geschockt dabei: Unsere Bildungspolitiker – also exakt die, die dafür sorgen müssten, dass wir andere PISA-Ergebnisse bekommen. Der Aufschrei ging in unterschiedlicher Aufgeregtheit durch sämtliche Parteien, neue Erkenntnisse oder gar Verbesserungsvorschläge waren – fast schon erwartungsgemäß – nicht dabei.

Der PISA-Schock hat bei den Lehrern selbst ein gutes Stück länger angehalten. Erst Ende Januar 2024 meldete sich die Vorsitzende des Deutschen Philologenverbandes[174], Prof. Susanne Lin-Klitzing, zu Wort[175] und entzog dem Chef der PISA-Studie, Andreas Schleicher, kurzerhand das Vertrauen. Und der Präsident des Deutschen Lehrerverbandes, Stefan Düll, wirft Schleicher Lehrer-Bashing vor, bezogen auf dessen Kritik, die deutschen Lehrer seien noch nicht im 21. Jahrhundert angekommen. Lin-Klitzing hat auch eine Idee, um künftige PISA-Schocks zu vermeiden: Sie fordert die Aussetzung der Studie für Deutschland.

Wirtschaftsexperten befürchten bei uns enorme Wohlstandsverluste, sollte die Bildungspolitik nicht rasch gegensteuern.

»Einen derartigen Rückgang der Bildungsergebnisse hat es noch nie gegeben«, sagt der Leiter des Zentrums für Bildungsökonomik am Münchner Ifo Institut[176], Ludger Wößmann. Das koste Deutschland langfristig rund 14 Billionen Euro an Wirtschaftsleistung bis zum Ende des Jahrhunderts. Die Bundesvereinigung der Deutschen Arbeitgeberverbände (BDA) fordert einen »fast schon revolutionären Neuanfang in unserem Bildungswesen«. Die bisherigen Bildungsstandards, aber auch die Ausbildung der Lehrkräfte, müssten auf den Prüfstand, erklärte BDA-Präsident Rainer Dulger. Prüfstand reicht nicht. Bildungspolitik muss Priorität Nummer eins bekommen, es darf keine finanziellen Engpässe geben, und dass wir andauernd über Lehrermangel klagen, ist einfach ein Totalversagen der Bildungspolitiker aller 16 Bundesländer.

Überhaupt: Wir haben ja nicht ein Bildungssystem, sondern 16. Mit 16 Ministerien, die dafür zuständig sind, dem entsprechenden Beamtenapparat im Hintergrund und mit sehr vielen, mehr oder weniger selbst ernannten Reformpädagogen. Und hier steckt der Kern der Bildungsmisere: Schulische Bildung ist in Deutschland nach dem Grundgesetz Sache der Bundesländer. Das wird vielfach beklagt, weil natürlich eine viel intensivere Zusammenarbeit im Hinblick auf eine bessere Vergleichbarkeit der Schulabschlüsse und -systeme sinnvoll ist. Andererseits könnte ja ein gesunder »Bildungs«-Wettbewerb unter den Ländern helfen, das Gesamtniveau zu heben. Leider funktioniert das nicht. Schwache Schüler wissen genau, in welchem Bundesland sie trotz schlechter Leistungen noch einen passablen Abschluss bekommen. Der Bund kann zwar mit Förderprogrammen wie dem Digitalpakt oder dem Startchancen-Programm unterstützen, muss dafür aber aufwendig Verträge mit den Ländern aushandeln. Das ist komplett aus der Zeit gefallen. Bundesbildungsministerin Bettina Stark-Watzinger hat das offenbar erkannt und eine Änderung des Grundgesetzes ins Gespräch gebracht. Natürlich auch unter dem PISA-Schock stehend, sonst wäre ihr das wahrscheinlich gar nicht eingefallen. »Ich würde mir wünschen, dass das Grundgesetz uns eine Zusammenarbeit zwischen dem Bund und einem Teil der Bundesländer erlaubt, ich nenne das eine Koalition der Willigen. So könnte man schneller Projekte anstoßen«, sagte die FDP-Politikerin der *Frankfurter Allgemeinen Sonntagszeitung*. Es ist nicht zu fassen: Sie <u>wünscht</u> sich eine Grundgesetzänderung! Dabei weiß sie doch, wie Politik eigentlich geht: »Wir müssen schneller handeln können, um Bildung gut zu organisieren. PISA zeigt, dass die Zeit drängt«, mahnt dieselbe Ministerin. Wünschen, mahnen, nichts tun … Ach ja, stimmt, wir dürfen nicht vergessen, dass die Ampelregierung in diesen Zeiten (2023/2024) noch ein paar andere Probleme hat. Bildung spielt da offensichtlich keine Rolle, deswegen ja auch die Kürzung im Bildungsetat des Bundes minus 1,16 Milliarden Euro 2024, von 21,46 runter auf 20,30 Milliarden.[177]

Nachdem PISA uns alle so ziemlich überrollt hat, fragten wir direkt an der Bildungsfront nach. Deshalb haben wir mit einem Schuldirektor ausführlich gesprochen, um zu erfahren, wie ein Profipädagoge das alles so sieht. Dr. Markus Reinbold ist Schulleiter und Oberstudiendirektor des Willigis-Gymnasiums[178] in Mainz.

Aus der Praxis eines Schulleiters

Herr Reinbold, wie schockiert waren Sie über die Ergebnisse der PISA-Studie?

Eigentlich nicht sehr schockiert. Das Ergebnis war meines Erachtens erwartbar. Verschiedene Faktoren haben dazu beigetragen. Da haben wir Schüler mit Migrationshintergrund und mangelnden Deutschkenntnissen. Defizite im naturwissenschaftlichen Bereich kennen wir schon länger. Asiatische Länder auf den vorderen Plätzen haben ja auch eine andere Bildungskultur, das muss man sehen. Drill und Leistungsdruck lehnen wir ab.

*Es war zu befürchten, dass Sie das so oder so ähnlich sagen wür-
den. Jetzt sehen wir, dass genau die Bildungspolitiker, die die ganze
Zeit zumindest angeblich Bildungspolitik gemacht haben, sich äußerst schockiert zeigen über die Ergebnisse. Wie erklären Sie sich
das?*

Das hat mit Bildungszuständigkeiten in unserem födera-
len System zu tun. Ob Kommune, Land oder Bund – alle Ebenen haben eine eigene Funktionslogik, am Ende jedoch steht die
Dysfunktionalität. Ich erlebe zudem eine starke Ideologisierung,
weil jedes Bundesland sich selber in den Lehrplänen verwirk-
lichen möchte. Und um mal ein Beispiel aus Rheinland-Pfalz zu
nennen, das ich gut kenne, weil ich an einem Lehrwerk mitge-
arbeitet habe zum neuen Oberstufenlehrplan in Geschichte. Da
tauchen Themenfelder und Inhalte auf, die starke Rückschlüsse
auf diejenigen zulassen, die gerade Politik machen. Das liest
sich manchmal wie ein Wahlprogramm, das auf die Vergangenheit projiziert wird, mit Dekolonisation, Rassismus, Migrations-
geschichte, Geschlechtergeschichte usw. Und viele Themen, wo
wir doch sagen müssen, die sollte ein deutscher Gymnasiast auch
kennen, fehlen. So kommt der Erste Weltkrieg im Geschichts-
lehrplan der Oberstufe nicht mehr als eigenes Kapitel vor. Das ist
natürlich eine politische Schwerpunktsetzung, keine fachspezifi-
sche. Wir sagen: Ja, absolute Prinzipien in der Geschichtsdidak-
tik sind Multiperspektivität und Kontroversität. Schüler sollen
verschiedene historische und aktuelle Sichtweisen kennenlernen
und dann in der Lage sein, auf einer soliden Wissensgrundlage
eine eigene Position herauszubilden. Wenn aber nur eine Perspektive gezeigt wird und Schüler quasi überwältigt werden mit
dieser einen Perspektive und gar keinen Beurteilungsspielraum
haben, dann ist das natürlich bedenklich. Manche Schulbuch-
autoren gehen leider schon so vor. Ich glaube, das ist insgesamt
ein Trend, zumindest in den Geisteswissenschaften. Es wird versucht, jenseits einer fundierten Allgemeinbildung bestimmte Per-
spektiven zu vermitteln. Ich will nicht sagen manipulativ, aber

manchmal geht es vielleicht schon in die Richtung. Wenn man versucht, Schüler im Unterricht zu indoktrinieren, wird man es kaum schaffen, sie zu mündigen Bürgern zu erziehen.

Auch an den Universitäten bei uns zeichnen sich ja in jüngster Zeit gewisse Ausgrenzungen anderer Meinungen ab.

Also, ich gehe noch immer davon aus, dass eine wissenschaftliche These erst einmal auf dem Prüfstand ist, von mehreren Seiten begutachtet und vielleicht auch widerlegt wird. Es gibt keine ewigen Wahrheiten. Ich erhoffe mir von der universitären Bildung, dass eine gewisse, aber zunehmende Ideologisierung wieder zurückgefahren wird. An einigen Universitäten sind offene Diskursräume gar nicht mehr da oder sehr verengt. Es kam jetzt häufiger auch in Deutschland vor, dass Veranstaltungen abgesagt oder so gestört wurden, dass sie abgebrochen werden mussten, weil die Meinung eines Vortragenden nicht erwünscht war. Das hat meines Erachtens auch zum Teil dazu beigetragen, dass bestimmte Kritik an Entwicklungen nicht geäußert wurde. Die aber wäre vielleicht hilfreich gewesen, um Fehlentwicklungen zu verhindern.

Das ist natürlich schon eine krasse Beobachtung. Auf den Punkt gebracht: Sie erleben bis zu einem gewissen Grad die Ideologisierung von Lehrplänen, was den Schulbereich angeht, und fast schon ins Radikale gehende Rede- oder Handlungsverbote an Universitäten?

Ja, das ist jetzt als These sehr zugespitzt, wobei ich sagen würde, die, in Anführungszeichen, Ideologisierung von Lehrplänen war immer schon da, es gelten ja immer bestimmte Leitbilder. Man hat eben z. B. vor 30 Jahren in Lehrplänen ein anderes Familienbild vermittelt als heute. Aber in meiner Studienzeit habe ich es nicht erlebt, dass die Geschichtswissenschaften so politisiert waren, wie das offenbar heute der Fall ist. Und in anderen, gerade geisteswissenschaftlichen Fächern ist das ähnlich. Die Absolventen dieser Universitäten kommen ja irgendwann mal als Lehrkräfte an die Schulen oder in andere Schlüsselpositionen im Bildungsbereich. Dann würde sich diese Entwicklung fortsetzen.

Deshalb erhoffe ich mir, dass die gesellschaftliche und auch die lauter werdende mediale Kritik daran gehört wird und wir von der behaupteten Alternativlosigkeit der Meinungen wegkommen und wieder lernen, offene Diskussionen und Diskurse im eigentlichen wissenschaftlichen Sinn zu führen. Denn nur so kann es zu Erkenntnisgewinnen und daraus abgeleitet zu Fortschritten kommen.

Wir haben 16 Bundesländer, also haben wir 16 Bildungssysteme. Gehört das abgeschafft? Braucht Deutschland ein Bildungssystem? Eins für alle?

Es gibt ja schon ein paar zentrale Elemente in verschiedenen Fächern im Abitur: In Deutsch, in Mathematik und anderen Fächern. Aber insgesamt kann sich die Kultusministerkonferenz noch nicht dazu durchringen, wirklich mal einen großen Wurf hinzulegen. Denn dann könnte man wahrscheinlich auch leichter zu wirklichen Reformen im Bildungsbereich gelangen, als wenn jedes Bundesland für sich irgendwelche Änderungen vornimmt. Eigentlich ist diese Bildungsvereinzelung nicht zu rechtfertigen. Das Problem sind meines Erachtens nicht die Lerninhalte an sich, sondern dass die Länder ihren Kompetenzen da, wo sie noch verblieben sind, eben im Bildungsbereich, nicht aufgeben wollen zugunsten einer Vereinheitlichung, die bereits mit gemeinsamen Standards der Grundschulen beginnen müsste.

Soziale Medien spielen gerade für junge Menschen eine immer größere Rolle, sie beziehen daraus viele Informationen, sind selber aktiv, schreiben z. B. sehr kurze Texte, teilweise wild abgekürzt. Wie wirkt sich das auf den generellen Bildungsauftrag Ihrer Schule aus?

Wir setzen ja iPads ein ab der 7. Klasse. Was einerseits gut ist, weil das schon die Medienkompetenz schult. Andererseits weiß man nie so richtig, was mit den Geräten gemacht wird, vor allem im privaten Bereich. Wir sehen, dass die basalen Kompetenzen[179] nachlassen. Es gibt kaum noch Schüler, die wirklich eine schöne Handschrift haben, die ordentlich mit Füller schreiben, weil sie nur noch die »vereinfachte Ausgangsschrift« in der Grundschule lernen, eine Mischung aus Druck- und Schreibschrift. In der Folge leidet auch die Lesekompetenz. Viele Schüler können nicht einmal ihre eigene Handschrift bzw. die des Lehrers an der Tafel ohne Schwierigkeiten lesen. Das wirkt sich auf die Sprachfähigkeit und das Kommunikationsverhalten insgesamt aus. Die Zeit, die man mit dem Handy im Internet verbringt, ist ja rapide gestiegen.

Wie wirkt sich das im Unterricht aus?

Mit Sicherheit trägt das auch mit dazu bei, dass sich Schüler nicht mehr so am Stück konzentrieren können. Das schlägt sich auch im Unterricht nieder. Andererseits eröffnen die digitalen Zugänge neue Möglichkeiten: Man muss halt nicht mehr in der 24-bändigen Brockhaus-Enzyklopädie nachschlagen. Wir sehen hier eine Demokratisierung des Wissens, wenn vieles im Internet sofort kostenlos abrufbar ist. Aber bei oberflächlicher Nutzung lauern da natürlich Gefahren. Und schnell sitzt man Fake News auf. Nimmt man noch KI[180] hinzu, werden die Manipulationsmöglichkeiten gewaltig. Auch darauf muss Schule, müssen Bildungsangebote reagieren.

Etwa mit einem neuen Schulfach »Digitale Medienkunde«?

Ein eigenes Fach dafür haben wir nicht, wäre aber eventuell zu überlegen. Es bleibt bislang eine Querschnittsaufgabe der einzelnen Fächer. Derzeit haben wir regelmäßig Medienkompetenzschulungen, verankert im Unterricht. Und da ist KI natürlich auch ein großes Thema – und wir wissen nicht, wohin die Reise da eigentlich geht. Auch aus den Bildungsministerien kommen bisher keine Maßgaben. Was wir schon jetzt sehen: KI kann Hausarbeiten oder generell schriftliche Ausarbeitungen unterstützen. Vielleicht folgt daraus, dass wir wieder mehr auf die mündliche Prüfung oder Präsentation als relevantes Format zurückkommen? Bei all dem, was Forderungen nach neuen Fächern angeht – im Kern heißt der Auftrag: Schule muss Allgemeinbildung liefern. Diesen Auftrag müssen wir verteidigen. Dabei leisten digitale Portale sehr gute Unterstützung, gemäß dem Motto

»Schüler und Lehrer müssen den Computer beherrschen und nicht umgekehrt«!

Allgemeinbildung, Bildungsauftrag, gute Schule: Das funktioniert nur, wenn es genug gute Lehrkräfte gibt.

Seit Jahren ist es ein generelles Problem, wirklich gute Lehrer zu gewinnen oder überhaupt junge Menschen zu animieren, in diesen Beruf zu gehen. Es scheint, dass dieser Beruf nicht mehr so attraktiv ist, wie das früher mal der Fall war. Man dachte ja immer, Beamtenstatus und auch ein einigermaßen gutes Gehalt sind schon mal Argumente. Dagegen stehen die ständig wachsenden Anforderungen, gerade im pädagogischen und sozialen Bereich. Der Lehrer von heute ist ja auch Sozialpädagoge und zum Teil Elternersatz, er muss in vielen Fällen auch das leisten, was früher Familien geleistet haben. Da geht es um ganz einfache Dinge wie den Umgang mit Müll. Oder pfleglichen Umgang mit den Räumlichkeiten, mit Mobiliar. Auch ausgeglichenes Sozialverhalten kann man heute nicht mehr voraussetzen. Das müssen Lehrkräfte dann erkennen und ausgleichen. Insbesondere fehlt es an Lehrern für naturwissenschaftliche Fächer. Und auch auf der Leitungsebene ist es zunehmend so, dass man nur schwer Bewerber findet, die Schulleiter werden wollen, was ja auch bestimmte Gründe hat.

Zum Beispiel?

Zu viele Aufgaben neben dem eigentlichen Job. Das fängt mit der Personalrekrutierung an und hört mit der Digitalisierung nicht auf. Dadurch ist leider nicht die versprochene Entlastung eingetreten, sondern es sind noch mehr Aufgaben gerade im Verwaltungsbereich hinzugekommen. Man muss sich in diese Dinge einarbeiten, und das verlangt zunehmend eben auch, dass sich die Kollegen neu erfinden mithilfe von Schulungen und Weiterbildungsangeboten. Dann haben die Smartboards Einzug gehalten in die Klassenräume. Und das erfordert natürlich von den Lehrkräften auch eine Einarbeitung, um diese digitalen Techniken erfolgreich zu nutzen. Aber die Grundherausforderung bleibt natürlich: Wie vermittle ich was an welche Schülergruppe, und wie gehe ich mit dem einzelnen Schüler um? Da sind die Unterschiede durchaus größer geworden. Die Digitalisierung hilft nur bedingt bei diesen pädagogischen Herausforderungen.

Apropos Herausforderungen. Gefühlt jedes Schulhalbjahr ändern sich didaktische Ansätze, Beispiel Grundschule. Da wird mal erst das Alphabet komplett durchgenommen, dann folgt die Schreibschrift. Nächster Jahrgang: Immer ein Buchstabe, dann gleich mit Schreibschrift. Nächster Jahrgang: Schreiben nach Gehör, also ohne jedwede Rechtschreibung. Was soll das bringen, welche Reformpädagogen sind denn da unterwegs?

Das weiß ich nicht, und ich kann es auch nicht verstehen. Es gibt in der Tat große Unterschiede bei den Grundschulen. Da kommen dann Kinder zu uns, die ein sehr gutes Arbeitsverhalten und Kernkompetenzen haben. Die können die Schreibschrift. Die wissen auch, dass man sich meldet, bevor man irgendwas sagt, und wie man sich so im Klassenraum verhält. Und bei Kindern von anderen Grundschulen ist das nicht der Fall. Da muss man schon sehr von vorne anfangen.

… etwa bei »Schreiben nach Gehör«?

Das wird zu einem lebenslangen Nachteil für die betroffenen Schülerinnen und Schüler. Zunächst aber ist es ein Problem für die weiterführenden Schulen. Wie sollen wir mit nicht vorhandenen Kompetenzen umgehen? Rechtschreibung, Zeichensetzung: Ist das alles »Old School«? Text kann man ja irgendwie in ein Gerät eintippen, und die Autokorrektur erledigt den Rest. Dabei führt doch erst eine eigene sprachliche Genauigkeit auch zum genauen Denken oder hängt zumindest damit zusammen. Also kann man sagen, dass die Grundschulpädagogik – natürlich durch Vorgaben der Bildungspolitik – durchaus zu den aktuellen Problemen beitragen kann. Ein Punkt ist der Versuch der Individualisierung im Bildungsprozess, was im Grunde genommen nicht auf breiter Front zu guten Ergebnissen führt. Wenn man etwa dann in der Grundschule gar keine Noten mehr gibt und jeder jedem sein eigenes Tempo lässt, dann glaube ich, dass damit die Schüler nicht so gefordert werden, wie es möglich und nötig wäre. Klar ist doch, dass irgendwann bestimmte Kompetenzen nachgewiesen werden müssen, verbunden eben auch mit einer wie auch immer gearteten Benotung. Man belügt sich ja letzten Endes selbst, wenn man sagt, Schüler sollen erst mal in der Grundschule keine Noten kriegen, und später kommt dann die Bewertung oft genug schockartig, spätestens an der Uni oder im Beruf. Meine Erfahrung ist es, dass Schüler ganz gut mit Noten klarkommen, die sie zum großen Teil auch selber einfordern, sie wollen Anerkennung und Einordnung. Noten sind eine ehrliche Rückmeldung und schaden den Schülern in meinen Augen nicht. Das können sie sehr wohl verkraften.

Die Ständige Wissenschaftliche Kommission hat vorgeschlagen, aufgrund der Mangellage bei Lehrerinnen und Lehrern die Ausbildungs- und Referendarzeiten zu verkürzen, um neue Lehrer schneller an die Schulen zu bringen. Nun haben Sie gerade erläutert, dass die Ansprüche an Lehrkräfte deutlich gestiegen sind. Wie beurteilen Sie die Forderung, die Ausbildungszeiten zu verkürzen?

In der Tat ein Widerspruch, der nicht zu leugnen ist. Vor allem sehe ich da finanzielle Gründe. Natürlich ist es günstiger, einen Lehrer nur 18 Monate statt 24 Monate auszubilden. Da spart man ja ein paar Monate erst mal an Ausbildung. Dann mussten die Referendare in vielen Bundesländern früher in den ersten Monaten noch nicht eigenverantwortlich unterrichten, sondern sind mitgegangen und haben sich eingewöhnt. Ab und zu haben sie dann mal eine Stunde unter Aufsicht ihres betreuenden Lehrers gehalten. Und jetzt ist es nahezu die Regel, dass die Referendare vom ersten Tag an eigenverantwortlich unterrichten müssen. Frage: Würden Sie zulassen, dass ein Chirurg in der Ausbildung vom ersten Tag an vollverantwortlich operiert? Nun kann man sagen, es stirbt ja keiner auf dem Behandlungstisch in der Schule. Wer vom ersten Tag an eigenverantwortlich unterrichtet, deckt Unterricht ab.

Natürlich mit geringerem Gehalt als eine Vollkraft.

Ja, keine Frage: Die Lehrerausbildung als Sparmodell. Hinzu kommen die mittlerweile zahlreichen Seiteneinsteiger-Programme, die natürlich auch aus der Not geboren sind. Das heißt, Uniabsolventen, die einen Master gemacht haben in einem bestimmten Fach, aber nicht auf Lehramt studiert haben, werden fit gemacht für das Unterrichten.

Statistisch gesehen geht dann der Lehrermangel runter. Aber stimmt dann noch die Qualität des Lehrangebotes?

Das ist die Frage. Fachlich mag ja das Wissen da sein. Aber es fehlen pädagogische und didaktische Kompetenzen. Und Erfahrung im Unterricht, an einer Schule, ja ohnehin.

Und es gibt einige weitere Herausforderungen: Wir werden auf absehbare Zeit immer mehr Kinder mit Migrationshintergrund bekommen. Viele sind darunter, die die deutsche Sprache gar nicht oder nur sehr unzureichend beherrschen. Wie muss denn das Bildungssystem darauf reagieren?

Stärker als in anderen Ländern hängt bei uns ein Bildungserfolg von der Herkunft der Kinder ab. Ja, das finde ich wirklich erstaunlich. Weil wir ja immer denken, okay, in England, da gibt es die Eliteschulen oder in Frankreich die Eliteunis, wo künftige Führungskräfte ausgebildet werden. Aber in Deutschland ist der Befund erst mal generell so: Herkunft entscheidet. Und das wird natürlich durch Migration noch verstärkt. Eigentlich haben staatliche Stellen bis dato kein überzeugendes Integrationsprogramm entwickelt. Die Probleme der Migration verstärken die Probleme im Bildungsbereich. Und nicht jede Schule ist in der Lage, dafür ein eigenes Programm zu entwickeln. Wie also integrieren wir Schüler mit Migrationshintergrund? Die Sprachbarrieren sind da und erschweren z. B. auch die Kommunikation mit den Eltern. Das ist fatal, gerade jetzt, wo es oft einen kulturellen und politischen Hintergrund gibt mit Bezug auf das, was sich da in Israel und im Gazastreifen abspielt. Wie ist das Verhalten gegenüber Lehrerinnen? Es ist auch gerade bei muslimischen Schülern oft ein Problem, weibliche Autoritätspersonen zu akzeptieren.

Das stelle ich mir extrem schwierig vor. Wenn Schülerinnen und Schüler aus anderen Ländern mit schlechten Deutschkenntnissen in eine ganz normale Klasse kommen, bremst das ja den Unterricht aus, weil das Arbeitstempo gedrosselt werden muss, um alle in der Klasse mitzunehmen. Brauchen wir so etwas wie eine Klasse »null«, in der Kinder erst einmal gut Deutsch lernen?

Das wäre zentral; auch wenn das viel Geld kostet, aber dieses Geld müsste Deutschland in den Spracherwerb investieren. Das ist leider nicht der Fall. Und ich verstehe nicht, warum. Denn das ist jetzt keine Geheimwissenschaft, die zu der Erkenntnis führt, dass der Erwerb der Sprache zentral ist, um sich wo auch immer zu integrieren, gerade natürlich auch für Kinder in den Kitas und Schulen. Dazu brauchen wir natürlich noch mehr zusätzliches Personal.

Zusätzliches Personal: Das sieht eher schlecht aus, denn insgesamt sind ja die Bildungsmittel für 2024 von der Regierung zusammengestrichen worden, und zwar durchaus erheblich.

Es ist tendenziell schon lange so, dass nicht genug in den Bildungsbereich investiert wird. Großzügige Subventionen gibt es dagegen in anderen Bereichen. Da zeigt sich die Diskrepanz zwischen den Sonntagsreden, denn natürlich fordern viele Politiker immer mal wieder mehr Geld für die Bildung, Bildung sei das A und O usw. Aber im tatsächlichen Regierungshandeln sieht es dann anders aus. Offenbar hat der Bildungsbereich nicht so eine Lobby wie bestimmte Branchen in diesem Land.

Bildung braucht doch gar keine Lobby. Bildung ist Basis für alles, Bildung ist das Fundament einer guten Zukunft für dieses Land.

Ohne Zweifel. Und einige Eltern reagieren darauf, schicken ihre Kinder in Privatschulen. Das kostet teils erhebliches Schulgeld, durchaus 500, 700 Euro pro Monat. Dafür sind die Schulen top ausgestattet, Lehrermangel ist dort ein Fremdwort, die Betreuungsrelation ist besser. Und gerade Politiker, die eine bestimmte Richtung eher links vertreten, sind oft diejenigen, die dann auch in Berlin z. B. ihre Kinder auf eine Privatschule schicken und eben nicht in die Stadtteilschule, von der sie genau wissen, wie das Bildungsniveau sein wird. Wenn sich dieser Trend fortsetzt, führt das auch zu einer sozialen Ausdifferenzierung, bei der wir dann einige tolle Schulen haben, die auch super ausgestattet sind, die Lehrern auch mehr bezahlen können, und dann haben wir Schulen, wo eine Mangelverwaltung existiert.

Dramatische Erosion des Allgemeinwissens

Natürlich: Dr. Markus Reinbold steht nur für einen bestimmten Teil unseres Bildungssystems. Viele andere Bildungsecken gibt es: Grund-, Real- und Sonderschulen, bei den Lehrberufen die Berufsschulen, außerdem Einrichtungen der Erwachsenenbildung, Fortbildungsinstitute für Berufstätige, Universitäten und Fachhochschulen. So wenig vergleichbar die Einrichtungen auch sein mögen und so unterschiedlich die jeweiligen Zustände und Befindlichkeiten einzuordnen sind, ein Befund ist – leider – übergreifend festzustellen: Es gibt eine dramatische Erosion des Allgemeinwissens und der Allgemeinbildung. Wir stecken mittendrin in einer veritablen Bildungsmisere. Anders kann man es nicht mehr nennen.

Viele Lehrkräfte, die hoch motiviert begonnen haben, verzweifeln aber zunehmend wegen katastrophaler Zustände und Rahmenbedingungen an den Schulen.

Wenn die Not groß ist:
Das Startchancen-Programm

Die Kultusministerkonferenz[181] verkündete am 2. Februar 2024 das Startchancen-Programm mit einer Laufzeit von zehn Jahren, auch als eine Reaktion auf die PISA-Studie. Das Programm soll »dazu beitragen, die Chancengerechtigkeit in der schulischen Bildung so zu verbessern, dass möglichst alle Kinder und Jugendliche ihre Talente und Potenziale frei entfalten können und Bildungserfolg von sozialer Herkunft entkoppelt wird. Dies umfasst auch einen Beitrag zur Herstellung von Ausbildungsreife und Berufsfähigkeit.«[182] Das Programm soll im Schuljahr 2024/2025 in Kraft treten. Der Bund gewährt den Ländern Finanzhilfen nach Art. 104c Grundgesetz in Höhe von bis zu 400 Millionen Euro und erhöht parallel den Länderanteil an der Umsatzsteuer um 600 Millionen Euro jährlich. Die Länder beteiligen sich insgesamt in gleicher Höhe, also mit einer Milliarde Euro. Das klingt ziemlich gut, hat aber einen Haken: Die Länder können sich bestehende Maßnahmen, die mit dem Startchancen-Programm korrespondieren, anrechnen lassen. Wie viel »frisches« Geld dann tatsächlich zur Verfügung steht, muss sich erst noch erweisen.

Schon jetzt fehlen etwa in Hessen rund fünf Milliarden Euro, um die überwiegend maroden Schulgebäude im Land zu sanieren, sagt der Zahlenexperte in der Gewerkschaft Erziehung und Wissenschaft Hessen, Kai Eicker-Wolf.[183] Davon entfallen allein auf Frankfurts Schulen 2,5 Milliarden. Und ob Gelder überhaupt flott fließen, hängt auch vom Genehmigungsaufwand ab.

Dabei ist Sanierungsgeld für die 170 allgemeinbildenden Schulen in Frankfurt eigentlich da: Von 436 bereitgestellten Millionen sind 2023 nur 127 Millionen Euro abgeflossen. Grund: Personalmangel in den zuständigen Ämtern. Wenn hier die Situation nicht sehr viel besser wird, nützt das neue Startchancen-Programm auch nicht viel. »So langsam, wie es momentan läuft, werden ganze Generationen von Kindern ihre gesamte Schullaufbahn in

Containern oder kaputten Schulen verbringen«, sagt Rafaela Hartenstein, Stadtelternbeirätin in Frankfurt.[184]

Die Startchancen-Vereinbarung zwischen Bund und Ländern bestätigt explizit, dass eine relevante Anzahl von Schülerinnen und Schülern nicht in der Lage ist, den maßgeblichen Bildungsinhalten zu folgen, weil sie die Voraussetzungen dafür nicht mitbringen. Das, was die Kultusministerkonferenz jetzt endlich »amtlich« festgestellt hat, wissen alle, die »draußen« in der Bildungsarbeit unterwegs sind, schon lange. Neben den Basiskompetenzen Lesen, Schreiben und Rechnen gibt es sehr viele Bereiche des Unwissens. Alle lassen sich im Rahmen dieses Buches gar nicht beleuchten. Einen Bereich allerdings kann man getrost als unverzichtbare Basis zum Verständnis des menschlichen Daseins generell einordnen: Natur- und Umweltwissen. Eigentlich ist es nicht erklärungsbedürftig: Jeder braucht ein Minimum an Wissen, wie natürliche Kreisläufe funktionieren, wie Pflanzen wachsen, was in der Land- und Forstwirtschaft passiert, wie die Luft zum Atmen entsteht und woher unser Trinkwasser kommt – kurz, was unsere Lebensgrundlagen sind und wie wir sie im ureigenen Interesse erhalten sollten. Nur wer ein gewisses Verständnis dieser grundökologischen Zusammenhänge hat, kann gesellschaftliche, wirtschaftliche und politische Entscheidungen hinsichtlich ihrer Auswirkungen auf unsere Ökosysteme beurteilen. Sonst nützen auch die vielen Zugangsmöglichkeiten zu üppig vorhandenen Wissensmaterialien über Natur, Umwelt und Klima über Google und Co. nichts. Denn wie kann ich etwas abrufen, wenn ich gar nicht weiß, was ich genau abrufen will?

Dabei fehlt es nicht am Naturbewusstsein und am generellen Interesse an der Natur. Das zeigen die regelmäßig durchgeführten Naturbewusstseinsstudien des Bundesumweltministeriums und des Bundesamtes für Naturschutz.[185] Die im März 2023 publizierte Studie stellt fest, dass Jugendliche nach wie vor der Natur eine hohe Wertschätzung entgegenbringen und akzeptieren, dass Politik und Wirtschaft in den Erhalt der Natur investieren.

Allerdings steht dieser Befund durchaus in krassem Gegensatz zur tatsächlichen eigenen Einsatzbereitschaft, wenn es um aktives, nicht konsum- oder politorientiertes Handeln in der Natur geht. Im Klartext: Demos mit entsprechenden aktionistischen Verbalprotesten, wie etwa bei Fridays for Future, Extinction Rebellion oder der Letzten Generation finden breiten Zulauf – freiwillige Arbeit im Wald oder in Naturschutzgebieten dagegen nicht. Fast unbemerkt verschwinden nicht nur traditionelle Obstwiesen und andere artenreiche Flächen mit selten gewordenen Wiesenblumen als Lebensräume für Wildbienen[186] und andere Arten, sondern es sterben auch die im Stillen seit Jahrzehnten handelnden Ökopioniere aus. Es sind »normale Leute« mit großen Verdiensten, die in der Mehrzahl – ohne einem Verband anzugehören – durch ihre langjährige mühevolle Arbeit Landschaft gepflegt und damit vielfältige Natur erhalten haben.

Die meisten Mitstreiter sind über 70 oder gar 80 Jahre alt, sie bewirtschaften und erhalten noch Obstwiesen, Weinberge und Gärten oder pflegen Orchideenwiesen. Sie wären froh, Unterstützung »junger Aktiver« zu erhalten. Viele Heimat- und Umweltverbände wie auch Kulturorganisationen beklagen, dass die Zahl der Freiwilligen und Ehrenamtlichen erodiert.[187] An mangelndem Interesse an der Natur kann es laut der Naturbewusstseinsstudie nicht liegen. Die junge Generation wird offenbar ohne eigenes Verschulden zunehmend Opfer der Wissenserosion in Sachen Natur und Umwelt. Einer der Gründe: Sie wird nicht gefordert.

Die Bildungskette wieder aufbauen

Der Schlüssel liegt in der frühen, spielerischen Naturvermittlung. In vielen Kindergärten wird von motivierten Erzieherinnen und Erziehern schon wertvolle Arbeit geleistet, wie auch von so manchen Lehrerinnen und Lehrern, Verbänden und Naturschutzstationen.

Bildungsbeispiel Obstwiese – wie gewinnen wir die Null-Bock-Generation?

Da steht er, der uralte Apfelbaum, auf unserer Familien-Obstwiese. Der Baum hat in seinem langen Leben rund 300 Kilogramm Äpfel hervorgebracht – pro Jahr! Und da er schon mindestens 120 Jahre alt ist, summiert sich seine gesamte Apfelproduktion auf unfassbare 21 Tonnen! Die Äpfel von unserem Baum sind »bio«, werden nicht mit Chemikalien behandelt und können einfach mit Schale gegessen werden. Bio – auch ohne Zertifikat!

Der Baum leistet noch weit mehr. Er spendet Schatten, zieht CO_2 aus der Atmosphäre und liefert dafür lebenswichtigen Sauerstoff mithilfe der Photosynthese. Er filtert Staub aus der Luft, bewahrt im Verbund mit der Wiese den Boden vor Erosion, und er unterstützt die Grundwasserneubildung. Unser Apfelbaum ist auch ein Öko-Hotel für etliche Mitbewohner: In einem dicken Ast hat vor Jahren ein Buntspecht seine Höhle gezimmert, die dann später von Staren und Kohlmeisen als Nistplatz genutzt wurde. Im Geäst haben Zugvögel vor dem Weiterflug in die Winterquartiere Rast gemacht. Seit einigen Jahren hat sich ein Turmfalke den Rest der einst mächtigen Baumkrone als Sitzwarte auserkoren. Und in seiner Rinde und im Altholz tummeln sich viele Insekten, wie Holzbienen, verschiedenste Schlupfwespen und Hornissen.

Solche Apfelbäume auf gepflegten Obstwiesen gibt es noch. Jedenfalls hie und da. Die Wissenserosion in Sachen Natur und die heute verbreitete Null-Bock-Mentalität vieler junger Menschen trägt dazu bei, dass die Obstwiesen verschwinden – obwohl meist als Landschaftsschutzgebiet oder wie in Baden-Württemberg sogar per Gesetz generell geschützt. Die »Alten« sind körperlich nicht mehr in der Lage, auf Bäume und lange Leitern zu klettern, die Wiese zu mähen, Gras und Reisig abzufahren. Kinder oder Enkel wohnen und arbeiten weit weg oder haben kein Interesse an ganzjähriger Arbeit im Gelände.

Viele Kommunen sind deshalb dazu übergegangen ihre gemeindeeigenen Grundstücke selbst mit hohem Aufwand durch

Bauhof oder Stadtgärtnerei zu pflegen, weil sich auch keine Interessenten für die Pacht mehr finden. Das Kennzeichnen der Bäume zum »Selbst ernten« hilft nicht weiter, weil die Obsternte die Pflege der Bäume nicht ersetzt. Auch das Wissen um den richtigen Baumschnitt schwindet.

Dann sind da noch die Aktionen mit Kindern: Äpfel auflesen, Saft pressen, Natur kennenlernen. Wichtig, aber nicht wirklich hilfreich für die Arbeit im Gelände. An der Zeit der Jugendlichen und auch vieler Erwachsener kann es nicht liegen – die gehen zuhauf ins Fitnessstudio, während die Obstwiese vergammelt. Diese von allen geliebten Landschaftselemente können wie die Weinberge nur gerettet werden, wenn es Bewirtschafter gibt. Auch dies gilt es früh zu vermitteln. Wir brauchen wohl eine Imageumkehr! Obst- und Gartenbauvereine, Weinbaubetriebe und Genossenschaften sind ratlos. Wo bleibt – neben den Profis, die jedoch unrentable Grundstücke schon wegen der Personalkosten nicht bewirtschaften können – der Nachwuchs für die für den Klimaschutz, die Biodiversität, den Tourismus, die Heimatbewahrung so wichtige Kulturlandschaft?

Hier kommt etwas ganz Wichtiges ins Spiel, das bis heute bei den meisten Untersuchungen und Projekten viel zu wenig berücksichtigt wird: Der schwindende Generationendialog. Das ist mir angesichts der Nutzungsaufgabe vieler Obstwiesen immer klarer geworden. Nehmen wir unseren alten Apfelbaum. Den hat wohl mein Urgroßvater oder sein Vater gepflanzt. Mein Opa hat ihn gepflegt, das heißt regelmäßig geschnitten, die Äpfel geerntet und zusammen mit meiner Oma verwertet – zum »so Essen«, für Apfelkuchen, Apfelmus, Dörrobst, für Apfelsaft, Apfelmost und Apfelbrand –, natürlich zusammen mit den Früchten der anderen Bäume dieser Obstwiese. Und so hat mein Vater mit meiner Mutter die Tradition fortgeführt, die wir heute mit unseren längst erwachsenen Kindern unter ganz anderen Bedingungen weiterpflegen. Bin ich auf dem Grundstück, denke ich oft daran, dass mir meine Vorfahren eigentlich mit ihrem lebendigen Baumerbe die Hand geben und ich meinen Kindern, vielleicht deren Kindern oder auch ganz fremden Menschen die Hand gebe, wenn ich einen jungen Apfelbaum pflanze und diesen pflege. Was auf der Obstwiese zu tun ist, habe ich ganz nebenbei gelernt – nicht bei Kursen, sondern beim Erleben und einfach »Machen«. Dieser lebendige Wissenstransfer geht bei so vielem verloren, und deshalb sind mehr und mehr auch die Eltern und Großeltern gefordert, ihr so wertvolles Generationenwissen weiterzugeben – so lange es noch geht.[188]

Tatsächlich geht es nach dem alten Pädagogenspruch: »Was Hänschen nicht lernt, lernt Hans nimmermehr.« Kindergarten, Grundschule, weiterführende Schulen und Universitäten: Auf jeder Bildungsstufe brauchen wir – entsprechend angepasst – Lerninhalte, um z. B. das Wissen über die jeweils zehn häufigsten heimischen Vogel-, Säugetier-, Schmetterlings-, Amphibien- und Reptilienarten, der wichtigsten Bäume (gerade in Zeiten des Klimawandels), Sträucher, Blumen, Gräser, Farne und Pilze zu vermitteln – einfach das, was Oma und Opa einst wussten. Die Bildungskette des Naturwissens über die verschiedenen Bildungsebenen muss wieder konsequent und miteinander vernetzt aufgebaut werden. Künftige Bildungsreformen müssen zwingend ökologische Lernbausteine enthalten.

Öko-Wissen, auch für Akademiker

Unsere Gesellschaft braucht ein ökologisches Grundwissen, das uns befähigt, kritisch zu bewerten und zu beurteilen, wie es um unsere natürlichen Lebensgrundlagen bestellt ist, um zukunftsfähig zu sein. Was ist »öko«, was nicht? »Nachhaltigkeit« wird uns seitens der Politik eindringlich verkündet, Ideen und Projekte werden uns als »ökologisch« vorgegaukelt, scheinbar einfache Lösungen von Klimaklebern präsentiert – nur, um sich wenig später als »Fake« zu entpuppen. So mag der Sofortausstieg aus fossilen

Energieträgern zwar den Klimaschutz befördern, doch handelt es sich dabei natürlich um eine völlig weltfremde Forderung.

Wie zeigt sich die Wissenserosion in Sachen Natur im Alltag? Indikatoren hierfür finden sich etwa während universitärer Exkursionen (sofern es überhaupt noch welche gibt). Da beklagen Professoren, dass Biologiestudenten im ersten Semester auf Exkursionen weder Hafer, Dinkel oder Gerste auf den Feldern erkennen, noch Tabakpflanzen von Spinat unterscheiden können. Später kaufen die Erstsemester dann Hafermilch oder Dinkelbrötchen im Bioladen. Es ist auch Wissenserosion, wenn Naturschützer feststellen, dass sich Kinder vorrangig für Handy-Apps oder Instagram interessieren und mehr Klingeltöne kennen als Vogelstimmen. Eine Ursache für diese Misere: Durch falsche Prioritätensetzung sowohl im Fach Biologie in den Schulen als auch an den Universitäten überwiegen sowohl mikrobiologische und molekulargenetische Themen. Klassische Stoffe der Botanik und Zoologie finden – wenn überhaupt – nur am Rande Beachtung. Unfassbar, dass der Biologieunterricht als eigenständiges Lehrfach in den entscheidenden Klassenstufen an Gymnasien in vielen Bundesländern abgeschafft bzw. in fächerübergreifende Unterrichtsfelder »verbannt« wurde.[189]

Als wir von der Umweltakademie Baden-Württemberg mit dem damaligen Team schon in den 1990er Jahren die Wissenserosion in Sachen Natur thematisierten, wurde uns selbst aus Naturschutzkreisen entgegnet, Erosion sei doch ein Begriff aus der Geologie und Wissensvermittlung gehöre doch selbstverständlich zum »Naturschutz«. Das sei also »kein eigenes Thema«.

In der Tat waren es gerade Heimat-, Naturschutz- und Wanderverbände, die »naturkundliches Wissen« weitergaben.[190] Auf ganz breiter Ebene – heute würde man sagen: mit ökosystemarem Ansatz – waren es auch Fischerei- und Angelvereine sowie Jagdverbände, welche anfangs von den klassischen Naturschutzverbänden noch argwöhnisch betrachtet wurden, obwohl man bei diesen wenigstens eine Prüfung auch zur Artenkenntnis machen musste. Eine Gegnerschaft, die heute überwunden scheint und die wir uns angesichts der Herausforderung überhaupt nicht mehr leisten können. Auch Kindergärten haben früh begonnen, als es noch mehr »Lerngänge« und weniger Sicherheitsbedenken gab, Arten-, Natur- und Nachhaltigkeitswissen in ihre Arbeit einzubeziehen. Tausende Erzieherinnen konnten über Multiplikatoren-Seminare nach dem Motto »Train the Trainer« im Laufe von 30 Jahren erreicht werden. Vieltausendfache Kindermal-, Lese-, Vorlese- und Bastelbücher wurden uns regelrecht aus der Hand gerissen und in vielen Fällen von anderen Umweltakademien in Deutschland nachgedruckt. Doch wie die außerschulische Umweltbildung zunahm, erodierte sie offensichtlich in der Schwerpunktsetzung der Schulen. Das ergab u. a. eine Untersuchung über die Präsenz von Arten- und Naturwissen in Schulbüchern verschiedener Stufen.[191]

Mittlerweile gibt es viele Portale – u. a. von den Naturkundemuseen in Deutschland, Österreich und der Schweiz –, welche digitalen Zugang zur Welt der bedrohten biologischen Vielfalt – national wie international – ermöglichen. Auch viele Verbände stellen digital Wissen bereit. Es gibt Apps zur Artenbestimmung, klassische Wander- und Lehrpfade mit Erläuterungstafeln, immer mehr QR-gestützte Lehrpfade zur Natur und Landschaft und umfassende Lehr- und Lernhilfen wie die digitale »Naturgucker Akademie« des NABU.[192] Es gibt viele digitale und auf Pappe gedruckte Spiele, Bilderbücher, Lehrbücher, Experimentierkästen, ja ganze Wissens- und Lernzentren rund um die Themen Technik, Natur und Klimaschutz, wie etwa die von SAP-Gründer Dietmar Hopp initiierte Klima-Arena in Sinsheim[193], die von der Dieter Schwarz Stiftung, der IHK Heilbronn-Franken, der Hochschule Heilbronn und der Stadt Heilbronn gegründete Experimenta in Heilbronn[194], das Deutsche Meeresmuseum in Stralsund[195], naturpädagogische Programme von Zoologischen wie Botanischen Gärten, Naturschutzzentren, Natur- und Nationalparks sowie Biosphärengebiete. Alles von Lehrerinnen und Lehrern geschätzte und genutzte Einrichtungen.

Ein neues Phänomen: die Kompetenz-Illusion

Die Wissenserosion steht auch in einem merkwürdig anmuten-den Gegensatz zur Vielzahl der digital gespeicherten Materialien der heutigen Medien- und Informationsgesellschaft. Vielleicht aber ist es gar kein Gegensatz. Vielleicht ist es einfach Evolution[196] – nach der Devise: Was im Internet zu finden ist, muss nicht in mein Gehirn. Der Unterschied: Das Internet denkt nicht. Auch die sogenannte künstliche Intelligenz nicht. Elektronen- statt Menschenhirn, Social Media statt erlebter Realität: Die Folgen beschreibt der Risikoforscher Gerd Gigerenzer in einem Interview mit der *Welt am Sonntag*[197]: »Mit der extremen Nutzung dieser Medien verändert sich auch unser Gehirn. Weil wir gewöhnt sind, ständig etwas Neues zu sehen, wird es entsprechend konditioniert. Es schüttet Botenstoffe aus, die das Verlangen nähren, weiter zu konsumieren. Wir konsumieren nicht nur schneller, kürzer, sondern können diese Informationen auch schlechter bewerten, also immer weniger zwischen Fakes und Facts unterscheiden.« Brauchen wir noch mehr Klartext? Wenn wir diese Entwicklung nicht kritisch hinterfragen und Bildungsangebote dagegensetzen, erliegen wir allesamt einer gigantischen Kompetenz-Illusion.

So wird etwa digitales »Naturlernen« nie das reale Naturerlebnis ersetzen können – nicht das Duftpotpourri einer Blumenwiese, nicht das Summen und Brummen von Bienen, Fliegen oder Käfern. Nicht das Erlebnis, wenn sich eine Libelle auf die Hand setzt oder die gar nicht so schleimige Kröte über die Straße getragen wird, damit sie nicht unter Autoreifen gerät. Und auch nicht das eigene Beobachten des Vogelzuges, der Länder und Kontinente verbindet.[198]

Ein neues Format: Wir brauchen globale Bildung

Naturvölker haben seit unzähligen Generationen gelernt, im Einklang mit der Natur zu leben. Sie wissen, wie sie »über die Runden« kommen, und dieses Wissen wird analog und ganz praktisch an den Nachwuchs weitergegeben – auch heute noch, irgendwo in Papua-Neuguinea oder in den letzten noch unerforschten Winkeln des Amazonasgebietes. Ihr ökologisches Wissen befähigt sie zum Überleben. Ohne ökologisches Wissen haben Menschen im Laufe der Jahrhunderte die Natur immer wieder ausgebeutet und zerstört – mit Auswirkungen, die wir bis heute spüren, etwa die Abholzung der Mittelmeerwälder durch die Phönizier, Griechen und Römer, um Holz für ihre Kriegsschiffe zu gewinnen. Folgen sind bis heute Wüstenbildung in den nordafrikanischen Ländern, im Nahen Osten und in Südwesteuropa sowie Verkarstung entlang der nordöstlichen Mittelmeerküsten. Dies hat der Umwelthistoriker Joachim Radkau mit seinem Buch *Natur und Macht – Eine Weltgeschichte der Umwelt*[199] eindrücklich geschildert und mit vielen Beispielen belegt. So war die Megafauna in Australien, Neuseeland oder in Südamerika nach Ankunft des »modernen« Menschen nach kürzester Zeit ausgerottet. Nur eines unterscheidet die Menschen von damals und ihr Umwelt- und Sozialverhalten von uns: Sie hatten aufgrund der Lebensumstände, der fehlenden Technik und des nur kleinen Radius ihres persönlichen Erfahrungs- und Kommunikationsbereiches so gut wie keine Möglichkeit, das eigene Handeln in größerem Zusammenhang zu betrachten. Das hat sich natürlich fundamental geändert. Längst kommunizieren wir weltweit in Echtzeit. Unsere Welt ist fotografiert, gefilmt, vermessen und berechnet. Es ist also genügend Wissen da, und es gibt viel zu viele negative Erfahrungen, die uns zusammengenommen zwingen müssten, unsere Lebensstile nachhaltig auszurichten. Basiswissen und ökologisches Wissen verschmelzen demzufolge zu einem Fundament für globale Bildung. Die Aufgabe dieses neuen Formats besteht nun darin, die offensichtliche Lücke zwischen Wissen und Handeln im Sinne einer echten nachhaltigen Entwicklung hartnäckig zu thematisieren. Globale Bildung braucht Vordenker und Verbündete, sie kämpft dabei gegen politische Machtinteressen, gegen wirtschaftliche Vorteilsnahme und gegen ethnische Unterdrückungsszenarien. Globale Bildung wird zu einem Kernelement der nachhaltigen Entwicklung, eben als Grundvoraussetzung für Klimaschutz, die Bewahrung der natürlichen Vielfalt und aller Lebensräume mit ihren Ressourcen bei uns und überall auf der Erde.

Bildungspolitiker müssen alles tun, die nachwachsenden Generationen auf diese Reise des menschlichen Überlebens endlich mitzunehmen. Stets im Gepäck: das Basiswissen über Natur und Umwelt – als Einstieg in die globale Bildung. An Ideen und Materialien fehlt es gewiss nicht.[200] Ein Beispiel ist auch das breit angelegte Projekt »Gesellschaft und Natur – Generationendialog Nachhaltigkeit« der Baden-Württemberg Stiftung, das mit Erzieherinnen, Erziehern, Lehrerinnen und Lehrern, Naturpädagoginnen und Naturpädagogen erarbeitet wurde.

Wie wird's denn was? Ein paar Anregungen:

- **Finanzmittel für Bildung** deutlich **steigern**. Das Startchancen-Programm weiterentwickeln und stets neuen Anforderungen anpassen
- **Bildungsbürokratie** massiv **abbauen**, Bund/Länder-Konflikte aktiv entschärfen
- **»Nullte« Klasse** für alle Kinder mit schlechten oder keinen Deutschkenntnissen. Ein Jahr nur Deutsch lernen
- **Keine Experimente** mehr in den Grundschulen
- **Keine Superspezialisierung** an den weiterführenden Schulen, ihre Aufgabe ist, solides Allgemeinwissen zu vermitteln.

- **Mehr Gemeinschaftskunde** zum Selbstverständnis einer funktionierenden demokratischen, weltoffenen Gesellschaft
- **»Digitalkunde« als eigenes Fach** zum kritischen Umgang mit Internetangeboten und künstlicher Intelligenz

Und, bezogen auf die Wissenserosion zu Natur und Umwelt:

- **Ökologisches Basiswissen als Pflichtfach,** Lerninhalte auch zu globalen Zusammenhängen
- Verpflichtendes, mindestens halbjähriges **Volontariat für alle Schulabgänger** in einem **praktischen Bereich** wie Gärtnerei, Bauernhof, Forstrevier, Bauhof, Stadtgärtnerei, Naturschutz- oder Umweltzentrum, Naturpark, Biosphärengebiet, Nationalpark, Zoo, Botanischer Garten, Wander-, Heimat-, Naturschutzverband, Obst- und Gartenbau-, Landfrauen-, Fischerei- und Imkerverein, Lebensmittelhandwerk wie Bäckerei, Metzgerei, Käserei, Gaststätte, Rettungsdienste, kirchliche Einrichtungen – die Liste ist beispielhaft gedacht und absichtlich ohne jegliche Rangfolge, da es einfach darum geht, den Generationendialog und das praktische Verständnis »an der Basis« zu fördern.
- **Ausbau** statt finanziellem Abbau **der bestehenden Programme** wie freiwillige soziale oder ökologische Dienste
- Förderung von Patenschaftsprogrammen »Generationendialog für Natur und Landschaft« – **Jugend unterstützt Senioren** in der Landschaftspflege.
- **Mehr »Open Air«-Kindergarten und -Schule,** auch mit Nutztieren wie Hühnern, Enten, Stallhasen (Kaninchen), damit Verantwortungsbewusstsein für die Kreatur gestärkt und Wissen wieder aufgebaut werden kann
- **Wiederaufbau der Bildungskette** in Sachen Naturwissen von den Kindergärten über die verschiedenen Schulebenen bis hin zu Universitäten und anderen Hochschulen[201]

Hätte ich eine Milliarde Euro für den Klimaschutz, ...

»... würde ich das Geld gezielt in eine gute Bildungspolitik investieren, die vor allem die Bereiche Umwelt- und Klimapolitik betrachtet und aufklärt und die vielleicht auch bestimmte Paradigmen kritisch hinterfragt. Das nicht nur bei uns in Deutschland, sondern u. a. auch in Entwicklungsländern, die einen viel größeren Einfluss auf das Weltklima haben als Deutschland.«

Dr. Markus Reinbold, OStD und Schulleiter, Willigis-Gymnasium, Mainz

»... würde ich die Hälfte des Geldes in Europa aufteilen für Umweltkompetenz und Demokratiebildung bei Kindern und Jugendlichen sowie Technologieförderung. Ein Viertel in der sogenannten Dritten Welt, um bei Klimaschutzmaßnahmen von 0 auf 90 zu kommen, wo wir bei uns mit viel Geld an den letzten Prozenten kratzen. Ein Viertel in Deutschland ebenfalls für undogmatische, realitätsnahe Umweltbildung.«

Günther H. Oettinger, Präsident der EBS Universität für Wirtschaft und Recht; Ministerpräsident Baden-Württemberg a. D.; EU-Kommissar a. D.

MOBIL INS ABSEITS?!

VERKEHRSPOLITIK ZWISCHEN ABERGLAUBEN UND REALITÄTSVERWEIGERUNG

»Ein Fußgänger ist ein glücklicher Autofahrer,
der einen Parkplatz gefunden hat.«

Joachim Fuchsberger, deutscher Schauspieler, 1927–2014

Darum geht es:
Pendlerstaus jeden Morgen (außer am Wochenende), Laster an Laster auf den Autobahnen, Baustellen kilometer- und monatelang, eine Deutsche Bahn, die schlechter agiert als viele andere, dafür aber knackige Boni an leitende Mitarbeiter zahlt, Elektroautos, die viel zu teuer sind und in Wahrheit nichts zum Klimaschutz beitragen, bröckelnde Brücken und desolate Infrastruktur, Fahrradkrieg in den Innenstädten, Vergrämung der Autofahrer mit Tempo 30 oder Tempo 20, Verteufelung der Verbrenner einfach so aus ideologischem Prinzip und Verkehrspolitiker, die das alles bedauern, nachhaltige Mobilität fordern, aber nicht wissen, was das genau ist, und infolgedessen auch nicht wissen, wie sie die Weichen stellen sollen.

Für eilige Leser hier einige Aspekte zum Thema:
* **Fehlende Infrastruktur** für alternative Verkehrsmittel wie Elektrofahrzeuge, Fahrradwege, öffentliche Verkehrsmittel und Ladestationen
* **Zu hohe Kosten** für umweltfreundliche Fahrzeuge und die Infrastruktur für erneuerbare Energien
* **Festhalten an Gewohnheiten und Einstellungen** bei etablierten Verhaltensweisen der Mobilität

- **Politische und wirtschaftliche Lobbyinteressen** behindern die Einführung von nachhaltigen Mobilitätslösungen, vor allem wenn sie mit etablierten Industrien konkurrieren.
- **Mangelnde Integration** zwischen verschiedenen Verkehrsmitteln und fehlende Synergien zwischen den verschiedenen Akteuren im Verkehrssektor kappen nachhaltige Mobilitätsansätze.
- **Planung und Raumordnung** ist nicht auf nachhaltige Mobilität ausgerichtet und verhindert so die Entwicklung nachhaltiger Mobilitätskonzepte.

Bei all dem stellt sich die Frage: In der Stadt und auf dem Land – wie genau eigentlich wollen Menschen mobil sein?

Lara und die autofreie Stadt

Eigentlich war es ein Freitag wie jeder andere. Zumindest sah es bis kurz vor 15 Uhr so aus. Lennart, Laras Ehemann, hatte unglaublicherweise frei – was in letzter Zeit als leitender Ingenieur bei der Bundesflugbereitschaft eher selten war. Und Finn, ihr 16-jähriger Sohn, hatte – ebenfalls unglaublicherweise – versprochen, sie zur Geburtstagsfeier von Tante Elfriede zu begleiten. Na ja, ein 85. Geburtstag ist ja auch ein echter Anlass, zu feiern und die Familie zu versammeln. Zu schön, um wahr zu sein, dachte Lara noch und stellte jenes undefinierbare Bauchgefühl fest, das sie immer beschlich, wenn die Dinge einfach zu gut liefen.

Schlag 15 Uhr nahm das Unheil seinen Lauf: Finn kachelte mit seinem Rennrad in die Grundstückseinfahrt und stürmte kurz darauf etwas atemlos in die Küche. Lara war gerade dabei, die Geburtstagstorte für Tante Elfriede mit lustigen Sahnehäubchen zu verzieren, für jedes Stück des Kuchens einen Klecks.

»Wie war's in der Schule?« Routinefrage Richtung Finn. »Super!« platzte der heraus. »Echt interessant, was wir heute in

Sozialkunde hatten. Ganz meine Meinung.« »Aha«, intonierte Lara vielsagend, »worum ging es denn?«

»Um den Planeten zu retten, müssen wir möglichst sofort auf möglichst viele Autos verzichten. Die Zeiten, wo fast jeder mit der eigenen Karre unterwegs ist, sind vorbei. Endlich Schluss mit verstopften Straßen und versperrten Radwegen. Ein goldenes Zeitalter steht uns bevor, Radler und Fußgänger aller Länder, vereinigt euch! Bahn- und Busfahrer am besten auch! Autos sind out. Ich will, dass wir unseres verkaufen!« »Bist du völlig plemplem?« Entgeistert schaute Lara ihren Sohn an. Bis eben hatte sie überhaupt nicht gewusst, dass Finn etwas vom Manifest der Kommunistischen Partei wusste – auch wenn er den Zitatklassiker »Proletarier aller Länder vereinigt euch« leicht abgewandelt aufgesagt hatte.

»Wie soll das gehen, alle aufs Fahrrad? Viele sind gar nicht fit dafür und können gar nicht radeln. Und Bus und Bahn? Ein echter Witz! Gerade haben sie im Radio gesagt, dass Frankfurt nächstes Jahr von Januar bis in den Sommer hinein den Bahn- und Busverkehr ausdünnen muss, weil sie kein Personal mehr haben. Also wird das Angebot dort deutlich schlechter. Von wegen, Bus- und Bahnfahrer vereinigt euch …« »Wir brauchen aber die autofreie Stadt«, protestierte Finn, »wir jungen Leute wollen kein Auto mehr, wir wollen Platz in der Stadt, grüne Ecken, Kaffeestände und tolle Locations zum Abfeiern. Gute Luft sowieso und überhaupt Freiheit über alles.« Schon wieder so ein Spontispruch, dachte Lara. Und sah bereits die Stimmung Richtung Geburtstagsfeier gefährlich wanken. Da halfen nur Fakten. »Schau mal hier, das habe ich heute in der Zeitung gefunden, ein Artikel über eine aktuelle Studie vom Sommer 2023. Darüber, wie die Menschen bei uns ihre Mobilität sehen. Eine repräsentative Umfrage vom Institut für Demoskopie Allensbach, gefragt wurden Leute ab 16 Jahren. Ha! Deine Altersgruppe ist sogar mit dabei! Schauen wir doch mal, was die Forscher so rausgefunden haben.« Schon lief Lara ins Arbeitszimmer, fuhr den Computer hoch und googelte nach der Studie. Der Rechner zeigte nach wenigen Sekunden das Ergebnis an.[202] »So, schauen wir mal …« Lara klickte die pdf-Datei an und scrollte hinunter. »Also, gefragt wurde im Juli 2023, 1011 Interviews insgesamt face to face, ein repräsentativer Bevölkerungsquerschnitt …« »Mach's nicht so spannend, Mann …«, maulte Finn dazwischen. »Wenn überhaupt, dann ›Frau‹. Sei es drum, also wie wollen die Menschen sich fortbewegen? Aha, gleich vorne, der zweite Fragenkomplex … Gefragt wurde: ›Hier auf der Liste sehen Sie verschiedene Verkehrsmittel. Welche davon sind für Sie privat im Alltag unverzichtbar?‹ So, Herr Fahrrad-Revoluzzer, Bus- und Bahnfahrer-Vereiniger. Was haben die Leute wohl gesagt?« »Na, wenn du schon so anfängst, wird es höchstwahrscheinlich nicht das Fahrrad sein.« »Stimmt. Hier die Zahlen, ich lese vor: 74 % der Bevölkerung halten das Auto für ihren privaten Alltag für unverzichtbar, 49 % das Fahrrad und 41 % den ÖPNV. Weitere 29 % können in ihrem Alltag zudem nicht auf die Nutzung regionaler oder überregionaler Züge verzichten; nur wenige äußern sich in gleicher Weise zu anderen Verkehrsmitteln wie Motorrad, Fernbus, E-Roller oder auch zur Nutzung von Carsharing-Angeboten. Eins zu null für die individuelle Mobilität!«, jubelte Lara. »Das Auto im Alltag ist für die meisten unverzichtbar. Für uns übrigens auch. Wir verkaufen es natürlich nicht.«

Lara war sicher, damit die Debatte beendet zu haben. Doch Finn setzte sich vor den Bildschirm und warf noch einen weiteren Blick auf die Studie. »Da steht ja: In Auftrag gegeben vom VDA! Vom Verband der Automobilindustrie! Willst du mich veräppeln? Das ist doch gekaufter Lobbyismus pur!« Die kabellose Maus flog in die rechte Ecke des Arbeitszimmers, Finn sprang wütend auf und verkündete: »Ich komme nur mit zu Tante Elfriedes Geburtstag, wenn wir mit dem Fahrrad fahren«, sprach's und fetzte die Treppe hinunter. Das wird kaum möglich sein, dachte Lara, das wären 143 Kilometer hin und abends wieder zurück.

Was ist »nachhaltige« Mobilität?

Finns Entdeckung ist korrekt. Der VDA ist tatsächlich der Auftraggeber der Studie. Aber nicht nur dieser. In den Jahren davor hat es ebenfalls gleichlautende Befragungen gegeben. Die Methodik der Umfrage ist transparent, man kann alles nachlesen. Und das Institut für Demoskopie hat einen absolut seriösen Ruf, den es mit Sicherheit nicht für Lobby-Propaganda aufs Spiel setzt. Wäre es anders, hätte es eine entsprechend entlarvende Berichterstattung in der Presse gegeben. Also lohnt es sich, noch ein paar Passagen aus der Umfrage anzuschauen. Dabei sind auch die Trendaussagen über die Jahre interessant.

Seit Jahren kursiert ja die Forderung, vor allem aus dem »grünen« Lager, man müsse viel stärker als bisher auf öffentliche Verkehrsmittel umsteigen. Da gibt es aus schnell nachvollziehbaren Gründen ein erhebliches Stadt-Land-Gefälle. Wo ist die Sympathie für den ÖPNV wohl größer? Allensbach stellt fest: »Einwohner der Großstädte sind mehrheitlich mit dem öffentlichen Nahverkehr zufrieden, die Bewohnerinnen und Bewohner des ländlichen Raums hingegen überwiegend unzufrieden. 63 % der Bevölkerung in den Großstädten bewerten den öffentlichen Nahverkehr bei ihnen vor Ort positiv, aber nur 34 % der Bewohnerinnen und Bewohner in Gemeinden mit weniger als 5 000 Einwohnerinnen und Einwohnern. In den ländlichen Regionen ist der Anteil der Unzufriedenen mit 56 % überdurchschnittlich hoch. Insgesamt sind nach wie vor 48 % der Bevölkerung mit dem öffentlichen Nahverkehr bei ihnen vor Ort zufrieden oder sehr zufrieden, 42 % hingegen weniger oder gar nicht zufrieden.«

Tja, da hilft die Statistik nicht wirklich weiter, was nützt uns hier der Durchschnitt, die 48 % Zustimmung suggerieren ja mehr positive Voten als negative. Klar ist doch, dass eine pauschale Forderung nach mehr ÖPNV völlig unrealistisch ist. Es ist nicht vorstellbar, dass der ländliche Raum auch nur annähernd so mit Bus und Bahn getaktet werden kann, wie es in den Städten möglich ist bzw. sein könnte. Also findet sich hier eine Schwachstelle, und es stellt sich die Frage: Wie erreichen wir nachhaltige Mobilität auch im ländlichen Raum?

Apropos: Ein schnell dahergesagtes Schlagwort, fast schon eine politische Parole: Wir brauchen nachhaltige Mobilität! Punkt. Kaum jemand würde widersprechen, denn das Adjektiv »nachhaltig« ist positiv besetzt, allgemein und automatisch wird angenommen, dass alles Nachhaltige zukunftsfähig ist. Wie müssen wir uns denn nachhaltige Mobilität vorstellen? Um ein Gefühl dafür zu bekommen, rufen wir uns mal die gängigste und akzeptierteste Definition von »Nachhaltigkeit« in Erinnerung. Sie stammt aus dem heute schon als legendär zu bezeichnenden Brundtland-Report aus dem Jahr 1987. Der Bericht, offiziell bekannt als »Our Common Future« (»Unsere gemeinsame Zukunft«), wurde von der Weltkommission für Umwelt und Entwicklung (World Commission on Environment and Development, WCED) unter der Leitung der damaligen norwegischen Ministerpräsidentin Gro Harlem Brundtland veröffentlicht.[203] Der Bericht definiert den Begriff »nachhaltige Entwicklung« als »Entwicklung, die die Bedürfnisse der Gegenwart befriedigt, ohne die Möglichkeiten künftiger Generationen zu gefährden, ihre eigenen Bedürfnisse zu befriedigen«. Die internationalen Experten der Kommission erklären auch, was das im Einzelnen bedeutet. So müssen ökonomischer Fortschritt und Umweltschutz miteinander in Einklang gebracht werden, um langfristige und nachhaltige Entwicklungsziele zu erreichen. Zudem hebt der Brundtland-Bericht hervor, dass Nachhaltigkeit nicht nur Umwelt- und Wirtschaftsaspekte umfasst, sondern gerade auch soziale Belange einschließt. Er plädiert für eine integrierte Herangehensweise, bei der Umwelt, Wirtschaft und Gesellschaft gleichermaßen berücksichtigt werden. Daraus wird dann später in der Literatur das, wenn Sie so wollen, magische Dreieck der Nachhaltigkeit: Ökologische, ökonomische und soziale Belange müssen optimal ausbalanciert sein. Nur dann handelt es sich tatsächlich um einen Pfad der nachhaltigen Entwicklung. Im Einzelnen sieht das so aus:

Ökologische Nachhaltigkeit: Dieser Aspekt bezieht sich auf den Schutz und die Wiederherstellung der ökologischen Systeme, um sicherzustellen, dass natürliche Ressourcen wie Luft, Wasser und Boden langfristig erhalten bleiben. Das Ziel ist, Umweltauswirkungen zu minimieren und die Biodiversität zu schützen, um eine dauerhafte Nutzung der Umweltressourcen zu ermöglichen.

Soziale Nachhaltigkeit: Dieser Aspekt betrifft die Sicherstellung von sozialer Gerechtigkeit, Chancengleichheit und Lebensqualität für heutige und zukünftige Generationen. Er bezieht sich auf die Förderung von fairer Arbeit, sozialer Integration, Zugang zu Bildung und Gesundheitsversorgung sowie die Berücksichtigung sozialer Auswirkungen bei wirtschaftlichen und politischen Entscheidungen.

Wirtschaftliche Nachhaltigkeit: Dieser Aspekt bezieht sich auf die Schaffung und Erhaltung einer wirtschaftlichen Struktur, die langfristig stabil ist und die Bedürfnisse der aktuellen Generation erfüllt, ohne die Möglichkeiten künftiger Generationen zu beeinträchtigen. Dazu gehören Prinzipien wie Ressourceneffizienz, faire Handelspraktiken und die Förderung von Innovationen, die nachhaltiges Wachstum ermöglichen.

Da nachhaltige Mobilität im öffentlichen Raum stattfindet, kommt noch ein Aspekt hinzu: Nachhaltige Mobilität muss alle Belange des öffentlichen Zusammenlebens, vor allem in Ballungszentren, für jedermann abdecken. Hoppla, da haben wir den Nachhaltigkeitssalat! Es geht um viel mehr als Tempo 30 in der Innenstadt oder neue Fahrradwege auszuweisen. Meist also wird ein Konzept für nachhaltige Mobilität nur behauptet, selten komplett durchdacht und konsequent umgesetzt. Herausstechend ist in der Regel die Fixierung auf Klimaneutralität. Das entspricht zwar dem aktuellen Zeitgeist, es ist aber eben nur ein Aspekt in der Abteilung »Nachhaltigkeit«.

Schauen wir noch einmal in die Allensbacher Mobilitätsstudie. Wie werden denn die Möglichkeiten eingeschätzt, jetzt und sofort das eigene Mobilitätsverhalten zu ändern? Besonders Einwohner im ländlichen Raum sehen hier nur wenig Spielräume für Veränderungen: 88 % der Bewohnerinnen und Bewohner von kleineren Ortschaften mit weniger als 5 000 Einwohnern sind der Ansicht, dass sie an ihrem Mobilitätsverhalten nur sehr schwer etwas ändern können. Das ist ein erwartbares Umfrageergebnis, klar. Das hier aber nicht: Selbst in den Großstädten geben 67 % die gleiche Auskunft. Woran liegt's? Hier gibt es keine pauschalen Antworten, jeder Verkehrsraum hat andere Voraussetzungen und braucht angepasste Lösungen. Eins aber zeigt die Mobilitätsstudie: Für die Bevölkerung kann der Weg in eine nachhaltige Mobilität nur gemeinsam erfolgreich beschritten werden. Nur wenn alle Akteure beteiligt und die Mobilitätsbedürfnisse aller Bevölkerungsschichten in Stadt und Land ernst genommen und berücksichtigt werden, lassen sich die bestehenden Hindernisse überwinden. Und das Fatale daran ist: Die Mobilitätsbedürfnisse unterliegen einem stetigen, teils sogar sehr schnellen Wandel. War »früher« die autogerechte Stadt der Hit, wird heute das Auto in vielen Städten zum Feindbild erklärt, und Verkehrsdezernenten tun alles, um den Autofahrern die Lust zu vermiesen, mal eben mit dem Vehikel in die City zu kurven. Obwohl es alles andere als »nachhaltig« gemäß der vorangestellten Definition ist, gehen solche Vergrämungsmaßnahmen (von Konzepten kann man nicht sprechen) tatsächlich auch in der örtlichen Presse zumeist als »nachhaltig« durch.

Ausgebremst: Reizthema Tempo 30

Abgase und Feinstaub aus dem innerstädtischen Verkehr seien ein Hauptfaktor für die Luftverschmutzung und damit für die Umsetzung der Verkehrswende, so wird regelmäßig argumentiert.

Natürlich, da, wo Benzin und Diesel verbrannt werden, entstehen Abgase. Aber: Zumindest die neueren Motoren tragen immer weniger zur Luftverschmutzung bei. Moderne Diesel stoßen z. B. so gut wie keinen Feinstaub mehr aus (sofern die Abgasreinigung funktioniert und nicht betrogen wird – Stichwort Dieselskandal). Feinstaub aber gibt es trotzdem – selbst wenn alle elektrisch in die Stadt fahren. Denn die Hauptlast des Feinstaubs stammt vom Reifen-, Straßen- und Bremsabrieb. Tempo 30 oder gar 20 in der Stadt: Absolut sinnvoll da, wo es etwa um nächtliche Lärmreduzierung geht oder es Gefährdungssituationen gibt – also im Umfeld von Schulen, Kindergärten, Krankenhäusern, Seniorenheimen oder auch bei der Querung von Fußgängerzonen. Tempo 30 auf den großen Hauptverkehrsstraßen ist nur allzu oft Staubeschleuniger, vor allem in den Stoßzeiten. Eigentlich sollte der Verkehr flott fließen, bei Tempo 30 staut es öfter, Fahrzeuge bleiben länger in der Stadt mit laufendem Motor und stoßen über einen längeren Zeitraum Abgase aus. Es gibt etliche Studien zu diesem Thema, die alles beweisen – mal ist Tempo 30 besser, mal Tempo 50. Aber eines stellen alle Studien mehr oder weniger übereinstimmend heraus, wie z. B. eine des Umweltbundesamtes in Kooperation mit der Bundesanstalt für Straßenwesen (BASt): Danach ist vor allem der Verkehrs<u>fluss</u> für die Schadstoffmenge entscheidend. »Dies bedeutet, dass das Ziel einer Verkehrsberuhigung nicht nur die Geschwindigkeitsreduktion sein sollte, sondern gleichermaßen eine Verstetigung des Geschwindigkeitsverlaufes über längere Strecken beinhalten muss«, so die BASt. Tempo 30 kann die Schadstoffbelastung dann reduzieren, wenn der Verkehrsfluss beibehalten oder verbessert wird, so das UBA.[204]

Zu einem ähnlichen Ergebnis kommt das Österreichische Umweltbundesamt in der Studie »Kenntnisstand zur (Umwelt-)Wirkung von Tempolimits im Ortsgebiet«. Darin heißt es: »Eine Emissionsminderung durch Einführung von Tempo 40 oder Tempo 30 ist auf ebenen Hauptverkehrsstraßen nach den

Ergebnissen der PEMS-Messungen[205] nicht zu erwarten. (…) Die Verstetigung des Verkehrsflusses bzw. des Fahrzeugbetriebs hat ein deutlicheres Potenzial zur Senkung der Schadstoffemissionen. (…) Die Reduzierung der Stopp-Anteile führt zu deutlicher Emissionsminderung, und die Reduzierung von Beschleunigungsvorgängen senkt Emissionen z. B. für Stickoxide (NO_x) um den Faktor 2.«[206]

Auf einen positiven Effekt können wir uns auf jeden Fall getrost einigen: Tempo 30 in der Stadt ist ein Faktor zur Lärmreduzierung. Daraus folgt: Wie wär's denn mit temporären Tempo-30-Zonen? Warum nicht nachts, wenn es ohnehin weniger Verkehr gibt und Staus nicht anzunehmen sind, warum nicht von 22 Uhr bis 6 Uhr morgens auf das Bummeltempo umsteigen? Dazu gibt es erste Ansätze, etwa in Göttingen[207] oder Oldenburg. Das ist doch ein plausibler Vorschlag im Sinne der echten Nachhaltigkeit. Eben, weil so auch die gesellschaftlichen Belange in der Stadt – flotter Verkehr tagsüber und erholsame Ruhe nachts – bedient werden.

Ach ja, flotter Verkehr: Ist Ihnen vielleicht aufgefallen, dass auch in Ihrer Stadt mal gerne zwei von drei Spuren einer Hauptverkehrsachse per Baustelle gesperrt werden? Und dass man gefühlt so gut wie nie Arbeiter sieht, die das reparieren, was zu reparieren ist? Dann ziehen sich solche sogenannten Baumaßnahmen auch noch wochenlang hin. Da deutsche Autofahrer das Gemüt eines störrischen Esels haben, fahren sie weder Umwege, noch steigen sie auf öffentliche Verkehrsmittel um. Folge: Megastaus zur morgendlichen und abendlichen Rushhour, Lärm-, Luft- und Gefährdungsbelastungen steigen. Kann es sein, dass Verkehrsdezernate und Bauämter nicht miteinander sprechen? Oder, und das ist die bösartigste Vermutung: Wer kein Mobilitätskonzept hat, nervt Autofahrer so lange, bis sie aufgeben? Eine weitere »Autovergrämungsmaßnahme«?

Fahrrad kontra Auto?

Frankfurt: Alle setzen da auf die fahrradfreundliche Stadt. So sieht es der Masterplan Mobilität vor. 80 % der bewegungshungrigen Menschen sollen bis 2035 zu Fuß gehen, radeln oder mit Bus und Bahn fahren. Dazu werden testweise mal eben Straßen am Mainufer für Autos komplett gesperrt, es fallen Autofahrspuren zugunsten neuer breiter Radwege weg, und sichere Fahrradparkhäuser sind in Planung. Schauen wir die Zahlen dazu an, ergibt sich ein widersprüchliches Bild: Zu Beginn des Jahres 2023 gab es laut der Statistik des Kraftfahrtbundesamtes 348 000 zugelassene Personenfahrzeuge mit F-Kennzeichen. Das ist rund 1 % mehr als im Vorjahr und bedeutet, der Autobestand wächst, wenn auch nur relativ langsam. Nun, zugelassene Autos müssen ja nicht zwangsweise fahren, schon gar nicht in der Innenstadt. Da ist tatsächlich der Autoverkehr seit Jahren rückläufig, der Fahrradverkehr nimmt stetig zu. Auto haben und Fahrrad fahren ist offensichtlich für viele kein Gegensatz. So registrieren die Frankfurter Mobilitätsdesigner eine Zunahme des Autoverkehrs in den Stadtrandgebieten und – das ist der dickste Brocken – einen weitgehend ungebrochenen automobilen Pendlerstrom. Da steigt die Zahl der Menschen in Frankfurt an normalen Werktagen von rund 770 000 auf über eine Million an.

Aus dieser Situation ein wirklich nachhaltiges Mobilitätskonzept zu schaffen, ist vergleichbar mit der Operation am offenen Herzen. Denn man muss ja bei laufender Mobilität mit allen Anforderungen »operieren«, Pendler-, Liefer- und Freizeitverkehr, Bus und Bahn, Platz für Fahrräder, Autovorfahrmöglichkeiten bei Arztpraxen in der Innenstadt, Sonderregeln für alte und behinderte Menschen, trotz Fahrradvorrang genügend breite Straßen für Feuerwehr und Rettungsdienste. Über Nacht also lässt sich ein nachhaltiges Mobilitätskonzept nicht umsetzen.

Fassen wir ein paar Punkte zusammen: Klar ist, Fahrräder benötigen weniger Platz sowohl zum Fahren als auch zum Parken.

Fahrräder, auch E-Bikes und Elektroroller, stoßen keine klima-schädlichen Gase aus (… vorausgesetzt, sie werden mit Ökostrom aufgeladen). Fahrräder kommen nicht für alle Bewohner einer Stadt infrage, viele ältere Menschen können oder wollen nicht mit dem Rad fahren. Bei Regen, Wind, Eis und Schnee werden viele Fahrräder wohl daheim bleiben. Trotzdem wollen oder müssen die Menschen in die Stadt. Ein Mobilitätskonzept muss so aus-gelegt sein, dass auch bei »Fahrradgrummelwetter« Mobilitätsre-serven zur Verfügung stehen.

Allein auf Fahrräder zu setzen, wäre also ein nicht nachhaltiges Mobilitätskonzept. Um alle Erfordernisse eines Tages abdecken zu können, ist in der Tat ein Masterplan wie der in Frankfurt not-wendig – wenn er so flexibel gestaltet wird, dass man leicht auf neue Anforderungen reagieren kann. Die Umsetzung muss dann Schritt für Schritt erfolgen, etwa so: Das, was schon da ist und für eine nachhaltige Mobilität sinnvoll ist, gilt es zu optimieren. Hier richtet sich der Blick auf vorhandene ÖPNV-Systeme, vor allem auf die Frankfurter S- und U-Bahnen. Vom Personalmangel beim Betriebspersonal in diesem Bereich hat Lara Craft am Anfang dieses Kapitels ja schon berichtet. Hierauf muss Stadtpolitik re-agieren. Im nächsten Schritt gilt es ins Visier zu nehmen, was uns zukünftig erwarten wird – etwa autonomes Fahren. Mit selbst-ständig fahrenden Kleinbussen ließen sich z. B. Ringlinien in der Innenstadt bedienen, zum kostenlosen Mitfahren nach dem Hop-on-hop-off-Konzept der Touristikbusse in vielen Städten. Die allein fahrenden Busse könnten auch als Zubringer von Parkhäu-sern außerhalb der City in die Innenstadt eingesetzt werden – ein Angebot für die täglichen Berufspendler. Derartige Fahrzeuge müssten natürlich Vorrang im Verkehr haben, garantiert ohne Stau ans Ziel kommen, und sie müssten für den Nutzer kosten-los sein (leicht gesagt, bei den klammen Kassen der Kommunen).

Wenn dann die Menschen auf diese Weise elegant in die Stadt kommen und dort per Ringlinie weiterhin mobil sind, steigt viel-leicht die Lust am Einkaufen in den verbliebenen Geschäften.

Damit das funktioniert, ist noch ein zentraler Lieferservice erforderlich. Der Kunde kauft ein, egal was, auch sperrige und schwere Dinge, die niemals per Fahrrad zu transportieren wären, und am Abend wird der Einkauf zu ihm an die Haustür geliefert. Dafür wären Elektroautos sehr gut geeignet. Für diese neue Dienstleistung eine geringe Gebühr zu nehmen, wäre sicher akzeptabel, im Zweifel zahlen es die Geschäfte und kalkulieren die Mehrkosten in die Preise ein.

Das alles funktioniert allerdings nur, wenn tatsächlich sehr viele Menschen bereit sind, auf ihr eigenes Auto zu verzichten. Denn im Zuge der hier skizzierten Optionen werden ja auch viele Flächen für parkende Autos entfallen. Um trotzdem individuelle Mobilität zu gewährleisten – und das wünschen sich immer noch die meisten Menschen laut der Allensbacher Mobilitätsstudie –, müssen Carsharing-Systeme ausgebaut und für jeden zugänglich gestaltet werden (nicht jeder kann mit einer App umgehen). Das heißt u. a., dass Städte wie Frankfurt als sozialen Dienst betreutes Fahren im Angebot haben müssten, um so sicherzustellen, dass auch ältere und behinderte Menschen jederzeit mobil sein können. Und wenn dann die großen Ferien nahen und ein Familienurlaub mit Kind und Kegel ansteht, dann braucht Familie Craft natürlich ein passendes Auto, einen Kombi oder besser einen kleinen Bus, damit Papa Lennarts Surfbrett sicher auf dem Dach transportiert werden kann. Was dahintersteckt: Wenn es also aufgrund verbesserter Mobilitätskonzepte sein könnte, dass die Nachfrage nach Autos deutlich zurückgeht, dann müssen sich auch die Autohersteller neu orientieren. Nur E-Autos zu bauen, wird nicht reichen. Die Primadonnen der Automobilbranche werden sich wohl oder übel zu umfassenden Mobilitätsdienstleistern mausern müssen. Was z. B. heißen könnte, bei »VW-Voran« oder »Mercedes-Mobil« kaufen Sie ein familienorientiertes Mobilitätspaket mit Deutschlandtickets, einer Bahncard 50, eine Vertrag für 30 Tage Familienleihwagen, Gutscheine für kostenlose Nutzung innerstädtischer Verkehrsmittel, Premium-

Car-Sharing-Service und einen reservierten Platz im Fahrrad-
parkhaus neben dem Hauptbahnhof. Vielleicht sind Kommunen
oft auch überfordert, wenn es um derartige Konzepte geht. Ob
Unternehmen das besser könnten? Unter dem Strich zeichnet
sich ab, dass nachhaltige Mobilität tatsächlich viel weiter greift
als die Umstellung auf Fahrräder oder Elektroautos. Könnte es
sein, dass sich das politisch kompromisslose Favorisieren des
elektrischen Fahrens und der Fahrräder als falsche Weichen-
stellung erweist?

E-Antriebe für alle! Kann das wirklich gehen?

Finn Craft ist zwar schon eine Weile aus dem Spielzeugauto-
Alter raus, aber es steht noch eine beachtliche Sammlung an
Fahrzeugen auf einem Bord über seinem Schreibtisch. Stolz präsentiert er sein Lieblingsmodell: Ein Magirus Jupiter 6 × 6 BW.
»Der Jupiter 6 × 6 wurde für den Einsatz als Militärlastwagen
konstruiert«, erzählt Finn. »Und das ist deswegen spannend,
weil es damals, also 1955, einen Großauftrag der neu gegründe-
ten Bundeswehr gab. Die brauchte natürlich jede Menge Fahrzeuge. War ja nichts mehr da.« Verbaut wurden zumeist Motoren der Deutz AG aus Köln. »Der Jupiter fürs Militär ist echt
der Hammer«, schwärmt Finn weiter, »der kann nämlich mit
Diesel oder Benzin fahren. So was gibt's heute gar nicht mehr.«
Konkret handelte es sich um einen Deutz F8L714A Vorkammer-
Viertakt-Vielstoffmotor, gebaut als stehender Acht-Zylinder-
V-Motor, luftgekühlt, 178 PS bei 2 300 U/min mit Dieselkraftstoff,
150 PS bei 2 300 U/min mit Ottokraftstoff. Die Kraftübertragung erfolgte an alle sechs Räder, die Nutzlast betrug knapp
sechs Tonnen, Kraftstoffverbrauch rund 40 Liter auf 100 Kilometer bei einer Höchstgeschwindigkeit von etwas mehr als
73 Kilometern pro Stunde. Das ließe dann doch nach heutigen
Maßstäben etwas zu wünschen übrig. »Der Jupiter war eben

klar für Last konzipiert und nicht für Schnelligkeit«, merkt Finn
leicht beleidigt an und stellte den Jupiter 6 × 6 wieder zurück
ins Regal.

Magirus-Deutz war ein deutsches Unternehmen, das aus der
Fusion der Unternehmen Magirus und Deutz hervorging. Das
Unternehmen Magirus wurde 1866 von Conrad Dietrich Magirus in Ulm gegründet und war ursprünglich auf die Produktion
von Feuerwehrfahrzeugen spezialisiert. Die Deutz AG wiederum steht insbesondere für robuste Dieselmotoren. Deutz wurde
1864 gegründet und hat eine lange Geschichte in der Motorenpro-
duktion für verschiedene Anwendungen, darunter Landmaschi-
nen, Baumaschinen, Schienenfahrzeuge und mehr. Die Fusion
von Magirus und Deutz fand 1975 statt. Fortan wurde eine breite
Palette von Nutz- und Spezialfahrzeugen angeboten. In den folgenden Jahren gab es Veränderungen in der Struktur des Unter-
nehmens, und der Name Magirus-Deutz wurde schließlich in
»Deutz« geändert.

So weit ein kleiner Ausflug in die Geschichte der ältesten deutschen Motorenfabrik. Und Deutz setzt weiterhin auf Diesel. 2021
erzielte der Motorenbauer 97 % des Umsatzes mit seinen Dieselmotoren. Das wird auch noch viele Jahre so bleiben – neben
Wasserstoffantrieben. In einem Interview mit der *Frankfurter
Allgemeinen Sonntagszeitung* zeigt sich Technikvorstand Markus
Müller »überzeugt, dass der Weg in die Klimaneutralität nur funktioniert, wenn wir neben grünen Elektronen auch grüne Moleküle (…) einsetzen.« Damit gemeint ist chemisch gebundene und
klimaneutrale Energie, etwa verfügbar gemacht über Wasserstoff.
Und daran arbeitet Deutz seit einigen Jahren. Zunächst geht es
um stationäre Motoren, die als Stromaggregate eingesetzt werden.
Am 9. November 2023 berichtet Deutz in einer Pressemeldung
zu den Quartalsergebnissen, dass aktuell ein Seriengroßauftrag
über 100 solche stationären Generatoren vorliege – aus China!
Die Generatoren werden dort zunächst mit grauem Wasserstoff[208]

betrieben, der als Nebenprodukt bei industriellen Prozessen anfällt. Gegenüber der konventionellen Stromerzeugung können so pro Generator immerhin bis zu 800 Tonnen CO_2 pro Jahr eingespart werden. Schon heute wird mit diesen Generatoren die Infrastruktur für die Wasserstofftechnologie aufgebaut, die zu einem späteren Zeitpunkt auf klimaneutralen grünen Wasserstoff umgestellt werden soll. Die Serienproduktion von Deutz-Wasserstoffmotoren für den stationären Einsatz soll planmäßig Ende 2024 am Deutz-Standort in Köln-Porz starten. »Es wundert mich daher, dass man über Verbote bestimmte Technologien ausschließt, ohne dass die Infrastruktur für Grünstrom auch nur ansatzweise auf einem Niveau ist, von dem man sicher sagen kann: Das bekommen wir hin«, kritisiert Müller im weiteren Verlauf des Interviews. Wasserstoff ist das Wunderkind unter den Energieträgern, über chemische Umwandlungsprozesse können auch synthetische, also nicht ölbasierte Kraftstoffe hergestellt werden – und diese verbrennen auch CO_2-neutral. »Aus Sicht des Ingenieurs«, so Müller weiter, »wäre es mehr als sinnvoll, wenn wir unsere heutige Tankstelleninfrastruktur nutzen, um CO_2-freie Kraftstoffe beizumischen, perspektivisch bis zu 100 %. Damit würde die Bestandsflotte unmittelbar einen Beitrag zur CO_2-Reduktion leisten. (…) Wir waren froh, dass synthetische Kraftstoffe im Koalitionsvertrag zumindest als Option genannt werden.«[209]

Wir sehen also, dass batterieelektrische Antriebe bei Weitem nicht für alle Anwendungen geeignet sind. Bestenfalls kann noch ein kleiner Bagger im Gartenbau mit einem E-Motor klarkommen. Bei großen, schweren Baumaschinen, Nutzfahrzeugen und landwirtschaftlichen Fahrzeugen ist das aus heutiger Sicht (noch) nicht darstellbar. Und Markus Müller hat auch eine Idee, wie denn künftig Wasserstoffnachschub für Baufahrzeuge funktionieren könnte – durch ein mobiles Wasserstoff-Tanksystem. Das Fahrzeug kommt nicht mehr zur Tankstelle, sondern umgekehrt, die Tankstelle kommt zum Fahrzeug. Auch daran arbeitet Deutz, und Deutz ist ja nur ein Beispiel, pars pro toto. Von der Ampelregierung hört man solche Überlegungen nicht, offenbar werden fachkundige Ingenieure gar nicht erst gefragt. Sicherheitshalber. Es könnte ja sein, dass die grüne Vision von der vollumfänglichen Elektromobilität irgendwie zerfließt.

Dabei ist ein E-Fahrzeug wirklich eine feine Sache. Es bewegt sich natürlich sehr leise, hat eine enorme Durchzugsleistung, was am Drehmoment der direkten Kraftübertragung liegt, und ist – das meinen jedenfalls viele Experten – viel wartungsärmer. Aber ist es per se auch deutlich umwelt- und klimafreundlicher?

Erst die Materialwende schafft Nachhaltigkeit

Selbstverständlich: Nur wenn ein E-Auto konsequent mit Ökostrom geladen wird, kann es überhaupt klimafreundlich sein. Nicht aber automatisch umweltfreundlich. Das ist Ihnen zu mysteriös? Wo doch allenthalben das E-Auto als Heilsbringer und Erlöser vieler unserer Umwelt- und Klimaprobleme gepriesen wird? Längst sehen das nicht alle so – etwa diejenigen, die mit ihrem gesunden Menschenverstand ein paar Fakten anschauen: Zunächst einmal besteht ein E-Auto ja auch aus Stahl, Blech und Kunststoff für die Karosserie, Glas für die Scheiben, sowie Kunstleder, Stoff oder Leder für die Autositze, Plastik für das Armaturenbrett oder Teppichboden für den Fußraum. Und natürlich hat es vier Räder mit Reifen. Insofern unterscheidet es sich nicht von den Modellen mit Verbrennermotor. Es liegt an den Herstellern, bei den verwendeten Materialien auf die Ökobilanz zu achten, angefangen z. B. beim Abbau für Eisenerz, das später zu Stahlträgern des Chassis weiterverarbeitet wird. Umweltfreundlicher wird jedes Auto in dem Maße, wie es gelingt Materialien zu recyceln. Es gibt seit Jahren einen Ansatz, der zeigt, wie Materialien komplett im Kreislauf geführt werden können: »Cradle to Cradle«. Es ist ein Konzept für nachhaltiges Design und umweltneutrale Produktlebenszyklen, das von dem deutschen Verfahrenstechniker und

Chemiker Professor Michael Braungart, Gründer und wissenschaftlicher Direktor der Environmental Protection Encouragement Agency (EPEA[210]) in Hamburg, und dem amerikanischen Architekten William McDonough schon Ende der 1990er-Jahre entwickelt wurde. 2002 erschien ihr gemeinsames Buch *Cradle to Cradle: remaking the way we make things*.[211] Der Begriff »Cradle to Cradle« kann mit »Von der Wiege zur Wiege« übersetzt werden und diskutiert die Idee, dass Materialien und Produkte nicht am Ende ihres Lebenszyklus als Abfall enden sollten, sondern vielmehr als wertvolle Ressourcen wiederverwendet oder recycelt werden können. Produkte sollen danach so konzipiert werden, dass ihre Materialien nach dem Gebrauch in einem biologischen oder technischen Kreislauf nicht nur ein zweites, sondern ein ewiges Leben bekommen. Materialien sollen nicht nur weniger oder gar nicht schädlich sein, sondern einen positiven Beitrag zur Umwelt leisten. Dies könnte z. B. bedeuten, dass Produkte während ihrer Nutzungsdauer Energie erzeugen. »Cradle to Cradle« braucht also ein intelligentes Produktdesign; Produkte müssen von Anfang an so konzipiert werden, dass sie leicht sortenrein demontiert und recycelt werden können, ohne schädliche Substanzen freizusetzen. So gibt es z. B. bereits biologisch vollständig abbaubare (kompostierbare) T-Shirts, Bürostühle, die sich in Einzelteile zerlegen lassen, um diese dann wieder zu verwenden, und Filzschreiberhüllen aus Altkunststoffen. »Energie- und Verkehrswende müssen zwingend auch Materialwende sein«, sagt Michael Braungart. Erst dann können wir anfangen, Produktionsverfahren, Energieeinsatz und letztlich Gegenstände ganz vorsichtig als »nachhaltig« zu bezeichnen. Eben auch Autos. Das heißt: Im Moment gibt es kein nachhaltiges Auto. Und das Elektroauto ist auch erst nach rund 90 000 Kilometern Fahrleistung klimaneutral (wie gesagt, wenn konsequent mit 100 % Ökostrom geladen wird). So lange dauert es, bis der ökologische Rucksack inklusive CO_2-Last aus der Gewinnung der Rohstoffe und der Fertigung des Fahrzeugs ausgeglichen ist.[212] Dabei schlägt die Fertigung des E-Auto-<u>Akkus</u>

mit 83 % zu Buche. Schwachpunkt beim elektrischen Fahren ist also die Batterie. Und das ist genau der Punkt, an dem man sich das E-Mobil mal etwas genauer anschauen muss.

Grün oder nicht grün: Die Batterie entscheidet

Bei Verbrennern ist in der Regel der Motor das teuerste Bauteil. Je nach Größe des Fahrzeugs und Leistung der Maschine kostet so ein Kraftpaket 3 000 bis 8 000 Euro. Das ist in der elektrischen Welt ganz anders. Hier ist der Akku die mit Abstand kostspieligste Zutat. Auch wieder je nach Größe und Gewicht des Fahrzeugs und der entsprechenden Anforderung an die Leistungsfähigkeit des Akkus, kann dieser mit 6 000 bis 20 000 Euro zu Buche schlagen. Das kann dann schon mal bis zu 40 % des Gesamtwertes eines E-Autos ausmachen. Also ist anzuraten, mit dem Akku besonders schonend umzugehen. In der Regel wird der Stromspeicher im Chassis des Fahrzeugs verbaut. Ein umlaufender Sicherheitsrahmen soll ihn bei Kollisionen vor Beschädigungen schützen. Nimmt er bei einem Unfall doch Schaden und muss getauscht werden, schmilzt der Restwert des Autos erheblich dahin, und der wirtschaftliche Totalschaden rückt in Reichweite. Daher ist es eine gute Idee, dass einige Hersteller den Akku für das Auto nicht mitverkaufen, sondern vermieten. Dadurch geht das finanzielle Risiko auf den Hersteller über. Natürlich steigt dadurch auch der Preis des Fahrzeugs, denn die Hersteller werden ihr Risiko wiederum durch eine entsprechende Versicherung abdecken – die Prämie dafür zahlt, zumindest zum Teil, der Käufer. Mit verbaut ist – je nach Auto- und Akkutyp unterschiedlich in der Ausführung – ein Kühl- und Heizsystem. Denn die Lithiumionen[213] fließen optimal nur in einem Temperaturfenster von etwa 20–25 °C. Wird es draußen heißer, oder die Akkus erwärmen sich durch hohen Stromfluss, muss gekühlt werden; wird es kälter, dann brauchen die Akkuzellen Wärme. Beides benötigt

Strom, und das wirkt sich natürlich auf die Reichweite des Fahrzeuges aus, denn die einzige Energiequelle ist ja der Akku. Wichtig ist vor allem die Kühlung. Denn die Akkus können wirklich sehr warm werden, nein, sie werden richtig heiß, wenn der stolze E-Mobil-Besitzer mal testen will, wie weit sein Auto bei Vollgas (... sagt man das noch so bei E-Autos?) fahren wird. Im schlimmsten, aber höchst unwahrscheinlichen Fall können die Dinger sogar Feuer fangen. Das kennen Sie bestimmt von den Auflagen vor Antritt einer Flugreise. Erst mal darf ja ohnehin kein Akku ins aufgegebene Gepäck, denn der Brand im Koffer unten im Ladedeck des Fliegers kann natürlich katastrophale Folgen haben. Eins drüber, in der Passagierabteilung, weist das Kabinenpersonal ja immer freundlich, aber mit Nachdruck darauf hin, sich sofort zu melden, wenn Laptop oder Smartphone irgendwie heiß werden und schon weiße Wölkchen aufsteigen.

Wieso reagieren die Dinger überhaupt so hitzig? Das liegt an den Bestandteilen eines solchen Akkus und an den elektrochemischen Vorgängen. Elektrische Ladungsträger sind die Lithiumionen. Sie wandern zwischen der positiven und negativen Elektrode hin und her, um Energie zu speichern oder freizusetzen. Dabei entsteht je nach Leistungsabgabe Wärme. Ursachen für ein Abbrennen der Akkus können nun Überladung der Zellen mit daraus folgender übermäßiger Erwärmung sein, mechanische Beschädigungen etwa bei einem Unfall können zu einem Kurzschluss und zur Entzündung der Zellen führen, Fehler bei der Herstellung oder Montage können eine weitere Ursache sein, genau wie die Verwendung von Ladegeräten, die nicht für den spezifischen Akku geeignet sind.

Und hier kommt der ultimative Tipp, wenn der Akku – egal, ob Fahrzeug, Rasenmäher oder Smartphone – mal brennen sollte: Auf keinen Fall mit Wasser löschen! Es sei denn, Sie möchten eine Knallgasreaktion provozieren. Die meisten werden sich erinnern – ja, genau! Das war im Chemieunterricht, als der Lehrer die Sicherheitsscheibe vorn am Experimentiertisch hochkurbelte und dann eine Flamme an freien Wasserstoff hielt: BUMM! Die Knallgasprobe. Brennt ein Lithiumionen-Akku und Wasser kommt hinzu, können sich bei großer Hitze die Wassermoleküle in Sauerstoff (O) und Wasserstoff (H_2) spalten. Erst dadurch entsteht die eigentliche Explosion des Akkus. Wenn Sie unbedingt selber löschen wollen – wovon bei brennenden Autoakkus absolut abzuraten ist –, nehmen Sie einen Feuerlöscher mit Löschpulver oder eine Löschdecke. Ansonsten: Die 112 anrufen.

Die Verwendung von Lithiumionen-Zellen in Elektrofahrzeugen hat sich vor allem aufgrund ihrer hohen Energiedichte, ihrer relativ langen Lebensdauer und ihrer leichten Bauweise als höchst praktikabel erwiesen. Allerdings gibt es auch Nachteile: Die Li-Ionen-Akkus brauchen ein recht aufwendiges Lade-/Entlademanagement, die Herstellungskosten sind hoch, und die Zellen können sich, wie gesagt, entzünden oder sogar explodieren. Das wiederum ist äußerst selten, die Wahrscheinlichkeit liegt bei etwa eins zu einer Million. Allerdings steigt das Risiko in dem Maße, in dem es immer mehr Elektrofahrzeuge gibt.

Recycling – ein heikles, aber wichtiges Thema

Lithium, Kobalt, Nickel, Grafit, Mangan und Silizium: alles Rohstoffe, die für E-Autos, E-Bikes, E-Scooter, Windkraftgeneratoren und allerlei elektronisches Schaltmaterial für Stromnetze in der Energiewende dringend benötigt werden. Der Abbau dieser Rohstoffe steht allerdings heftig in der Kritik, denn in den Abbauländern entstehen große Umweltschäden, und es gibt Fälle von Kinderarbeit. Einige Hersteller gehen dieses Problem an und kaufen die Rohstoffe aus Ländern mit einem höheren Umwelt- und Arbeitsschutz – dieses Vorgehen verdient alle Unterstützung. Insgesamt aber muss dringend ein Weg zur mehrfachen Wiederverwendung der Materialien gefunden werden, vor allem, um die großen Mengen an Lithium aus den Autoakkus zurückzugewinnen.

Das hat auch die EU erkannt und gab im August 2023 die neuen Regeln für das Batterierecycling bekannt.[214] So müssen spätestens bis zum 31. Dezember 2025 eine Aufbereitung und Wiederverwendung von 75 % des durchschnittlichen Gewichts von Bleisäure-Batterien (z. B. Starterbatterien bei Verbrennerautos) sichergestellt werden. Bei Lithiumbatterien sollen es 65 % sein und bei Nickel-Cadmium-Batterien 80 %. Noch strengere Vorgaben müssen dann bis Ende 2027 bzw. bis Ende 2030 umgesetzt werden. Zudem regelt die neue Batterieverordnung, dass Akkus in zahlreichen Geräten wie Handys und Laptops künftig von Verbrauchern selbst austauschbar sein müssen. Diese neue Vorgabe gilt ab dem 18. Februar 2027 und soll dazu beitragen, die Lebensdauer von Produkten zu verlängern. Hintergrund der neuen Regeln ist u. a. die große Nachfrage nach Batterien wegen der Elektrifizierung des Verkehrs. Nach Angaben der EU-Kommission wird erwartet, dass die Nachfrage bis 2030 weltweit um das 14-Fache steigen wird, wobei 17 % dieser Nachfrage auf die EU entfallen könnten. Und nahezu gleichzeitig macht eine Studie der RWTH Aachen und der Unternehmensberatung PwC Mut zu mehr Batterierecycling.[215] Zwar wird der Aufbau eines EU-weiten Recyclingsystems bis 2035 rund neun Milliarden Euro kosten, er wird sich aber lohnen: Nach einer längeren Durststrecke werde die Wiederverwertung der Akkus von E-Autos in Europa »schon vor 2035 ein rentables und nachhaltiges Geschäft sein«, sagt PwC-Branchenexperte Jörn Neuhausen. Receltes Material könnte im Jahr 2035 seiner Einschätzung nach bis zu 30 % des Bedarfs an Lithium, Nickel und Kobalt in der Batteriezellenproduktion ausmachen und unsere Importabhängigkeit reduzieren.

Das hört sich prima an und ist ohne Zweifel ein Schritt in die richtige Richtung. Aber, hoppla, mal wieder ist die EU ein wenig spät losmarschiert. Als Vorreiter beim Batterierecycling gelten Südkorea und China mit ihren Vorgaben aus dem – Achtung! – Jahr 2013, 90 % (!) der Batterien wiederzuverwerten. Gleichzeitig zeigen die Ingenieure in China, dass sie mittlerweile selbst wissen, wie man Fortschritt organisiert. Sie haben einen neuartigen Akku in der Pipeline, der ein Elektroauto in nur zehn Minuten Ladezeit auf eine Reichweite von 400 Kilometern bringt. Die »Shenxing«-Zelle wird eine Ära des superschnellen Ladens von Elektrofahrzeugen begründen, freut sich der größte chinesische Batteriehersteller CATL. Zum Vergleich: Tesla gibt an, mit seinem Supercharger beim Model 3 innerhalb von 15 Minuten bis zu 275 Kilometer Reichweite laden zu können. Insgesamt soll der CATL-Akku auf Lithium-Eisenphosphat-Basis eine Reichweite von 700 Kilometern pro Ladung ermöglichen. Die Schnelllader-Akkus sollen dann 2024 in den E-Autos verbaut werden. Vermutlich zunächst in den chinesischen.

Akku hin, Akku her

Bei allem Fortschritt, der in diesem Sektor zu erwarten ist, bleibt doch eins unvorstellbar: Wie sollen zig E-Autos in einer Hochhaussiedlung mit ein paar Hundert Wohneinheiten geladen werden? Die Tiefgaragen, soweit vorhanden, mit Ladeterminals nachzurüsten, dürfte an der Finanzierung scheitern, abgesehen von technischen Fragen, ob die Zuleitungen zum Hochhauskomplex überhaupt die Leistungsmehrentnahme, die ja höchstwahrscheinlich nahezu zeitgleich am Abend und in den Nachtstunden stattfinden dürfte, verkraften können. Auch induktives Laden ist nicht in Sicht. Dafür müssten etwa unter jedem einzelnen Parkplatz beim Supermarkt Stromleitungen verlegt werden, die dann über elektromagnetische Felder drahtlos Energie an das darüber stehende Auto schicken. Das wäre super elegant, aber auch super teuer.

Um den schnell wachsenden Ladebedarf abzudecken, ist eigentlich nur ein Konzept realistisch: Der Akkutausch an der guten alten Tankstelle. So jedenfalls sieht es auch der Verfahrens-Vordenker Professor Michael Braungart. Leerer Akku raus,

vollgeladener rein. Das übernehmen Roboter, welche die professionell und perfekt geladenen Stromkisten aus dem Lager holen und das E-Mobil mit neuer Kraft versorgen. Und zwar so
schnell, dass der Fahrer schon Mühe haben dürfte, seinen kostenlosen Ich-bin-ein-treuer-Kunde-Kaffee auszutrinken. Da natürlich kleine und große E-Autos andere Akkuleistungen benötigen und der Platz für den Akku im Unterboden unterschiedlich
ausfällt, wäre ein teilbarer Akku vorstellbar. Ein genormtes, he-
rausnehmbares Segment, das tatsächlich in alle Autos passt und
weitere, fest verbaute Segmente, die dann dem jeweiligen Fahr-
zeugtyp angepasst sind und z. B. für Extra-Power bei sportlichen
Autos sorgen. Das geht aber nur, wenn die Autoindustrie sich entweder freiwillig durchringt oder der Gesetzgeber nachhilft, denn
die Akkus müssen genormt sein und in jedes Auto passen. Genau
davon aber ist die Industrie meilenweit entfernt. Wenn man das
alles noch ein bisschen weiterdenkt, scheint es ratsam, dass die
Akkus für E-Fahrzeuge nicht mehr von den Herstellern der Autos
gebaut, beschafft und versorgt werden. Vielmehr könnte sich hier
eine neue Branche etablieren, neue Dienstleister, die sich dann im
Sinne eines »Rundum-sorglos-Pakets« um alles kümmern, was so
ein Akku eben benötigt (VW, Mercedes, Volvo und Co. betreiben ja auch kein Tankstellennetz). Diese »Akkulateure« – in der
Tat eine neue Wortfindung für ein neues Berufs- und Branchen-
bild – würden dann auch die Schnellwechselstationen betreiben.
Und – siehe da – Mitte Dezember 2023 verkündete Opel-Mutter
Stellantis (zu ihr gehören außer Opel noch 13 weitere Pkw-Mar-
ken, auch Fiat) zusammen mit dem Wechselstationsanbieter Am-
ple das Debüt ihrer Tauschstationen für das Jahr 2024. Zunächst
in Madrid sollen 100 Carsharing-Autos vom Typ Fiat 500 auf das
Wechselsystem umgerüstet werden. Stellantis erhofft sich davon,
die Einsatzzeiten der Fahrzeuge zu erhöhen. Darüber hinaus ist
offenbar ein Abo-System geplant, bei dem Kunden das Fahrzeug
ohne Batterie erwerben und den Wechselservice beim »Akku-
lateur« buchen können. Das soll die Anschaffungskosten für

E-Fahrzeuge senken und die Notwendigkeit für lange Ladestopps reduzieren (natürlich lässt sich ein Wechselakku auch »klassisch« laden). Außerdem können die »Akkulateure« mühelos die nächste, bessere Generation der Akkus ins E-Auto einbauen. Natürlich ist eine derartige Wechseltechnik anderswo auf der Welt nicht nur schon am Start, sondern populär: in China. Wo sonst? Treiber ist das junge E-Auto-Start-up Nio, das mit den beiden chinesischen Autokonzernen Geely und Changan zusammenarbeiten will. Einzig die Standardisierung der Batterien ist noch nicht gelungen – ein Mangel, den sich europäische Hersteller *noch* zunutze machen könnten. Standardisierte Akkus für E-Autos »made in Europe« – was für eine schöne Vision, sich vorzustellen, dass alle E-Autos auf der Welt nach einem EU-Standard Strom nachladen! Aber so, wie die EU drauf ist und sich die europäischen Autohersteller vor dem augenfälligen Wandel drücken, wird das nichts. Na gut, kaufen wir eben die E-Autos in China nebst ihrer Wechselstationen. Dabei ist die Idee von Akku-Wechselstationen für Elektroautos bei Weitem nichts Neues. Schon 2011 begann die Firma Better Place in Israel, ein Netz von Wechselstationen zu errichten. Anfänglich war noch Renault-Nissan als Partner dabei. Doch wohl niemand hatte mit der Unlust der anderen Autobauer gerechnet, sich der massenmarkttauglichen Technik anzuschließen. Offenbar hatte keiner der Manager vor Augen, dass elektrisches Fahren mal ein großes Thema werden würde. Jedenfalls war Better Place 2013 pleite und eine Milliarde Dollar Investitionskosten futsch.[216] Schade.

Autoindustrie im Wandel

Ein Aspekt muss noch erwähnt werden: Elektro- und Verbrennermotor stehen im Verhältnis 1 zu 10, bezogen auf die Anzahl der Bauteile. Benötigt ein knackiger Dieselmotor vielleicht 1000 Einzelteile, so sind es beim leise schnurrenden E-Motor nur

100. Das hat natürlich einschneidende Folgen vor allem für viele Zulieferbetriebe der Automobilindustrie. Wir brauchen immer weniger Schaltgetriebe, Auspuffe, Benzintanks, Anlasser, Einspritzsysteme und Kurbelgehäuse. Und natürlich immer weniger Gussbauteile für Motoren. Die Arbeitswelt rund um das Automobil steht vor dramatischen Veränderungen, das berichtet »aktiv«, der online-Dienst des Instituts der deutschen Wirtschaft in Köln.[217] Demnach geht der VDA selbst davon aus, dass durch den Umstieg unterm Strich bundesweit rund 75 000 Arbeitsplätze entfallen werden. Eine Studie aus Baden-Württemberg hat die Auswirkungen speziell auf die Autoindustrie im Südwesten untersucht: Demnach wären dort 18 500 bis 39 000 der insgesamt 470 000 Arbeitsplätze in der Branche betroffen – je nachdem, wie schnell sich der Wandel tatsächlich vollzieht. Die umfassendste Studie stammt vom Institut für Arbeitsmarkt- und Berufsforschung (IAB) in Nürnberg: Würde der Anteil der Elektroautos an den deutschen Neuzulassungen bis 2035 auf 23 % steigen, dann gingen bundesweit 83 000 Stellen im Fahrzeugbau verloren. Klar: Dagegen stehen neue Arbeitsplätze, die sich rund um den Elektromotor und die Akkufertigung etablieren werden. Rein rechnerisch mag es null zu null aufgehen, in der jahrelangen Übergangsphase aber gibt es eine enorme Umschulungsherausforderung: Der Einspritzerspezialist muss plötzlich Hochvoltelektrik können. Das ist an dieser Stelle symbolisch gemeint.

Halten wir einfach mal fest: Das Elektroauto ist ein hier und da sinnvoller Baustein für nachhaltige Mobilität, so, wie sie am Anfang dieses Kapitels definiert wurde. Aber eben nicht überall und einzig. Nachhaltige Mobilität beinhaltet einen großen Mix an Möglichkeiten der Fortbewegung unter Einbeziehung siedlungs- und stadtplanerischer Aspekte, der je nach Gegebenheiten sehr unterschiedlich ausfällt. Für den ländlichen Raum kann es z. B. sinnvoll sein, vor Jahrzehnten stillgelegte Bahnstrecken zu reaktivieren. Der Naturschutzbund Deutschland (NABU) wünscht sich in seinem Mobilitätskonzept eine Taktgarantie für Busse im ländlichen Raum, von 5 Uhr bis 24 Uhr soll es mindestens alle 30 Minuten eine Fahrtmöglichkeit geben.[218] Ob so etwas flächendeckend zeitnah zu realisieren ist? Wohl kaum, dafür eher das eine oder andere »Demand«-System, also Mobilität auf Abruf. Das setzt allerdings ein Organisations-Tool voraus, z. B. *eine* App, die *alle* Fahrtwünsche erfasst, zu einem Mobilitätsangebot bündelt und sehr flott den Transportdienstleister beauftragt, ein Fahrzeug loszuschicken, das die angemeldete Personenzahl transportieren kann.

Ja, das alles hat Ecken und Kanten, wirklich rund läuft es (noch) nicht, als Passagier muss man eventuell Umwege in Kauf nehmen, weil ein Mitfahrer noch schnell irgendwo abgesetzt werden muss. Möglicherweise helfen auch im ländlichen Raum eines fernen Tages selbstfahrende Kleinbusse. Bis es so weit ist, sollten wir uns auf das konzentrieren, was geht.

Alternative Kraftstoffe zukunftsfähig machen

Dazu gehört z. B. auch, jene Forschung massiv zu fördern und aus Steuermitteln zu unterstützen, die neuartige, klimaneutrale Kraftstoffe marktfähig macht. So etwas hören die E-Auto-Puristen überhaupt nicht gern – alles, was nach Verbrennern riecht, wird mundtot gemacht, mitunter mit sehr zweifelhafter Unterstützung bestimmter »Wissenschaftler«. Dabei sagt einem doch der gesunde Menschenverstand, dass es nie und nimmer gelingen kann, die weltweite Flotte von 1,6 Milliarden Fahrzeugen (Stand: 2020) in wenigen Jahren oder auch Jahrzehnten gegen elektrisch betriebene Fahrzeuge auszutauschen (globaler Pkw-Bestand elektrisch 2022: 27,7 Millionen).[219] Mal abgesehen von der Frage, wie es gelingen kann, die ganze Welt mit Ökostrom zu versorgen. Ganz im Gegenteil: Wer sich heute bei uns ein Elektroauto kauft, wird in aller Regel seinen alten Benziner oder Diesel ja nicht direkt in die Schrottpresse bugsieren. Das wäre zwar eine unerhörte Verschwendung, denn in der alten Karosse stecken natürlich jede Menge wertvolles Material und jede Menge »graue« Energie aus dem Herstellungsprozess, aber es wäre nötig, damit der gewünschte Klimaschutzeffekt überhaupt eintreten kann. Die Altfahrzeuge landen natürlich in weit überwiegender Zahl beim Gebrauchtwagenhändler, sehr oft auch beim Fahrzeug-Exporteur. Und dann geht die Fracht ab nach Osteuropa, nach Asien und vor allem nach Afrika. Dort fahren dann unsere hier ausgemusterten Verbrenner munter und jahrelang weiter – meist mit Spritsorten schlechterer Qualität, die beim Verbrennen dann auch noch mehr Abgase erzeugen. Das heißt: Der E-Auto-Hype bei uns verschärft die Klimaproblematik, weil wir den ökologischen Rucksack der wunderbaren Elektroflitzer haben und nach wie vor die Klimalast aus den Verbrennern – die sind ja nicht weg! Wären E-Autos allein auf der Welt, wären sie ein Beitrag zum Klimaschutz (nach 90 000 Kilometern), sind sie aber nicht. Und deshalb macht es so unglaublich viel Sinn, sich um die anderen 1,6 Milliarden Verbrenner zu kümmern. Sie mit neuen Kraftstoffen zu betanken, die dann vielleicht anfänglich nur 10 oder 15 % weniger klimaschädliche Gase ausstoßen, wäre das doch hochskaliert ein gigantischer Gewinn für den Klimaschutz! Und das auch noch in der bestehenden Infrastruktur der guten, alten Tankstellen, denn die stehen ja auch in Afrika … Immerhin gibt es einen Lichtblick: Im Frühjahr 2024 werden die ersten klimafreundlicheren Kraftstoffe an unsere Tankstellen kommen. Wie der ADAC auf seiner Homepage berichtet[220], funktioniert die Produktion alternativer Kraftstoffe inzwischen sowohl auf Basis diverser Pflanzen (Raps, Rüben, Mais etc.) als auch von Holzresten, Gülle, Klärschlamm oder Speiseabfällen. Es werden derzeit sogar Verfahren entwickelt, durch die Plastikabfall in Treibstoff umgewandelt werden kann. Am aussichtsreichsten schätzen die ADAC-Experten paraffinischen Diesel aus hydrierten Pflanzenölen ein, sogenannte Hydrotreated Vegetable Oils, abgekürzt HVO. Das sind Pflanzenöle, die durch eine chemische Reaktion mit Wasserstoff in Kohlenwasserstoffe umgewandelt werden. Nach einer chemischen Feinjustierung sind diese Flüssigkraftstoffe hinsichtlich ihrer Motortauglichkeit vergleichbar mit Benzin und Diesel aus Erdöl und geben beim Verbrennen kein CO_2 ab, sind also klimaneutral. Aber: Da Wasserstoff als Katalysator im Spiel ist, muss dieser per Elektrolyse mit Ökostrom hergestellt worden sein, sonst wird das nichts mit der Klimaneutralität. Wie schon an anderer Stelle im Buch gezeigt, ist Wasserstoff in der Tat ein Tausendsassa unter den Energieträgern. Eben auch perfekt für klimaneutrale Mobilität. Also ist es super dringend, den Hochlauf einer globalen Wasserstoffwirtschaft politisch zu organisieren. Hydrierte Pflanzenöle können – wie Biodiesel – dem Dieselkraftstoff beigemischt (z. B. Diesel R33) oder auch in 100 %iger Reinform angeboten werden, etwa als HVO100 oder C.A.R.E. Beide paraffinischen Dieselarten werden an der Tankstelle unter der Kennzeichnung XTL geführt. Das Kürzel XTL steht für »X to Liquid« und bedeutet: Ein beliebiges Ausgangsmaterial wird in einen flüssigen Energieträger umgewandelt. Das X ist der Platzhalter für die verschiedenen Rohstoffe, aus denen der neue Kraftstoff gewonnen wird. Die Endprodukte unterliegen der Norm DIN EN 15940 für paraffinischen Diesel. Dazu kommt auch der veränderte Dieselkraftstoff »Diesel B10«. Er enthält eine maximal 10 %ige Beimischung von Biodiesel. Bisher war die Biobeimischung beim Diesel auf maximal 7 % (B7) begrenzt. Diese »Klimakraftstoffe« werden anfänglich teurer sein und aufgrund des unzureichenden Nachschubs an Pflanzenmaterial sowie der unzureichenden industriellen Kapazität zur Herstellung nicht massenhaft zur Verfügung stehen; auch hier muss der Hochlauf erst organisiert werden. Und eine Konkurrenz zur Nahrungsmittelproduktion auf Pflanzenbasis muss ausgeschlossen sein.

Ganz wichtig, und darauf weist der ADAC ausdrücklich hin: Egal ob Diesel B10 oder XTL-Kraftstoff – um eine der beiden neuen Spritsorten tanken zu können, sind modellspezifische Freigaben der Hersteller notwendig, und die liegen bisher nur für wenige Motoren vor. Der ADAC bleibt dran, auf seinen Internetseiten gibt es ständig Updates. Im Zweifel: Beim Hersteller des eigenen Autos nachfragen, ob B10 oder XTL motorunschädlich getankt werden darf.

Wie kommen wir nun weiter mit der nachhaltigen Mobilität? *Die Patentlösung gibt es nicht.* Erkenntnis: Bisher läuft die Hauptargumentationslinie über die kompromisslose Forderung nach mehr Klimaschutz, um die Erde zu retten. Und da steht der Verkehrssektor als Schmuddelkind in der CO_2-Ecke. Wir alle haben die E-Mobilität von 2016 bis 2023 mit rund zehn Milliarden aus unseren Steuergeldern kofinanziert. Auf diese Summe addieren sich die Kaufprämien für die Stromer. Das Wirtschaftsforschungsinstitut RWI in Essen hat daraufhin die Kosten pro vermiedener Tonne CO_2 ausgerechnet: 1000 Euro. Das ist richtig viel und viel zu teuer: Der CO_2-Preis im europäischen Emissionshandel war bisher nie höher als 105 Euro pro Tonne CO_2. Das heißt: Klimaschutz per E-Auto ist zehnmal teurer als nötig. Mehr Klimaschutz kann also kein Argument für mehr E-Mobilität sein, rein volkswirtschaftlich betrachtet.

Es bleibt dabei: E-Autos sind nur ein Puzzleteil der nachhaltigen Mobilität. Es gibt noch sehr viele andere Puzzleteile, die eine kluge Politik mit gesundem Menschenverstand zu einem großen Ganzen zusammenfügen könnte – wenn sie denn wollte.

Wie wird's denn was? Ein paar Anregungen:

* **Verkehrsvermeidungsstrategien** erkunden und umsetzen, etwa bei der konsequenten Siedlungs-/Stadtplanung. **Kurze Wege** durch mehr Nähe Wohnort/Arbeitsplatz, Homeoffice unterstützen

- **Pendlerströme analysieren** und Angebot schaffen, das Auto vor der Stadt zu parken mit Mobilitätsanbindung in die Stadt. Das setzt Kommunikation und Koordination in den Kommunen/Städten voraus.
- **Soziale Aspekte gleichwertig bedenken**, ältere und hilfsbedürftige Menschen mit einbeziehen
- Massive Investition in **Forschung für Akkus und Stromspeicher**
- Aktiv **Antriebsmix** gutheißen, in **neue Kraftstoffe** für Verbrenner investieren, keine Möglichkeit von vornherein ausschließen
- Mutig **mit neuen**, sich abzeichnenden **Systemen experimentieren**: Selbstfahrende Fahrzeuge können viele Probleme entschärfen.
- Vorhandene **ÖPNV-Systeme deutlich ertüchtigen**, Personalengpässe in den Griff bekommen, für Sicherheit und Sauberkeit in Bahnhöfen sowie in Bussen und Bahnen sorgen

Noch ein Nachwort zum letzten Punkt: Der große Aufschrei hat leider nicht stattgefunden. Es ist ein unfassbarer Skandal, dass etliche Bundesregierungen zugesehen haben, wie die Deutsche Bahn zerlegt wird oder daran sogar aktiv mitgewirkt haben. Kein anderes Land hat im Laufe der Jahre mehr Zugstrecken stillgelegt. Deutschland kürzte sein funktionierendes Schienennetz für Personenverkehr seit 1995 um 2700 Kilometer, gleichzeitig wurden 2000 Kilometer Autobahn gebaut. Das stellt Greenpeace in einer eigens beauftragten Studie fest.[221] Seit 2014 nehmen die Investitionen des deutschen Staates in das Schienennetz zwar tendenziell zu – im Vergleich mit einigen anderen europäischen Ländern sind sie aber immer noch niedrig. In der Schweiz wurden 2022 pro Kopf der Bevölkerung rund 450 Euro in die Schieneninfrastruktur investiert. In Deutschland waren es im selben Jahr nur 114 Euro.[222] Folge: Die Pünktlichkeitsquote der Bahn ist im Jahr 2023 nochmals gesunken – von 65,2 % auf 64 %.

Na dann: »Sänk ju for träveling wis Deutsche Bahn …«

Hätte ich eine Milliarde Euro für den Klimaschutz, ...

»... würde ich auf jeden Fall in wirklich funktionierende öffentliche Verkehrssysteme investieren, und zwar im Eilzugtempo, sonst kommen wir mit der viel beschworenen Verlagerung des Individualverkehrs von der Straße auf die umweltfreundliche Schiene nicht vom Fleck. So viele Menschen würden gerne das Auto stehen lassen und einen Beitrag zum Klimaschutz leisten, aber fehlende Trassen und unzuverlässige oder gar ersatzlos gestrichene Verbindungen machen das einfach unmöglich.«

Prof. Dr. Julia Fritz-Steuber, Prorektorin für Forschung, wissenschaftlichen Nachwuchs und Transfer an der Universität Hohenheim, Stuttgart

»... vermute ich, dass es mir gelingt, nicht damit durchzubrennen! Ich würde eine Stiftung gründen und mit großer medialer Aufmerksamkeit einen Wettbewerb um zu fördernde konkrete Projekte in Gang setzen, zum Beispiel in einer Modellgemeinde. Wir müssen ohnehin medial viel mehr auf Erfolge schauen und nicht immer nur einen ›eh nicht zu bewältigenden Berg‹ und Probleme (die es freilich gibt!) sehen.«

Sven Plöger, ARD-Wetterexperte, Autor und Filmemacher

*»Der Vorteil der Klugheit besteht darin, dass man sich
dumm stellen kann. Das Gegenteil ist schon schwieriger.«*

Kurt Tucholsky, deutscher Schriftsteller,
1890–1935

EPILOG: LARAS LÖSUNG

Den ganzen Tag über hatten blauer Himmel und Sonnenschein
schon pure Lust auf die kommenden Sommermonate gemacht.
Dazu milde Luft und laue Temperaturen, die zum Draußensit-
zen einluden – die Stimmung bei Familie Craft war mehr als
entspannt. Denn Lennart durfte einen Teil seiner Überstunden,
besser: Überwochen abbummeln, Lara hatte in der Bank eine Ge-
haltserhöhung bekommen, und Finn hatte tatsächlich die Schule
gewechselt. Er fühlte sich nun im Leistungskurs Physik so richtig
wohl, das war sein Ding.

Alle hatten inzwischen das Buch gelesen und wunderten sich
auch nicht mehr, dass sie darin als Familie Craft vorkamen, weil
die Autoren es sich so ausgedacht hatten. Nun überlegten sie, wie
sie die »Eine-Milliarde-Euro-Frage« beantworten würden. Lennart meinte: »Wir stellen jetzt erst mal fest, dass keiner der für das
Buch Befragten die Milliarde für E-Autos oder Wärmepumpen
ausgeben würde. Das ist schon mal bemerkenswert. So, jetzt wir.
Was machen wir mit der Milliarde? Dein Vorschlag, Finn?« »Da
muss ich nicht lange überlegen«, antwortete er wie aus der Pis-
tole geschossen. »Ich würde das Geld in Bildung und Forschung

investieren. Also erst mal die Schulen, vor allem die Grundschulen fit machen, alle müssen perfekt Deutsch können. Später dann auch Englisch, wir werden ja immer internationaler. Dann die anderen Schulen voll auf Kurs einer guten Allgemeinbildung bringen. An den Unis brauchen wir Forschung rund um alles, was mit erneuerbaren Energien zu tun hat. Bildung ist doch die Voraussetzung für alles Weitere! Und auf die gehypte KI würde ich mich auf keinen Fall verlassen.« »Gute Ideen!«, befand Lennart, »ich fürchte, da wird die Milliarde bei Weitem nicht reichen. Aber die Richtung stimmt.« »Und was würdest du mit dem Klimageld machen, Papa?«, hakte Finn nach. »Ich bin gar nicht so weit weg von deinem Vorschlag. Auch ich würde in Forschung investieren, und zwar ganz gezielt in die Weiterentwicklung von CO_2-neutralen Kraftstoffen, vor allem denke ich natürlich an klimaneutrales Kerosin.« »Das war ja klar«, lästerte Finn, »du willst nur deinen Job bei der Flugbereitschaft retten!« »Wenn das ein Nebeneffekt ist – bitte sehr. Aber wir haben doch 1,6 Milliarden Pkw weltweit, viele Airlines bestellen gerade neue Flieger – wenn hier insgesamt zunächst nur 15 oder 20 % der CO_2-Emissionen eingespart würden, wäre das wirklich ein großer Beitrag zum Klimaschutz!«

Nachdenklich hatte Lara zugehört. Eine Milliarde – so viel Geld. Aber auch hier würde man damit nicht sehr weit kommen. Schon richteten sich die Blicke der beiden auf sie. »Und was machst du mit deiner Milliarde?«, wollte Finn wissen. »Ich würde sie vermehren.« »Wie, vermehren?«, fragte der Sohn. »Na ja, damit es kein Strohfeuer wird, brauchen wir dauernd milliardenschweren Nachschub. Deshalb würde ich versuchen, ein kleines Team von Spezialisten zusammenzustellen, die z. B. von den Großen Sechs kommen.« »Großen … was?«, fragte Finn. »Die Großen Sechs sind die weltweit agierenden großen Unternehmensberatungsgesellschaften, also KPMG, Ernst & Young, PricewaterhouseCooper, Deloitte, McKinsey und Accenture. Die teilen sich seit Jahren den Weltmarkt in den Sektoren Wirtschaftsprüfung und Unternehmensberatung. Die kennen alle und alles, und es sind sehr fixe Mädels und Jungs.« »Ja, prima und dann?« Lennart war neugierig geworden. »Und dann ziehen sie als schlagkräftige Lobby-Truppe in Sachen Klimaschutz los, bezahlt von meiner Milliarde. Nach dem Motto: Die Wirtschaft ist nicht das Problem, sondern die Lösung. Sie klappern zunächst mal die Regierungen der reichen Industrieländer ab, später dann auch die der Schwellen- und Entwicklungsländer.« »Mann, Mama, mach's nicht so spannend«, nörgelte Finn, »was soll denn deine Milliarden-Task-Force machen?« »Sie soll dafür sorgen, dass weltweit eine neue Abgabe eingeführt wird. Nur 0,1 %.« »0,1 %! Das ist doch nichts!« protestierte Lennart. »Oh doch!«, erwiderte seine Frau, »es kommt nämlich darauf an, wovon. Also: In diesem Fall 0,1 % der weltweiten Börsenumsätze. Und die belaufen sich auf ungefähr 200 Billionen Dollar pro Jahr. Natürlich mal mehr, mal weniger, aber immer in dieser Größenordnung.« »Was? 200 Billionen Dollar! Und davon 0,1 % … wow! Das macht … 200 Milliarden Dollar – pro Jahr! Das ist ja der Hammer!«, rechnete Finn vor. Tatsächlich! Und die 0,1 % würden keinem Anleger wirklich wehtun, das wären bei 100 Euro gerade mal 10 Cent, bei 1000 Euro 1 Euro usw. Aber die gewaltige Summe der Umsätze insgesamt lässt dann doch etliche Milliarden zusammenkommen. »Das klingt genial!«, kommentierte Lennart. »Und wenn das dann läuft, kommt die Zusammenarbeit mit dem UN-Klimasekretariat. Dort braucht man dann ein Team zur gerechten Verteilung der Gelder. Und wenn ihr mich fragt: Das meiste davon muss ein paar Jahre lang konsequent in Klimaanpassungsmaßnahmen investiert werden, vor allem in den Entwicklungsländern. Sonst gibt es Millionen Klimaflüchtlinge. Schnell ist der Klimawandel nämlich nicht mehr zu stoppen. Das zeigen übrigens auch die Daten des Copernicus-Klimawandeldienstes der EU. Der hatte doch Anfang Februar 2024 festgestellt, dass es offenbar dauerhaft wärmer wird. Die globale Durchschnittstemperatur lag demnach erstmals zwölf Monate lang mit 1,52 °C über dem Vergleichswert des vorindustriellen Zeitalters. Wenn es so bleibt, wäre damit das Limit nach dem Pariser Klima-Abkommen gerissen.« Lara erntete ungläubiges Staunen. »Woher weißt du das alles?«, frage Lennart. »Wir hatten in der Bank neulich einen Vortragsabend. Da waren ein Börsen- und ein Klimaexperte dabei. Die haben das alles erzählt.«

In diesem Moment piepste der Herd in der Küche, die Lammkeule war fertig. Selbst Finn freute sich auf Ofenkartoffel und Schmorgemüse. Dieser Frühsommer würde wohl noch für jede Menge Gesprächsstoff und Diskussionen sorgen.

Familie Craft jedenfalls war gut gewappnet. Mitten auf dem Tisch lag ein Buch mit dem Titel: *So wird das nichts.*

DANK

Allen, die zum Entstehen dieses Buches beigetragen haben, gilt unser herzlicher Dank. Vor allem den im Buch genannten Gesprächs- und Interviewpartnern, denjenigen, die unsere Eine-Milliarde-Euro-Frage beantwortet haben, und auch jenen, die uns Hinweise, Einschätzungen und Erfahrungen weitergegeben haben, aber nicht persönlich erwähnt sein wollen, weil sie Repressalien befürchten.

Ein besonderer Dank gilt dem Verlagsteam in München mit der Lektorin Friederike Achter und allen an Herstellung und Vertrieb Beteiligten sowie Anne-Kathrin Janetzky (Dresden) für das geduldige Lektorat. Für vielfältige Hilfe und Unterstützung bei der Vorbereitung und Umsetzung sagen wir Danke an Miriam Moses, Martina Neher, Manuel Rohland, Martina B. Ackermann, Bianca Ackermann, Prof. Dr. Johanna Myrzik, Dr. Torben Stührmann (Universität Bremen), Helmut Bauer und unsere Familien.

Für den wertvollen, oft jahrzehntelangen Dialog und die Wegbegleitung danken wir besonders Dr. Lutz Spandau, Gunter Ehni, Eva Goris, Biolandwirt Gerhard Herzer, Dr. Christof Schenk, Prof. Dr. Dr. h.c. mult. Klaus Töpfer, Prof. Dr. Dr. h.c. Werner Mühlbauer, Prof. Dr. Friedhelm Göltenboth, Prof. Dr. Paciencia P. Milan, Prof. Dr. Dr. h.c. mult. Prof. h.c. Michael Resch, Prof. Dr. Claus König, Prof. Dr. Lars Krogmann, Jürgen Scholz, Bürgermeister und Präsident des Landessportverbandes Baden-Württemberg. Herzlicher Dank für Dialog, Austausch und Engagement für Nachhaltigkeit auch folgenden Institutionen und Teams: Universität Hohenheim, Stiftung NatureLife-International, Höchstleistungsrechenzentrum (HLRS) der Universität Stuttgart.

ÜBER DIE AUTOREN

Wir schreiben das Jahr 1993. Brasilien, der untere Amazonas. Bei einem Besuch des *Poema*-Schutzprojektes trifft Claus-Peter Hutter eine Redakteurin der ZDF-Umweltredaktion. Am Rande des Regenwaldes befindet sie: »Du musst unbedingt Volker Angres kennenlernen, meinen Chef. Irgendwie tickt ihr ähnlich.« Das Kennenlernen der beiden Autoren findet bald darauf in Mainz statt. Daraus wurde ein mittlerweile rund 35-jähriger Dialog mit zahlreichen Projekten und den gemeinsamen Büchern *Futter fürs Volk*, *Bananen für Brüssel* und *Das Verstummen der Natur*.

Wie bei allen gemeinsamen Büchern stehen beide Autoren, unabhängig von welchem die Kapitel schwerpunktmäßig bearbeitet wurden, hinter allen Texten.

 Volker Angres ist Autor, Moderator und Coach. Nach seiner Ausbildung zum Bankkaufmann studierte er Publizistik, Politik und Pädagogik mit Abschluss Magister Artium (M.A.) in Mainz. Er war von 1990 bis 2022 Leiter der ZDF-Umweltredaktion und ab 2014 stellvertretender Leiter der Hauptredaktion Wirtschaft, Recht, Soziales, Service und Umwelt. Er verantwortete u. a. die Umwelt-Dokureihe *planet e.* und arbeitete als Autor für das *heute-journal* sowie die *heute-Nachrichten*. Für seine Arbeit wurde Angres mehrfach ausgezeichnet. Er war Mitglied im Nationalkomitee der UN-Dekade »Bildung für Nachhaltige Entwicklung« und gehörte bis März 2024 dem Ver-

waltungsrat der Stiftung Warentest an. Seit 2022 ist er u. a. Botschafter des Natourale-Filmfestivals in Wiesbaden.

 Claus-Peter Hutter ist Präsident der Stiftung NatureLife-International, Autor, Mitautor und Herausgeber zahlreicher Bücher und Publikationen rund um das Thema Natur sowie zu Umwelt und Verbraucherthemen. Der Diplom-Verwaltungswirt (FH) setzt sich unter anderem als Ehrensenator der Universität Hohenheim und Lehrbeauftragter der Universität Stuttgart sowie als freier Berater für einen unverkrampften Umweltdialog ein. Auch als langjähriger Leiter der Umweltakademie Baden-Württemberg entwickelte er wegweisende Projekte. Für sein Engagement wurde er unter anderem mit einer Ehrendoktorwürde und dem Bundesverdienstkreuz ausgezeichnet.

Hutter initiierte die ersten Umwelt-Städtepartnerschaften in Europa und half in Südostasien, unter anderem 1,2 Millionen Bäume zu pflanzen.

NatureLife-
International

Ein Beitrag für Klimaschutz, Naturbewahrung
und nachhaltige Entwicklung sowie zur Förderung
von Naturwissen und Umweltbildung:
NatureLife-International – Stiftung für Umwelt,
Bildung und Nachhaltigkeit.
info@naturelife-international.org
www.naturelife-international.org

ANMERKUNGEN

1 Knoll F, Antoni J, Gierschner S et al., Momentanreserve in einem überwiegend EE-basierten Stromsystem – Eine interdisziplinäre Einführung unter Berücksichtigung technischer, ökonomischer und juristischer Aspekte. Greifswald/Rostock/Stralsund Februar 2021

2 Monitoringberichte der Bundesnetzagentur; zitiert nach: www.next-kraftwerke.de/wissen/einspeisemanagement

3 ZEIT online / dpa, 06.02.2024, EnBW hebt Strompreise kräftig an: fast 16 % mehr (Anmerkung: Betroffen sind rund 5,5 Mio. Kunden)

4 Studie: Unabhängigkeit von Öl- und Gasimporten bis zum Jahr 2027 kostet 900 Milliarden Euro; 12.01.2023, www.oliverwyman.de/presse/2023/jan/unabhaengigkeit-von-oel-und-gasimporten.html

5 Bundesnetzagentur, Bedarfsermittlung 2023–2037/2045. Genehmigung des Szenariorahmens 2023–2037/2045, Juli 2022

6 Dekarbonisierung meint den Vorgang der Vermeidung von Kohlenstoff, der z. B. in Form von CO_2 bei der Verbrennung fossiler Energieträger (Kohle, Öl, Gas) entsteht. CO_2 ist als eines der wichtigen Treibhausgase Mitursache für die Klimaerwärmung. Produktionen und Prozesse, die viel CO_2 ausstoßen, sollen möglichst schnell eingestellt und durch solche ersetzt werden, die einen niedrigeren CO_2-Ausstoß oder am besten gar keinen aufweisen. Das Wort »Dekarbonisierung« stammt von dem englischen »carbon« (Kohlenstoff) ab. Das vorangestellte Präfix »De-« bedeutet so viel wie »Ent-« oder »Ab-« und bezeichnet die Abkehr oder die Vermeidung.

7 BNA Mitteilung vom 02.01.2024, www.smard.de/page/home/topic-article/444/211756

8 www.bund-niedersachsen.de: LNG ist eine Sackgasse

9 www.bund-niedersachsen.de/themen/mensch-umwelt/klima-und-energie/sackgasse-lng/

10 Sachverständigenrat für Umweltfragen (SRU), Fracking zur Schiefergasgewinnung. Ein Beitrag zur energie- und umweltpolitischen Bewertung, Mai 2013

11 www.bmuv.de/themen/wasser-und-binnengewaesser/grundwasser/
grundwasserrisiken-hydraulic-fracturing

12 www.bmwk.de/Redaktion/DE/Artikel/Industrie/fracking.html

13 www.deutschlandfunk-kultur.de, 26.02.2024

14 Nace T, Plante L, Browning J, The New Gas Boom; Tracking global
LNG Infrastructure. Global Energy Monitor, Juni 2019

15 www.bund-niedersachsen.de: LNG ist eine Sackgasse

16 Unser Freund in Baku, FAS 01.10.2023

17 Bundesnetzagentur, Bedarfsermittlung 2023–2037/2045. Genehmigung
des Szenariorahmens 2023–2037/2045; Juli 2022

18 Ende 2023 hatten wir in Deutschland rund 28 500 Windräder
an Land und 1 500 auf dem Meer. Die Leistung liegt bei drei
bis sechs Megawatt für Anlagen an Land und bis zu 15 Megawatt für solche auf dem Meer. Die größte Windkraftanlage
der Welt (Stand: Juli 2023) steht vor der chinesischen Küste.
Die 16-Megawatt-Anlage mit der Bezeichnung MySE 16–260
hat bei einer Höhe von 280 Metern einen Rotordurchmesser
von 260 Metern! Ein einzelner Flügel wiegt 54 Tonnen und
ist 123 Meter lang. Eine einzige Umdrehung des Offshore-Wind-
rads erzeugt laut Hersteller China Tree Gorges Corporation
34,2 kWh Strom. Zum Vergleich: Die Jahresleistung des windigen
Stromgiganten von rund 66 Millionen kWh könnte rechnerisch
den Jahresverbrauch von 20 000 durchschnittlichen deutschen
Haushalten decken. Lange dürfte dieser Rekord aber nicht
bestehen. Die amerikanische Firma General Electric (GE) hat
bereits eine 18-Megawatt-Anlage in Planung (www.goingreen.ran.de
und www.t-online.de).

19 Energy Systems Stability 2040 and Beyond – A Technoeconomic Forum;
Delmenhorst, 15./16. Juni 2023; Delmenhorster Universitäts-Gesell-
schaft e. V. und Verein der Freunde und Förderer des Hanse-Wissen-
schaftskollegs e. V.

20 ebd.

21 www.europarl.europa.eu/RegData/etudes/STUD/2022/739240/EPRS_
STU(2022)739240_EN.pdf

22 Tagesschau.de 26.04.2023, Viessmann verkauft Wärmepumpengeschäft
an US-Konzern

23 Carbon Border Adjustment Mechanism, CBAM

24 www.deutschlandfunk.de, Die Rolle von Olaf Scholz im Cum-ex-
Skandal, 18.09.2023

25 Gemeinsame Pressemeldung von BEE und der Wirtschaftsvereinigung Stahl, 23.11.2023

26 Weltweit waren Ende 2019 etwa 100 solarthermische Kraftwerke mit einer Gesamtleistung von 6,2 Gigawatt in Betrieb; vgl.: DLR, Studie »Solarthermische Kraftwerke: Wärme, Strom und Brennstoffe aus konzentrierter Sonnenenergie«. Köln 2021

27 Bundesministerin für Umwelt, Naturschutz und nukleare Sicherheit 2018–2021

28 Pressemitteilung vom 26.9.2023: Entwicklungsministerium stellt Zusammenarbeit mit Wirtschaft neu auf

29 www.brot-fuer-die-welt.de, 13.11.2018: Lithium, das weiße Gold

30 www.global2000.at/lithium

31 https://de.statista.com

32 Lithium: Analysten befürchten zu niedriges Angebot ab 2025!, Dr. Reuter Investor Relations, 05.10.2023

33 Quelle: EDGAR-Emissions Database for Global Atmospheric Research, 2023

34 Treibhausgas-Emissionen 2022 (Auswahlkriterium: Länder, die mindestens 1 % verursachen). Ein bemerkenswerte Detail: Der pauschal als Klimakiller bezeichnete internationale Flugverkehr liegt bei ›nur‹ 0,79 Prozent Anteil an den globalen Gesamtemissionen. Quelle: EDGAR (Emissions Database for Global Atmospheric Research), 2023

Land	%	Rang
China	29,16	1
USA	11,19	2
Indien	7,33	3
EU	6,67	4
Russland	4,80	5
Brasilien	2,44	6
Indonesien	2,31	7
Japan	2,20	8
Pakistan	1,92	9
Iran	1,77	10
Saudi Arabien	1,51	11
Deutschland	**1,46**	**12**
Kanada	1,41	13
Schiffsverkehr international	1,40	14
Südkorea	1,35	15
Türkei	1,28	16
Flugverkehr international	0,79	17

35 Meldung von afp – Agence France Presse, 02.11.2023, 12:30 Uhr

36 Bundesministerium für Ernährung und Landwirtschaft, www.bmel.
    de/DE/themen/ernaehrung/lebensmittelverschwendung/
    lebensmittelverschwendung_node.html, Umweltbundesamt
    www.umweltbundesamt.de/themen/ein-drittel-der-lebensmittel-
    wird-verschwendet, abgerufen 05.01.2024, 10:30 Uhr

37 Fleischkonsum in Deutschland pro Kopf bis 2022. Statista. de.statista.
    com/statistik/daten/studie/311479/umfrage/pro-kopf-konsum-von-
    fleisch-in-deutschland-nach-arten/

38 Parlasca MC, Qaim M, Meat Consumption and Sustainability.
    Annual review of ressource economics, volume 14, 2022. Center for
    development research (ZEF), and institute for food and ressource
    economics, University of Bonn, Bonn

39 Die zehn reichsten Landwirte der Welt: fünf Chinesen und kein
    Deutscher, www.agrarheute.com (2021), abgerufen 31.10.2023,
    11:58 Uhr

40 Landwirtschaftliche Betriebe – Betriebsgrößenstruktur landwirtschaft-
    licher Betriebe nach Bundesländern, www.destatis.de

41 www.forbes.com/profile/stewart-resnick

42 www.srf.ch, Tiere in Kot und Ammoniak (21.02.2024)

43 Deutscher Bundestag, 19. Wahlperiode (2019), Drucksache 19/22764
    vom 23.09.2020, Kleine Anfrage der Abgeordneten Friedrich Osten-
    dorff, Harald Ebner u. a. zu Agrarstrukturwandel, landwirtschaft-
    lichem Bodenmarkt und flächenabhängiger Agrarzahlung / Deutscher
    Bundestag, 19. Wahlperiode, Drucksache 19/23172 vom 07.10.2020.
    Beide abgerufen 31.10.2023

44 Bundesinformationszentrum Landwirtschaft (BZL), Bonn Bundes-
    anstalt für Landwirtschaft und Ernährung (BLE), 13.07.2023, ab-
    gerufen 31.10.2023

45 Alt Tellin: Betreiber will Schweinezucht wieder aufbauen, NDR
    21.12.2022, abgerufen 17.11.2023

46 Müller, A., Heinrich Böll Stiftung, 2016, Mecklenburg-Vorpommern:
    Wo die Megaställe stehen, www.boell.de

47 Inhaber: Wimex Group GmbH mit Sitz in Baasdorf bei Köthen
    (Sachsen-Anhalt). Zur Geflügelhaltung insgesamt siehe auch
    www.albert-schweitzer-stiftung.de

48 Bundesanstalt für Landwirtschaft und Ernährung – EU-Agrarfonds.
    Überblick und aktuelle Lage unter www.agrar-fischerei-zahlungen.de

49 Bundesministerium für Ernährung und Landwirtschaft www.bmel.de

→ gemeinsame Agrarpolitik (GAP) → Grundzüge der gemeinsamen Agrarpolitik (GAP) und ihre Umsetzung in Deutschland

50 www.umweltbundesamt.de → Themen → Landwirtschaft → Landwirtschaft umweltfreundlich gestalten: Fragen und Antworten zur europäischen Agrarförderung, abgerufen 07.01.2024, 14:00 Uhr

51 Von der EU-Landwirtschaftsförderung erhält Deutschland pro Jahr rund 6,2 Milliarden Euro; rund 5 Milliarden davon aus der »ersten Säule«; nur 1,35 Milliarden Euro aus der »zweiten Säule«. Eine konsequente Umsteuerung der Agrarförderung empfiehlt das Umweltbundesamt (UBA) nach dem Prinzip »Öffentliches Geld für öffentliche Umweltleistungen«. Damit sollen »starke Anreize für Agrar-, Umwelt-, Klimamaßnahmen« gesetzt werden. Es ist nur konsequent, dabei die Direktzahlungen schrittweise und das Zwei-Säulen-Modell abzuschaffen. Die Möglichkeiten hierfür bieten sich – so das UBA – mit der nächsten Reform der Gemeinsamen Agrarpolitik ab 2027. Dann wird aber vieles zu spät sein. Das alles ist natürlich sehr vereinfacht beschrieben und in Wirklichkeit viel komplizierter. Zeit für eine Revolution in der Bürokratie …

52 www.senckenberg.de/de/institute/sbik-f/

53 Leopoldina, Nationale Akademie der Wissenschaften, 12.10.2020, www.leopoldina.org, abgerufen 31.10.2023. Zu empfehlen ist auch das digitale Dossier, welches sehr anschaulich den Landschaftswandel der letzten Jahrzehnte und den dadurch bedingten Artenverlust digital erlebbar macht / Biodiversität und Management von Agrarlandschaften – umfassendes Handeln ist jetzt wichtig (2020 Stellungnahme) / Leopoldina, Nationale Akademie der Wissenschaften, Acatech – Deutsche Akademie der Technikwissenschaften / Union der Deutschen Akademien der Wissenschaften, Halle (Saale)

54 Bundesverfassungsgericht – Presse – Zweites Nachtragshaushaltsgesetz 2021 ist wichtig, 15.11.2023, www.bundesverfassungsgericht.de

55 Ökolandbau – Bundesanstalt für Landwirtschaft und Ernährung, Bonn, www.oekolandbau.de

56 Horst Stern (1922–2019). Bücher: u. a. Rettet den Wald. Mann aus Apulien. Fernsehdokus: Sterns Stunde – u. a. zur Nutztierhaltung, falsch verstandener Tierliebe

57 www.agrar-fischerei-zahlungen.de

58 Beispiele: Landwirtschaftskammer Niedersachsen, Webcode 01 039 719/. Die neue GAP ab 2023 – eine ökonomische Optimierung der Anträge

wird wichtiger! Abgerufen 19.11.2023 / Ministerium für Ernährung, ländlichen Raum und Verbraucherschutz Baden-Württemberg (2023): GAP Strategieplan (Förderperiode 2023–2027) – Agrarpolitik: https://foerderung.landwirtschaft-bw.de, abgerufen 19.11.2023

59 Goris E, Hutter C-P, Federleicht, das erstaunliche Leben der Spatzen. Heyne Verlag, München, 2022

60 Hutter C-P (Hrsg.), Weiden – Wege zur Bewahrung der Biodiversität. Stuttgart, Hirzel Verlag, 2022 / Akademie für Natur- und Umweltschutz Baden-Württemberg in Kooperation mit der Hochschule für Forstwirtschaft Rottenburg und dem Verein Weidelandschaften e. V., 24.02.2021, Stuttgart; pandemiebedingt im Livestream

61 Verband deutscher Prädikatsweingüter. Rund 200 Topbetriebe. Ein »Eintritt« in die Vereinigung ist nicht möglich; Weinbaubetriebe können nur berufen werden, www.vdp.de

62 Beck H, Gayer H, Winzer prophezeien Ende des Weinbaus. Interview, Stuttgarter Zeitung, 28.12.2022

63 Unter Piwis versteht man pilzwiderstandsfähige Traubensorten. Daran arbeiten Rebzüchter international seit Jahrzehnten. Es geht um die Etablierung von Sorten mit *Peronospora* (falscher Mehltau)-Resistenz, geringerer *Botrytis*-Anfälligkeit und lockerer Traubenstruktur, um Durchfeuchtung vorzubeugen. Mehr unter www.hs-geisenheim.de (Hochschule Geisenheim University (Geisenheim, Hessen)) und www.piwi-international.org

64 Beide zusammen Winzer des Jahres 2018. Ausgezeichnet vom Gault-Millau Weinguide

65 Winzer des Jahres 2020, ausgezeichnet vom Vinum Wineguide Deutschland, vom Gault-Millau geadelt unter den 10 besten Winzern Deutschlands 2022

66 Gefährliche Rebschädlinge sind der Einbändige Traubenwickler (*Eupoecilia ambiguella*) und der Bekreuzte Traubenwickler (*Lobesia botrana*). Die Raupen des Einbändigen Traubenwicklers – auch Heuwurm genannt – fressen im Frühjahr an den Blütenanlagen, den sogenannten »Gescheinen«, was bei entsprechendem Befall zu erheblichen Ertragsverlusten führen kann. Dagegen bohren sich die Raupen des Bekreuzten Traubenwicklers im Sommer (auch Sauerwurm genannt) in die dann schon weit entwickelten Beeren; die Fraßstellen sind regelrechte Eingangspforten für Botrytitis, die von den Winzern gefürchtete Sauerfäule. Schon 5 % Befall können die Qualität und Quantität einer Traubenernte empfindlich beeinträchtigen.

67 Weniger Pflanzenschutzmittel: Sachsen-Anhalts Landwirte kritisieren EU-Vorgaben. MDR, 23.02.2022, 12:36 Uhr

68 Stuttgarter Nachrichten, 24.11.2023

69 ebd.

70 Wolfram J, Bub S, Petschick L et al., Pesticide occurrence in protected surface waters in nature conservation areas of Germany. Science of the Total Environment 2023; 858,160074

71 Bayerisches Landesamt für Umwelt und Landesverband für Vogel- und Naturschutz, LBV Bayern, Pressemitteilung 28.04.2023

72 TV ORF 1, 31.05.2023. Hanno Settele: Neusiedl ohne See

73 TV ORF 2, 22.09.2022. Viktoria Tatschel und Andreas Novak: Der Neusiedler See, Bote der Klimakrise. Dokumentation

74 www.nationalparkneusiedlersee.at

75 Jesús »Suso« Garzón Heydt, Vorkämpfer für undogmatischen Umwelt- schutz und u. a. Gründer der Organisation Fundacion trashumancia y naturaleza ist am Heiligabend 2023 im Alter von 77 Jahren verstorben. In Projekten wie dem geretteten Nationalpark Monfragüe in der Extre- madura, der Wiederbelebung der Transhumanz und Sicherung von über 450 000 Hektar Wanderweide-Routen wird sein Vermächtnis fort- leben.

76 Prof. Dr. Claus König, geboren 1933 in Ludwigshafen am Rhein, war u. a. Direktor des Staatlichen Museums für Naturkunde in Stuttgart und von 1969 bis 1984 ehrenamtlicher Präsident des Deutschen Bundes für Vogelschutz, DBV – heute NABU. Er ist einer der renom- miertesten Eulenforscher, der verschiedene Eulenarten in der Neuen Welt entdeckt hat, und u. a. Verfasser des Standardwerks Owls of the World. Seit Jahren dokumentiert er die Natur und deren Entwicklung in der Extremadura.

77 Die Vogelschutzrichtlinie ist quasi eines der ersten »Naturschutzgesetze« der EU. Ziel ist die Erhaltung der wild lebenden, im europäischen Gebiet der Mitgliedstaaten heimischen Vogelarten. Die Regelung des Schutzes, Bewirtschaftung und der Regulierung dieser Vögel, ihrer Eier und Lebensräume. Die ursprüngliche Richtlinie 79/409/EWG von 1979 wurde mehrfach aufgehoben und durch neue, jedoch weit- gehend gleiche Bestimmungen ersetzt. Aktuelle Bestimmungen unter www.bfn.de sowie → Vogelschutzrichtlinie

78 Richtlinie 92/43/EWG zur Erhaltung der natürlichen Lebensräume so- wie der wild lebenden Tiere und Pflanzen. Die Naturschutz-Richtlinie der EU schlechthin. Nicht amtlich als Fauna-Flora-Habitat-Richtlinie

bzw. FFH-Richtlinie bezeichnet. Siehe auch www.bfn.de → Fauna-Flora-Habitat-Richtlinie

79 www.bundesregierung.de → Coronavirus in Deutschland

80 Frankfurter Rundschau: Spanisches Feuchtgebiet Coto de Doñana ist ausgetrocknet, 08.09.2022

81 Hutter C-P, Thielcke G, Natur ohne Grenzen. Weitbrecht Verlag im K. Thienemanns Verlag, Stuttgart und Wien, 1990

82 www.fibl.org

83 www.oekohaus-ffm.ev

84 Osterholt, S., im Manager Magazin, 28.11.2022: Der Bio-Markt erlebt gerade den schlimmsten Einbruch seit 35 Jahren.

85 www.laendle-leben-lassen.de, abgerufen 28.11.2023 / www.bund-bawue.de → Mensch und Umwelt → Flächenschutz → Volksantrag »Ländle leben lassen!«, abgerufen 28.11.2023

86 www.kartoffel-boehmer.de

87 Hans-Willi Böhmer Verpackung: Kartöffelchens Reise – vom Feld in den Supermarkt, Illustrationen von Ulla Hieronymi, Pinnock, Text von Ulrike Leyckes, 3. Aufl. 2023

88 Die Kartoffelfibel – Interessantes zum Thema »Kartoffeln«. Böhmer, Mönchengladbach, ohne nähere Angabe

89 Bundesministerium für Ernährung und Landwirtschaft (BMEL), Öko-Barometer 2022 (Stand Februar 2023), Berlin. Abrufbar unter www.bmel.de7oeko-barometer-2022 / Duale Hochschule Baden-Württemberg Heilbronn (DHBW), Rüschen S, Schumacher J, Zeitenwende im Bio-Fachhandel. Schriftenreihe Handelsmanagement, White Paper #27 / Rüschen S, Schumacher J, »Bio – quo vadis?« DHBW Schriftenreihe Handelsmanagement, White Paper #18. Die Publikationen aus der Schriftenreihe Handelsmanagement / White Paper gibt es zum Download unter www.handel-dhbw.de

90 Angres V, Hutter C-P, Ribbe L, Futter fürs Volk. Droemer/Knaur Verlag, München, 2001/2006

91 Longin F et al., From Farm to Fork: Future supply chance need to measure and trade nutrition content. Elsevier 2023

92 Longin F, Brotbackbuch. Mein Brot. Einfach. Gut. 2021 – kostenlos downloaden: https://weizen.uni-hohenheim.de

93 YouTube-Kanal Friedrich Longin

94 Der Buchweizen (*Fagopyrum*) ist trotz des Namens (die Früchte sehen aus wie Bucheckern) kein echtes Getreide, sondern ein Knöterichgewächs, das auch als Pseudogetreide bezeichnet wird. Für Menschen,

die an Zöliakie leiden, spielt Buchweizen bei der Ernährung eine bedeutende Rolle, da die Früchte glutenfrei sind.
95 Bundesministerium für Ernährung und Landwirtschaft, 2021. Zukunft
Landwirtschaft. Eine gesamtgesellschaftliche Aufgabe – Empfehlungen der Zukunftskommission Landwirtschaft. Download unter
www.bmel.de → Publikationen → Zukunft Landwirtschaft. Eine gesamtgesellschaftliche Aufgabe (160 Seiten)
96 A-Weizen ist Qualitätsweizen zum Aufmischen bzw. Ergänzen anderer
Weizensorten, E-Weizen ist »Elite-Weizen« mit »hohen inneren
Werten«, welche für viele Gebäckrezepturen »fast zu hoch« sind.
C-Weizen sind Sorten, die für Tierfütterung vorgesehen sind. Siehe
auch www.agrarheute.com: Getreide. Qualität beim Weizen: Darauf
kommt es an, 06.08.2015, abgerufen 21.01.2024
97 www.bmel.de → Themen → Zukunftskommission Landwirtschaft
98 Hallmann CA, Sorg M, Jongejans E et al., More than 75 percent decline
over 27 years in total flying insect biomass in protected areas. PLoS ONE
2017, 12 (10): e0185809 / https://doi.org/10.1371/journal.pole.0185809
99 Im Untersuchungszeitraum 1989–2016, 76–82 % (im Hochsommer)
bei den Fluginsekten
100 Beschluss des Bayerischen Landtags vom 02.02.2022 (Landtagsdruck-
sache 18/19979)
101 www.stmuv.bayern.de/themen/naturschutz/bayerns_naturvielfalt/
volksbegehren_artenvielfalt/index.htm, abgerufen 13.11.2023
102 https://besh.de. 1988 von Rudolf Bühler zur Rettung des damals schon
fast ausgestorbenen Schwäbisch-Hällischen Landschweins (es gab nur
noch ein paar Tiere) gegründet, zählt die Genossenschaft heute rund
1 500 Mitgliedsbetriebe im Bereich Hohenlohe sowie im Schwäbisch-
Fränkischen Wald und angrenzenden Gebieten im Nordosten Baden-
Württembergs (Region Hohenlohe. www.hohenloher-perlen.de).
103 www.unhabitat.org
104 Sustainable Development Goals, vgl. https://sdgs.un.org/goals; SDG
01: Keine Armut; SDG 02: Kein Hunger; SDG 03: Gesundheit und
Wohlergehen; SDG 04: Hochwertige Bildung; SDG 05: Geschlechter-
gleichheit; SDG 06. Sauberes Wasser und Sanitäreinrichtungen;
SDG 07: Bezahlbare und saubere Energie; SDG 08: Menschenwürde,
Arbeit und Wirtschaftswachstum; SDG 09: Industrie, Innovation und
Infrastruktur; SDG 10: Weniger Ungleichheiten; SDG 11: Nachhaltige
Städte und Gemeinden; SDG 12: Nachhaltiger Konsum und Produk-
tion; SDG 13: Maßnahmen zum Klimaschutz; SDG 14: Leben unter

Wasser; SDG 15: Leben an Land; SDG 16: Frieden, Gerechtigkeit und starke Institutionen; SDG 17: Partnerschaften zur Erreichung der Ziele

105 Solarthermie ist eine Technologie zur Nutzung von Sonnenenergie zur Erzeugung von Wärme. Im Gegensatz zur Photovoltaik, bei der Sonnenlicht direkt in elektrischen Strom umgewandelt wird, konzentriert sich die Solarthermie darauf, die Sonnenenergie in Wärme umzuwandeln. Dieser Prozess erfolgt durch die Übertragung der Sonnenwärme in ein Wärmeträgermedium: Eine Flüssigkeit zirkuliert durch die Solarkollektoren und nimmt die absorbierte Wärme auf. Dieses Medium kann Wasser, Öl oder eine andere Wärmeträgerflüssigkeit sein.

106 Der Begriff Gentrifizierung wurde in den 1960er-Jahren von der britischen Soziologin Ruth Glass geprägt, die Veränderungen im Londoner Stadtteil Islington untersuchte. Abgeleitet vom englischen Ausdruck »gentry« (= niederer Adel) wird er seither zur Charakterisierung von Veränderungsprozessen in Stadtvierteln verwendet und beschreibt den Wechsel von einer statusniedrigeren zu einer statushöheren (finanzkräftigeren) Bewohnerschaft, der oft mit einer baulichen Aufwertung, Veränderungen der Eigentümerstruktur und steigenden Mietpreisen einhergeht. Quelle: Deutsches Institut für Urbanistik, https://difu.de/nachrichten/was-ist-eigentlich-gentrifizierung

107 www.bahnprojekt-stuttgart-ulm.de

108 Bock J: Killesberg-Eidechse kostet 1 156 Euro. Stuttgarter Nachrichten (14.10.2018)

109 Bock J: Killesberg-Eidechse kostet 1 156 Euro. Stuttgarter Nachrichten (14.10.2018)

110 Die Abkürzung GoBD steht für die »Grundsätze zur ordnungsmäßigen Führung und Aufbewahrung von Büchern, Aufzeichnungen und Unterlagen in elektronischer Form sowie zum Datenzugriff«. Gemäß dieser Definition beinhalten die GoBD Kriterien und Richtlinien, die Unternehmer beim Einsatz einer elektronischen Buchhaltung erfüllen müssen. Es geht vor allem um die Frage, wie steuerrechtlich relevante Belege erfasst, bearbeitet und archiviert werden müssen.

111 Die Gesellschaft für musikalische Aufführungs- und mechanische Vervielfältigungsrechte (GEMA) ist eine weltweit agierende Verwertungsgesellschaft für Werke der Musik. Öffentlich dargebotene Musikstücke müssen dort gemeldet und abgerechnet werden.

112 Straßenverkehrs-Zulassungs-Ordnung

113 Landesbetrieb Straßenbau und Verkehr Schleswig-Holstein

114 BAG: Bundesamt für Güterverkehr; seit 01.01.2023 BALM (Bundesamt für Logistik und Mobilität)

115 Vergabe- und Vertragsordnung für Bauleistungen

116 Richtlinien zur verkehrsrechtlichen Sicherung von Arbeitsstellen an Straßen

117 Bund/Länder-Arbeitsgemeinschaft Abfall

118 »Total organic Carbon« (TOC) ist ein Summenparameter in der Umweltanalytik, der die Summe des gesamten organischen Kohlenstoffs in einer Probe angibt.

119 Quelle: Statistisches Bundesamt

120 Mishra A, Humpenöder F, Churkina G et al., Land use change and carbon emissions of a transformation to timber cities. Nature Communications, 2022. https://doi.org/10.1038/s41467-022-32244-w

121 Es enthielt damals die Wirkstoffe Pentachlorphenol (PCP) und Lindan sowie Dioxinverunreinigungen, geschätzt bis zu 200 000 Menschen erkrankten nach Anwendung.

122 Vorarlberg, auch Ländle genannt, ist das westlichste und flächen- wie bevölkerungsmäßig zweitkleinste Bundesland Österreichs. Die Landeshauptstadt ist Bregenz.

123 Die Energieeinsparverordnung (EnEV) ist eine Maßnahme der Energie- und Klimaschutzpolitik. Sie sollte dazu beitragen, einen nahezu klimaneutralen Gebäudebestand bis zum Jahr 2050 zu erreichen. Die EnEV wurde zum 1. November 2020 durch das Gebäudeenergiegesetz abgelöst.

124 Die Photosynthese ist ein genialer biochemischer Umwandlungs prozess in den Blättern oder Nadeln der Pflanzen. Aus Wasser und Kohlenstoffdioxid (CO_2) mit Licht als Energiequelle entstehen Sauerstoff und Kohlenhydrate (Glucose). Der Sauerstoff wird weitgehend wieder in die Umwelt abgegeben, die Kohlenhydrate dienen dem Aufbau organischer Strukturen, die Pflanze wächst, das CO_2 ist aus der Atmosphäre »verschwunden«. Vereinfacht dargestellt lautet die Photosynthese-Gleichung: $6\,CO_2 + 6\,H_2O + \text{Licht} \rightarrow 6\,O_2 + C_6H_{12}O_6$ ($C_6H_{12}O_6$ = Glucose)

125 www.holzforum-allgaeu.de/

126 www.pina.earth.de

127 Innenstadtgestaltung und Städtebau für eine krisenfeste und lebenswerte Stadt. In: Viren und Visionen. Beiträge der Akademie für Natur- und Umweltschutz Baden-Württemberg, Band 58, Stuttgart 2020

128 www.strenger.de

129 Sosehr Greta Thunberg, eigentlich Greta Tintin Eleonora Ernman Thunberg, geb. 03.01.2003, die Klimaschutzbewegung beflügelt hat, sosehr hat sie sich, ebenso wie die hinter ihr stehenden »Marketing-Personen« durch Pro-Palästina-Statements und einseitige Positionierung ins Abseits manövriert. www.stern.de, Kultur, 18.11.2023: Greta Thunberg: Wie es zum Fall des großen Klima-Idols kam

130 Zitiert nach Hieronimus Joachim Wäger, 1714

131 von Carlowitz, Hannß Carl. Sylvicultura oeconomica. Oekom-Verlag, S. 216: »Wo Schaden aus unterbliebener Arbeit kömmt, da wächst der Menschen Armuth und Dürfftigkeit. Es lässt sich auch der Anbau des Holtzes nicht so schleunig wie de Acker-Bau tractieren; (…) Wird derhalben die größte Kunst / Wissenschaft / Fleiß / und Einrichtung hiesiger Lande darinnen beruhen / wie eine sothane Conservation und Anbau des Holtzes anzustellen / daß es eine continuirliche beständige und nachhaltende Nutzung gebe / weiln es eine unentberliche Sache ist / ohne welche das Land in seinem Esse nicht bleiben mag«

132 Spencer Weart/American Institute of Physics, The discovery of global warming. Harvard University 2003

133 ebd.

134 www.bmuv.de Tag der Umwelt – Informationen und Mottos seit 1980

135 Meadows DL, Meadows D, Randers J et al., Die Grenzen des Wachstums. Club of Rome zur Lage der Menschheit. rororo, Reinbek, 1972 / Grenzen des Wachstums – 30-Jahre-Update. 9. Aufl. Hirzel Verlag, Stuttgart, 2024

136 Peer Review (von englisch »Peer«: »Gleichrangiger« und »Review«: »Begutachtung«) ist ein Verfahren zur Qualitätssicherung einer wissenschaftlichen Arbeit oder eines Projektes durch unabhängige Gutachter aus dem gleichen Fachgebiet.

137 Dem Recht der Staaten auf Ausbeutung der eigenen Ressourcen wird die Pflicht gegenübergestellt, dafür zu sorgen, dass durch Tätigkeiten innerhalb des eigenen Hoheitsgebietes anderen Staaten kein Schaden zugefügt wird.

138 www.unep.org

139 Bundesministerium für Ernährung und Landwirtschaft. www.bmel.de → Waldzustandserhebung. Pressemitteilung vom 21.03.2023

140 https://freidok.uni-freiburg.de

141 https://deggendorf.bund-naturschutz.de → Chronologie des Wider-

stands gegen den Ausbau der Donau im Abschnitt Straubing-Vils-hofen, 1978–2013, pdf, abgerufen 09.01.2024

142 Wetstone G, Rosencranz A., Weltbedrohung saurer Regen: Abwehr-versuche in Europa und Nordamerika. Studie des Environmental Law Institute für den German Marshall Fund of the United States. Dreisam-Verlag, Freiburg i. Br., 1985

143 Orkantief Wiebke (28. Februar bis 01. März 1990 in Deutschland, Schweiz, Österreich. 35 Todesopfer, 1,5 Milliarden Euro versicherte Schäden) / Orkantief Lothar (26. Dezember 1999, vor allem in Frankreich, Schweiz, Süddeutschland, Österreich. 110 Todesopfer, Schadenssumme: 11,5 Milliarden Euro)

144 Gardner CJ, Bullock JM., In the climate emergency, conservation must become survival ecology. Frontiers in Conversation Science 2021; 2: e12

145 Bundesministerium für Ernährung und Landwirtschaft www.bmel.de → Themen → Wald → Wälder weltweit (abgerufen 28.12.2023) / www.statista.com → Energie und Umwelt → Klimawandel, Wetter & Natur, 21.07.2023, abgerufen 28.12.2023

146 www.forstwirtschaft-in-deutschland.de → Die Waldfläche, abgerufen 28.12.2023

147 Österreichischer Waldbericht 2023, www.bml.gv.at → dam, abgerufen 28.12.2023

148 Fakten zum Schweizer Wald. www.freizeitwald.ch → Wald, abgerufen 28.12.2023

149 www.europarl.europa.eu, Die Europäische Union und die Wälder, abgerufen 28.12.2023

150 Deutsche Bundesstiftung Umwelt (05.10.2022): Ein Leben für die Wildnis. Zum Deutschen Umweltpreis für Schenck, www.dbu.de

151 Ein explizites »Bundesforstministerium« gibt es in Deutschland natür-lich nicht. Der Wald ist im Aufgabenbereich des Bundesministeriums für Ernährung und Landwirtschaft (BMEL) angesiedelt. Siehe auch: www.bmel.de/DE/ministerium/ministerium_node.html

152 Janner M, Der Wald der Zukunft – ein Förster berichtet vom Kampf um unsere Bäume. Piper Verlag, München, 2023

153 Gemeinde- und Städtebund Rheinland-Pfalz, www.gstd-rlp.de, Aktuelles, Publikationen, abgerufen 18.12.2023

154 Der Deutsche Waldpreis wird von der Forstpraxis – dem Magazin von Land und Forst, www.landundforst.de – vergeben in den Kate-gorien Forstunternehmer des Jahres, Waldbesitzer des Jahres, Förster

des Jahres sowie erstmals seit 2023 als Sonderpreis »Forstwirtschaftliche Zusammenschlüsse«.

155 Rheinland-Pfalz, 24.10.2023, 9:00 Uhr, Der Vormittag / www.swr.de
→ SWR1 → Rheinland-Pfalz → Programm, abgerufen 18.12.2023

156 SWR2 Leben & Gesellschaft: Dem Wald geht es schlecht – Warum
Förster Martin Janner mit mediterranen Bäumen experimentiert,
29.07.2023, 14:44 Uhr, www.swr.de → SWR2 → Leben & Gesellschaft,
abgerufen 18.12.2023

157 Mit der Kinderbuchreihe Wir Kinder aus Bullerbü (schwedisches
Original: Alla vi barn i Bullerbyn) beschrieb die Autorin Astrid
Lindgren zwischen 1955 und 1956 (deutsche Übersetzungen) idyllisches Landleben Anfang des 20. Jahrhunderts aus dem Blickwinkel
des siebenjährigen Mädchens Lisa.

158 www.nationalpark-schwarzwald.de (gegründet nach langem Kampf
am 01.01.2014)

159 Bibelriether H, Natur Natur sein lassen: Die Entstehung des ersten
Nationalparks Deutschlands – der Nationalpark Bayerischer Wald.
Edition Lichtland, Freyung, 2017

160 Luick R et al., Urwälder im Herzen Europas – Bedeutung, Situation
und Zukunft der Urwälder in Rumänien. Badischer Landesverein für
Naturkunde und Naturschutz e. V. Freiburg i. Br., Mitteilungen des
BLNN 24–1, 2021

161 www.forstpraxis.de, »Neues Bundeswaldgesetz«, 14.11.2023, abgerufen
10.01.2024

162 Die Organisation »Familienbetriebe Land und Forst« vertritt rund
2 000 Betriebe mit insgesamt rund 50 000 Familienmitgliedern, Mitarbeitern und Eigentümern. Ziel ist nach eigenen Angaben auch der
Schutz und die Verteidigung des Eigentums, www.fablf.de

163 NGO: Non Governmental Organisation, Nichtregierungsorganisation. Im Naturschutz etwa NABU, BUND, WWF, Robin Wood etc.

164 www.bfn.de. Bundesamt für Naturschutz → Gebiete und Lebensräume
→ Schutzgebiete → Nationalparke, abgerufen 10.01.2024

165 Statistisches Bundesamt (Pressemitteilung Nr. 415, 30.09.2022): Forststrukturerhebung 2022: 43 % des deutschen Waldes in Privatbesitz,
www.destatis.de/, abgerufen 10.01.2024

166 ARD, 24.08.2023, 21:43 Uhr: »Katastrophe von historischem Ausmaß«

167 Münchner Merkur: »Sonne nur noch ein kleiner Punkt: Griechenland
versinkt durch Waldbrände in Rauchschwaden«, 24.08.2023

168 Bundesministerium für Bildung und Forschung, www.mein-schluessel-zur-welt.de, abgerufen 15.01.2024

169 www.welt.de: Es gibt acht Lehrstühle für Kernforschung, aber 173 Lehrstühle für Genderforschung, 20.09.2023, abgerufen 02.01.2024

170 Mescoli F in: Die Welt, 17.02.2014: In Schwaben sind jetzt sogar die Grünen gegen Bio – die Landesregierung will Biologie als Schulfach abschaffen. www.welt.de/Kultur/, abgerufen 02.01.2024

171 Ein Fastnachtskreppel ist ein ca. apfelsinengroßes Gebäck aus süßem Hefeteig und basiert auf dem Rezept für »Berliner« oder »Krapfen«. Zur Fastnachtszeit gibt es einige Varianten, u. a. eine mit Eierlikör als Füllung.

172 www.oecd.org/berlin/themen/pisa-studic/

173 www.stuttgarter-zeitung.de (26.01.2024): »PISA-Chef übt Kritik an deutschen Lehrern«

174 Der Deutsche Philologenverband ist die gewerkschaftliche Dachorganisation der Philologenverbände der Bundesländer. Die Mitglieder in den Philologenverbänden sind Lehrkräfte an Gymnasien, Sekundarschulen und anderen Bildungseinrichtungen, die zum Abitur führen, sowie Lehrbeauftragte an den Hochschulen, vornehmlich in der Lehrerbildung. Quelle: www.dphv.de/der-dphv

175 www.dphv.de/2024/01/26/dphv-fordert-aussetzen-der-pisa-erhebungen-in-deutschland

176 ifo Institut: Leibniz-Institut für Wirtschaftsforschung an der Universität München e. V. www.ifo.de

177 www.bundeshaushalt.de/DE/Bundeshaushalt-digital/bundeshaushalt-digital.html

178 Das »Willigis« ist eine durchaus privilegierte Schule, ein bischöfliches Gymnasium in der Mainzer Altstadt, das von Wilhelm Emmanuel von Ketteler 1852 unter dem Namen »St. Marienschule« gegründet wurde. Seitdem befindet es sich in der Trägerschaft des Bistums Mainz und wurde 1964 nach dem früheren Mainzer Bischof Willigis benannt.

179 Basale Kompetenzen beziehen sich auf grundlegende Fähigkeiten, die eine Person benötigt, um in verschiedenen Lebensbereichen erfolgreich zu sein. Diese Kompetenzen sind oft essenziell für die persönliche Entwicklung, das soziale Miteinander und die berufliche Integration. Basale Kompetenzen umfassen verschiedene Aspekte, je nach Kontext. Folgende Bereiche gehören dazu: Kommunikation, soziale Kompetenz, Selbstregulation, kognitive

Fähigkeiten, motorische Fähigkeiten, Selbstpflege, Selbstbewusstsein, interkulturelle Kompetenz. Diese basalen Kompetenzen bilden die Grundlage für weiterführende Fähigkeiten und ermöglichen eine effektive Teilnahme an der Gesellschaft. Pädagogische Programme und Trainings können darauf abzielen, diese grundlegenden Fähigkeiten zu fördern und zu stärken.

180 Künstliche Intelligenz (KI) bezieht sich auf die Entwicklung von Computersystemen, die in der Lage sind, Aufgaben zu erfüllen, die normalerweise menschliche Intelligenz erfordern. Der Hauptzweck von KI besteht darin, Maschinen in die Lage zu versetzen, autonom zu denken, zu lernen und Entscheidungen zu treffen. Es gibt verschiedene Ansätze und Techniken in der KI, von einfachen regelbasierten Systemen bis hin zu hoch entwickelten maschinellen Lernmethoden.

181 Die Ständige Konferenz der Kultusminister in der BRD – auch als KMK bezeichnet – ist ein freiwilliger Zusammenschluss der zuständigen Minister/Senatoren der Bundesländer für den Bereich Bildung, Forschung und kulturelle Angelegenheiten (www.kmk.org). Die Präsidentschaft wechselt jährlich, es gibt zahlreiche Ausschüsse, Arbeitsgruppen und Beratungsgremien. Seit 2014 hat mit dem Gesetz über das Sekretariat der Ständigen Konferenz der Kultusminister der Länder in der Bundesrepublik Deutschland die KMK Behördenstatus.

182 Vereinbarung zwischen Bund und Ländern zur Umsetzung des Startchancen-Programms für die Jahre 2024 bis 2034, Seite 6; www.kmk.org/fileadmin/pdf/PresseUndAktuelles/2024/BLV_Startchancen-Programm.pdf

183 Frankfurt müsste 2,5 Milliarden Euro für Schulen ausgeben; in: Hessenschau, 02.02.2024; www.hessenschau.de/gesellschaft/zu-wenige-und-marode-frankfurt-muesste-25-milliarden-euro-fuer-schulen-ausgeben-v2,schulbaumisere-frankfurt-100.html

184 www.hessenschau.de/gesellschaft/zu-wenige-und-marode-frankfurt-muesste-2,5-milliarden-euro-fuer-schulen-ausgeben-v2,schulbaumisere-frankfurt-100.html

185 Bundesministerium für Umwelt, Naturschutz, nukleare Sicherheit und Verbraucherschutz / Bundesamt für Naturschutz (2023) www.bmuv.de/publikation/naturbewusstsein-2021: / Vertiefungsbericht zum Naturbewusstsein von Jugendlichen (Bundesamt für Naturschutz (2021/2022)), www.bfn.de/publikationen/broschuere/jugend-naturbewusstsein-2021-wissenschaftlicher-vertiefungsbericht, abgerufen 03.11.2023

186 www.sueddeutsche.de (08.11.2023): Biodiversitäts-Krise. Der Arten-schwund spitzt sich zu / www.wissenschaft.de (10.11.2023)

187 Stuttgarter Nachrichten 07.01.2022: Wengerter auf Probe – Benninger suchen weiter Nachwuchs / Stuttgarter Zeitung 21.01.2021: Nachwuchs für die Streuobstwiese / Saarländischer Rundfunk 22.10.2023, 8:50 Uhr: Streuobst-Wiesen im Saarland in Gefahr

188 Hutter C-P, Obstwiesen – Ein Naturparadies neu entdecken. Kosmos Verlag, Stuttgart, 2014 / Akademie für Natur- und Umwelt-schutz Baden-Württemberg (Hrsg.). Früchte, Fitness, frische Luft – Abschlussbericht des Forschungsprojektes »Natürlich sportlich: Obstwiesen- und Gartenarbeiten als Raum und Katalysator für bewegungsorientierte Landschaftspflege sowie Naturerleben«. Reihe Tagungsführer und Forschungsberichte der Akademie, Heft 22, 2011 / Zehnter M, Weller F. Streuobstbau – Obstwiesen erleben und erhalten. Verlag Eugen Ulmer, Stuttgart-Hohenheim, 2006 / Blessing K, Hutter C-P, Link F-G, Unsere Obstgärten – Mit Kindern die wunderbare Welt der Streuobstwiesen entdecken. Hirzel Verlag, Stuttgart, 2006

189 Antje Findklee in www.spektrum.de (Spektrum der Wissenschaft), 20.02.2014, abgerufen 25.01.2024, 14:30 Uhr, Bildungsplanreform – 5 Antworten zur »Abschaffung des Biologieunterrichts in Baden-Würt-temberg« / Hutter C-P, Blessing K (Hrsg.), Artenwissen als Basis für Handlungskompetenz zur Erhaltung der Biodiversität. Beiträge der Akademie für Natur- und Umweltschutz Baden-Württemberg, Band 49, Wissenschaftliche Verlagsgesellschaft, Stuttgart, 2010 / Akademie für Natur- und Umweltschutz Baden-Württemberg (Hrsg.), Arten-wissen stärken, Artenvielfalt erhalten. Hirzel Verlag, Stuttgart, 2023

190 Blessing K, Hutter C-P (2017), Vom archaischen Leben mit der Natur zu Umweltbildung 4.0. In: Naturwissenschaftliche Rundschau, Stutt-gart, 2017, 70. Jg., Heft 1: S. 11–19

191 Blessing K, Otte A, Artenwissen als Basis für Handlungskompetenz zur Erhaltung der Biodiversität – analysiert am Beispiel repräsenta-tiver Biologieschulbücher. In: Bundesamt für Naturschutz (Hrsg.), Naturschutz und Ökologie. Ausgewählte Beiträge zur GfÖ-Jahres-tagung 2007 in Marburg, 2008, Heft 60, S. 203–208 / Artenwissen als Basis für Handlungskompetenz zur Erhaltung der Biodiversität – analysiert am Beispiel repräsentativer Biologieschulbücher in Baden-Württemberg (1950–2004). Dissertation, Universität Gießen 2007 https://jlupub.ub.uni-giessen.de/bitstream/handle/jlupub/17559/ BlessingKarin-2007-12-14.pdf?sequence=1&isAllowed=y

192 https://www.nabu.de-naturgucker

193 https://klima-arena.de

194 https://www.experimenta.science

195 https://www.meeresmuseum.de

196 Die Evolution ist ein grundlegendes Prinzip in der Biologie, das den Prozess der Veränderung von Lebewesen über Generationen hinweg beschreibt. Das Hauptkonzept der Evolution basiert auf der Idee der natürlichen Selektion, die vom britischen Naturforscher Charles Darwin im 19. Jahrhundert entwickelt wurde.

197 WamS, 21.01.2024, S. 53

198 Blessing K et al. (Hrsg.), Umweltbildung 4.0: Smartphone, Google & Co. Wie helfen moderne Medien bei der Umwelt- und Nachhaltigkeitsbildung? Beiträge der Akademie für Natur- und Umweltschutz Baden-Württemberg, Band 56. Wissenschaftliche Verlagsgesellschaft, Stuttgart, 2019

199 Radkau J, Natur und Macht – Eine Weltgeschichte der Umwelt. C.H. Beck Verlag, München, 2012

200 Hutter C-P (Hrsg.), Nachhaltigkeit von klein auf – Mit Kindern aktiv Zukunft gestalten, 2018 / Blessing K. (Hrsg.) et al., Heimat und Natur: Wissen, woher wir kommen, wo wir sein wollen und wo wir hinkönnen. Beiträge der Akademie für Natur und Umweltschutz Baden-Württemberg. Bd. 37. Wissenschaftliche Verlagsgesellschaft, Stuttgart, 2005 / Frischknecht-Tobler U, Gugerli-Dolker B, Eugster Ingold, A. Umweltbildung Plus – Bausteine zu einer Bildung für nachhaltige Entwicklung. 2015 / Hutter C-P, Blessing K, Köthe R, Grundkurs Nachhaltigkeit – Handbuch für Einsteiger und Fortgeschrittene. 2. Aufl. Oekom Verlag, München, 2018

201 Jäkel L, Wissen, was wir wissen müssen: Strategien gegen die Wissenserosion in Sachen Natur. In: Umweltbildung – Basis für ökologisch ökonomische Zukunftssicherung. Beiträge der Akademie für Natur- und Umweltschutz Baden-Württemberg, Bd. 53, Wissenschaftliche Verlagsgesellschaft, Stuttgart, 2013

202 https://www.vda.de/de/aktuelles/publikationen/publication/allensbach-studie

203 Report of the World Commission on Environment and Development: Our Common Future. https://sustainabledevelopment.un.org/content/documents/5987our-common-future.pdf

204 Umweltbundesamt (UBA), Bundesanstalt für Straßenwesen (BASt), 2010, »Einfluss von verkehrsberuhigenden Maßnahmen auf die

PM10-Belastung an Straßen«. https://bast.opus.hbz-nrw.de/opus45-bast/frontdoor/deliver/index/docId/134/file/V189.pdf

205 Es handelt sich um ein Messsystem, das verwendet wird, um die Emissionen von Schadstoffen aus Fahrzeugen in realen Fahrsituationen zu erfassen. Im Gegensatz zu Labortests oder stationären Prüfständen ermöglichen PEMS die Erfassung von Emissionen während der tatsächlichen Nutzung von Fahrzeugen auf der Straße. PEMS bestehen aus tragbaren Sensoren und Analysegeräten, die an einem Fahrzeug angebracht werden, um Emissionen wie Stickoxide (NO_x), Kohlenstoffdioxid (CO_2), Kohlenmonoxid (CO) und andere Schadstoffe direkt vor Ort zu messen. PEMS spielen eine wichtige Rolle bei der Überwachung und Einhaltung von Emissionsstandards für Fahrzeuge, da sie einen realistischeren Einblick in die tatsächlichen Umweltauswirkungen von Fahrzeugen bieten können. Regulierungsbehörden und Umweltorganisationen setzen PEMS ein, um sicherzustellen, dass Fahrzeuge die vorgegebenen Emissionsgrenzwerte auch unter realen Fahrbedingungen einhalten.

206 Scholz W, Österreichisches Umweltbundesamt (LUBW), 2014. Vortrag »Kenntnisstand zur (Umwelt-)Wirkung von Tempolimits im Ortsgebiet«. Zitiert nach: »Fahrzeug-Emissionen bei 30 km/h und 50 km/h«. Dokumentation des Wissenschaftlichen Dienstes des Deutschen Bundestages, 2019. https://www.bundestag.de/resource/blob/670978/11c58eeb3377baed5971fee5a17e2b72/WD-8-102-19-pdf-data.pdf

207 https://taz.de/Naechtliches-Tempo-30: Göttingen will Tempo drosseln, 24.01.2023

208 »Grauer« Wasserstoff bezieht sich auf Wasserstoff, der durch die Dampfreformierung von Methan (CH_4) hergestellt wird. Die Dampfreformierung ist der häufigste industrielle Prozess zur Herstellung von Wasserstoff. Bei diesem Verfahren wird Methan, das der Hauptbestandteil von Erdgas ist, mit Wasserdampf (H_2O) bei erhöhter Temperatur unter Druck umgesetzt. Das Ergebnis sind Wasserstoff (H_2) und Kohlenmonoxid (CO). Bei »blauem« Wasserstoff wird bei der Herstellung das CO_2 aufgefangen und in geeigneten unterirdischen Kavernen gespeichert (sogenanntes CCS-Verfahren, Carbon Capture and Storage). »Grüner« Wasserstoff entsteht durch Elektrolyse unter Verwendung erneuerbarer Energiequellen und ist CO_2-frei.

209 F.A.S., 13.11.2023, S. 58

210 https://epea.com EPEA – Part of Drees & Sommer

211 McDonough W, Braungart M, Cradle to Cradle: remaking the way we make things. Vintage 2009

212 Studie des VDI 2023. https://www.vdi.de/themen/mobilitaet/vdi-oekobilanz-fuer-pkw-antriebe

213 Lithium (Li): chemisches Element aus der Gruppe der Alkalimetalle im Periodensystem. Es ist das leichteste Metall und hat die geringste Dichte aller festen Elemente. Aufgrund seiner physikalischen und chemischen Eigenschaften eignet es sich gut für den Einsatz in Batterien. Ionen: Ein Ion ist ein elektrisch geladenes Teilchen, das entsteht, wenn ein Atom oder eine Gruppe von Atomen Elektronen gewinnt oder verliert.

214 dpa-Meldung, 17.8.2023

215 dpa-Meldung, 16.8.2023

216 https://www.focus.de-online. Akku-Pionier »Better Place« ist pleite (16.12.2013)

217 https://www.aktiv-online.de/news/elektroautos-brauchen-weniger-teile-was-heisst-das-fuer-die-arbeitsplaetze-3486

218 Zukunftsfähige Mobilität in ländlichen Räumen; 12 Bausteine für eine Landmobilität von morgen. NABU-Bundesverband, 1. Auflage 09/2022

219 Statista, https://de.statista.com/statistik/daten/studie/168350/umfrage/bestandsentwicklung-von-elektrofahrzeugen/

220 https://www.adac.de/verkehr/tanken-kraftstoff-antrieb/alternative-antriebe/tankstelle-alternative-kraftstoffe/

221 Development of Transport Infrastructure in Europe: Exploring the shrinking and expansion of railways, motorways and airports, 2023, https://act.gp/3PptpCm

222 Statista, https://de.statista.com/statistik/daten/studie/70006/umfrage/investitionen-in-schieneninfrastruktur-pro-kopf/

REGISTER

332